CRITIQUE DE LA REPRÉSENTATION

Étude sur Fichte

DU MÊME AUTEUR

À LA MÊME LIBRAIRIE

Fichte, *Nouvelle présentation de la doctrine de la science, 1797-1798*, introduit, traduit et annoté, 1999, 192 pages

Fichte, *Méditations personnelles sur la philosophie élémentaire*, présenté, traduit et annoté, traduction en collaboration avec A. Gahier, 1999, 192 pages

Chez un autre éditeur :

Fichte, *Nova Methodo,* traduit, présenté et annoté, 2000, 347 pages

BIBLIOTHÈQUE D'HISTOIRE DE LA PHILOSOPHIE

NOUVELLE SÉRIE

Fondateur : Henri GOUHIER — Directeur : Jean-François COURTINE

CRITIQUE DE LA REPRÉSENTATION

Étude sur Fichte

par

Isabelle THOMAS-FOGIEL

PARIS

LIBRAIRIE PHILOSOPHIQUE J. VRIN

6, Place de la Sorbonne, Ve

2000

Imprimé en France
ISSN 0249-7980
ISBN 2-7116-1461-1

A ma grand-mère

INTRODUCTION

Dans *La vie du sujet*, R. Bernet montre comment la philosophie depuis Heidegger est « la mise en question de l'objectivisme représentationaliste », la critique de « l'impérialisme de la raison objectivante » [1]. M. Henry fait le même constat d'une philosophie contemporaine tout entière structurée par cette critique « du règne métaphysique de la représentation » [2]. Dans la mesure où c'est également autour de la « critique de la représentation » que s'articule, à notre sens, la philosophie de Fichte, il convient de définir, au minimum, ces termes aujourd'hui répandus. Or, la polysémie et l'équivoque de la notion de représentation semblent devoir d'emblée décourager toute tentative de définition. En effet, qu'est que représenter? Initialement, c'est reproduire, présenter à nouveau, renvoyer à un original en le reflétant: « chez Tertullien, déjà, la statue d'Hercule représente Hercule son modèle semi-divin; elle en est l'image visible » [3]. Dans le même sens, l'interdit biblique de la représentation est, traditionnellement, interprété comme prohibition de l'image, de la copie, de la reproduction qui, prétendant se substituer à l'original, deviendrait par là « idole ». De même, dans *De la peinture*, Alberti pense le tableau comme la mise en scène ou en image d'un référent extérieur (la chose – paysage, visage – ou *l'historia* auxquelles il renvoie). La représentation est d'abord relative à la ressemblance, à l'image, à la *mimésis;* son champ est celui de la sensation ct dc la vision. Ainsi conçue, la représentation a pour fonction de reproduire une chose en même temps que d'en signer l'absence; si, en effet, la chose était présente en elle-même, il serait vain de la rendre à la présence. Cette dynamique de l'absence (de la chose) et de la présence (par le fait de la représenter) explique peut-être le second sens de « représentation », celui de « valoir pour » ou de « tenir lieu de » quelque chose d'autre. En l'absence du vrai dieu, la statue en tiendrait lieu, sans pour autant s'y substituer. C'est ainsi qu'en sa signification politique, la représentation nationale « vaut pour » tous les citoyens, en « tient lieu » mais, normalement, ne saurait les remplacer. Il en est de même pour le signe qui, traditionnellement,

1. Paris, PUF, 1994, respectivement p. 297 et 299.

2. *Généalogie de la psychanalyse*, PUF, 1985, p. 8.

3. O. Boulnois, *Être et représentation*, PUF, 1999, p. 7-8. L'auteur note que « l'exemple restera canonique jusqu'au XIVe siècle ».

représente autre chose que lui-même au sens précis où il en tient lieu. C'est cette définition du signe qui n'est signe que parce qu'il renvoie à quelque chose d'autre, par opposition à la chose qui n'est qu'elle-même, que retient, par exemple, la *Logique de Port-Royal*: « quand on considère un objet en lui-même et dans son propre être sans porter la vue à ce qu'il peut représenter, l'idée qu'on en a est une idée de chose, comme l'idée de la terre, du soleil. Mais quand on ne regarde qu'un certain objet que comme représentant un autre, l'idée qu'on en a est une idée de signe et cet objet s'appelle signe. C'est ainsi que l'on regarde d'ordinaire les cartes, les tableaux »[1]. La représentation devient ici synonyme de signification et perd, en même temps que sa dimension de copie à l'identique, sa relation immédiate à la sensation et à la vision. Le signe ne reproduit pas la chose de manière homothétique mais y réfère; il n'est plus tableau mais outil. Sans doute, est-ce cette deuxième acception de la représentation, comme signe de quelque chose d'autre, qui explique qu'elle ait pu également désigner le concept lui-même. Penser, c'est «*repraesentare per conceptus*»[2]. Image, signe, concept, la représentation apparaît comme l'équivalent de la totalité de la connaissance en ses différents moments: la représentation a trait à la sensation par l'image, à l'imagination par la production de figures et au concept lui-même qui, ni image ni figure, se donne néanmoins comme signe ou renvoi à quelque chose d'autre que lui. Ainsi, lorsque Kant écrit: « toute espèce de représentation » et précise immédiatement: « (intuition sensation et pensée) »[3], il montre, par cette énumération, qu'en dernière instance, c'est l'ensemble de la pensée, dans ses différentes stratifications, qui est représentation.

L'équivocité du terme est donc totale tant les champs qui en relèvent sont multiples (image, signification, concept puis finalement pensée). Cette équivocité se retrouve évidemment dans l'expression « critique de la représentation », car qu'est ce qu'on « dénonce » ou « limite » en critiquant la représentation? Le recours à l'image, une certaine théorie de la signification ou de la référence, le concept, voire la pensée elle-même en toutes ces dimensions? Si les philosophies les plus contemporaines se structurent bien autour de cette critique, elles n'accordent pas la même signification à ce geste. Pour une partie de la philosophie actuelle, critiquer la représentation, c'est dénoncer la prétention de la connaissance objectivante, classiquement scientifique, à rendre compte de la totalité des aspects du monde ou de la chose. La chose, loin de se réduire à la représentation, serait en

1. I, VI, § 1, Flammarion, Champ, 1970.

2. Kant, *Reflexionen*, A.K., XV, 1, 2836.

3. *Quels sont les progrès réels de la métaphysique en Allemagne depuis le temps de Leibniz et Wolff?* Trad. sous la direction de F. Alquié, Pléiade, Gallimard, 1985, t. III, p. 1260 (A.K., XX, 7, 308).

excès par rapport à elle. La représentation, initialement comprise comme un « tenir lieu de quelque chose », se serait illégitimement transformée, au cours des derniers siècles, en un « se substituer à cette chose ». C'est ainsi que le signe serait devenu idole. C'est dans cette perspective que se situe, par exemple, C. Chalier qui, commentant la pensée de E. Levinas, écrit : « Comment résoudre le paradoxe, voire la contradiction [..] entre l'homme fini et mortel et un Dieu infini, entre le visible et sa splendeur et sa toute proximité et l'invisible qui en fait éclater les limites, dénonce la violence de sa lumière et désespère la sécurité du regard ? »[1]. Interroger l'irréductible excès de la chose par rapport à sa représentation, dénoncer la prétention de la pensée à rendre visible ce qui n'est pas elle (l'autre, l'infini, Dieu, l'être, etc.), telle est l'intention directrice qui anime cette « critique de la représentation ». Ce n'est évidemment pas en ce sens (très proche de la problématique biblique de l'idolâtrie) que F. Récanati, par exemple, peut écrire : « Deux auteurs ont entrepris de manière décisive, entre les deux guerres, la critique du représentationalisme : ce sont Wittgenstein et Austin »[2]. Dans ce contexte, il ne s'agit pas de faire droit à la chose même, à son excès par rapport à la raison humaine. Le substantif « représentationalisme » renvoie, ici, aux théories pour lesquelles l'unique fonction d'un énoncé serait de représenter un état de chose ou un fait. Le représentationalisme désigne la première vague de la philosophie analytique, défendue, entre autres, par le cercle de Vienne, pour laquelle la valeur de vérité d'une proposition est déterminée par l'état de fait auquel elle renvoie. C'est cette thèse que critique Austin, en montrant qu'un énoncé ne représente pas nécessairement des faits mais peut manifester un désir, exercer une influence, etc. Les énoncés tels que « je lègue cette montre à mon frère » ne réfèrent à aucun fait préexistant mais équivalent à l'accomplissement d'un acte. Ils sont de l'ordre de l'instauration. Le vaisseau est baptisé parce que je l'ai baptisé. « C'est ainsi parce que je le fais ainsi » (pour reprendre une formule qui n'est pas d'Austin) et non parce que je réfère à un état préexistant du vaisseau. Plus encore, un énoncé peut même, en certains cas, renvoyer à lui-même[3]. C'est l'hypothèse qu'envisage

1. « L'idolâtrie de l'être à travers la pensée de E. Levinas », *in* collectif, *Idoles, données et débats*, Denoël, 1985, p. 89. Sur la problématique de l'idôlatrie, voir, évidemment, J.L. Marion, notamment *L'idole et la distance*, Grasset, 1977. O. Boulnois se situe dans cette même perspective de « critique de la représentation ». Cette manière de critiquer la représentation a évidemment sa source dans la philosophie de Heidegger.

2. *La transparence et l'énonciation*, Seuil, 1979, p. 95.

3. Ce que, *stricto sensu*, refuse Austin. S'il est à l'origine de la définition du performatif comme ce dont l'énonciation équivaut à l'accomplissement d'un acte, il n'en demeure pas moins, qu'à la différence de Benveniste, il refuse de considérer les propositions qui renverraient à elles-mêmes. Il écrit, à ce titre : « une affirmation ne peut porter sur elle-même sans absurdité ». (*Philosophical Papers*, Oxford Clarendon Press, New-York, 1962, p. 124).

E. Benveniste. L'énoncé « je jure » est l'acte même et non la description d'un état de fait antérieur; « cet énoncé a une propriété singulière, celle d'être *sui-référentiel*, de référer à une réalité qu'il constitue lui-même »[1]. Si nous tentons de penser la différence entre cette critique de la représentation et la première envisagée, il est clair que leur direction est inverse. Ce n'est pas l'excès de la chose par rapport à sa représentation qui est interrogé, mais l'excès de l'énoncé par rapport à la seule représentation du fait. L'excès ici est excès du signe qui en dit plus qu'il ne devrait dire; il déborde sa simple fonction de référence. C'est donc parce qu'il y a un excès de l'énoncé par rapport à la simple fonction de représentation (comme référence à un état de fait) et non, à l'inverse, parce qu'il y a un excès du référent (la chose, Dieu, l'infini, etc.) par rapport à la représentation, que l'on doit entreprendre une « critique de la représentation ». Dès lors, la représentation est-elle critiquée parce que la chose est plus que la représentation ou parce que la pensée n'est pas uniquement représentation? Faut-il dénoncer la dérive par laquelle la représentation, initialement définie comme un « tenir lieu de », devint, au cours de l'histoire, un « se substituer à » ou bien relativiser l'idée selon laquelle toute pensée se définirait par sa fonction de référence à quelque chose?

Ainsi, la formule contemporaine de la « critique de la représentation » se décline manifestement de multiples manières. Notre propos n'est pas, ici, de penser cette contemporaine ambiguïté de la formule, mais de déployer une des formes précises que prit la « critique de la représentation » dans l'histoire de la philosophie. En effet, si l'histoire de la philosophie peut être, certes, lue, comme l'assomption du concept de représentation, si, assurément, il devient possible, à un moment, d'unir en un même concept (celui de « représenter ») la multiplicité des dimensions de la pensée en son rapport à ce qui n'est pas elle, il n'en demeure pas moins que cette assomption s'est, à chaque moment, accompagnée de sa crise et donc de sa critique. Or, l'idéalisme allemand est l'un des moments de la crise de la représentation et l'une des figures les plus radicales de sa critique. C'est là, du moins, sur la base d'une étude de la philosophie de Fichte, ce que nous entendons démontrer.

Mais, dès lors, la question se repose : que recouvre, dans ce contexte, la philosophie de la représentation que le post-kantisme se donnerait pour tâche de dépasser? Son premier trait caractéristique est le suivant : dans la philosophie de la représentation, la relation du sujet et de l'objet est donnée comme la totalité de ce qui est à comprendre; l'enquête philosophique a pour problématique exclusive l'élucidation de cette relation. Ainsi définie, cette philosophie de la représentation correspond à la manière dont

1. *Problèmes de linguistique générale*, t. I, Seuil, 1966, p. 273-274.

M. Henry caractérise l'« ontologie de la représentation : c'est-à-dire l'expérience entendue comme le rapport d'un sujet et d'un objet en général »[1] ; la philosophie de la représentation s'épuise en la pensée de l'objectivité et culmine, comme le dit, à nouveau, M. Henry en « une théorie du monde objectif ». Le second trait caractéristique de cette philosophie de la représentation réside en sa définition de l'objet connu : l'objet n'est objet de connaissance valide que pour autant qu'il peut être figuré. Cette synonymie entre connaître et figurer peut être illustrée, momentanément, par la manière dont sont pensées, dans certaines philosophies, les relations entre l'algèbre et la géométrie. Chez Leibniz, par exemple, on assiste à une promotion de l'algèbre et à une secondarisation de la géométrie. Cette relation entre les deux disciplines est dépendante de sa théorie de la connaissance pour laquelle penser n'est pas voir ni figurer dans l'espace, mais calculer (au sens du calcul logique). A l'inverse, chez Descartes, mais aussi chez Kant[2], l'algèbre est assujettie à la géométrie et la théorie des nombres à celle de la figure. Or, si tel est le cas, c'est là encore en fonction d'une théorie du savoir pour laquelle connaître, c'est représenter et représenter, c'est rendre l'objet figurable[3]. La figure, comme ce qui est appréhendable du fait de sa mesure, représentable du fait de ses contours, discernable du fait de ses limites, devient ici le critère de la connaissance. Par suite, la philosophie de la représentation, dont nous analyserons la critique par Fichte, se spécifie en ce qu'elle élit le problème de l'objectivité (la relation du sujet et de l'objet) comme problème exclusif de la philosophie et en ce que cette objectivité se définit à son tour par le fait pour un objet d'être visible au sens de figurable[4]. Dans cette définition de la représentation, telle que Fichte la récuse, il est aisé de retrouver quelques-uns des traits évoqués plus haut. La représentation est liée à la vision par le biais de la notion de figure. Elle est également référence à un monde objectif, pensé comme la totalité de ce qui est à comprendre.

1. *Op. cit.* p. 7.

2. Nous reviendrons évidemment longuement sur la détermination du kantisme comme « philosophie de la représentation » ; pour ce qui est du point précis de l'assujettissement de l'algèbre et de l'arithmétique à la géométrie chez Kant, voir, entre autres, J. Vuillemin, *L'intuitionnisme de Kant*, Paris, Vrin, 1988.

3. Ceci n'est vrai qu'en partie pour Descartes puisque le savoir se définira, dans les *Méditations*, par des procédures autres que la simple figuration. Seule, son épistémologie des mathématiques met en œuvre cette synonymie entre la connaissance de l'objet et la connaissance de sa « figure ».

4. Il faut ici reprendre la distinction courante entre figure-image et figure-forme. La figure-image renvoie directement à la perception immédiate, alors que les figures-formes de la géométrie (ou de la peinture cubiste) ne renvoient pas à la réalité perceptible immédiate mais sont des formes aux contours et limites parfaitement définis. Cette figure géométrique, si elle ne s'associe pas immédiatement à l'image, n'en est pas moins devenue expression vraie du monde connu. C'est, par exemple, l'ensemble de la chose étendue que Descartes réduira à sa figure.

Le but de ce travail est donc de démontrer comment le point de départ de la philosophie de Fichte est la critique de la représentation, son point d'aboutissement, la mise en place d'un savoir qui pour n'être ni simplement représentationnel (en son double sens de « renvoi à » et de « figuration de ») ni réductible au seul calcul logique (au sens de Leibniz ou de certains logiciens plus contemporains) n'en est pas moins pleinement savoir, qui s'assume comme tel, ne craint pas le nom de « science », et refuse de faire de la philosophie un discours qui n'a de sens qu'à dire sa propre impossibilité.

De cette thèse générale découlent les principaux moments de notre enquête. Nous éluciderons, tout d'abord, la relation de Fichte à Kant et restituerons les apories auxquelles Fichte fut confronté; apories qui l'engagèrent, dès 1793, sur la voie d'une critique du concept fondateur du criticisme, celui de « validité objective ». A partir de cette étude des modifications de la conscience kantienne de Fichte, nous montrerons comment à la pensée comme représentation (Kant) s'est substituée la pensée comme acte; à la notion de « connaissance » (*Erkenntnis*), celle de « savoir » (*Wissen* ou *Wissenschaft*); à la notion de figuration, celle de réflexion. Cette notion de réflexion, nous en suivrons la thématisation progressive dans la *Grundlage*, montrerons son déploiement jusqu'en 1798 et expliquerons comment elle permet de restituer la cohérence de l'ensemble de l'œuvre de Fichte : cohérence tant verticale (de la doctrine de la science aux « sciences particulières ») qu'horizontale (des différentes doctrines de la science entre elles). Cette analyse du modèle de la réflexion que Fichte oppose aux philosophies de la représentation nous permettra donc de comprendre le lien, parfaitement déductible, entre les trois notions qui structurent toute l'œuvre et en signent la spécificité : la pensée comme acte, la pensée comme congruence entre « l'effectué » et « l'effectuation » et la pensée comme dynamique entre le fini (la limite, la figure) et l'infini (l'illimité et l'éclatement de la figure). Au terme de ce parcours, il nous sera loisible de penser l'identité et la différence de cette « critique de la représentation » par rapport à celles que nous connaissons aujourd'hui et de mesurer ce que ce moment historique de la philosophie apporte à ce thème.

D'un strict point de vue herméneutique, ce travail se situera, évidemment, par rapport aux différentes interprétations qui ont été produites de la philosophie fichtéenne. A notre sens, trois interprétations fondatrices sont repérables[1] :

La première est une interprétation téléologique de l'idéalisme allemand. Fichte, en ce cadre, est considéré comme un moment transitoire au sein d'un processus qui culmine chez Hegel. C'est, certes, l'interprétation hégélienne de R. Kroner dans son *Von Kant bis Hegel*, mais c'est

1. Nous n'entendons évidemment pas dire par là que ce sont les seules possibles.

surtout aujourd'hui celle de Heidegger et de tous les nombreux historiens de la philosophie qui acceptent son principe de lecture. Bien qu'en un sens évidemment non hégélien, la philosophie est néanmoins conçue, par ces interprètes, comme un processus qui tend à son achèvement; processus continu qui conduit la métaphysique à dévoiler de plus en plus explicitement sa structure ontothéologique. En désaccord avec cette interprétation, nous tenterons de démontrer que Fichte ne saurait illustrer cette structure ontothéologique.

A l'inverse de cette interprétation qui fait du fichtéanisme un hégélianisme non accompli, faut-il penser l'œuvre de Fichte comme un kantisme réussi? Telle est l'interprétation de A. Philonenko, interprétation à l'origine de la quasi-totalité des études fichtéennes actuelles de langue française. Pour cette école, la problématique de Kant comme celle de Fichte est la problématique de la représentation, c'est-à-dire le problème du rapport du sujet à l'objet. Fichte innoverait par rapport à Kant non parce qu'il partirait d'une autre question mais parce qu'il préciserait le sens de la réponse. Cette interprétation mobilise une conception de l'histoire de la philosophie totalement différente de la première. Les philosophies y sont pensées à l'aune d'une seule d'entre elles, considérée comme vraie et achevée : le kantisme. C'est sa proximité à Kant qui décide de la valeur de Fichte. La première philosophie de Fichte (1794-1796) serait valable parce que kantienne, la seconde (1798-1813) ne le serait plus parce que non kantienne[1]. Réactualiser une vision du monde criticiste, tel est, dans cette optique, le sens d'une étude sur Fichte. Là encore, nous ne saurions partager cette interprétation. Nous montrerons donc pourquoi, lorsqu'un philosophe récuse chez un autre sa définition de la vérité, on ne saurait prétendre qu'il reconduit les options fondamentales de cette philosophie. Nous montrerons aussi que la question de Fichte n'est pas prioritairement la relation du sujet à l'objet et comprendrons comment Fichte estime, dès 1793, que le kantisme est une philosophie dépassée.

La troisième interprétation est celle de D. Henrich. Dans ce cadre, Fichte n'est pas pensé comme proposant une autre réponse (soit un idéalisme plus radical – Kroner, mais aussi M. Gueroult –, soit l'intersubjectivité – A. Philonenko et ses disciples) à un même problème (celui de la relation du sujet et de l'objet), mais interprété comme portant à l'explicite une problématique demeurée implicite chez ses prédécesseurs : la relation

1. C'est là l'interprétation, par exemple, de L. Ferry et A. Renaut. « L'humanisme critique » (que revendiquent ces deux auteurs) entend sous le terme de « criticisme » l'œuvre de Kant en sa totalité et deux ans de l'activité philosophique de Fichte : la doctrine de la science de 1794 et la doctrine du droit de 1796. A partir de 1797, comme le dit A. Renaut, « l'incomparable grandeur de Fichte était passée » (*Système du droit*, PUF, 1986, p. 460). En un mot, Fichte, s'étant engagé « sur les chemins de la spéculation » (*ibid.*), n'est plus kantien et perd donc de sa « grandeur ».

du sujet à lui-même. Cette interprétation a donné naissance à une école philosophique extrêmement féconde, l'école de Heidelberg, qui, en la personne de M. Frank ou de U. Pothast, tente de repenser, à nouveau mais autrement, le problème qui était celui de Fichte. Pour D. Henrich, Fichte incarne donc une seconde étape dans l'histoire de la philosophie du sujet, celle de la « réflexion ». Ce modèle de la réflexion, D. Henrich l'interprète comme un « retour sur » et pense, de ce fait, que Fichte échoue à dépasser les apories de la première période de la philosophie du sujet. En accord avec la thèse selon laquelle Fichte partirait d'une autre question (celle de la réflexion et non de la représentation), nous dirons pourquoi nous sommes en désaccord avec D. Henrich sur la signification qu'il convient d'attribuer à ce modèle de la réflexion. Nous montrerons donc que la réflexion ne se thématise pas à partir d'un énigmatique retour sur soi mais à partir de la question du statut du discours du philosophe. La question de Fichte, qui préside à l'élaboration du modèle de la réflexion, n'est pas : comment le sujet peut-il retourner sur lui-même, mais : comment le philosophe peut dire ce qu'il dit sans se contredire en le disant ? Comme l'écrit Fichte dans la *Doctrine de la science* de 1804, il faut que « l'on étudie Kant, non comme l'ont fait tous les kantiens sans exception en collant à la lettre [...] mais en s'élevant de ce qu'il dit réellement à ce qu'il ne dit pas *mais qu'il devrait présupposer pour pouvoir dire ce qu'il dit* »[1]. Déterminer ce qu'on doit présupposer pour pouvoir dire ce que l'on dit sur tel ou tel thème particulier de la philosophie (la science, la nature, Dieu, l'âme, l'homme, l'existence, etc.) sans se contredire par l'acte même de le dire, tel est le moteur de la recherche de Fichte. Cette question explique la spécificité de son modèle de la réflexion, qui, loin de retomber dans les impasses d'un modèle optique ou spéculaire, prend la forme de ce que nous pourrions appeler une grammaire de l'effectuation, dont nous décomposerons les gestes principaux en lisant la *Grundlage*. Ce qui nous permettra de montrer que Fichte ne saurait être considéré comme la seconde étape de la philosophie du sujet pour la simple raison que sa philosophie n'est pas véritablement ce qu'on appelle « une philosophie du sujet ».

Enfin, d'un point de vue interne aux études fichtéennes, qui toutes aboutissent à un moment à la question de l'évolution de la philosophie de Fichte, il nous faut justifier la séquence temporelle suivie, à savoir 1791-1799 plutôt que 1801-1813, largement moins commentée en France. Ce choix, outre ses paramètres contingents[2], repose sur une hypothèse : s'il y a

1. Traduit sous le titre *Théorie de la science de 1804*, par D. Julia, Aubier, 1967, p. 34. C'est nous qui soulignons.

2. Il nous a fallu, par exemple, suivre pas à pas le déploiement du modèle de la réflexion dans le texte fondateur de 1794 (à l'avenir *Grundlage* ou *GWL*, traduit par A. Philonenko dans *Œuvres choisies de philosophie première* – à l'avenir, *O.C.P.P.*, Paris, Vrin, 1980), ce qui

contradiction entre le premier système (1794-1796) et le deuxième (1798-1801), voire le troisième (1804-1813), c'est que les interprètes l'ont introduite eux-mêmes, non pas en mésinterprétant le deuxième (ou troisième) système mais en infléchissant la signification du premier. Tout le problème naît à notre sens de ce que l'on fait de « la première philosophie de Fichte » une philosophie du « sujet fini ». Or, nous montrerons que le premier système, nonobstant le fait qu'il ne correspond à aucune des acceptions du terme « sujet », est « une philosophie de l'infinité ». Ce qui explique pourquoi cette problématique directrice de l'infinité se retrouve, logiquement, dans les expositions ultérieures de Fichte.

Identité réflexive et acte, savoir et infini, tels sont donc les axes que nous suivrons pour comprendre le sens que prit l'une des figures de la critique de la représentation.

prend évidemment une certaine place et ne peut être, dans le cadre limité de cette étude, reconduit pour toutes les *doctrines de la science* qui succéderont à celles de 1794 et 1798.

Première partie

LES DIFFÉRENTES FIGURES DE LA RELATION À KANT

Chapitre premier

LES APORIES DE LA REPRÉSENTATION

Déterminer la question à l'origine de l'élaboration philosophique de Fichte, c'est comprendre les différentes modifications que connut sa relation à Kant entre 1790 et 1794. En effet, d'emblée, Kant s'est dit de multiples manières et la référence à sa philosophie, dès la réception de la *Critique*, a pris différentes figures. Or Fichte, de 1790 à 1794, en a exploité un certain nombre; si les proclamations de fidélité à l'esprit du criticisme furent, de sa part, constantes, elles n'ont guère, selon les époques où il les formule, la même signification. La considération du cheminement qui le conduit de la lecture de la *Critique de la raison pratique* à la rédaction des *WL* nous permettra d'établir une typologie des différentes manières de se référer à Kant en même temps que de restituer les apories à l'origine du questionnement fichtéen. Pourquoi Fichte ne s'est-il pas contenté, comme il en avait l'intention au départ, de répéter le criticisme? Quels sont les problèmes qui l'ont incité « à tout rebâtir » ?

De la répétition du kantisme à sa modification

La première figure que prit la relation de Fichte à Kant fut celle de la simple vulgarisation. En 1790, Fichte ne s'assigne d'autre tâche que de rendre les acquis du kantisme sensibles à tous par une présentation plus courte, plus claire, plus pédagogique. Plus courte : « Une cause principale qui fait qu'on ne comprend pas la *Critique* me semble être les nombreuses répétitions et digressions qui interrompent la suite des idées; je crois qu'elle serait plus facile si elle était de moitié moins épaisse »[1]; plus claire : « Que pensez-vous d'un exposé plus clair de la *Critique du jugement* de Kant [...] Il me semble qu'elle en a bien besoin »[2]; plus pédagogique, enfin : « Mon projet est de ne faire rien d'autre que de rendre ses principes *<i.e. ceux de Kant>* populaires, et de chercher, par mon éloquence, à les rendre efficaces sur les cœurs »[3].

A ce titre, Fichte s'inscrit dans cette mouvance des tout premiers kantiens qui, désireux de pallier l'obscurité et la longueur de l'exposition, eurent pour premier souci de présenter une analyse succincte et intelligible de la *Critique*. De cette volonté témoigne, à la même époque, une étude comme celle de J. Schultz : les *Eclaircissements sur la Critique de M. le professeur Kant*[4]. Même si cette réduction quantitative s'accompagne le plus souvent d'une réduction doctrinale, il n'en demeure pas moins que l'insuffisance des *Critiques* paraît aux yeux de ces premiers zélateurs du kantisme plus rhétorique que théorique. C'est ce type de référence à Kant que Reinhold, dès 1790, prendra à parti en stigmatisant : « les amis de la philosophie critique » qui « pour la plupart, sont persuadés que l'auteur de la *Critique de la raison pure* n'a laissé, aux autres philosophes, d'autre tâche que d'exposer plus clairement ses idées »[5].

A cette figure de la vulgarisation succède celle de l'application. L'*Essai d'une Critique de toute révélation*[6] témoigne d'un kantisme plus créatif mais néanmoins strictement orthodoxe. A cette époque, Fichte considère que l'élucidation proprement ontologique a été achevée par Kant. Il s'agit donc, pour lui, d'appliquer les principes kantiens à un nouveau donné, en l'occurrence la religion. Dans son esprit, la *Critique* incarne la présentation du système, l'accomplissement de la philosophie véritable. Sa référence à Kant prend donc la figure de l'exploration de nouveaux « champs » à l'intérieur des « domaines », définis par la *Critique de la faculté de juger*, domaines dont il ne songe nullement à contester la légitimité. Ainsi, dès la fin de l'année 1791, le type de référence à la structure d'origine s'est déjà modifié. Par ce deuxième type de relation au criticisme, Fichte s'apparente à ceux qu'il appellera par la suite « les adeptes de stricte observance du

1. Lettre à Weisshuhn d'août-septembre 1790, Gesamtausgabe der Bayerischen Akademie der Wissenschaften, sous la direction de R. Lauth et H. Gliwitzky, éd. F. Frommann, Stuttgart, III, 1, p. 168, (à l'avenir *G.A.*).

2. Au même, lettre du 27 septembre 1790, *G.A.*, III, 1, 174.

3. Lettre à J. Rahn du 5 septembre 1790, *G.A.*, III, 1, 171.

4. Königsberg, 1791. Une traduction française a été faite au XIXe siècle par J. Tissot, Paris, Librairie philosophique de Lagrange, 1865.

5. Traduit sous le titre de *Philosophie élémentaire*, par F.X. Chenet, Paris, Vrin, 1989, p. 138.

6. *Essai d'une critique de toute révélation*, traduction de J.C. Goddard, Paris, Vrin, 1988. Le texte parut à la foire de Pâques 1792, mais était achevé dès l'été 1791.

kantisme »[1], qui conçoivent les *Critiques* non comme une propédeutique mais comme le déploiement du système. Dans cette perspective, la tâche philosophique s'épuise dans l'application des principes kantiens à d'autres objets (l'histoire, le droit, la religion, etc.). Ce deuxième type de référence à Kant, fut, de la part de Fichte, de courte durée. En effet, avant même la publication du texte, il estime que sa *Critique de toute révélation* « aurait dû tranquillement moisir parmi d'autres exercices »[2], et plus tard, dans une lettre à Weisshuhn du 5 juin 94, il confie que seul son « manque d'argent a pu le convaincre de la donner à imprimer ». De fait, dès la fin de 1792, Fichte se dirigea vers une réélaboration radicale des principes même du criticisme. Cette nouvelle manière de se référer à Kant, il la doit à Reinhold qu'il commence à étudier vraisemblablement au cours de l'année 1792. Cette lecture signe la troisième figure du rapport à Kant, celle de la modification des principes kantiens.

Cette filiation à Reinhold, Fichte non seulement la reconnaît mais la revendique. Kant et Reinhold sont, dans ses écrits, toujours associés et mis sur le même plan. Sa première œuvre réellement spéculative s'intitule: *Méditations personnelles sur la philosophie élémentaire*, indice patent de l'acceptation du concept principal de Reinhold, celui de philosophie élémentaire. Au reste, l'influence de ce philosophe sur la compréhension du criticisme fut considérable puisque « les contemporains virent la philosophie de Kant à la lumière de celle de Reinhold »[3]. Si Reinhold eut une telle importance sur la détermination de la signification du kantisme, c'est en raison de l'originalité de sa démarche, laquelle consiste à insister sur les insuffisances des *Critiques* pour mieux en préserver les acquis. En ce sens, il représente, historiquement, la première modification du criticisme produite au nom même des exigences de celui-ci[4]. Deux aspects de l'influence de Reinhold sur Fichte peuvent être distingués : en un premier temps, Fichte accepte son diagnostic sur les *Critiques* ainsi que la nécessité d'y

1. Lettre à Schelling du 19 novembre 1799, III, 4, 158, traduit par M. Bienenstock, PUF, 1991, p. 64.

2. Lettre à Weisshuhn du 11 octobre 1791. G.A. III, 1, p. 266-270.

3. N. Hartmann, *Die Philosophie des deutschen Idealismus*, 2e édition, De Gruyter, 1960, p. 14. Sur cette lecture du criticisme à partir de la philosophie élémentaire, voir aussi H.J. de Vleeschauwer, *L'évolution de la pensée kantienne*, Paris, Alcan, 1939, p. 184 ; E. Cassirer, *Les systèmes post-kantiens* (*Systèmes*), trad. à l'initiative du collège de philosophie, Lille, PUL., 1983, p. 51 ; R. Kroner, *Von Kant bis Hegel*, Tubingen, 1921, I, p. 315 à 326.

4. Nombreux sont les commentateurs à avoir souligné ce double aspect, à la fois défensif et critique, de la relation de Reinhold au criticisme. Si « son intention est éminemment positive, voire apologétique » (J. Grondin, *Kant et le problème de la philosophie : l'a priori*, Paris, Vrin, 1989, p. 117), il n'en demeure pas moins que « Reinhold est aussi, en quelque sorte le miroir grossissant, le révélateur des défauts de Kant » (X. Chenet, Présentation de la traduction de la *Philosophie élémentaire*, p. 33).

remédier par une enquête sur le fondement du savoir. Mais, corollairement à cette acceptation, le déploiement de la solution de Reinhold mettra à jour des apories fondamentales. En d'autres termes, la réalisation, par Reinhold, du projet de fondation aboutit à des impasses telles qu'elles dessinent en creux la question que Fichte devra affronter. C'est pourquoi, en un second temps, Fichte contestera la philosophie de Reinhold et par là remettra en cause la détermination de l'essence du criticisme qu'elle suppose. Sa relation à Kant en sortira donc encore métamorphosée. Envisageons tout d'abord la positivité de cet héritage si décisif pour la compréhension de la question de la *Grundlage*.

La nécessité d'une fondation du criticisme

Pour Reinhold, démontrer l'universalité de fait du kantisme passe par la reconnaissance de la légitimité des attaques dont il a été l'objet. De toutes ces attaques, la plus dirimante est, à ses yeux, celle qui dénonce le caractère présupposant du kantisme. Deux présuppositions grèvent l'ensemble de l'édifice kantien. Tout d'abord, Kant admet comme un fait établi la nécessité des sciences, c'est-à-dire admet la vérité des jugements mathématiques et physiques. Or ce constat de départ, dont toutes les démonstrations ultérieures dépendent, ne fait l'objet d'aucune démonstration : « les concepts de la réalité des jugements synthétiques a priori qui forment le fondement, exposé dans la *Critique*, de tout le système kantien sont admis sans preuve »[1]. Dès lors, seuls les kantiens déjà convaincus peuvent accepter ce fait. C'est pourquoi « kantiens et anti-kantiens ne se sont réfutés mutuellement qu'en présupposant établi ce que contestaient les adversaires »[2]. La fragilité du point de départ hypothèque donc toute la recherche sur les conditions de possibilités, et l'ensemble de la *Critique* repose sur une véritable pétition de principe.

La seconde présupposition qui, aux yeux de Reinhold, risque d'invalider la démarche kantienne, est la suivante : la *Critique*, pour se déployer, a besoin de certains concepts. Or, ces concepts ne sont jamais définis ni légitimés ; par exemple, les concepts de forme et de matière, massivement mobilisés dans toutes les analyses des *Critiques*, ne font l'objet d'aucune déduction et sont thématisés quasi subsidiairement dans un problématique appendice « De l'amphibologie des concepts de la réflexion, résultant de la confusion de l'usage empirique de l'entendement avec son usage transcendantal »[3]. De même, les concepts d'actif et de passif ou de spontanéité et de

1. *Du fondement du savoir philosophique*, trad. p. 247.
2. *Ibid.*, p. 248.
3. K.R.V., p. 988 *sq.* (A. 260, B 316).

réceptivité, sans lesquels le discours kantien ne pourrait se déployer, sont introduits sans jamais être déduits alors même que, comme les concepts de forme et de matière, ils structurent toutes les oppositions de la *Critique*. C'est pourquoi, à la différence des *Critiques*, l'*Essai d'une nouvelle théorie de la faculté humaine de représentation* s'attachera d'emblée à définir les concepts de forme et de matière. L'analyse de ces concepts primitifs permettra la mise en place progressive des autres oppositions fondamentales : donné / construit, réceptivité / spontanéité, diversité / unité, interne / externe. Par cette démarche, Reinhold indique que « fonder le kantisme » consiste essentiellement à montrer la légitimité de l'usage de ces concepts, conditions même de l'exercice du discours kantien. C'est ce qui explique que Reinhold pense la différence entre son entreprise et celle de Kant en termes de niveau de généralité : « l'une analyse ce que l'autre présuppose sans l'analyser. L'une prouve ce que l'autre pose comme ayant besoin d'une preuve; l'une fonde sur des définitions complètes ce que l'autre déduit de définitions incomplètes » [1].

Il est clair, ici, que par ce type de référence à Kant, Reinhold récuse la figure de la répétition et de l'application pour prôner la nécessité d'une modification sans trahison. Il dénonce le type de référence à Kant que nous nommions précédemment strictement orthodoxe. C'est ce qu'atteste la véhémence de ses attaques envers ceux qu'il accuse purement et simplement d'invalider la puissance du kantisme par la scrupuleuse répétition de ses carences. Par là, Reinhold amorce une nouvelle manière d'être kantien, pour laquelle l'élucidation proprement philosophique, loin d'être achevée, a seulement été rendue possible par la *Critique* : « La déclaration expresse de Kant que sa *Critique de la raison pure* n'était qu'une propédeutique à la métaphysique n'a même pas pu empêcher les kantiens, davantage fidèles à la lettre qu'à l'esprit de la doctrine, de la présenter comme la doctrine de la philosophie élémentaire elle-même » [2]. La philosophie élémentaire se conçoit donc comme une légitimation du kantisme à partir d'un point de vue non thématisé par Kant.

Ce point de vue, loin de se concevoir comme une trahison de l'essence du criticisme, doit s'entendre comme la nécessité de poser à Kant lui-même la question « *quid juris ?* ». On peut, pour mieux faire surgir la nature de la question posée par Reinhold, reprendre la manière dont, classiquement, on interprète le reproche qu'il adresse à Kant. Par exemple, J. Rivelaygue écrit : « Sans doute ne s'agit-il pas là de reproches que Kant considérait comme fondés <*i.e. le reproche d'absence de fondement*>. On ne peut que remonter de l'expérience à ses conditions de possibilités, il n'est pas question de les reconstruire à partir d'un terme plus élevé. Kant ne veut pas

1. *Op. cit.*, p. 248.
2. *Ibid.*, p. 218.

chercher *pourquoi nous avons douze catégories et deux intuitions*. Il n'empêche que tous les post-kantiens verront dans la non-systématicité une insuffisance »[1]. Or, à notre sens, la demande de Reinhold n'est pas : « Pourquoi avons-nous douze catégories ? » mais : *« Qu'est ce qui permet à Kant d'affirmer que nous avons douze catégories ? »*. C'est là la différence entre « rendre raison d'un fait » (les douze catégories, les deux intuitions) et « justifier un discours sur un fait ». Si la première question semble inévitablement nous orienter vers une enquête sur l'origine transcendante de la représentation, en revanche, la seconde, qui part du constat que les concepts primitifs, constamment utilisés dans la *Critique*, ne sont déduits nulle part, ne préjuge en rien du caractère ou non dogmatique de la réponse. La demande de fondement se spécifie ici comme une question portant sur la légitimité des concepts mobilisés par le philosophe et non point, comme on le dit trop souvent, comme quête d'un être ou d'une instance transcendante.

C'est pourquoi, à partir de Reinhold, la philosophie se définira de plus en plus comme le système sur le système, la philosophie de la philosophie, la doctrine de la science, voire, en une réflexivité sans cesse recommencée, les fondements de la doctrine de la science. C'est ce projet, ainsi que la pertinence de son diagnostic, que reprend, de manière parfois littérale, Fichte.

Conséquences de la question du fondement sur la nature du criticisme

La nécessité de fonder le kantisme est une thèse que Fichte emprunte, d'emblée, à Reinhold et qu'il ne remettra plus jamais en cause. Ainsi à Flatt, il écrit, en 1793 : « je me suis persuadé que la philosophie ne peut devenir science que si on la développe à partir d'un principe unique »[2]. A Reinhold, il décrit ainsi le rôle qu'il a joué dans l'histoire de la philosophie : « Comme Kant, vous avez apporté à l'humanité quelque chose qui restera en elle éternellement. Lui, qu'il faut partir de l'étude du sujet. Vous, qu'il faut que cette étude parte d'un seul principe. La vérité que vous avez exprimée est éternelle »[3] ; enfin, en 1804, il indique lui-même le point de départ de son œuvre : « pour caractériser maintenant la doctrine de la science sur ce point historique qui a été autrefois à l'origine de ma spéculation, assurément en ne dépendant aucunement de Kant, je dois dire que l'essence de la *WL* consiste précisément à rechercher la racine que Kant juge inexplorable, [...] puis à déduire vraiment et de façon compréhensible les deux mondes à

1. *Ibid.*, p. 131. C'est nous qui soulignons.
2. *G.A.*, III, 2, 18.
3. Lettre à Reinhold de mars 95, (*G.A.*, III, 2, 272).

partir d'un seul principe »[1]. C'est donc l'analyse reinholdienne de l'insuffisance de fondation qui fut l'un des principaux moteurs de l'activité philosophique ultérieure de Fichte et le détermina à abandonner le kantisme orthodoxe de la deuxième période.

Or, cette reconnaissance de la légitimité de la question du fondement a pour corollaire l'acceptation de deux autres thèses de Reinhold. Tout d'abord, Fichte reprend la définition de la philosophie, induite par la question du fondement. En écho à Reinhold, il écrit : « ce qui se serait jusqu'à présent appelé la philosophie serait par conséquent la science de la science en général »[2]. Ce qui l'amène, évidemment, à situer la *WL* au même niveau de réflexivité ou de généralité que la philosophie élémentaire. C'est pourquoi aussi, à l'instar de Reinhold, les premiers concepts mis en avant par Fichte seront les concepts de matière et de forme. En effet, les *Méditations personnelles*, comme la *WL* de 94, comme celles de 98 et 1801, sont écrites du point de vue des concepts de forme et de matière (ou de déterminable et de détermination, que Kant donne, dans l'*Amphibologie*, pour strictement synonymes des premiers.) C'est à partir de ces concepts que Fichte entreprendra de redéfinir l'essence même de l'acte de philosopher.

De surcroît, par sa reprise de la question du fondement, Fichte, comme Reinhold, est conduit à postuler la nécessaire unification des domaines pratique et théorique que Kant dissociait. Il ne s'agira plus, pour eux, de chercher à articuler, à partir de l'esthétique, l'ontologie pratique et l'ontologie théorique, comme le faisait Kant dans la *Critique de la faculté de juger*, mais bien, au nom d'un fondement unique, de critiquer la distribution kantienne en domaine pratique et théorique. Là encore, il est clair que le simple fait de renoncer à cette distinction modifie radicalement le type de référence au criticisme, et appelle inévitablement l'abandon d'un kantisme « de stricte observance » qui était le sien dans la seconde période.

Nécessité d'une fondation, détermination du concept de philosophie, nécessaire unification des domaines pratique et théorique, c'est, en fait, l'ensemble du projet de Reinhold que Fichte reprend. Mais si Fichte accepte le projet, il en dénonce la réalisation. Les énoncés purement programmatiques de Reinhold sont probants, mais leur mise en œuvre mettra la philosophie dans une situation de crise grave. Crise qui contraindra Fichte, une fois encore, à modifier sa lecture du criticisme. Aux yeux de Fichte, Reinhold n'a pas su pousser à son terme ce qu'il avait pourtant lui-même impulsé ; paradoxalement, il manquera ce dont il est à l'origine.

1. *WL de 1804*, trad. (modifiée) p. 36.

2. *Sur le concept de la doctrine de la science ou de ce qu'on appelle philosophie*, traduction française de L. Ferry et A. Renaut, Paris, Vrin, 1984, p. 36.

LE CRITICISME COMME THÉORIE DE LA REPRÉSENTATION

Pour Reinhold, fonder le kantisme par le haut signifie partir d'un fait incontestable. Ce fait devra obéir aux conditions suivantes : être à la fois parfaitement défini, au sens où aucun des termes de la définition ne présuppose l'explicitation d'un autre, être tel qu'à partir de lui on puisse retrouver, par analyse successive, les éléments dont parle la *Critique* (tant pure que pratique), enfin, et peut-être surtout, il devra être tel que ni les empiristes sceptiques ni les idéalistes ni les rationalistes de l'*Aufklärung* ni enfin les pourfendeurs de la raison théorique, comme Jacobi, ne puissent le récuser. Ce fait sera le « fait de la représentation », ou principe de la conscience, qui s'énonce ainsi : « La représentation est dans la conscience distincte du représentant et du représenté en même temps qu'elle se rapporte aux deux » [1].

Ce fait, nul ne peut, selon Reinhold, le nier car il est formulé abstraction faite de toute référence à une chose extérieure. Parce que cette définition ne suppose aucune position d'existence, la contester serait « nier ou mieux avoir perdu la conscience même » [2]. Et de fait, il n'a jamais été question pour les leibniziens de nier que l'homme avait une conscience d'objet distincte de la conscience de soi ; il s'est simplement agi de démontrer que la conscience d'objet (effectivement ressentie comme telle) était une illusion, au sens où elle était, non une passivité, mais une moindre activité. De même, nul empiriste ou réaliste n'a jamais prétendu que le sujet ne faisait pas la distinction entre sa représentation et la représentation de la chose, ils se sont seulement attachés à montrer que l'idée d'une autosuffisance de la pensée était une croyance non fondée. Les divergences entre les courants philosophiques n'apparaissent donc qu'à propos de l'origine et de la signification de cette scission entre objet représenté et sujet représentant, mais tout le monde admet que la conscience se divise en sujet représentant et objet représenté. Or, dans la mesure où Reinhold ne postule rien ni sur l'origine de la représentation ni sur l'être, dans la mesure où il se contente d'analyser un pur donné, dans la mesure où il « s'en tient à l'intérieur de la pure description des phénomènes » [3], son « fait de la représentation », à la différence du point de départ kantien, semble répondre à la

1. *Op. cit.* p. 46.

2. V. Delbos, *De Kant aux postkantiens*, Paris, 2e éd. Aubier, 1992, p. 174.

3. Cassirer, *op. cit.*, p. 37. F.X. Chenet, dans la présentation à sa traduction, souligne cet aspect indéniablement phénoménologique des analyses de Reinhold. C'est à A. Klemmt qu'il appartient d'avoir développé, dans son étude : *K.L. Reinholds Elementar philosophie, eine Studie über den Ursprung des Spekulativen deutschen Idealismus*, Hambourg, Meiner, 1958, de manière systématique, cette dimension phénoménologique de la première philosophie de Reinhold.

neutralité requise par l'universalité[1]. Ce fait de la représentation, qui ne dit rien d'autre que la scission de l'objet et du sujet dans la conscience, deviendra donc le fondement qui manquait à la *Critique*.

Une fois posé le fait de la représentation comme le présupposé de toutes les analyses kantiennes, le genre commun à toutes les espèces définies par Kant, il faut l'analyser. Qu'est-ce que la représentation? D'une manière générale, c'est la modification interne du sujet connaissant. Cependant, on ne saurait en rester à cette définition, dans la mesure où, ainsi formulée, la simple impression sur les organes sensoriels pourrait être considérée comme une représentation. Or « l'impression sur l'organe sensible n'est pas une représentation et sa forme n'est pas une forme de la représentation »[2]. En effet, toute représentation, pour être désignée comme telle, suppose une information, au sens aristotélicien du terme, c'est-à-dire l'imposition d'une forme. Dès lors, l'impression sensible brute accède à la dignité représentative, si et seulement si le sujet lui impose une forme. Par suite, la représentation, pour être déterminée comme représentation, suppose un composé de matière et de forme: « Matière et forme ne constituent la représentation que par leur union »[3]. C'est en ce sens qu'il convient d'interpréter l'énoncé kantien : toute représentation est synthèse. La mise en œuvre de ces deux notions permettra de poser progressivement les équivalences suivantes: la matière est le donné, le passif de toute représentation, la forme incarne ce qui est construit, l'actif de toute représentation. La synthèse kantienne doit donc se comprendre comme synthèse entre activité et passivité.

Il convient, ici, de s'arrêter sur la signification de cette thèse sur la représentation, car tout le rapport, à la fois subtil et ambigu, de Reinhold à la *Critique* s'y joue. Fondamentalement, la proposition selon laquelle quelque chose ne peut être pour nous qu'à la condition d'être représenté par nous ne constitue pas une trahison du kantisme, mais bien plutôt l'expression de sa quintessence. On voit mal, en effet, comment un kantien pourrait prétendre l'inverse sans faire basculer le criticisme du côté d'une doctrine naïvement réaliste de la chose en soi, l'exposant ainsi à l'objection rédhibitoire de Jacobi. En outre, la proposition : « toute représentation est une synthèse de forme et de matière ou d'activité et de passivité » est une proposition authentiquement kantienne. La définition de la représentation de Reinhold ne suppose rien d'autre que ces deux thèses. Néanmoins, ces deux thèses conduisent à une extension considérable de la notion de repré-

1. C'est cette neutralité que relève A. de Muralt, dans son essai: *La conscience transcendantale dans le criticisme kantien*, qui l'incite à reprendre à son compte ce point de départ de la philosophie élémentaire.

2. *Essai*, trad., p. 55.

3. *Op. cit.*, p. 51.

sentation puisqu'en dernière instance, tout est représentation. « Le mot de représentation englobe, au sens large, la sensation, la pensée, l'intuition, le concept, l'idée, en un mot, tout ce qui est dans notre conscience l'effet immédiat du sentir, du penser, de l'intuitionner, du concevoir »[1]. Cette extension de la notion de représentation pose un problème puisqu'elle semble ôter toute spécificité aux jugements mathématiques et physiques, lesquels, au même titre que n'importe quelle représentation, doivent s'analyser comme un composé de matière et de forme, d'actif et de passif (la chimère tout comme le triangle se définit ainsi). Le risque de dérive « psychologique », de nature à ruiner tous les efforts kantiens, semble dès lors patent. C'est ce risque que décèle H. Cohen, pour lequel Reinhold, par son concept beaucoup trop vague de représentation, aurait ignoré que l'expérience chez Kant se définit uniquement comme un objet pensé à partir des lois mathématiques et physiques. Dès lors, la philosophie élémentaire, comme d'ailleurs la plupart des philosophies postkantiennes, auraient indûment psychologisé les idées transcendantales[2].

Pourtant, et contrairement à ce qu'affirme Cohen, Reinhold est conscient de ce risque puisque s'il réduit, certes, toutes choses à des représentations, il n'en établit pas moins à l'intérieur de la sphère du représentable, les lois qui permettent de dire qu'une représentation est une représentation valide (le triangle), une autre une illusion ou une création du libre arbitre (la chimère). A ce titre, il reprend littéralement la définition kantienne de la représentation valide. Une représentation devient connaissance à partir du moment où elle est liaison d'une catégorie et d'une intuition par la formation d'une figure. Ce qui conduit Reinhold à distinguer deux sens du terme représentation : un sens qu'il appelle « large », en lequel tout est représentation (le concept, l'idée, l'intuition) et un sens « étroit » qui se définit très précisément comme ce qui est figurable dans le temps et dans l'espace. Seul ce « sens étroit » permet de définir la représentation valide au sein de la sphère du représentable[3]. Mais cette distinction entre deux sens du représentable, si elle conjure le risque de psychologisme, n'en aboutit pas moins à deux apories fondamentales dont la découverte « bouleversera » Fichte, « jettera à bas » Reinhold dans son

1. *Ibid.* p. 47.

2. *Kants Theorie der Erfahrung*, 3e éd., Berlin, éd. B. Cassirer 1918, p. 477 *sq.*

3. Le même double sens se retrouve chez Kant et, par la suite, chez Fichte. Dans certains contextes, « représentation » est synonyme de pensée en général ; voilà pourquoi « le concept, l'idée, l'intuition » sont qualifiés de représentations, alors qu'en d'autres contextes, représentable qualifie précisément la liaison d'un concept à une intuition par le biais du schème ou de la figure et est donc synonyme de « validité » ou de « connaissance objective ». Ainsi, les idées de la métaphysique ne sont pas valides parce qu'elles ne sont pas figurables dans le temps et l'espace; ce qui montre que penser de manière valide, c'est représenter au sens de figurer. C'est ce sens étroit qui fera problème.

esprit et lui rendra Kant « suspect », selon les termes qu'il emploie, en décembre 93, dans une lettre à Stephani. Il ne s'agira plus dès lors de modifier le kantisme mais bien d'en « bouleverser » les principes.

La crise de la subjectivité

Lors de l'analyse de la représentation, Reinhold se garde évidemment de penser la matière de la représentation comme l'objet lui-même ou comme la copie de l'objet. La matière signifie simplement « qu'une représentation ne peut exister sans matière, c'est-à-dire sans contenir en elle quelque chose à quoi correspond quelque chose de distinct qui s'appelle l'objet »[1]. La matière n'est donc que le représenté qui s'oppose au représentant. Par ailleurs, pour éradiquer « le préjugé selon lequel les représentations seraient des images des choses, qu'il devrait y avoir une ressemblance entre les représentations et les choses en soi ou que la *vérité* ou accord de nos représentations avec les objets devrait consister dans cette *ressemblance* », Reinhold reprendra la célèbre argumentation de Berkeley : je ne puis sortir de ma représentation pour dire si la chose, hors de cette représentation, est adéquate ou non à cette représentation ; dit autrement, l'en soi, dès que je le pense, devient nécessairement un en soi pour moi. C'est ainsi que Reinhold congédie l'épineux problème de la chose en soi : « la chose en soi n'est pas représentable, comment pourrait-elle être connaissable ? ». La chose en soi ne se définira plus que négativement et deviendra : « le simple concept de l'entendement d'un objet en général »[2]. Mais si cette définition permet de sortir le kantisme du réalisme de la chose en soi, elle a aussi pour conséquence de faire advenir en pleine lumière une dimension possible du kantisme : la disparition du sujet. En effet, en bon kantien, Reinhold doit répéter l'analyse qu'il fait de la chose en soi sur le sujet. De même que la matière de la représentation n'est pas l'objet, de même la forme n'est pas le sujet. A ce titre, le sujet tout comme l'objet est inconnaissable. Cette thèse est, en fait, un commentaire littéral du paragraphe 16 de la *Critique de la raison pure*. Mais, de ce commentaire, Reinhold tire des conclusions qui, si elles ont le mérite de la cohérence, n'en infléchissent pas moins la lettre kantienne. En effet, alors que Kant, par sa distinction entre « penser » et « connaître », émise précisément à propos du statut du « Je pense », ménageait la possibilité d'une énonciation du sujet, Reinhold, par sa réduction de toute pensée au représentable, semble la supprimer. Le discours sur le sujet est aux yeux de Reinhold philosophiquement nul et il appartient à une philosophie authentiquement

1. *Essai*, p. 51.
2. *Ibid.*, respectivement p. 54, 62 et 58.

critique d'en proscrire l'étude. Il faut « exclure [...] soigneusement de l'enquête sur la faculté de représentation, celle sur le sujet représentant et sur l'objet représenté ; de ce qu'ils sont en eux-mêmes, il n'y a pas de représentation possible »[1], puisque « comme sujet de toute représentation, le représentant ne peut jamais être le représenté, pas plus que l'œil ne peut se voir lui-même ».

Ce sont là, certes, des propositions kantiennes, mais elles sont à ce point radicalisées qu'elles mettent en lumière un aspect du criticisme qui n'apparaît pas d'emblée. Par sa lecture, Reinhold exploite une des possibilités de la *Critique*, qui est d'être l'incarnation de la destruction de la subjectivité. En effet trois interprétations, quant au statut du sujet chez Kant, peuvent être, en toute vraisemblance philologique, déployées : la première consiste à lire Kant dans la continuité de Descartes et à en faire le héraut d'une philosophie de la subjectivité. Telle est, schématiquement, la tradition qu'incarne P. Lachièze-Rey, dans *L'idéalisme kantien*. Inscrivant d'emblée Kant (par son chapitre premier intitulé significativement « *Cogito* kantien et *Cogito* cartésien ») dans la tradition de la philosophie du sujet, il montre – sur la base des thèses de l'*Opus postumum* – qu'avec la pensée critique « la philosophie du sujet prendra une valeur autonome et cessera d'être simplement un moyen pour la philosophie de l'objet »[2].

La deuxième interprétation s'attache à démontrer que Kant, certes, incarne une philosophie du sujet, mais d'un sujet représentant conçu comme essentiellement fini. A ce titre, le sujet représentant est toujours lié à un objet représenté et n'a pas, comme dans la première interprétation, de sens hors de cette relation nécessaire à l'objet. Kant, rompant avec la tentation substantialiste de la métaphysique de la subjectivité, aurait donc lié irrémédiablement la subjectivité au monde et à la finitude. Se situant dans cette lignée interprétative, A. Renaut conteste l'amalgame entre kantisme et « métaphysique de la subjectivité » et écrit : « C'est toujours avec étonnement que je lis, sous la plume de Heidegger ou de certains de ses disciples que partir du sujet [...] constitue philosophiquement le plus grave péché contre l'esprit (contre l'être) et qu'il faudrait échapper à la subjectivité [...]. En fait, loin de signifier la résorption de tout le réel dans le sujet, et donc l'oubli de la finitude, la démarche qui consiste à reconnaître que toute pensée s'effectue à partir de la subjectivité et qu'interroger la réalité équivaut toujours pour nous à déterminer ce que signifie le réel pour un sujet, apparaît au contraire comme constitutive d'une philosophie de la *finitude radicale* »[3].

1. *Ibid.*, p. 59.

2. *L'idéalisme kantien*, Paris, Vrin, 1972, 3e éd., p. 58.

3. *Le système du droit. Philosophie et droit dans la pensée de Fichte* (*Système du droit*), Paris, PUF, 1986, p. 171.

La troisième interprétation consiste à penser le kantisme moins comme la continuation ou l'apogée de la philosophie de la subjectivité que comme la philosophie qui marque la liquidation de la pensée du sujet. Ainsi, M. Meyer, dans *Science et métaphysique chez Kant*, constate qu'à vouloir trop prévenir que la conscience est vide, Kant finit par n'affirmer rien d'autre que ce vide[1]. De même, M. Henry, analysant les multiples définitions du sujet kantien, s'exclame : « Ce que cet objet transcendantal Moi [...] apporte c'est en quelque sorte son aptitude à servir de sujet, aptitude qu'il doit tout entière à sa propre indétermination [...] L'*ego* [...] est un fantôme bien conciliant »[2].

Nous serions tentés de penser que Reinhold est une combinaison des deux dernières interprétations. Il est indéniable, en effet, qu'il n'opère aucune réduction du réel au sujet et que, fidèle à la lettre de Kant, il ne prétend parler que de ce qui est pour nous et non de ce qui est « en soi ». Mais il est clair aussi qu'en bon kantien il est contraint de faire du sujet une condition logique, une forme vide, la simple métonymie de la structure de l'esprit ou de son mode de fonctionnement. Ainsi, par sa stricte application du principe de représentativité, et par la définition de la finitude qui en découle, Reinhold sape toute possibilité d'une position du sujet. Il montre qu'une philosophie de la représentation ne peut être une philosophie du sujet, puisque celui-ci se réduit à une structure vide et inconnaissable que la philosophie doit se garder d'interroger. Telle est la première aporie significative sur laquelle débouche la théorie de la représentation de Reinhold, et qui, à Fichte, fera se poser cette question : qu'en est-il de la réduction de la pensée à la seule relation d'un sujet et d'un objet, qu'en est-il de l'affirmation de la finitude, sachant que ces deux formules, authentiques épures du criticisme, conduisent à la destruction de ce qui devait incarner la révolution copernicienne, à savoir la subjectivité ?

Cette première aporie de la représentation que rencontre Fichte lors de sa lecture de Reinhold sera immédiatement suivie par une autre, plus grave encore, et dont Fichte prendra conscience par sa lecture de l'*Enésidème*[3]. Cette aporie eut tant d'influence sur Fichte qu'elle consommera son abandon de la théorie kantienne de la représentation.

1. P. 225.

2. *Généalogie de la psychanalyse*, p. 155.

3. Paru en 1792, sans nom d'auteur, l'*Enésidème* (ou *Sur les fondements de la philosophie élémentaire enseignée par le professeur Reinhold à Iéna. Avec une défense du scepticisme contre les prétentions de la Critique de la raison pure*) se présente sous la forme d'un dialogue entre Hermias, défenseur du kantisme et Enésidème qui incarne l'auteur, à savoir G.E. Schulze.

Le problème de la représentation de la représentation

Selon Enésidème, Reinhold n'honore pas son exigence de fondation dans la mesure où il reconduit des difficultés typiquement kantiennes. Par exemple, alors même que toute sa philosophie démontre que seul ce qui est représentable au sens étroit peut faire l'objet d'une connaissance (ce que dénotent ses moindres exclamations, telles : « la chose en soi n'est pas représentable, comment pourrait-elle être connaissable ! »), il écrit néanmoins : « la simple matière et la simple forme de la représentation en général ne sont aucunement représentables »[1]. Or, s'il n'est de connaissance que de ce qui est représentable, et si forme et matière ne le sont pas, qu'est ce qui permet de dire que ce sont les constituants les plus élémentaires de la représentation ? En fait, Reinhold, pas plus que Kant, ne peut exhiber le mode de connaissance qui nous assurerait de la validité de cette séparation entre matière et forme ou entre actif et passif. Que Reinhold retombe dans cette difficulté est d'autant plus révélateur que c'est lui-même qui avait souligné l'insuffisance d'explication de ces concepts chez Kant. Si Reinhold ne peut se sortir de cette impasse, c'est en raison du concept de « représentation » qui, de lui-même, implique la nécessité de son dépassement. En effet, fonder le criticisme nécessite de mettre en œuvre une notion qui en fait exploser les cadres, à savoir la notion de « représentation de représentation ». Cette notion est tout à la fois requise par le criticisme et impossible en son sein. De fait, Kant définit la validité objective comme liaison d'une intuition et d'un concept, mais ne peut définir les connaissances, auxquelles aboutissent sa *Critique*, comme la liaison d'un concept et d'une intuition. La *Critique* s'attache à dégager les fondements de l'expérience et ne peut qu'affirmer la validité de ces fondements. Or, sa définition de la validité exclut que les fondements soient valides. A ce constat, il serait illusoire de répondre que Kant procède par régression vers les conditions de possibilité et parvient par là à dévoiler l'essence même du représenter ; pareil argument sur la manière de procéder de la *Critique* ne fait que reconduire le dilemme puisque Kant, par la régression vers les conditions de possibilités, admettrait qu'il existe un mode de validité des énoncés autre que la seule liaison d'une intuition et d'un concept. C'est donc de manière tout à fait illégitime qu'il limiterait la validité à la seule expérience. S'il faut, par le biais de l'argumentation philosophique de Kant, accepter un mode de validité hors de la seule application à l'expérience, c'est la définition kantienne de la validité objective qui est remise en cause et, avec elle, l'ensemble des thèses qui en dépendent : l'opposition à la métaphysique classique, la possibilité de

1. *Philosophie Élémentaire*, p. 74.

ménager une sphère pour la pratique, la distinction entre jugements déterminants et réfléchissants, etc.

C'est pourquoi la stricte synonymie entre représentable et connaissable conduit à la destruction même de la notion de représentation. Si la représentation ne peut à son tour se représenter, le philosophe kantien, qui prétend en dévoiler l'essence, se trouve confronté à une alternative destructrice : ou bien il admet par son entreprise qu'il est une autre définition de la validité objective que le seul fait d'être représentable, c'est-à-dire figurable dans le temps et l'espace, mais en ce cas il renonce à être kantien, ou bien il maintient cette définition mais condamne son élucidation des conditions de la représentation à l'autocontradiction. Comme le notera, bien après Enésidème et Fichte, M. Henry : « Kant a conduit jusqu'au bout une métaphysique de la représentativité, jusqu'à ce point extrême où, prétendant se fonder ultimement elle-même, c'est-à-dire soumettre à la représentation sa propre condition, elle bascule dans le néant et s'autodétruit »[1].

C'est la découverte de cette aporie qui engagea Fichte à modifier une fois encore sa relation au criticisme. Il ne s'agira plus, en effet, de reconstruire le kantisme à partir d'un genre supérieur (« le fait de la représentation ») qui expliquerait et légitimerait les espèces définies par Kant; il ne sera donc plus seulement question de modifier le criticisme au nom de ses propres principes, mais bien de contester la notion sur laquelle tout repose, à savoir celle de validité objective. A l'automne 1793, Fichte est passé de la simple modification sans trahison au « bouleversement », de l'adhésion critique à la « suspicion ». C'est cette aporie qui dessine en creux le projet qui sera le sien : dépasser le seul « fait de la représentation » et trouver un point de vue à partir duquel ce « fait » pourra être élucidé sans contradiction. C'est significativement l'opposition entre « fait » de la représentation (*Tatsache*) et *Factum*, conquis par « expérimentation », qui ouvre les *Méditations personnelles sur la philosophie élémentaire*[2] et structurera, par la suite, l'ensemble des écrits de Fichte. C'est aussi d'emblée cette aporie de la représentation qu'il souligne lorsque, constatant qu'il ne s'agit plus avec Kant et Reinhold de s'interroger seulement sur la relation du représentant au représenté au sein de la représentation, il écrit : « La question d'Enésidème est : comment et par quel moyen pouvons-nous prendre conscience des constituants de notre esprit? »[3]. C'est, enfin, autour de cette question de la « représentation de l'acte de

1. *Généalogie de la psychanalyse*, p. 151.
2. Trad., I. Thomas-Fogiel, Paris, Vrin, 1999, p. 46.
3. *G.A.*, II, 3, p. 23.

représentation »[1] que s'organise sa recension, contemporaine des *Méditations*, de l'*Enésidème*.

RÉSULTATS : DU CONNAÎTRE AU SAVOIR

Les apories rencontrées par Fichte, au cours de ces premières années de formation du système, sont donc les suivantes :

1) Le problème de la fondation; diagnostic de Reinhold dont Fichte entérine la pertinence et qui l'engage à redéfinir l'essence du philosopher ainsi qu'à récuser la division entre théorie et pratique.

2) L'aporie de la subjectivité puisque la théorie de la représentation, telle qu'elle est déployée par Reinhold, conduit à priver la notion de sujet de toute consistance.

3) L'aporie de la « représentation de la représentation », dévoilée par Enésidème qui fait porter tout le questionnement sur la capacité de l'élucidation philosophique kantienne à pouvoir rendre compte d'elle-même.

En même temps que ces apories, nous avons pu reconstituer les différents types de kantisme que Fichte a traversés de 1790 à l'automne 1793 : du kantisme militant (1790) au kantisme orthodoxe (1791), puis de cette orthodoxie à la refondation du kantisme sans trahison (reconnaissance de la lecture de Reinhold, 1792), pour enfin aboutir à la remise en cause de l'engagement kantien initial (1793), remise en cause (que traduisent des expressions telles que « bouleverser » ou « jeter à bas », ou encore « Kant suspect ») qui a pour origine la contradiction interne à la notion même de représentation.

Par suite, le projet de la doctrine de la science naît de la crise de la représentation. Le véritable coup d'envoi de l'élaboration spécifiquement fichtéenne se trouve dans la remise en cause de l'équation kantienne entre connaissable et représentable ou figurable dans le temps et l'espace. « Tout rebâtir » signifiera, dès lors, penser un mode de savoir qui permette de dire la représentation sans contradiction et, pour ce faire, ne plus définir le savoir comme ce qui est représentable. Passer du connaître au savoir, en dépassant le seul point de vue de la représentation, telle devient donc la tâche principale de la philosophie après Kant.

Cette nécessité de dépasser la représentation, Fichte n'est pas le premier à en prendre conscience. Parce qu'elle est comprise *in nucleo* dans le criticisme lui-même, cette tâche sera tentée, avant lui, par Maïmon qui propose une autre manière de se référer à Kant. Comme le dira Fichte,

1. *La recension de l'Enésidème* (*G.A.*, I, 2, p. 47-61); trad. française de P.P. Druet, in *Rapport clair comme le jour adressé au grand public sur le caractère propre de la philosophie nouvelle et autres textes*, Paris, Vrin, 1999.

Maïmon a « bouleversé de fond en comble toute la philosophie kantienne telle qu'elle a été généralement comprise »[1]. Néanmoins, comme pour Reinhold, cette reconstruction sera à double tranchant puisqu'en même temps qu'elle délivre le principe de la solution, elle dévoile un des plus graves problèmes que Fichte aura à surmonter dans sa philosophie ultérieure. Il nous faut donc analyser cette autre figure de la relation à Kant que Fichte aura à intégrer puis à dépasser.

1. A Reinhold, 7 janvier 1795, *G.A.*, III, 2, p. 275. Il ajoute significativement : « telle que vous-même l'avez comprise ». Et de fait, Maïmon incarne une manière totalement différente de lire Kant.

CHAPITRE II

LA NOTION DE RÉFLEXION ET LA QUESTION DE LA RÉFÉRENCE

La relation de Maïmon au criticisme est, au départ, la même que celle de Reinhold puisqu'il s'agit non de rejeter le criticisme mais de le reconstruire sur des bases plus solides. A ce titre, il écrit : « Reinhold ne tient pas pour incertains les principes que Kant a donnés à sa philosophie transcendantale ; il croit seulement qu'ils ne sont pas assez approfondis. Je suis d'accord avec lui sur ce point. Je me sépare de lui seulement sur la façon d'améliorer ces principes » [1].

Ce projet de consolidation du kantisme, à partir de quel principe directeur est-il mené à bien ? Quel est l'équivalent chez Maïmon du principe de la représentation de Reinhold ? Il s'agit de ce que nous pourrions appeler – pour mieux marquer l'opposition à Reinhold –, le principe de la réflexion. Conscient des apories que suscite l'identification du connaissable au représentable, Maïmon entend s'appuyer sur cette autre instance à partir de laquelle le criticisme deviendrait légitime. Ainsi, si Reinhold tentait de reconstruire le kantisme à partir de la *Critique de la raison pure*, Maïmon le repensera à partir de la *Critique de la faculté de juger*[2]. Pour démontrer que la notion de réflexion est ce à partir de quoi Maïmon entend repenser l'entreprise critique tout entière, nous examinerons comment, à partir de la question apparemment secondaire de la légalité du contingent, Maïmon fait des concepts de la réflexion les concepts les plus fondamen-

1. *Introduction à la recherche sur une nouvelle logique*, 1794 (*G.W.*, V). Les contemporains ne s'y sont pas trompés qui, très souvent, associent Maïmon à Kant. Voir par exemple l'ouvrage de J.C. Hendel, un disciple d'Eberhard, qui dans son ouvrage : *Sur le fondement de la philosophie de Kant*, Halle 1792, identifie systématiquement les deux auteurs. Reinhold en 1801 dans les *Beiträge* parle d'Enésidème comme « *Antikritischer* » et de Maïmon comme « *kritischer Skeptizismus* ». Dans sa grande étude, F. Kuntze souligne lui aussi cette différence de nature entre les deux types de scepticisme, *Die Philosophie Salomon Maïmons*, Heidelberg, 1912, p. 270.

2. Certes, au moment où paraît l'*Essai sur la philosophie transcendantale*, Paris, Vrin, 1995 (à l'avenir : *Essai T*), la *Critique de la faculté de juger* n'est pas encore publiée. Le mérite de Maïmon n'en est que plus grand, qui anticipe sur le problème que Kant, à la même époque, essaie de résoudre. Au demeurant, c'est sans doute cette rencontre objective entre deux problématiques qui justifie le jugement laudateur de Kant sur Maïmon.

taux. Ceci nous amènera à comprendre pourquoi la philosophie de Maïmon conduit à une relativisation de la représentation. Ce n'est qu'à partir de là que nous pourrons saisir les implications désastreuses, du moins pour le kantisme, de cette relecture pourtant authentiquement critique. Nous restituerons, en outre, la cohérence de cette philosophie, en dépit de ses références multiples, et pourrons ainsi contester le mythe de l'errance d'une référence à l'autre (Hume, Kant, Leibniz, mais aussi Maïmonide, Spinoza, Aristote, le Talmud, etc.)[1]. Ce qui nous rendra à même de comprendre pourquoi Fichte a retenu de Maïmon, non l'errance, mais la cohérence; cohérence qui prend l'allure d'un formidable défi, car ce philosophe a lié indéfectiblement deux propositions: 1) Pour préserver la théorie de la représentation des difficultés qu'elle suscite, il faut la reconstruire à partir de la réflexion. 2) Cette reconstruction aboutit nécessairement à une position sceptique.

La mise en lumière de la réflexion à partir de la question du statut du contingent

La question de la causalité

Maïmon reprend la classique question de la causalité pour montrer comment Kant n'a pas répondu à Hume. Cependant, loin de réfuter l'analyse de la *Critique*, il l'avalise. Son raisonnement est le suivant: même si nous admettons le caractère *a priori* de la catégorie de causalité, il n'en demeure pas moins que le problème de Hume reste entier. En effet, ce qu'il nous faut établir, dans les sciences physiques, n'est pas la validité de la causalité en général mais la nécessité du lien entre telle cause et tel effet. Si tout phénomène possède *a priori* une cause, cela peut être empiriquement n'importe laquelle: « Je sais que les objets de l'expérience en général doivent être nécessairement pensés dans une relation causale les uns avec les autres, mais aucunement que précisément tels objets, qui sont en rapport, doivent l'être »[2]. Les analyses de Kant valent pour l'expérience possible, elles ne disent rien sur l'expérience réelle. Or, la physique a

1. Maïmon entend consolider le kantisme à partir de Hume et de Leibniz. En apparence, on ne saurait trouver philosophes plus opposés; le premier incarnant, aux yeux de Kant, la tendance dogmatique de la raison, le second sa tendance sceptique; toutes deux également réfutées par la *Critique*. De là résulte la difficulté des interprètes à situer Maïmon au sein de la philosophie. Tantôt classé parmi les sceptiques, tantôt considéré comme restaurant le dogmatisme leibnizien, Maïmon passe pour avoir développé une philosophie kaléidoscopique, en laquelle il serait vain de chercher un principe directeur. Et pourtant ce principe, Fichte l'a trouvé, qui classe Maïmon parmi « l'un des plus grands penseurs de notre siècle », Kant l'a perçu, qui déclare que Maïmon est le philosophe qui a le mieux compris la *Critique*.

2. *Essai d'une nouvelle logique, G.W.*, V, 419.

affaire au *wirklich*[1], à l'effectif et non à l'expérience en général. Prétendre que les développements de Kant fondent réellement la physique serait confondre l'expérience possible et l'expérience réelle. La scission entre l'universel et le particulier n'est donc pas surmontable. Il convient de noter ici la rigoureuse précision de Maïmon, car Kant ne dit pas autre chose. En effet, dans la *Critique de la raison pure*, il établit une ligne de démarcation nette entre les principes mathématiques et les principes physiques[2]. Si les premiers sont constitutifs, les seconds peuvent, à bon droit, être considérés comme simplement régulateurs. Dans les *Analogies de l'expérience*, Kant montre que nous ne pouvons déduire *a priori* l'effet de la cause. La loi de la causalité ne nous délivre qu'une règle qui postule que « tous les changements arrivent suivant la loi de la liaison de la cause et de l'effet »[3]. La physique en tant qu'elle recherche telle cause précise est donc, conclut Maïmon, du ressort de la « faculté de juger »[4] (*Urteilskraft*). Dès lors, lorsque nous tentons de connaître tel ou tel objet particulier, nous ne pouvons prétendre à la validité objective. Nous comparons les objets entre eux, nous établissons des liens à partir de l'expérience de cas semblables ; bref nous associons plus que nous ne constituons.

Le sens de la valorisation de l'acte de comparaison

La procédure propre à la « faculté de juger » est donc la comparaison. Nous assistons indéniablement ici à une réhabilitation du concept nodal de la théorie de la connaissance humienne, pour laquelle « les raisonnements de tout genre ne consistent en rien d'autre qu'une comparaison et dans la découverte de rapports, constants ou non, qu'ont entre eux deux ou plusieurs objets »[5]. Pour autant, on se méprendrait en pensant que Maïmon oppose à Kant la règle de l'association. Il s'agit moins de nier la subsomption (détermination de l'intuition par la catégorie) que de la relativiser. La subsomption n'est pas le seul mode de pensée valide ; dans le cas de la physique, qui a affaire à telle série particulière d'objets, l'esprit compare entre eux les phénomènes sensibles, pour pouvoir trouver la règle susceptible de les organiser. Néanmoins, cette relativisation de la subsomption et cette insistance sur la « faculté de juger » bouleverse bien, comme le dit Fichte, « de fond en comble la philosophie kantienne telle qu'elle a été généralement comprise ». Il n'est pour s'en convaincre que de comparer l'analyse de Maïmon à celle d'un kantien orthodoxe, J. Schultz, dont le

1. Maïmon insiste sur la nécessité de dissocier la *Wirklichkeit* de la *Realität*. C'est la relation des jugements à l'effectivité qui le préoccupe ici.

2. *K.R.V.*, p. 916 (A 178, B221).

3. *Ibid.*, p. 925 (A 189, B 232).

4. *Essai T*, p. 69.

5. *Traité de la nature humaine*, trad. A. Leroy, Paris, Aubier, 1968, t. I, p. 145.

texte : les *Éclaircissements sur la Critique de M. le professeur Kant* paraissent à peu près en même temps que l'*Essai* de Maïmon. Pour Schultz, la théorie de la connaissance de Kant se résume à la liaison de la catégorie et de l'intuition. Ce serait par cette théorie de la subsomption que Kant rendrait définitivement caduque la thèse de Hume. Plus encore, non seulement Schultz réduit le jugement à la seule détermination de l'empirique par l'*a priori*, mais il s'attache, dans son résumé des *Analogies de l'expérience*, à nier la différence de statut entre les principes mathématiques et les principes physiques puisqu'il écrit : « de part et d'autre la certitude est parfaite »[1]. Quant à la faculté de juger, il n'en est jamais autrement question que par le biais des jugements constitutifs, qui à eux seuls épuisent la théorie kantienne du jugement. Pourtant, en « bouleversant » cette lecture orthodoxe, Maïmon n'en est pas moins plus proche que Schultz de la lettre et de l'esprit de la *Critique*. En effet, Kant, dès la *Critique de la raison pure*, distingue les jugements constitutifs des jugements régulateurs. Maïmon reprend cette distinction en l'approfondissant. Pour lui, la physique, en tant que discipline concrète, n'utilise que des concepts simplement heuristiques au sein de jugements seulement régulateurs. Par suite, la cause, dans le domaine de la physique, n'est plus une catégorie s'appliquant automatiquement à une intuition *a priori* ; elle a le même statut que l'*Idée*, dont Kant dit qu'elle est un « concept heuristique [...] qui montre non comment un objet est constitué mais comment nous devons chercher la constitution et l'enchaînement des objets de l'expérience en général »[2]. Nous constatons donc que Maïmon, comme Reinhold, dit la vérité du kantisme, mais là où le premier insiste sur la représentation, le second exploite les quelques passages consacrés aux jugements régulateurs et à la réflexion. Nous sommes également en mesure de comprendre la volonté de Maïmon de « corriger Kant par Hume ». Il ne s'agit pas d'opposer, comme Enésidème, une doctrine à l'autre ni encore moins de les juxtaposer de manière anarchique mais de dévoiler leur profonde complémentarité. La théorie de l'expérience possible de la *Critique de la raison pure* n'est pas contradictoire avec la théorie de l'expérience réelle, qui deviendra celle de la *Critique de la faculté de juger*. La représentation – comme détermination de l'empirique par l'*a priori* dans les jugements constitutifs – n'est pas incompatible avec la thèse de jugements simplement régulateurs. Et pourtant, cette thèse des jugements régulateurs revient en fait à légitimer un certain nombre d'analyses de Hume. Maïmon met donc en lumière ce que M. Malherbe, dans son étude *Kant ou Hume*, relèvera, à

1. *Op. cit.*, p. 49. Au terme de son parcours l'auteur entreprend un « Examen plus particulier de quelques points de la *Critique* » (p. 189-249), et là encore n'insiste que sur l'opération de subsomption, par laquelle il estime que Hume est réfuté.

2. *K.R.V.*, p. 1267 (A 671, B 699).

savoir que la définition de la réflexion « nous approche de très près de l'empirisme [...]. Ainsi la *Critique de la faculté de juger* rend-elle fragile la *Critique de la raison pure*, pour avoir introduit la question propre à l'empirisme : comment le pouvoir de penser et de connaître est-il possible, d'une possibilité réelle et non plus seulement formelle » [1] ? C'est cette fragilisation que souligne Maïmon en se déclarant kantien et sceptique à la fois.

Ces analyses nous permettent de comprendre la nature du scepticisme critique revendiqué par Maïmon. Etre sceptique, c'est faire fond sur l'expression qui accompagne toujours (dans la *Critique de la raison pure* comme dans celle de *la faculté de juger*) l'évocation des jugements régulateurs : « comme si (*als ob*) ». Faire précéder nos jugements de la mention : « tout se passe comme si », c'est indéniablement reconnaître leur moindre valeur de vérité par rapport aux jugements déterminants. La physique a le même statut que celui qu'aura le Beau dans la *Critique de la faculté de juger*. L'affaiblissement de la certitude est donc profond. La physique relève du domaine du vraisemblable ; ses énoncés sont constamment révisables. Parce que le réel, dans la procédure réfléchissante, ne correspond pas nécessairement à nos jugements, ceux-ci peuvent être constamment réfutés. Nous avons indéniablement affaire à un scepticisme ; non, certes, à un scepticisme où serait remise en cause la possibilité d'affirmer quelque chose, mais à un scepticisme qui estime que certaines de nos sciences sont de l'ordre du vraisemblable. Scepticisme qui ne conteste ni l'esprit ni même la lettre de la *Critique*.

La promotion de la notion de réflexion (en tant qu'elle s'oppose à la représentation comme subsomption) est donc patente. La *Wirklichkeit* relève de l'opération de comparaison et ressortit par là à « la faculté de juger ». Cette volonté de relire le criticisme à partir de la réflexion se retrouvera à propos d'une tout autre question, celle de la validité même des énoncés du philosophe critique. Quel est le fondement à partir duquel le philosophe peut dire que nous avons douze catégories et non pas quinze ? A quels types de jugements (déterminants ou réfléchissants) appartiennent les énoncés de Kant lui-même ? C'est tout le problème du statut du discours de Kant qui est ici posé. Si la question de la *Wirklichkeit* réhabilitait la réflexion « par le bas », l'étude du statut du discours de Kant la réhabilitera par « le haut ». C'est cette seconde revalorisation de la réflexion qu'il nous faut maintenant élucider.

1. *Kant ou Hume*, Paris, Vrin, 1980, p. 148.

La promotion des concepts de la réflexion

Nous l'avons vu, les premiers concepts mobilisés pour expliquer le fait de la représentation sont, chez Reinhold, ceux de forme et de matière. Dans l'*Enésidème*, les objections les plus fortes portent sur l'usage de ces concepts. C'est sur la définition de ces concepts que s'ouvre l'*Essai sur la philosophie transcendantale*. Ceci montre à quel point le débat sur la valeur du criticisme s'est à l'époque cristallisé autour des concepts de la réflexion. Plus encore, si, abordant l'*Essai*, on dépasse la première impression d'éparpillement que provoque la suite apparemment rhapsodique de définitions, on s'aperçoit que le tiers des chapitres est consacré à une élucidation des concepts que Kant disait de réflexion : le déterminable et la détermination, l'identité et la différence, la matière et la forme. Le but de Maïmon est donc de produire une juste définition des concepts laissés dans l'ombre par Kant. Ces concepts de la réflexion, Maïmon en donnera une définition précise, en les distinguant des catégories.

Définition des concepts de la réflexion

« Les concepts de la réflexion sont les formes les plus élevées (les plus générales) de la pensée » ; « l'usage de ces concepts est plus général que celui des catégories » [1]. Qu'ils soient les plus élevés est aisément compréhensible. En effet, les concepts de la réflexion sont nécessairement impliqués dans tout jugement. Ainsi, pour prendre l'exemple de la forme et de la matière, toute pensée, tout jugement, toute proposition peut se caractériser comme rapport d'une matière et d'une forme. Un jugement peut être ou ne pas être de quantité, de qualité, de causalité, mais ne saurait être exempt d'une forme et d'une matière. L'infinie multiplicité des jugements peut donc être réfléchie à partir de cette distinction. C'est la caractérisation à la fois la plus abstraite et la plus universelle de la pensée. Ces concepts règlent l'exercice de toute pensée, qu'elle soit empirique, mathématique ou philosophique. Mais le degré de généralité n'est pas uniquement ce qui fait la spécificité de ces concepts. En effet « la différence n'est pas une détermination nouvelle qui étendrait synthétiquement le concept de l'objet, mais c'est seulement un concept de la réflexion par lequel nous pensons une espèce particulière de rapport ». Ces rapports sont « des rapports pensés entre des représentations données » [2]. Ils permettent donc de comparer les représentations entre elles, raison pour laquelle Kant écrivait dans l'*Amphibologie :* « nous devrions les appeler des concepts de comparaison (*conceptus comparationis*) » [3]. Nous constatons là encore la

1. *Essai T*, respectivement p. 100 et 90.
2. *Essai T*, respectivement p. 79 et 62.
3. Cf. p. 989, (A 261, B 317).

rigueur en même temps que la littéralité de Maïmon. *L'Amphibologie* fait bien des concepts « d'identité et de diversité, de convenance et de disconvenance, d'intérieur et d'extérieur, de déterminable et de détermination (de matière et de forme) » les ultimes « rapports où les concepts peuvent se rattacher les uns aux autres dans un état d'esprit »[1]. Ceci nous permet de récuser l'idée selon laquelle, par l'attention à ces concepts (que vérifie le fait qu'il consacrera tout un ouvrage aux catégories d'Aristote[2]), Maïmon accomplirait une restauration de la logique formelle, et par là un « retour » à un logicisme prékantien. Ni les concepts de forme et de matière, ni ceux d'identité et de diversité[3] ne sont des concepts de la logique formelle. Identifier la démarche de Maïmon à un retour en force de la logique formelle, sous prétexte que ces concepts sont omniprésents dans son œuvre, est, à notre sens, la plus grave erreur qui ait été commise sur sa philosophie (erreur qui au demeurant provient, sans doute, du commentarisme kantien, trop souvent focalisé sur le seul processus de subsomption). Car enfin, entre la logique formelle qui ne délivre de vérité que négative – ce que répétera scrupuleusement Maïmon – et l'application des catégories à une intuition par le biais du schème, il est, dans la *Critique*, une autre procédure thématisée, qui est celle de la réflexion. Dès lors, penser que Maïmon revient à la logique formelle est aussi absurde que de prétendre que chez Kant, la table des concepts de la réflexion est la même que la table de la logique. Le pouvoir de juger fonde l'usage logique de l'entendement, il ne s'y réduit pas. Ces précisions apportées, quelle est la fonction de ces concepts de la réflexion ?

Les concepts de la réflexion sont, aux yeux de Maïmon, les concepts à partir desquels est écrite la *Critique de la raison pure*. A s'en tenir à ce que dit Kant dans l'*Amphibologie*, l'affirmation semble évidente ; et pourtant Maïmon a été le premier, et reste l'un des rares, à l'avoir perçue. Citons le texte de Kant : « La réflexion n'a pas affaire aux objets eux-mêmes, pour en acquérir directement une connaissance, mais elle est l'état de l'esprit dans lequel nous nous disposons d'abord à découvrir les conditions subjectives sous lesquelles nous pouvons arriver à des concepts. Elle est la conscience du rapport des représentations données à nos différentes sources de connaissance, qui seul peut déterminer exactement leur rapport entre elles [...]. Dans quel pouvoir vont-elles ensemble ? Est-ce par l'entendement ou par les sens qu'elles sont liées ou comparées ? [...]. L'acte par lequel je confronte la comparaison des représentations en général avec la faculté de connaissance où elle a sa place [...] je l'appelle la réflexion trans-

1. *Ibid.*
2. *Les catégories d'Aristote*, 1794, *G.W.*, VI, I-273.
3. Maïmon préfère au couple identité/diversité celui d'identité/différence, mais lui donne le même statut que Kant.

cendantale »[1]. Que fait Kant dans la *Critique* si ce n'est classer les représentations selon qu'elles appartiennent à l'entendement (les catégories) ou à l'intuition (l'espace et le temps) ? Son travail de philosophe consiste donc en une comparaison des différentes représentions pour les ramener chacune à sa source. Ainsi, si nous nous plaçons du point de vue de ce que fait Kant, (en tant qu'il écrit la *Critique*) et non plus du point de vue de ce qu'il y dit (une représentation valide suppose la liaison d'un concept et d'une intuition), alors il est clair qu'il compare les représentations et les classe à partir des rapports : « identité diversité, convenance, disconvenance, intérieur, extérieur, déterminable et détermination (matière, forme) »[2]. La faculté qui permet d'écrire la *Critique* est donc bien la réflexion transcendantale. Ainsi, de problématique appendice, le chapitre sur l'amphibologie devient la pièce maîtresse de l'édifice critique, puisque aussi bien c'est sur lui que repose la possibilité de son énonciation. La réflexion n'est plus seulement ce qui nous permet d'ordonner le contingent, elle est la faculté propre à la philosophie, en tant que celle-ci dit quelque chose sur la représentation.

Le déplacement de la question kantienne

Cette lecture de Maïmon induit un déplacement de la question kantienne. Kant, dans la *Critique de la raison pure*, élucidant la structure de la représentation, laquelle se donne comme la liaison d'un concept à une intuition, répond à la question de la relation du sujet à l'objet. Certes, l'objet, à la différence de la métaphysique classique, n'est plus considéré comme une entité extérieure mais intériorisé. Cependant, la question rectrice de Kant dans la *Critique* reste la pensée de l'objectivité. Celle de Maïmon, et après lui celle de Fichte, sera la pensée de la subjectivité non dans son rapport à l'objet mais dans son rapport à elle-même. Poser la question du statut du discours du philosophe, c'est dessiner un nouveau site d'investigation pour la philosophie. En effet, pour pouvoir dire la relation du sujet connaissant à l'objet connu, Kant met en œuvre la réflexion transcendantale qui mobilise d'autres concepts, dits de comparaison ou de réflexion. La mise en lumière de cette réflexion déplace la thématique de la relation du sujet à l'objet vers la problématique de la relation du sujet à ses propres opérations. Kant, en tant que sujet connaissant l'objet, pense par subsomption. Mais en tant que sujet élucidant cette opération de subsomption, il n'est plus un sujet représentant mais un sujet réfléchissant. Toute l'entreprise de Maïmon se laisse lire à partir de ce déplacement de thématique. Avec Kant, nous nous interrogions sur la relation du sujet à l'objet, avec Maïmon sur la relation du sujet à lui-même. Mais là encore, Maïmon,

1. *K.R.V.*, p. 989 (A 260, B 316).
2. *Ibid.*

tout en infléchissant profondément la thématique, reste fidèle à Kant. Ce dernier, dans l'*Amphibologie*, définit bien la réflexion transcendantale comme ce qui permet au philosophe de classer les représentations en les rapportant à leur source. L'importance de cette thématique est donc clairement affirmée. Mais, dans le même mouvement, Kant paraît la marginaliser : d'une part, parce que ce chapitre semble peu important, quantitativement, au regard des développements sur la représentation; d'autre part, parce que une fois définie la réflexion transcendantale, Kant concentre tous ses efforts sur la discussion des thèses de Leibniz et de Locke. La dénonciation des erreurs de ces deux philosophes semble avoir pour fonction de rappeler la nécessaire distinction entre phénomènes et noumènes. Ce faisant, Kant donne, une fois de plus, l'impression de n'avoir d'autre but que de penser la nature de l'objet et non de mettre en lumière les opérations du philosophe.

Ce déplacement de problématique est ce qui explique l'attention de Maïmon au processus de comparaison et d'abstraction [1]. Cette attention, certes, peut être interprétée à partir de la référence à Hume puisque le processus de comparaison, cher aux empiristes, intervient au plus haut niveau, celui de la fondation même du contenu de la *Critique*. Mais elle dit là encore la vérité du kantisme. Comparaison et abstraction sont les processus qui, dans l'*Amphibologie*, définissent toute réflexion. Par la comparaison, je prends ensemble diverses représentations; par l'abstraction, j'établis la règle commune qui les relie entre elles et puis, ainsi, leur assigner une même source. Ces deux processus permettent la réflexion comme savoir du sujet par lui-même. Inscrite dans la *Critique* comme son noyau central, condition même de la possibilité de son énonciation, la réflexion délivre, selon Maïmon, l'essence du criticisme. L'opposition avec Reinhold est manifeste : là où l'un investit la représentation, l'autre reconstruit à partir de la réflexion. Et pourtant, chacun reste fidèle au texte initial. Les lectures qu'ils en font n'en sont pas moins diamétralement opposées puisque l'entreprise de Maïmon débouche sur une véritable dévalorisation de la représentation. Elle a pour conséquence immédiate ce que nous pourrions appeler la critique du figurable.

LA RELATIVISATION DE LA REPRÉSENTATION ET LA CRITIQUE DU FIGURABLE

Connaître, ce n'est pas représenter

Tout l'effort philosophique de Maïmon pourrait tenir en cette phrase : « connaître, ce n'est pas nécessairement représenter ». Les analyses de

1. Sur ce point, voir S. Zac, *Salomon Maïmon, critique de Kant*, Paris, Cerf, 1988, p. 28 *sq.*

l'*Essai* ont toutes pour conséquences une relativisation de la notion de représentation. Tout d'abord parce que la représentation, comme subsomption, est « bornée » – au sens mathématique du terme – par l'opération de réflexion ; bornée « par le bas », puisque l'expérience réelle n'est accessible que par la réflexion ; bornée « par le haut » ensuite, puisque la fondation même du discours critique est possible grâce aux concepts de la réflexion. L'identification reinholdienne du connaissable au représentable est donc pulvérisée. Réduire la sphère du pensable à la représentation serait non seulement soumettre la *Critique* à l'objection de Hume sur l'expérience réelle, mais encore à l'objection d'Enésidéme sur le statut du discours du philosophe. Si Reinhold, en bon kantien, identifie connaissable et représentable, Maïmon en non moins bon kantien, définit une sphère du connaissable qui ne recouvre pas celle du représentable. Au terme de l'*Essai*, la représentation (en son sens strictement kantien de subsomption d'une intuition par un concept *a priori*) devient donc une modalité de connaître parmi d'autres et non le tout de la connaissance. Mais là n'est pas le seul argument en faveur de cette thèse, selon laquelle le résultat de l'analyse de Maïmon conduit à secondariser la représentation. Deux autres thèmes capitaux de son œuvre la démontrent également.

Les catégories comme résultat d'un processus

Tout d'abord, Maïmon conçoit les catégories comme résultat d'un processus. Dans son étude sur l'entendement et les catégories, il s'intéresse toujours à l'acte de formation plutôt qu'au résultat ou produit de cette formation. Ce faisant, il corrige une impression que pourrait laisser la lecture de la *Critique de la raison pure* : l'idée que les concepts d'entendement sont des concepts figés, quasi naturels, des notions toutes faites que nous appliquerions automatiquement à un donné. Restituer l'acte ou le processus à l'origine de la formation de ces concepts, c'est ce à quoi il s'attache tout au long de l'*Essai* : « L'entendement ne peut penser un objet comme déjà formé mais uniquement dans le procès de sa formation, c'est-à-dire comme processus (*fliessend*) » [1]. L'insistance constante sur le processus, la récurrence des termes connotant le mouvement, contribue indéniablement à corriger la tentation, propre aux premiers disciples de Kant, de faire de l'entendement une sorte de réceptacle en lequel gisent des concepts immédiatement disponibles. Plus encore, Maïmon fait de la catégorie elle-même le résultat du processus de comparaison, abstraction et réflexion. Les catégories, en effet, sont des condensés d'un jugement et sont fondées, en dernière instance, dans l'acte de réflexion. Faire des catégories le résultat d'un processus, c'est se débarrasser de cette interprétation

1. *Essai T*, p. 51.

désastreuse pour laquelle les catégories seraient des concepts premiers, originaires et indécomposables, surgis de l'entendement et s'appliquant automatiquement à une intuition. Pour Maïmon, le pouvoir de juger (*Urteilskraft*) est condition des catégories. Ainsi, au-delà de la question de détermination (liaison d'un concept à une intuition), il convient de s'interroger, nous dit-il, sur ces actes plus originaires encore que les catégories. Cette idée d'un pouvoir de juger comme condition de l'exercice de la subsomption déploie là encore une possibilité inscrite *in nucleo* dans Kant, mais non développée comme telle [1]. Kant ne développe pas cet aspect car, par la place marginale qu'il attribue à son chapitre sur l'*Amphibologie des concepts de la réflexion*, il induit l'idée, qui sera celle de tout le commentarisme, que ce qui s'y dit n'a d'importance que relative. Mais il n'en demeure pas moins que de ces indications, nous pouvons aisément déduire une perspective en vue d'une reconstruction possible de l'ensemble de la doctrine à partir des concepts de la réflexion. C'est à cette reconstruction qu'est consacré l'*Essai*. Maïmon subordonne tous les concepts aux concepts « les plus généraux », ceux de la réflexion. La secondarisation de la subsomption est donc patente, puisque dans les catégories elles-mêmes se dévoile un processus, une formation plus originaire. Cette reconstruction présente deux avantages non négligeables : tout d'abord, elle relativise l'aspect de « fonctionnement » de l'esprit kantien, pente possible, sinon obligée, de la *Critique de la raison pure*, et dont nous avons encore trouvé des traces chez Reinhold. Ensuite, le fait de faire dépendre les catégories d'opérations plus originaires permet aussi d'unifier les différentes *Critiques*. Le processus de comparaison, abstraction et réflexion est propre au pouvoir de juger en général. L'impression que pouvait laisser la *Critique de la raison pure* de ne concevoir la connaissance que comme seule pensée scientifique est dissipée.

Le refus de la réduction kantienne des mathématiques à la représentation

L'autre thème de la philosophie de Maïmon susceptible de prouver cette thèse est sa reconsidération de l'essence des mathématiques. En effet, la conception kantienne de l'arithmétique pose le problème de la pertinence de notions telles que racine de deux ou l'infini ; ces notions, quoique ne pouvant être présentées dans l'intuition, ne s'en révèlent pas moins d'une extrême fécondité en mathématiques. C'est pourquoi il est hors de question, aux yeux de Maïmon, de les reléguer dans la classe des notions vides de sens ou illusoires. En conséquence, à l'intuition du nombre, Maïmon opposera sa formation. Une notion arithmétique sera valide à

1. Dans un très remarquable ouvrage, B. Longuenesse a déployé cette possibilité (*Kant et le pouvoir de juger*, PUF, 1993).

partir du moment où l'on en comprendra le mode de genèse; et cela quand bien même cette notion ne serait pas présentable dans l'intuition. Ainsi : « Bien que nous ne saurions penser l'infini comme objet, cela n'importe guère puisque ce n'est pas l'objet, mais simplement sa forme ou son mode de genèse que nous pensons par là » [1]. De même, on « ne peut se former un concept que du mode de genèse du nombre 1000 et non de ce nombre lui-même en tant qu'objet » [2]. Il est clair que la validité d'une notion ou d'un jugement ne repose plus sur son intuitionnabilité, mais sur la compréhension de sa formation, ou mode de genèse.

Là encore, il est loisible de noter l'éloignement en même temps que la proximité au texte de référence. Incontestablement, Kant refuse toute dignité aux notions qui ne sont pas figurables, présentables dans l'intuition. Il asservit donc les mathématiques à la vision. A ce titre, il se situe dans la continuité de Descartes qui exigeait que toute équation soit constructible géométriquement. Mais, d'un autre côté, le chapitre sur le schématisme transcendantal fournit indéniablement des éléments pour relativiser cette exigence de représentabilité. Le schème comme liaison de la catégorie et de l'intuition n'est pas seulement « image », « représentation » ou « figure », il est aussi « méthode ». C'est en accentuant le caractère de méthode, au détriment de « l'image » ou de la « figure », que Maïmon parvient à l'idée d'un mode de validation par la compréhension du mode de genèse.

Tous ces arguments montrent clairement que Maïmon entend sortir de la philosophie de la représentativité. La promotion de la réflexion signe la fin de la tyrannie de la figurabilité sans pour autant – comme on le croit trop souvent – faire retour à un quelconque logicisme leibnizien. La philosophie de Maïmon propose, en outre, une définition assez claire des deux modes de pensée : la représentation se donne comme mode de relation entre le sujet connaissant et l'objet ou phénomène. L'objet est pensé à partir de sa visibilité. Être connaissable, dans ce cadre, signifie être figurable dans l'intuition. La représentation est vision, figuration. La réflexion, en revanche, ne se définit pas, électivement, comme relation à l'objet puisqu'elle est l'instance qui permet de comprendre les opérations de l'esprit. Essentiellement comparaison et abstraction, elle ne se définit pas non plus comme vision, au sens où l'objet serait « jeté » sous le regard du sujet. Elle ne donne naissance à aucune figure. La réflexion est compréhension d'un processus, pensée d'un mode de genèse. Le savoir génétique – comme savoir d'un acte et non d'un objet –, qu'il appartiendra à Fichte de thématiser, trouve ici, sinon sa source, du moins son incontestable amorce. Maïmon est le premier à penser un mode de rationalité qui, pour n'être ni représentationnel ni purement formel (au sens de la logique formelle), n'en est pas moins une

1. *Essai T*, p. 175.
2. *Ibid.*

rationalité. Mais si la pensée fichtéenne reçoit de ces thèmes une « impulsion décisive », il n'en reste pas moins qu'elle butera sur les conclusions que Maïmon tirera de ses analyses. Ces conclusions, d'une impeccable rigueur, font basculer le criticisme dans un scepticisme sans précédent. C'est ce devenir sceptique du kantisme que nous devons maintenant élucider.

La déréalisation de la référence

L'unification des différents sens de la réflexion

Nous l'avons vu, la réflexion strictement définie comme processus de comparaison et d'abstraction est la faculté qui permet à la fois l'accès à l'expérience effective et celle qui assure au discours philosophique sa consistance. Par cette définition, Maïmon unifie les sens de la réflexion qui chez Kant demeuraient totalement dispersés. De fait, si nous nous référons à l'ensemble de l'œuvre de Kant, les différentes occurrences du terme semblent à ce point incompatibles qu'elles contribuent incontestablement à donner l'idée que le problème majeur de Kant était bien, comme le voulait Reinhold, la représentation et non la réflexion. En effet, Kant donne au moins quatre sens à la réflexion :

1) Il lui confère tout d'abord un sens très large puisque dans la *Logique*, il écrit : « La forme du concept réside dans la réflexion, c'est-à-dire tenir ensemble des représentations » [1]. Dans ce cadre, tout concept est réflexion.

2) Il l'emploie dans l'*Amphibologie des concepts de la réflexion;* il s'agit ici de la réflexion transcendantale qui est la faculté qui permet au philosophe de penser la représentation à partir des concepts de forme / matière, interne / externe, etc.

3) Il l'emploiera bien évidemment dans la *Critique de la faculté de juger*. La réflexion, ici, se définit comme recherche d'un universel à partir d'un particulier donné. Le résultat de la réflexion est le jugement régulateur que commande un « tout se passe comme si ».

4) Enfin, l'*Anthropologie* fera de la réflexion une faculté purement empirique.

Ces différentes acceptions ne sont guère conciliables. Si son acception logique peut – moyennant quelques aménagements – être articulée à son acception transcendantale (*Amphibologie*), son rapport avec le jugement esthétique et téléologique (réflexion dans la faculté de juger) est déjà plus difficilement perceptible. Quant à la fonction subalterne qui lui est dévolue dans l'*Anthropologie*, force est d'admettre qu'elle est difficilement

1. Trad. de L. Guillermit, Paris, Vrin, 1975, p. 103. Cette définition, évidemment non connue comme telle de Maïmon, est déductible de la *Critique de la raison pure*.

explicable. Maïmon, en revanche, donnera à la réflexion une signification univoque. Les sens deux et trois sont les mêmes ; en outre, la réflexion logique est subordonnée à la réflexion transcendantale. Quant au sens de l'*Anthropologie*, il n'en est évidemment pas question chez Maïmon.

Mais, se demandera-t-on, comment une faculté qui pense la *Wirklichkeit*, pourrait-elle en même temps constituer la voie d'accès aux opérations du sujet ? Comment penser ensemble réflexion transcendantale et réflexion esthétique et téléologique ? La réponse à cette question difficile est, à notre sens, la suivante : dans la réflexion, l'universel est recherché et non pas donné comme dans la subsomption. L'universel est, dans ce cadre, une *Idée* à partir de laquelle pourra prendre sens le particulier. Or, le particulier peut certes, être tel ou tel phénomène concret, mais il peut aussi se définir comme les différents éléments de l'esprit humain lui-même. Je puis penser la rationalité humaine à partir d'un universel qui n'est pas donné. L'ensemble des opérations de la conscience peut s'ordonner par référence à l'unicité d'une raison absolue. Cette raison serait une maxime qui permettrait d'orienter la pensée dans la recherche de sa propre compréhension. Or, il est un principe qui joue ce rôle chez Maïmon, c'est celui d'entendement infini. Pièce maîtresse du système, elle a été assez mal comprise, puisque c'est par elle qu'est né le mythe d'un Maïmon dogmatique, restaurant un leibnizianisme précritique. Or, l'entendement infini chez Maïmon est une Idée ; il écrit dans l'*Essai* : « Nous admettons (au moins comme *Idée*) un entendement infini »[1] ; il ira même, dans ses œuvres ultérieures, jusqu'à parler de « fiction »[2]. Il ne s'agit pas donc d'affirmer, en un geste métaphysique, l'existence d'un entendement indemne de toute scission, exempt de toute passivité, il s'agit simplement d'en faire le principe à partir duquel l'entendement fini pourra se réfléchir. C'est ce principe qui permet à la raison humaine de se penser. Pour interpréter, par exemple, la scission matière / forme ou acte / passivité, propre à tout entendement humain, il faut la penser par analogie à l'*Idée* d'un fondement absolu, fondement tout à la fois d'union et de disjonction entre la matière et la forme, l'acte et la passivité.

Le statut de l'entendement infini

Il est impératif de comprendre ce point si l'on ne veut pas se fourvoyer en des évaluations fausses de la philosophie de Maïmon et à terme de celle de Fichte. Là encore, Maïmon anticipe la *Critique de la faculté de juger*. En effet, les paragraphes 76 et 77 font de l'entendement archétypique un prin-

1. Cf. p. 66.

2. Voir notamment dans l'*Essai sur une nouvelle logique* (*G.W.*, V, 94 *sq.*). M. Gueroult a insisté sur ce caractère de « fiction » ; voir *Maïmon*, p. 13. Il remarque, dans une note, que Fichte hésitera entre les deux conceptions du principe comme fiction ou comme réalité.

cipe organisateur qui permet d'unifier le divers. Ce « principe infini » n'a évidemment d'autre statut que celui d'*Idée*. C'est un concept heuristique, un « principe de la réflexion ». Le statut de l'entendement infini de Maïmon est le même. Il s'agit d'un principe non de connaissance, mais de signification. L'entendement infini pour Maïmon est ce principe organisateur, mais fictif, qui permet à la fois d'unifier le divers des phénomènes (pôle de l'objet), mais aussi le divers des actes de connaissance (pôle du sujet). Nous pourrions même prétendre que ce principe, Maïmon l'a trouvé dans la *Critique de la raison pure* elle-même. Les commentateurs de Kant aujourd'hui ont, à la suite de Heidegger, tendance à accentuer, dans la première *Critique*, l'affirmation d'une finitude radicale et structurelle par laquelle Kant se dissocierait de la métaphysique classique qui pensait la finitude comme simple manque, à partir d'un infini actuel. Ceci est à la fois exact et inexact. Exact, en ce que la finitude n'est plus, chez Kant, pensée comme une différence de degré par référence à un infini existant. Mais c'est inexact si on maintient, contre le texte lui-même, qu'il n'y a aucune référence dans la *Critique de la raison pure* à un autre de la raison humaine. En effet, par rapport à quoi Kant peut-il dire, dès l'*Esthétique transcendantale*, que nous sommes des être finis ? De quel droit interprète-t-il l'intuition sensible comme marque de la finitude? Par analogie à l'*intuitus archetypus*. Dans ce mouvement, nous percevons les motifs de la thèse de Maïmon. Pour se penser, la raison postule un point de référence autre qu'elle-même. Cette pensée par analogie à une référence autre se retrouve à tous les stades de *Critique de la raison pure*; ainsi, la pensée du noumène est tout aussi nécessaire à la détermination du phénomène que la détermination du phénomène deviendra nécessaire à la pensée du noumène[1]. Je ne puis penser le phénomène que par opposition au noumène, et réciproquement. L'analogie est donc bien un des modes d'argumentation présents dans la *Critique*. C'est là, en tout cas, ce que Maïmon a pensé, qui déclare que la pensée humaine ne peut se comprendre dans sa spécificité que par référence ou par analogie à la fiction d'un entendement infini.

Cette mise au point sur le statut de l'entendement infini permet de penser comment Maïmon peut reprendre intégralement des analyses de Leibniz, tout en se déclarant kantien. Prenons pour le démontrer le célèbre développement sur les petites perceptions, lequel n'a pas peu contribué au classement de Maïmon dans la catégorie du dogmatisme précritique.

1. *K.R.V.*, p. 1192, (A 566, B 594); « Parce que les phénomènes ne sont pas que des manières fortuites de représenter les objets intelligibles, représentations d'êtres qui sont eux mêmes des intelligences : il ne nous reste plus que l'analogie selon laquelle nous employons les concepts d'expérience pour nous faire au moins un concept quelconque des choses intelligibles. »

Maïmon, à la suite de Leibniz, interprète la passivité comme un cas limite de l'activité[1]. Par suite, toute extériorité est référée à l'activité du sujet. C'est pourquoi dans l'*Essai,* il écrit : « Ce qu'il y a d'empirique dans les intuitions (la matière) est réellement comme des rayons de lumière, donnée par quelque chose d'extérieur à nous. Mais il ne faut pas se laisser troubler par cette expression "extérieur à nous", comme s'il s'agissait d'une chose en rapport d'espace avec nous; cet extérieur à nous signifie tout simplement ceci : une chose dans la représentation de laquelle nous n'avons conscience d'aucune spontanéité, c'est-à-dire, au point de vue de notre conscience, un état de passivité pure et simple en nous, un état où il n'y a de notre part aucune activité ». Maïmon opère ici une double réduction : tout d'abord l'extériorité est ramenée au sentiment de passivité du sujet; ensuite, cette passivité est comprise comme cas limite de l'activité, c'est-à-dire selon la terminologie que Maïmon emprunte au calcul infinitésimal, comme une différentielle de passivité. La relation entre entendement infini et fini se formule mathématiquement comme le rapport d'une dérivée à une intégrale, puisque la passivité dans ce cadre apparaît comme un infiniment petit, produit par le passage à la limite de la conscience pure.

Il est parfaitement clair que cette analyse accomplit ce que M. Gueroult, dans *Métaphysique et dynamique chez Leibniz,* nomme « la neutralisation du négatif ». Le contenu est strictement identique à l'analyse leibnizienne des petites perceptions. La différence d'avec Leibniz n'est donc pas de contenu mais de statut. L'entendement infini n'est qu'une *Idée* et non un substrat existant. Maïmon, dès lors, ne prétend pas que l'activité produit causalement la passivité, mais dit plus simplement que ce qui permet de penser la passivité comme passivité humaine, c'est la fiction d'un entendement infini. C'est pourquoi il est étonnant de voir Maïmon rangé parmi les dogmatiques leibniziens[2], puisqu'il n'a de cesse de souligner le caractère de fiction heuristique de l'entendement infini. La démarche se légitime fort bien par rapport au texte kantien. La réflexion est une et même, qu'il s'agisse de la réflexion de la *Wirklichkeit* ou de la réflexion sur les éléments de la représentation. Cette réflexion suppose un principe organisateur pour s'orienter. Ce principe n'est évidemment pas un existant mais c'est un concept heuristique. Dès lors, pour penser la pensée humaine, il

1. Sur cette analyse, voir M. Gueroult, *Maïmon*, p. 59 *sq.* ; X. Léon, *Fichte et son temps*, t. I, p. 230 ; E. Cassirer, *Les systèmes post-kantiens*, p. 78 *sq.*

2. J. Vuillemin, M. Gueroult et E. Cassirer pensent, à juste titre, à nos yeux, la philosophie de Maïmon comme un scepticisme. En revanche, nombreux sont les interprètes plus contemporains de Fichte qui classent Maïmon parmi les leibniziens dogmatiques. Même S. Zac semble céder, parfois, à cette tentation, lorsqu'il juge, par exemple, que « Maïmon est en deçà de Kant » (*op. cit.*, p. 89), dès lors qu'il utilise la logique leibnizienne. Néanmoins, sa belle étude insiste aussi sur le scepticisme.

faut postuler un entendement infini pour, par analogie, comprendre l'esprit fini, et réciproquement, l'entendement infini ne se comprend que par analogie à l'esprit fini. Ce que soulignera Kant dans les fameux paragraphes 76 et 77 de la troisième *Critique*. Ainsi, si Maïmon reprend l'analyse de Leibniz dans son contenu, il conserve celle de Kant pour ce qui est du statut qu'il convient de donner à cette analyse. L'accusation de dogmatisme paraît donc bien injustifiée. Elle l'est d'autant plus si avec Maïmon nous tirons les conséquences de l'ensemble de ces thèses.

Le lien entre la reconstruction à partir de la faculté de juger et le scepticisme

Si, comme nous l'avons montré, la réflexion doit se penser à partir d'une signification univoque, alors il est évident que la réflexion transcendantale de l'*Amphibologie* aura les mêmes caractéristiques que la réflexion physique, ou pour Kant, esthétique et téléologique. Or, nous l'avons vu précédemment, les jugements sur la *Wirklichkeit* sont des jugements régulateurs placés sous le signe du très fameux : « tout se passe comme si ». Dès lors, si la *Critique de la raison pure* est écrite du point de vue de la réflexion, alors les jugements que produit cette réflexion ne sont pas des jugements déterminants, mais des jugements régulateurs. Par suite, le philosophe ne saurait prétendre à la vérité absolue de ce qu'il dit. Si la philosophie de Kant, reconstruite à partir de la représentation, « basculait dans le néant », sa reconstruction à partir de la réflexion la fait basculer du côté d'un scepticisme extrêmement puissant.

Ce scepticisme, nous pourrions le caractériser comme la déréalisation de la référence. Cette déréalisation de la référence se retrouve à tous les niveaux des analyses de notre philosophe. Maïmon explique, par exemple, que pour penser le mouvement d'un corps nous ne possédons d'autre point fixe que celui que nous avons arbitrairement fixé. De même, comme l'a remarquablement souligné M. Gueroult, la métaphore de la révolution copernicienne est relue à partir de cette optique de l'absence de référence absolue : « ce phénomène du rapport entre le sujet et l'objet de la connaissance, nous ne sommes pas tenus d'en attribuer le mouvement à l'un ou à l'autre »[1]. La position d'un absolu de référence à partir duquel on jugera de l'ensemble est parfaitement arbitraire. C'est pourquoi les énoncés philosophiques (telle la révolution copernicienne) sont aussi relatifs que l'astronomie, où du point fixe choisi dépend le mouvement que l'on attribuera aux autres corps. Cette conception de la révolution astronomique n'est pas nouvelle. Ossiander, dans sa préface à *De la révolution des astres*, la

1. *Op. cit.*, p. 17 ; voir l'ensemble du paragraphe intitulé : « la fiction copernicienne de la Critique », p. 14 *sq.*

soutient, mais aussi, et plus paradoxalement, Descartes[1] lui-même, qui affirme que le géocentrisme de Ptolémée est tout aussi juste que l'héliocentrisme de Copernic, puisque le mouvement et le repos d'un corps dépend du point que l'on s'est fixé[2]. Nous pensons toujours à partir d'une référence mais n'importe quelle référence vaut, et nous n'avons aucun moyen d'en affirmer la vérité absolue. Le criticisme lui-même, qui définit la structure de la raison, ne peut en dernière instance justifier ses propres propos. La reconstruction du criticisme à partir de la faculté de juger aboutit donc à un scepticisme qui, à notre sens, est dû à l'accentuation de la thèse d'une raison finie. En effet, contrairement à ce que l'on a pu prétendre, Maïmon ne dépasse pas la finitude, il l'accentue en montrant comment la plupart de nos jugements sont régulateurs[3]. Cette accentuation aboutit au problème de la consistance du criticisme que nous pourrions résumer ainsi : l'homme est tellement fini qu'il ne peut même plus prétendre à la validité de ce qu'il dit, à savoir que l'homme est fini. Nous verrons comment ce paradoxe explique une partie des développements de la *GWL*.

RÉSULTATS : SAVOIR ET VÉRITÉ

Au terme de ce chapitre, nous sommes donc en mesure de comprendre l'une des figures les plus importantes du criticisme que Fichte aura à dépasser : celle du scepticisme induit par une reconstruction à partir de la *Critique de la faculté de juger*. Le partage entre jugements constitutifs (à l'œuvre uniquement dans les mathématiques) et les jugements régulateurs (valant pour l'ensemble des autres disciplines) fait surgir la question de la possibilité même de la philosophie, fût-elle définie par Kant non comme métaphysique, mais comme élucidation critique du pouvoir de la raison. C'est donc bien un formidable défi que Fichte aura à relever puisqu'il s'agira, pour lui, de dépasser la représentation à partir de la réflexion, tout en dégageant cette réflexion de la contingence absolue à laquelle Maïmon l'a livrée. La réflexion devra être pensée comme produisant des jugements vrais et non simplement vraisemblables. Si penser, c'est articuler des significations à partir d'une référence ultime, cette référence ne saurait relever, comme le veut Maïmon, d'une position, en dernière instance, arbitraire. Tel est le problème que Fichte entend résoudre par l'élaboration

1. *Principes*, 3, art 29, 30. A.T, Paris, Vrin, 1964, t. VIII, p. 92, 93.

2. Certes, il n'est pas douteux que cette thèse, qui n'apparaît que dans les *Principes* et non dans le *Monde* où Descartes défend Copernic, visait surtout à éviter toute polémique avec l'Eglise, mais comme le montre F. Alquié, la seule prudence ne suffit pas à rendre raison de cette conception (*La découverte métaphysique de Descartes*, PUF, 1950 p. 273).

3. Nous verrons que dans la *GWL*, c'est cette dimension que retient Fichte : Maïmon a trop accentué la finitude.

de sa philosophie. Le pivot à partir duquel il prétend accomplir cette tâche est la notion d'acte. Cette notion, autour de laquelle s'articulera toute sa philosophie, se particularise, dès l'hiver 1793, dans son premier grand texte spéculatif, les *Méditations personnelles sur la philosophie élémentaire*, en deux concepts profondément anti-kantiens : l'intuition intellectuelle et le Moi absolu. La première notion se donne comme le dépassement des apories de la représentation, la seconde comme le surmontement de la contingence de la réflexion et l'arbitraire de la référence. C'est l'introduction de ces deux notions dans les *Méditations* qu'il nous faut donc comprendre pour penser le point de vue à partir duquel Fichte surmontera la faillite du criticisme, induite par les reconstructions de Reinhold et de Maïmon, point de vue sur lequel reposera, par la suite, toute la doctrine de la science. Ces deux notions signent, en fait, la dernière figure que prendra la relation de Fichte au criticisme : celle de la rupture.

CHAPITRE III

ACTE ET SAVOIR

Si Reinhold reconstruit le kantisme à partir de la *Critique de la raison pure* et, ainsi, dévoile les apories de la représentation, si Maïmon le reconstruit à partir de la *Critique de la faculté de juger* et, par là, aboutit à la déréalisation de la référence, peut-on dire que Fichte exploite l'ultime possibilité, qui consisterait à le reconstruire à partir de la *Critique de la raison pratique*? Le prétendre serait à la fois vrai et faux. Faux en ce que, comme nous l'avons vu, dès 1793, Fichte a récusé le clivage entre théorie et pratique et ne reviendra jamais sur cette dénonciation du partage kantien. Il ne s'agit plus pour lui de chercher le lien entre deux domaines constitués et autonomes, mais bien de trouver un point de vue qui transcende ce clivage. Vrai en ce que, avec Fichte, la pratique accède au rang de philosophie première. Encore convient-il de ne pas se méprendre sur la signification de cette promotion. Loin de signifier la substitution de la foi au savoir ou la simple apologie de l'action concrète, le geste de Fichte se donne comme la réinterprétation intégrale du savoir à partir de l'acte. Savoir, c'est agir et agir, c'est savoir. C'est ce qu'atteste la première notion mise en avant dès le début des *Méditations :* l'intuition intellectuelle.

DU TON PLACIDE ADOPTÉ EN PHILOSOPHIE POUR INTRODUIRE LA NOTION D'INTUITION INTELLECTUELLE

L'intuition intellectuelle est thématisée, pour la première fois, dès les premières pages des *Méditations* et reprise de multiples fois au cours du texte. Fichte, après avoir significativement défini la philosophie comme réflexion [1], s'interroge sur les conditions d'accès à cette réflexion. « Deux choses », nous dit-il, « appartiennent à la philosophie élémentaire : une observation exacte et une exacte compréhension de cette observation » [2]. Le lecteur habitué au lexique kantien pourrait penser que toute

1. Voir *op. cit.*, p. 44 : « la philosophie élémentaire est *réflexion*, pensée portant sur la manière d'agir et de pâtir la plus générale de notre Moi ».

2. P. 24.

observation renvoie à un donné sensible ou à un objet construit dans l'espace et le temps. C'est pourquoi Fichte immédiatement précise : « Que doit-on observer? Observer est empirique. N'y a-t-il pas également de pures intuitions intellectuelles? Les formes du pouvoir de représentation *(Vorstellungsvermögen)*, dont il est question ici, sont intuitionnées d'un pur point de vue intellectuel. » Texte capital s'il en fut, tant cette notion d'intuition intellectuelle cristallise tous les conflits d'interprétations. Ne dit-on pas, en effet, que l'interprétation de M. Gueroult est définitivement fausse du fait de son explication de l'intuition intellectuelle? Hegel, pour en avoir fait le point de départ de la *GWL*, n'est-il pas tenu, aujourd'hui, pour responsable de ce phénomène navrant, à savoir que : « *Les principes* sont restés pendant presque deux siècles aussi inintelligibles aux historiens de la philosophie qu'ils le furent à ses contemporains »[1]? Comment faut-il comprendre cette notion d'intuition intellectuelle, de laquelle les commentateurs (en l'acceptant ou la refusant) font dépendre l'intelligence de toute la philosophie de Fichte?

Il convient de noter tout d'abord que, relativement au trouble des interprètes, Fichte fait montre, à propos de cette notion, d'une belle placidité. Le lecteur d'aujourd'hui ne peut qu'être sensible à l'intonation de ce passage des *Méditations*. Le ton avec lequel un auteur introduit une notion nous indique la manière dont il la considère, la conscience qu'il peut avoir de sa nouveauté. Or, à la lecture de ce texte, nous ne pouvons manquer d'être frappé par la relative décontraction, pour ne pas dire la déconcertante désinvolture, avec laquelle Fichte introduit cette notion d'intuition intellectuelle. Par exemple, dans le passage cité, la réponse à la question : « peut-il exister des intuitions intellectuelles? » se réduit à cette simple affirmation : « les formes de la faculté de connaître sont intuitionnées ici d'un pur point de vue intellectuel » ; de surcroît, lorsque, à un autre endroit du texte, Fichte se demande : « Le Moi peut-il être intuitionné? », il répond tout uniment : « intellectuellement bien sûr, mais nous ne parlons pas de cela ici », et passe, impassible, à autre chose. Curieuse évidence de l'exclamation! Si l'intuition intellectuelle a tourmenté les interprètes, elle ne semble guère avoir ému le philosophe. Qu'est ce qui explique ce ton paisible adopté pour introduire en philosophie la notion d'intuition intellectuelle? La réponse à cette question est simple : l'intuition intellectuelle n'est pas une notion que Fichte invente mais une notion qu'il trouve déjà chez ses deux prédécesseurs, Reinhold et Maïmon. Il est curieux, à ce titre, en raison du tumulte interprétatif suscité par cette notion, que peu de commentateurs[2] se soient avisés qu'elle n'était pas *stricto sensu* une innovation de

1. Luc Ferry, *Philosophie politique*, t. I, PUF, 1984, p. 109.

2. A l'exception, en France, de X. Tilliette, *L'intuition intellectuelle de Kant à Hegel*, Paris, Vrin, 1995.

Fichte. Tel est ce qui explique le peu de précautions oratoires avec lequel est introduite l'intuition intellectuelle dans la *Recension de l'Enésidème* comme dans la préface de la *Grundlage*. Mais par-delà le ton du philosophe, il convient de comprendre le concept, car même si Fichte se réfère à une notion déjà employée par ses prédécesseurs, ni lui, ni Reinhold, ni Maïmon ne pouvaient ignorer qu'avec cette expression « d'intuition intellectuelle » ils introduisaient une notion massivement anti-kantienne et transgressaient une proposition fondatrice du criticisme.

Fonction de l'intuition intellectuelle

Parce que tant Reinhold, Maïmon, Fichte que Schelling mobilisent cette notion, parce que, fait plus significatif encore, Reinhold et Maïmon semblent ne s'être pas consultés[1] pour l'introduire, il est nécessaire de comprendre pourquoi tous les philosophes, après Kant, ont éprouvé le besoin de thématiser un autre type de saisie de certaines propositions. La réponse la plus courante à cette question consiste à y voir le signe le plus tangible du basculement dogmatique de l'idéalisme allemand. Or, à la lumière des développements précédents, la fonction de l'intuition intellectuelle apparaît bien plutôt comme une nécessité inscrite au cœur même du dispositif kantien. Envisageons pour le comprendre, les raisons pour lesquelles Maïmon comme Reinhold l'ont introduite, ce qui nous permettra de comprendre pourquoi Fichte la reprend et comment il la modifie.

C'est de manière explicite et revendiquée que Maïmon, sur ce point, s'oppose à Kant : « Kant considère le Moi en tant qu'objet de la psychologie comme une représentation qui, en soi, d'après son contenu, est vide, et par conséquent toutes les propositions qui en sont déduites comme de simples paralogismes. Je considère au contraire le Moi comme une intuition pure *a priori* qui accompagne toutes nos représentations, bien que nous ne puissions en donner le caractère parce qu'elle est simple »[2]. Après avoir étudié en détail chacun des paralogismes, Maïmon démontre qu'ils ne sauraient valoir comme objection à son affirmation d'une saisie intuitive du Moi. En effet, si Kant ne pouvait parler d'intuition pure à propos du Moi, c'est parce qu'il restait tributaire d'une problématique de l'objectivité du jugement (au

1. Le phénomène est d'autant plus curieux qu'en ce qui concerne Reinhold et Maïmon, ils ne se sont vraisemblablement pas consultés pour introduire cette notion dans leur philosophie. Nous assistons donc là à un phénomène de rencontre objective et non d'influence. Ce qui ne laisse pas de surprendre et suggère que l'intuition intellectuelle était une notion nécessaire. Aussi, il en serait de l'intuition intellectuelle comme des lois de la réflexion optique découvertes en même temps par Fermat et Descartes ou du calcul intégral par Leibniz et Newton : c'était une notion qui ne pouvait pas ne pas apparaître, qui était exigée, voire commandée par un certain état de la recherche.

2. *Essai T*, p. 141.

sens de son rapport avec un objet donné). Tel est, selon Maïmon, le motif à l'origine du parti pris kantien : « Kant fait de cela <*de l'identité du Moi*> un paralogisme, parce qu'il entend par le mot “Moi”, dans la psychologie rationnelle, une chose en soi (noumène) et que donc, d'après ses principes, la catégorie de substance ne peut s'y appliquer, puisqu'il manque une intuition par laquelle on pourrait le connaître. » *« D'après ses principes »*, soit : relativement à sa problématique de l'objectivité. Kant, en raison du problème qui est le sien, est parfaitement habilité à dénoncer dans l'affirmation de l'identité du Moi un paralogisme, mais Maïmon ne traite ni du même problème ni ne parle de la même chose. Il s'interroge sur la conscience que nous avons de l'identité du Moi, par-delà le flux de nos représentations. Nous restons ici à l'intérieur de la conscience ; il va donc de soi, pour Maïmon, que nous n'avons plus à nous préoccuper de savoir ce qu'est le sujet comme chose en soi ni à prédiquer quoi que ce soit d'un être-sujet qui serait déjà là. Pour autant, rien ne nous interdit de poser cette question : de quelle manière pouvons-nous nommer la conscience que nous avons de l'identité du Moi ? Ou pour le dire autrement : comment qualifier le type de certitude à l'œuvre dans l'affirmation « je pense » ? A cette question, Maïmon répond, dans ce même texte : « Je tiens [...] le Moi pour une intuition, et même une intuition *a priori.* » Ce terme d'intuition ne renvoie évidemment pas à la connaissance d'une substantialité hypostasiée mais a très clairement pour fonction de nommer le mode de donation du « je pense ». L'enquête reste donc immanente à la conscience ; cette dernière, parce qu'elle est à l'intérieur du cercle de ses opérations, ne peut tomber sous le coup des paralogismes qui supposent une référence à un étant extérieur, à un sujet en soi. Pour illustrer cette différence, Maïmon fait une distinction décisive entre la conscience de l'identité du « je pense », à travers le flux de ses représentations, et le Moi comme *Idée*. Le Moi est *Idée* du point de vue de ses prédicables, des attributs qu'on peut lui conférer ; en tant que tel, il ne sera jamais connu, ni susceptible de représentation ; il restera un idéal à poursuivre à l'infini[1]. En revanche, l'identité du « je

1. Voir entre autres le chapitre X de l'*Essai T*, où Maïmon, après avoir affirmé que « le Moi n'est qu'une simple Idée » compare le Moi à une racine irrationnelle et écrit : « nous pouvons nous en rapprocher toujours à l'infini, mais la rejoindre tout à fait, c'est non seulement une simple Idée (dans la mesure où il faut que cette série soit continuée à l'infini) mais c'est même impossible... », p. 116-117 ; voir aussi p. 134 et 212. Il est curieux de constater que les disciples de Philonenko ont fait de cette thèse le point nodal de la philosophie de Fichte (après celle de Kant), la marque de son originalité par rapport à ses contemporains, tous enclins, d'après ces interprètes, à hypostasier le Moi. Comme l'attestent ces différentes citations, cette thèse n'est en rien l'apanage de la doctrine de la science et l'apport de Fichte au post-kantisme ne se trouve nullement dans cette conception d'un Moi comme Idéal à poursuivre à l'infini. Les post-kantiens ont tous intégré l'idée d'un Moi inconnaissable comme chose en soi, c'est-à-dire comme objet jeté sous le regard d'un philosophe qui pourrait en décliner les prédicats ; tel est leur sol commun ; leur différence se situera donc à un autre niveau.

pense », entendue comme la conscience que j'ai de rester le même, en dépit de la diversité de mes représentations, est saisie immédiatement dans une intuition pure. Ainsi comprise, cette notion n'est nullement une transgression de l'interdit kantien, puisque, encore une fois, il ne s'agit pas de connaître une chose en soi mais de tenter une caractérisation du mode de saisie de cette affirmation de la *Critique de la raison pure* : c'est un « je » qui pense, un sujet qui demeure certain de son identité en tant que sujet par-delà le flux incessant et changeant du contenu de ses pensées. Ce qui ressort clairement de cette définition de l'intuition intellectuelle, c'est que son introduction est entièrement nécessitée par le changement de problématique opérée par les post-kantiens. Parce que ceux-ci s'interrogent prioritairement sur le statut du discours du philosophe, il leur est nécessaire de spécifier le mode de donation des propositions philosophiques telles que : « je pense ». C'est cette même perspective qui avait conduit Reinhold lui-même, pourtant le plus kantien des post-kantiens, à introduire cette notion immédiatement contraire à la lettre du texte de Kant.

La mention de l'intuition intellectuelle par Reinhold est assurément plus embarrassée que dans le texte de Maïmon puisqu'elle est introduite presque par effraction et se révèle d'une singulière complexité[1]. Tout d'abord, à la différence de Maïmon, l'intuition intellectuelle ne concerne pas uniquement la proposition « je pense », mais se rapporte à l'ensemble des formes de la représentation – soit le temps, l'espace, les catégories, etc.[2]. De surcroît, elle caractérise autant le type de certitude que l'objet sur lequel elle porte ; sont « intellectuelles », les « formes » de représentation que le philosophe prendra comme « matière » de sa réflexion. Expliquons ce point : c'est à partir des concepts de forme et de matière que Reinhold reprend l'explication de la représentation chez Kant ; pour qu'il y ait représentation, il faut une matière, qui est la sensation, et une forme qui n'est rien d'autre que la coordination conférée aux différents éléments de cette matière. Telle est la manière dont la conscience commune et la conscience scientifique connaissent. Mais si l'on s'interroge maintenant sur l'activité du philosophe, le contenu de la réflexion ne sera plus le même : le philosophe prend pour objet – c'est-à-dire pour matière de sa réflexion – les formes mêmes de la représentation, le temps, l'espace, etc. Or, ces formes de la représentation – devenues matière de la réflexion – ne sont plus

1. Une des raisons de cette complexité tient aux hésitations de Reinhold. Trop kantien pour utiliser massivement cette notion, il l'introduit néanmoins pour résoudre le problème du criticisme. Il en est de l'intuition intellectuelle comme des concepts de la réflexion ; Reinhold souligne le problème, mais en dernière instance le déplace. Sur cette difficulté et complexité de la notion chez Reinhold, voir Stolzenberg, *op. cit.*, p. 41 *sq.*

2. Voir *Beiträge zur Berichtung bisheriger Missverstandnisse der Philosophen* (1790, 1794), Iéna, 1794, à partir de la p. 245. Sur l'intuition intellectuelle comme saisie des « formes de la représentation » chez Reinhold, voir Klemmt, *op. cit.*, p. 96 *sq.*

données par la sensation puisqu'elles n'apparaissent qu'au terme du lent travail d'abstraction du philosophe. Lorsque le philosophe accède à la conscience de la nature de ces formes de la représentation, il y a, pour Reinhold, intuition intellectuelle.

Face à cette affirmation, un kantien de stricte obédience pourrait aisément formuler l'objection suivante : les formes de la représentation sont des conditions de possibilités auxquelles le philosophe accède de manière régressive, soit, selon la lettre du texte kantien, de manière apagogique. Dès lors, prétendre prendre, comme matière de sa recherche, les formes de la représentation revient, en fait, à postuler une extériorité mystérieuse et transcendante d'un philosophe, déclinant les différents ingrédients de la représentation comme s'il les voyait de l'extérieur.

A cette objection, il est différentes réponses possibles : nous avons déjà formulé la première en montrant que la philosophie kantienne ne peut se fonder elle-même si elle respecte à la lettre cet interdit. Mais nous pouvons, à propos de l'intuition intellectuelle, faire une deuxième réponse plus précise : Reinhold ici ne prétend absolument pas considérer le temps ou toute autre forme de la représentation comme un « étant » que le philosophe devrait décrire. Il vise bien plutôt à caractériser le type de certitude qui résulte de la démarche philosophique en même temps qu'il entend attirer l'attention sur la spécificité des objets de l'enquête philosophique. Pour le dire d'un exemple, dans la *Critique de la raison pure*, Kant décrit le temps comme un non-étant. Le temps n'est pas objet mais l'horizon sur lequel se déploient les objets en général. Il est (selon le chapitre *De l'Amphibologie* qui distingue les quatre grandes significations du néant) un *nihil privativum*, c'est-à-dire une absence d'objet. Parallèlement, le temps et l'espace sont définis comme position (« il faut que la représentation de l'espace soit déjà posée comme fondement »[1]), c'est-à-dire comme existence. Si nous rapprochons ces deux énoncés, nous obtenons, comme le fait remarquer J. Rivelaygue, « cette définition ambiguë qu'ils sont la position d'une absence d'objet. L'espace et le temps sont une position qui ne pose aucun objet »[2]. Il est donc patent que l'analyse de Kant le contraint à reconnaître la position ou « existence » de non-objets. Or, la notion d'intuition intellectuelle chez les premiers post-kantiens ne dit, à notre sens, rien d'autre : il existe des objets qui sont des non-objets parce qu'ils ne se donnent pas sur le même mode que des objets empiriques ou des figures mathématiques. Ces objets, qui sont des non-étants, peuvent faire l'objet du discours du philosophe ; du temps, on peut dire qu'il est un *nihil privativum*, qu'il est indéfini, forme de toute intuition, etc. Ces énoncés du philosophe sont intellectuels par opposition aux énoncés représentationnels qui supposent

1. *K.R.V.*, p. 784 (A 23, B 38).
2. *Leçons de métaphysique allemande*, II, p. 81.

que l'objet soit construit et d'une certaine manière visible. La signification du terme « intuition intellectuelle » n'est donc pas du tout à comprendre au sens condamné par Kant, c'est-à-dire comme production de l'ensemble du divers de la représentation. Le déploiement même des analyses kantiennes rend nécessaire l'introduction d'une notion nouvelle susceptible de qualifier la spécificité des objets du philosophe par opposition aux constructions du mathématicien. L'intuition intellectuelle marque les limites du raisonnement régressif, lequel, s'il était respecté à la lettre, interdirait à Kant de développer les propositions les plus importantes de son système.

Parce que la philosophie critique a pour résultat de séparer ce qui est objet (étant) de ce qui est valable, mais n'est pas (les formes de la représentation, les objets du philosophe), elle suscite une cascade de questions : quel type de discours tenir sur ces « non-objets » ? Quelle preuve pouvons-nous donner de leur validité ? Comment caractériser le type de certitude qui résulte de l'enquête philosophique ? Pourquoi en venons-nous à leur attribuer des prédicats (le temps est indéfini, le sujet est un « je » spontané), alors même que nous ne pouvons les conclure de la seule méthode régressive ? L'introduction de la notion d'intuition intellectuelle par les post-kantiens est une première réponse à ces questions surgies de la mise en œuvre de la démarche critique. Plus qu'une décision marginale, elle est à la fois indice d'un manque et conséquence inéluctable de l'analyse kantienne. Comme le dira Fichte, en 1798, « Kant avait l'intuition intellectuelle mais n'a pas réfléchi sur celle-ci. Toute sa philosophie est un résultat de cette intuition intellectuelle »[1]. La nécessité de cette introduction de l'intuition intellectuelle démontrée, envisageons maintenant la signification précise que lui donnera Fichte dans les *Méditations*.

La redéfinition de l'intuition intellectuelle : la saisie d'une effectuation

Dans les *Méditations*, Fichte introduit la notion d'intuition avec celle d'observation. « Deux choses appartiennent à la philosophie élémentaire : une observation exacte et une exacte compréhension de cette observation. Observer est empirique. N'y a-t-il pas aussi de pures intuitions intellectuelles ? Les formes du pouvoir (*Vermögen*) de représentation sont intuitionnées ici d'un pur point de vue intellectuel. » Que ce soient *les* formes (au pluriel) du pouvoir de représentation qui fassent l'objet d'une intuition montre tout d'abord à quel point Fichte reprend de manière quasi littérale la définition de Reinhold. Sa signification est la même : le philosophe doit dissocier la sphère des objets de la sphère du valable. Les formes de la

1. *WL nova methodo*, trad. I. Thomas-Fogiel, Le Livre de poche, 2000, p. 93.

faculté de représentation, dont parle Kant, peuvent, tout comme le triangle, être visées par la pensée. Cela dit, les deux « objets » ne sont pas « observés » de même manière : le triangle est construit dans l'espace et devient par cette construction une figure délimitée dont je puis décrire les différentes propriétés ; en ce cas : « construire le concept, c'est le réaliser dans l'intuition, c'est-à-dire le traduire en image. Non sans doute en image sensible mais en image pure [...]. L'image pure projetée par le concept dans l'intuition devient une sorte d'objet observable, dont les propriétés apparaîtront du fait de son observation »[1]. Il n'en est pas de même pour « les formes de la faculté de représentation » visées par la réflexion du philosophe. Elles sont « matière » de la réflexion et non « objets » de la représentation. Parce que les formes de la représentation sont des « non-étants », des « non-objets » (au sens des *Gegenstände*), elles ne sont pas schématisables en une figure quelconque. Ici, comme chez Reinhold, le terme intellectuel a donc d'abord pour fonction d'attirer l'attention sur la spécificité de ces « objets » qui *stricto sensu* n'en sont pas, sur la particularité de ces éléments qui ressortissent à la sphère de ce qui vaut et non à celle de ce qui est. Mais si cette première phrase se donne comme une reprise quasi littérale de la définition reinholdienne, il n'en demeure pas moins que Fichte promeut cette intuition intellectuelle à un rang qu'elle n'avait pas chez son prédécesseur. En effet, alors que ce dernier, demeurant trop attaché au principe de représentativité, introduit l'intuition intellectuelle comme par effraction, c'est d'emblée que Fichte la thématise comme le point de départ du discours philosophique. C'est explicitement, et non par une sorte de nécessité subreptice, que doit être thématisée la différence entre deux formes « d'observations ». Parce que l'observation du philosophe ne saurait être la pure et simple reconduction de l'observation de la conscience commune ou de la conscience scientifique, la philosophie doit d'abord mettre en avant cette distinction entre les deux intuitions. C'est cette différence qualitative qu'élucide la phrase suivante : « Cette intuition intellectuelle se fonde en partie sur la manifestation précédente de la spontanéité, sur la manifestation du penser ».

Le philosophe effectue un acte quelconque, accomplit un « processus » (pour reprendre une précédente expression que Fichte donne pour équivalente), c'est-à-dire formule un jugement quelconque ; dans ce jugement, pris comme matière de la réflexion, il saisit non le contenu mais l'acte de juger, non ce qui est dit mais l'acte de dire, c'est-à-dire la spontanéité. L'intuition intellectuelle a donc lieu lorsque, dans un énoncé, on se rend attentif à l'acte de l'énonciation et non au contenu de l'énoncé. Ce faisant, il est clair que le contenu du jugement – le processus que l'on accomplit –

1. R. Daval, *La métaphysique de Kant*, p. 121.

peut être résolument n'importe quoi, y compris un énoncé absurde du type : « la terre est bleue comme une orange ». C'est ce que, dès la phrase suivante, précise Fichte : « Dès lors, si l'on n'a pas pensé de manière exacte, l'intuition ne sera-t-elle pas également inexacte ? » Non, car « la spontanéité produit l'intuition de par sa présence et non de par sa manière d'être. La spontanéité ne peut donc, si tout cela est vrai, altérer l'intuition »[1].

On ne saurait dire plus clairement que le contenu du jugement doit être mis entre parenthèses. Il ne s'agit plus de porter son attention sur la chose qui est dite ni de s'interroger sur sa valeur objective ou sa vérification possible dans l'expérience, il est uniquement requis de considérer la proposition comme une effectuation de la pensée. C'est pourquoi l'intuition intellectuelle n'est pas, à la différence de l'intuition sensible, dépendante d'un contenu particulier. Elle n'est pas singulière mais peut s'exercer sur tout énoncé; elle est universelle au sens où elle se produira, (pour peu que l'on concentre son attention sur l'énonciation), quel que soit le jugement envisagé. Ce faisant, Fichte résout ici le classique paradoxe d'une universalité qui, inexplicablement, se donnait dans une forme distincte, particulière, singulière. L'intuition, en effet, qu'elle soit pure (comme chez Descartes) ou sensible, semblait toujours liée à un énoncé ponctuel. Comment, demanderont les husserliens, pris à leur tour dans les rets de ce paradoxe, penser une intuition universelle alors que l'intuition renvoie à une saisie particulière ? Parce que, répond Fichte, l'intuition intellectuelle est saisie de l'acte contenu en toute proposition. Ce qui est universel, ce n'est pas telle ou telle proposition mais l'acte d'énoncer. C'est la distinction, d'une tranchante précision conceptuelle, entre « manière d'être » et « présence » qui creuse le plus profondément l'écart entre l'intuitionner classique (qu'il soit pur ou simplement sensible) et l'intuitionner, tel que Fichte le conçoit. En effet, la *Beschaffenheit*, ou manière d'être, qualifie toujours, dans les *Méditations*, l'objet de la représentation. Fichte établit une distinction entre « *ist beschaffen* », que l'on pourrait traduire par « est naturé », et l'acte de donner une nature, qui n'est pas lui-même une « nature »[2]. L'objet est susceptible de connaissance au sens où, appliquant une catégorie à l'intuition, le produit de ce processus me donnera une représentation; par exemple, réalisant le concept dans l'espace, je construis un triangle particulier. Ceci effectué, j'appréhende les limites de ce produit (les trois côtés) et en donne les propriétés (la somme des angles vaut deux droits.) Les propriétés du triangle sont expression de la manière d'être, de la nature, de la *Beschaffenheit* du triangle. La nature suppose la délimitation, au sens littéral d'enserrer dans des limites découpées sur fond d'espace; c'est cette délimitation qui permettra la description de la figure que j'ai sous

1. *Op. cit.*, p. 46.
2. Cf. p. 178.

les yeux. Par opposition, la spontanéité n'est pas susceptible de projection dans l'intuition sensible; je ne puis en tracer les limites ni en indiquer les contours par une méthode quelconque. L'intuition intellectuelle se définira donc comme conscience de la présence d'un acte et non plus comme vision d'un objet délimitable et figurable. Ce faisant, cette distinction entre délimiter une manière d'être et saisir la présence de la spontanéité ne se contente pas de rompre avec le schéma kantien de la constructibilité, elle permet aussi de dépasser toute la structure classique de la visibilité par laquelle l'objet (*Gegenstand*) est jeté sous le regard. Ici, en effet, intuitionner n'est pas amener une notion à la visibilité mais faire retour sur l'acte qui a permis l'énonciation, soit : appréhender la spontanéité inscrite en chaque jugement.

En ce sens, l'intuition intellectuelle, en tant qu'elle est considération de l'acte, et non mise en présence d'un « étant » ni prise de conscience d'un « état mental », peut être comparée à l'entreprise pragmatique qui, dissociant le contenu propositionnel de la force illocutoire, s'attache à penser l'acte d'énonciation en tout énoncé. Si la *Beschaffenheit* renvoie directement à la problématique de la représentation où l'objet est délimité, fixé, donné ou construit pour se tenir sous le regard, le *Vorhandensein* de la spontanéité rompt avec la thématique de la figuration représentationnelle. C'est cette distinction qui permet à Fichte de ne pas transformer les « formes de la faculté de représentation » en objets ontiquement constitués, lesquels deviendraient comparables, quoique d'une nature supérieure, aux objets représentés; soit à la manière dont chez Platon, par exemple, les *Idées* peuvent être, à la limite, considérées comme des étants supérieurs, appréhendées sur le même mode que des objets visibles, soit encore à la manière dont un certain psychologisme pourrait considérer – la question de l'existence de l'objet réel étant suspendue – les « formes de la faculté de représentation » comme de véritables objets mentaux, que le philosophe, grâce à son regard exercé, serait en mesure de décrire.

La notion d'intuition intellectuelle évite donc l'écueil d'une transposition du concept de représentation à un niveau supérieur (comme « représentation de représentation »). Elle traduit un arrachement à la sphère représentationnelle, propre à la conscience commune ou scientifique qui ne connaissent que lorsque l'objet visé se tient sous le regard ; la conscience commune parce l'objet lui est donné dans l'empirie, la conscience mathématique parce qu'elle construit son objet dans l'intuition pure, en projetant son concept dans une figure dont les contours sont parfaitement discernables.

Cette conscience de l'acte suppose une abstraction et une réflexion. *Abstraction*, parce que lorsque j'envisage « les processus de l'esprit » – c'est-à-dire n'importe quel jugement –, je dois me défaire de l'attitude immédiate, qui vise toujours et avant tout le contenu du jugement. L'intuition intellectuelle n'a rien à voir avec l'évidence de la conscience commune, toujours absorbée par le contenu du jugement. Sa visée est autre et suppose un arrachement à la chose ou au contenu du jugement. *Réflexion*, parce qu'elle est prise de conscience de l'acte de juger. Il y a donc une différence de nature entre l'évidence immédiate de la conscience commune et l'intuition intellectuelle, sur laquelle Fichte tout au long de sa vie ne cessera d'insister. Parce qu'elle est le résultat d'une abstraction et d'une réflexion, l'intuition intellectuelle est la condition d'accès à la sphère philosophique, elle est l'état d'esprit en lequel celui qui s'apprête à philosopher doit se mettre pour commencer son enquête. C'est sans doute dans ce statut de condition d'accès au philosopher qu'il lui accorde que Fichte se différencie le plus de Reinhold. L'entrée en philosophie suppose que l'on sorte de la problématique de la représentativité par une « expérimentation », qui est expérimentation de la raison par elle-même. Plutôt que de partir d'un « fait de la conscience » qui devrait être analysé, il faut effectuer un acte. En ce sens, l'intuition intellectuelle n'est pas dévoilement d'un objet, mais un état d'esprit permettant d'accéder au point de vue à partir duquel le discours philosophique pourra se déployer. A cet égard, Fichte précisera plus loin : « On ne parle pas de la conscience, de la manière de la penser, mais on parle de l'état d'esprit dans lequel on est immédiatement lorsqu'on se représente son Moi. Quel est notre état d'esprit quand on intuitionne son Moi ? C'est cela dont il est question ici et de rien d'autre. C'est aussi la condition exclusive et unique de tout philosopher »[1]. L'intuition intellectuelle comme point de départ de la connaissance philosophique pense donc cette dimension du jugement qui est non le contenu mais l'acte de juger ; en un mot, dans la connaissance philosophique il est question non « d'un objet du jugement mais seulement du sujet qui juge »[2].

L'analyse du premier texte spéculatif de Fichte nous apprend donc que l'intuition intellectuelle est la saisie de l'acte supposé en tout jugement. Mais cette présence ne doit pas s'entendre comme la « mise sous le regard », propre, selon Heidegger, à toute métaphysique de la présence. Il ne s'y agit pas « d'embrasser du regard » les contours d'un objet compris en certaines limites. L'opposition entre *Vorhandensein* et *Beschaffenheit* se donne bien plutôt comme percée pour définir la pensée non comme un sujet qui voit un objet vu mais comme saisie d'un acte, qui par définition ne peut se donner comme un objet jeté sous le regard (*Gegenstand*). Telle est la condition d'accès à la sphère philosophique. Loin de s'associer à l'évidence immédiate de la conscience commune, à la fulgurance mystique ou à la construction mathématique dans l'espace, l'intuition intellectuelle sup-

1. *Méditations*, p. 49
2. Lettre, déjà citée, du 28 septembre 1799 en réponse à la condamnation de Kant.

pose abstraction et réflexion. La spontanéité n'est pas donnée d'elle-même dans une sorte de vision plénière mais supposée dans le contenu du jugement, comme son arrière-plan. L'intuition intellectuelle enfin n'est pas un mode de connaissance qui se substituerait à ceux déjà recensés, elle est un état d'esprit.

LE DÉPASSEMENT DE LA THÉORIE DE LA REPRÉSENTATION

A partir de ses analyses, nous pouvons saisir l'ultime figure de la relation de Fichte à Kant, relation qui, selon la définition du criticisme que l'on se donne, peut être interprétée soit en termes de rupture soit en termes d'*Aufhebung*.

Rupture, parce que Fichte, dépassant la sphère de la représentation pour se rendre à même d'appréhender la spécificité des « objets » philosophiques (les actes), transgresse ce que nous avons appelé le principe de représentativité. Le kantisme, en effet, a érigé le jugement synthétique *a priori* en paradigme de la validité. Or, *stricto sensu*, seuls les jugements mathématiques satisfont à cette définition. D'autres jugements (par exemple les propositions esthétiques) seront de l'ordre du jugement réfléchissant, c'est-à-dire gouvernés par le « tout se passe comme si ». Le jugement métaphysique classique sera de l'ordre de l'illusion. Quant au jugement pratique, sa formulation repose entièrement sur l'acceptation de la limite imposée au jugement théorique. Cette classification des différents types de jugements, et par suite des différents régimes de vérité, a été jugée exhaustive par les kantiens orthodoxes et les a inclinés à penser que les différentes *Critiques* avaient épuisé l'enquête ontologique. Mais admettre cela, c'est aussi, comme l'avons vu, admettre que le criticisme est une philosophie totalement inconsistante, reposant sur une irréductible contradiction : le philosophe ne pouvant plus dire quel est le jugement qui permet de formuler cette typologie des jugements. Est-ce un jugement déterminant ? Evidemment non, puisqu'il n'y a pas de construction dans l'intuition. Est-ce un jugement réfléchissant ? En ce cas, il faut supposer que la philosophie de Kant se laisse expliciter par cette phrase paradoxale : tout se passe comme si ma typologie était la bonne, mais comme l'homme est fini, nous n'en saurons jamais rien. Nous le saurons d'autant moins que nous ne sommes même plus, dans un tel dispositif, habilités à admettre comme vraie la proposition : l'homme est fini. Est-ce un jugement pratique ? Mais celui-ci ne peut être énoncé qu'à la condition expresse que l'analyse des jugements théoriques soit vraie ; ce qu'il faut précisément démontrer. Si la théorie de Kant est bien celle-là, alors la relation de Fichte au criticisme est une relation de rupture radicale. Entre les deux auteurs, l'abîme est infranchissable. Fichte récuse la définition kantienne de la validité qui réduit le connaissable à ce qui est figurable dans le temps et l'espace. C'est avec cette définition qu'il rompt par la thématisation de l'intuition intellectuelle; connaître, ce n'est plus représenter un objet mais saisir un acte. C'est pourquoi à la connaissance de l'objet (Kant) doit succéder le savoir de l'acte (Fichte). C'est cette relation de rupture qui explique que Fichte écrive: « mes ouvrages ne veulent pas expliquer Kant ni être expliqués par les ouvrages de Kant [...]. Il ne s'agit pas pour moi – je le dis sans détour – de justifier ou de compléter les concepts philosophiques en circulation, qu'ils soient anti-kantiens ou kantiens, mais il s'agit au contraire de les *éradiquer totalement et de renverser tout à fait la manière de penser sur ces points de réflexion* »[1]. *Eradiquer, renverser pleinement la manière de penser,* tel est le but affiché de Fichte qui requiert, en premier lieu, cette attitude, cet état d'esprit qu'est la saisie de l'acte et non la vision de la chose.

Cela dit, Fichte, à l'inverse de cette proclamation d'une radicale césure d'avec la thématique des *Critiques*, dissocie toujours Kant des kantiens et écrit dans le même ouvrage: « Il a suffi à l'auteur de la doctrine de la science de fréquenter un peu la littérature philosophique depuis la parution des *Critiques* de Kant pour se convaincre aussitôt que [...] de *tous ses nombreux disciples, il n'en est pas un seul qui ait discerné ce dont il était véritablement question* »[2]. D'un côté, l'affirmation d'un renversement total, de l'autre le mouvement de retour vers « ce dont il était vraiment question » dans le criticisme; nous passons de la rupture au dépassement qui conserve ce qu'il dépasse[3]. *Aufhebung*, donc, parce que Fichte met en lumière la condition de possibilité du philosopher, condition qui, si elle n'était pas honorée, condamnerait le criticisme au dogmatisme le plus radical comme à la contradiction la plus rédhibitoire. Tel est « ce dont il était véritablement question ». Dès lors, si, contre les répétiteurs patentés du kantisme, on admet que la philosophie de Kant ne se réduit pas à ce mouvement d'autodissolution, en lequel la définition de la validité objective se réfute d'elle-même, alors nous pouvons penser avec précision le lien entre le criticisme et la tentative fichtéenne. En effet, nous avons vu que l'intuition intellectuelle était l'état d'esprit dans lequel il fallait se mettre pour commencer à philosopher. Or, comment commence le chapitre sur l'*Amphibologie des concepts de la réflexion*? « La réflexion n'a pas affaire aux objets eux-mêmes, pour en acquérir directement des concepts, mais elle est *l'état de l'esprit* dans lequel nous nous *disposons* d'abord à

1. *Essai d'une nouvelle présentation de la doctrine de la science*, trad. I. Thomas-Fogiel, Paris, Vrin, 1999 (à l'avenir *Essai*), p. 96. C'est nous qui soulignons.

2. *Ibid.*, p. 95

3. Ce balancement entre affirmation de rupture et conservation du criticisme est caractéristique de tous les textes de Fichte sur Kant à partir de 1794. On ne saurait y voir une contradiction ou une hésitation. Il s'agit d'une rupture qui englobe en même temps qu'elle dépasse.

découvrir les conditions subjectives sous lesquelles nous pouvons arriver à ces concepts. » « Etat de l'esprit », « se disposer à connaître », ce registre de vocabulaire, pour le moins marginal dans le lexique kantien, renvoie plus à une attitude en laquelle le philosophe doit se mettre qu'à la positivité d'une connaissance. Mais bien que caractérisée comme attitude, la réflexion transcendantale dont parle Kant ici ne saurait s'assimiler à une psychologisation de la philosophie. Elle est la condition du déploiement de l'analyse philosophique. C'est à cette attitude que Fichte se réfère lorsqu'il parle d'intuition intellectuelle ; c'est à elle encore qu'il pense lorsque, de manière plus « populaire », il engage son élève à se mettre dans cet état d'esprit. Nous trouvons trace de cette injonction (qui deviendra si caractéristique du style fichtéen dans la *WL nova methodo*) dans les *Méditations* : « Intuitionne ton Moi », « Pour le moment j'exige de mon élève uniquement l'intuitionner »[1]. Cette sollicitation, même exprimée de manière populaire, ne constitue en rien une transformation de la démarche philosophique en introspection stérile. Fichte vise ici à faire en sorte que son élève ou son lecteur parvienne à se départir de l'attitude théorétique qui se dirige d'abord sur l'objet pour accéder ainsi « à l'état de l'esprit dans lequel nous nous disposons d'abord à découvrir les conditions subjectives ». En ce sens, l'intuition intellectuelle est le premier moment de la philosophie, le moment où l'on accède à ce point de vue qui distingue radicalement le philosopher de l'*habitus* scientifique ou représentationnel traditionnel.

Cette intuition intellectuelle, Fichte ne l'abandonnera plus. En effet, tout à fait en accord avec les *Méditations*, qui abordent l'intuition intellectuelle dans la partie consacrée à la méthode, la *Grundlage* la définira, dans la préface, comme la condition de possibilité de la compréhension de l'ensemble du texte : « cette impuissance à comprendre <*la doctrine de la science*> peut avoir telle ou telle raison. Toutefois, il y a dans la doctrine de la science elle-même une raison pour laquelle elle restera toujours inintelligible : c'est qu'elle suppose le pouvoir de la liberté de l'intuition interne »[2]. L'état d'esprit exigé requiert que l'on dirige son attention non sur ce qui est saisi mais sur l'acte de saisir. L'intuition intellectuelle est « l'immédiate conscience que j'agis et que j'agis ainsi. Elle est ce par quoi je sais quelque chose parce que je le fais »[3]. De même, précise la *WL nova methodo* : « s'élever au point de vue philosophique, c'est s'élever à la conscience de la libre activité »[4]. L'intuition intellectuelle, répétera la *WL* de 1801, est saisie d'un acte et toute la première conférence de la *WL* de 1804 sera consacrée à expliquer comment il faut « se détourner des objets »

1. *Méditations*, p. 49.
2. *O.C.P.P.*, p. 15.
3. *Essai*, p. 128.
4. *Ibid.*, p. 69.

pour saisir le point qui seul doit « initier à l'art dans lequel nous nous exercerons plus tard en commun à savoir l'art de philosopher »[1].

Tous ces textes montrent avec quelle constance Fichte de 1793 à 1813 insista sur cette notion. Certes, les explications de Fichte sur l'intuition intellectuelle s'intensifient à partir de 1796. Alors que dans les *Méditations* il explicite l'intuition intellectuelle sans avoir l'air de se soucier de son caractère kantien ou anti-kantien, alors que dans la préface à la *Grundlage* il se contente de signaler qu'on ne peut comprendre aucun de ses développements sans posséder cette intuition intellectuelle, en 1797 il consacrera un très long paragraphe à situer l'intuition intellectuelle par rapport à Kant. Pourquoi Fichte utilise-t-il l'intuition intellectuelle en 1793, puis en 1794, sans s'expliquer sur sa relation au lexique kantien alors qu'en 1797 il s'attaquera directement à cet aspect de la question ? En fait, cette insistance sur l'intuition intellectuelle n'est nullement due à l'intervention de Schelling mais à celle de Kant qui, en 1796, dans *Du ton grand seigneur adopté aujourd'hui en philosophie*, s'en prend frontalement et violemment à cette notion d'intuition intellectuelle, introduite par Reinhold et Maïmon, puis par Fichte et ensuite par Schelling. C'est cette violente critique de Kant qui oblige Fichte à faire une très longue mise au point sur cette notion décisive de son système.

RÉSULTATS : DE L'OBJET À L'ACTE

Si la notion d'intuition intellectuelle est à ce point décisive dans la philosophie de Fichte, c'est précisément parce qu'elle répond à l'une des apories que suscitait la théorie kantienne de la représentation, à savoir la question de la représentation de la représentation. Nous l'avons vu, les procédures qui permettent de définir la validité objective ne peuvent être les mêmes que cette validité objective (liaison d'un concept et d'une intuition). C'est à cette question précise que répond la notion d'intuition intellectuelle. Elle constitue le premier moment de la redéfinition du savoir, redéfinition rendue nécessaire par la faillite de la détermination kantienne de la connaissance. Elle peut se résumer d'un trait : connaître, ce n'est plus seulement voir, représenter ou figurer un objet, mais connaître, ou plus précisément savoir, c'est analyser les actes par lesquels nous parvenons à un certain nombre de propositions. En un mot, savoir consiste à saisir l'agir immanent à tout jugement. Ainsi, avec Fichte, c'est le savoir lui-même qui devient acte, la pensée tout entière qui se définit comme manière d'agir. Intuitionner intellectuellement n'est pas voir un objet, un étant ou une essence, mais devenir conscient d'une effectuation. Cette intuition intel-

1. *Op. cit.*, p. 22.

lectuelle signe l'entrée en philosophie : philosopher sera saisir l'acte, prendre conscience d'une effectuation.

Cette mise en avant de la saisie d'une effectuation permet à Fichte de surmonter l'une des graves apories de la théorie de la représentation et de mettre en œuvre une définition inédite du savoir. Mais, pour autant, tout n'est évidemment pas réglé avec l'intuition intellectuelle puisque, d'une part, elle n'est que l'entrée en philosophie et non son déploiement même et que, d'autre part, deux problèmes demeurent en suspens : la question du sujet (crise de la subjectivité induite par la reconstruction reinholdienne) et le problème de la contingence de la référence (figure du criticisme sceptique de Maïmon). Dès les *Méditations personnelles*, Fichte propose une seule réponse à ces deux apories, réponse qu'il estimera être sa grande découverte et dont il fera l'axe fondamental de sa philosophie : la « sujet-objectivité » ou Moi = Moi.

CHAPITRE IV

L'IDENTITÉ RÉFLEXIVE

Comment le premier principe, sur lequel s'ouvre « la philosophie proprement dite », peut-il à la fois dépasser la crise de la subjectivité que la philosophie de la représentation de Reinhold suscitait et le scepticisme de la réflexion, que la reconstruction du criticisme par Maïmon induisait? Comment, avec lui, Fichte peut-il prétendre laisser derrière lui le kantisme et « tout rebâtir » ? C'est ce qu'il convient de comprendre. Pour ce faire, nous tenterons de déployer la signification de ce principe dans les *Méditations* et commenterons les trois traits par lesquels Fichte l'explicite; ce qui nous rendra à même de mesurer l'ampleur du déplacement que Fichte, par l'énoncé de ce principe, introduit.

L'ÉNIGMATIQUE SITUATION DE FICHTE DANS LES DÉBATS SUR LA SUBJECTIVITÉ

« Le premier principe est celui du Moi » [1], telle est l'affirmation qui ouvre la philosophie élémentaire proprement dite. Affirmation tout à la fois banale et d'une stupéfiante étrangeté. Banale, car Fichte n'est évidemment pas le premier à poser le Moi comme commencement, à en faire le principe initial au-delà duquel on ne saurait rétrocéder; aussi bien Descartes, Kant, que Reinhold en font, qui l'origine, qui le terme ultime du savoir. Cette première phrase pourrait donc se lire comme une simple répétition des *Méditations* de Descartes puisque Fichte, élucidant immédiatement ce premier principe par la proposition : « Je suis », paraît faire écho à la proposition de la deuxième méditation : « *Ego sum, ego existo* ». Rien donc que d'apparemment banal, surtout si l'on ajoute que Kant lui-même donne parfois l'aperception transcendantale comme équivalente à la proposition « Je suis » [2].

1. *Méd.*, p. 26.

2. Lorsque, par exemple, il écrit : « J'ai seulement conscience que je suis », *K.R.V.*, § 25, p. 871. Voir aussi le § 17 ainsi que la note des paralogismes, p. 1063.

Et pourtant l'étrangeté est patente. Le « Je suis » n'est pas donné comme ce à quoi la réflexion parvient – au terme d'un doute ou d'une régression vers les conditions de possibilité –, mais est posé immédiatement comme premier. La proposition est première dans le texte comme elle le sera dans l'ordre des significations, ce qui n'était évidemment pas le cas chez Kant ni même chez Descartes, qui accède au commencement radical au terme d'un raisonnement. Ce sentiment d'étrangeté face à une proposition, pourtant devenue ordinaire en philosophie, ne fait que se renforcer si on lit ce que Fichte, à la même époque, en dit dans sa correspondance. En effet, il n'hésite pas à présenter la thèse selon laquelle le fondement de la philosophie est le principe du Moi comme une « découverte », comme une proposition inédite qui permettra enfin à la philosophie d'acquérir son statut de science. Au creux de l'automne 1793, il rend compte ainsi de son travail à Stephani : « Réjouissez vous de la moisson. J'ai *découvert* un *nouveau* fondement d'où se peut tirer aisément l'ensemble de la philosophie »[1]. Comment comprendre cette revendication, alors même que Fichte sait évidemment que Descartes, Kant et Reinhold peuvent revendiquer ce fondement ? Pourquoi, plutôt que de s'inscrire dans une tradition, préfère-t-il présenter son principe comme une découverte inaugurale destinée à changer la nature même du philosopher ?

Ce caractère surprenant du premier principe, dûment claironné par l'auteur, n'a guère été mis en lumière dans le commentarisme fichtéen, puisque, à quelques exceptions près[2], les interprètes semblent n'avoir eu de cesse que d'inscrire ce principe dans une tradition, celle de la pensée de la subjectivité. Ainsi, Janke, par exemple, pense – à l'instar de Heidegger – le Moi fichtéen comme la réitération du fondement cartésien[3] ; Fichte aurait simplement porté à l'absolu l'*Ego* qui, chez Descartes, admettait voire appelait encore son autre : Dieu. D'autres, plus proches de la philosophie analytique, tel U. Pothast en font le symbole du paradigme de la conscience et le signe de son épuisement[4]. Enfin, des interprètes, comme A. Philonenko font du premier principe la reprise ou répétition du sujet kantien. En effet,

1. Voir dans le même sens et en des termes quasi équivalents la lettre à Niethammer du 6 octobre 1793.

2. A l'exception, évidemment, de D. Henrich qui insiste sur cette « découverte » de Fichte (notamment : *Fichtes ursprüngliche Einsicht*, Francfort, 1967, et l'article significativement intitulé « La découverte de Fichte », *Revue de métaphysique et de morale*, 1967, p. 154-169).

3. *Fichte, Sein und Reflexion, Grundlagen der kritischen Vernunft*, Berlin, De Gruyter, 1970.

4. Epuisement du moins de la forme traditionnelle de la philosophie du sujet, celle des « temps modernes » (voir, *Über einige Fragen der Selbstbeziehung*, Francfort, 1971). Rappelons que U. Pothast, élève de D. Henrich, s'inscrit au sein de l'école de Heidelberg qui se donne pour objectif de penser un renouvellement de la notion de subjectivité, après Heidegger. Tous ses participants (parmi les plus connus : M. Frank et K. Cramer) ont, à des titres divers, évoqué et critiqué la philosophie de Fichte.

A. Philonenko, et à sa suite tous ses disciples, lisent le premier principe de la *WL* de 1794 comme une illusion dont Fichte entendrait démontrer la vanité; une fois débarrassée de l'erreur propre au paralogisme, la subjectivité chez Fichte ne serait rien d'autre que la pure reconduction du sujet fini kantien. Le point commun à toutes ces interprétations, par-delà l'indéniable diversité de leur provenance, est le présupposé suivant: Fichte incarne une philosophie du sujet ou de la conscience. Or, ce présupposé doit être interrogé, tant la «découverte» que revendique Fichte pourrait tout aussi bien se lire comme une critique absolument radicale de la notion classique de subjectivité.

Pour le comprendre, il convient tout d'abord de poser cette question en apparence triviale: quel est le problème qui se pose, en philosophie, à propos de la subjectivité? Si, comme le note Wittgenstein «l'atmosphère qui entoure ce problème est effrayante», si «d'épais brouillards de langage se tiennent autour du point problématique»[1], alors, il convient, pour comprendre les points névralgiques sur lesquels intervient Fichte et cerner ce qu'il revendique comme une découverte originale, de déterminer avec le moins d'ambiguïté possible ce qui, à propos de la subjectivité, fait question.

Tout d'abord, il est au moins un minimum que même les plus virulents adversaires de la subjectivité reconnaissent: la conscience de soi comme phénomène; prise en ce sens, la subjectivité, comme fait, ne constitue pas vraiment le cœur du débat[2]. Certes, on pourrait d'emblée nier cette proposition en raison de l'équivocité des termes de subjectivité ou de conscience de soi. Aussi, pour être tout à fait précis, il nous faut dire que même si, philosophiquement, on conteste la notion de subjectivité, il ne s'agit pour autant pas de nier cette proposition minimale: les hommes ont la capacité de saisir un état mental comme étant *leur* état mental et non comme étant un phénomène du monde extérieur. Ce «fait», communément appelé conscience de soi, ne constitue pas, en tant que tel, le véritable point d'achoppement dans le débat. En revanche, ce sur quoi les philosophes ne s'entendent pas, c'est sur la *définition* et le *statut* de cette conscience de soi. Sa définition, tout d'abord, car que doit-on entendre par le terme «soi» dans l'expression «conscience de soi»? S'agit-il d'un individu, au sens d'une psychologie singulière incarnée dans un espace-temps donné et qui, par l'expression «j'ai conscience de moi» dit: j'ai conscience de l'individu empirique que je nomme ici par le pronom «moi»? S'agit-il d'une *res*

1. *Wittgenstein's notes for lectures on private experience and sense data*, publiées par R. Rhees in: *The philosophical review*, 1968; cité par J. Bouveresse dans *Le mythe de l'intériorité*, Éd. de Minuit, Paris, 2ᵉ éd., 1987, p. 76.

2. M. Frank, dans son étude intitulée *L'ultime raison du sujet* (trad. V. Zannetti, Actes-Sud, 1988), montre que ce fait est incontesté, point commun à tous les philosophes, quel que soit leur horizon.

cogitans, substance immortelle ? D'un sujet transcendantal, structure universelle ? Du sujet radicalement fini ? S'agit-il d'une catégorie intermédiaire, telle la personne ? Est-ce un idéal à atteindre, une illusion à éradiquer, un mécanisme de pensée induit par la grammaire ou l'habitude ? Ou s'agit-il d'un étant dont la caractéristique serait « qu'en son être il est question de son être » ? Son statut, ensuite : la conscience de soi est-elle le *fundamentum inconcussum* de tout savoir, voire de tout étant, ou n'est-ce qu'un événement parmi d'autres, sans privilège aucun ? La conscience de soi est-elle première ou suppose-t-elle l'ouverture à son autre pour advenir à soi ? Est-elle dérivée par rapport à un principe plus originaire qui l'expliquerait, voire la produirait selon la forme que nous lui connaissons ? Principe qui pourrait être Dieu ou la nature, la volonté de puissance, le langage, la société, l'inconscient, l'être ou n'importe quoi d'autre. Telles sont les deux questions en litige. Or, il se trouve que, par le premier principe, Fichte n'entend pas s'inscrire dans ce débat mais bien en récuser les termes mêmes. En effet, l'originalité de Fichte consiste en ceci :

Tout d'abord, son premier principe n'est pas la conscience de soi comme fait. Le Moi du premier principe n'est ni objet d'une perception interne, découvert par introspection, ni un phénomène constaté dans l'expérience quotidienne. Plus encore, au niveau de la philosophie élémentaire – qui deviendra par la suite doctrine de la science –, les analyses ne concernent jamais les modalités de la conscience réelle. Ainsi, si la conscience de soi comme « fait » est le minimum que personne ne conteste vraiment, il se trouve que le premier principe n'a nullement pour fonction d'assumer ce minimum ; sa signification est ailleurs. Ensuite, le premier principe ne correspond, en tant que premier principe, à aucune des définitions citées. Il ne s'agit pas, pour Fichte, d'ajouter une *énième* définition aux déterminations que nous avons passées en revue ; aucune ne remplira la signification du premier principe. Enfin, le premier principe n'est fondement que pour autant qu'aucune des acceptions habituelles de ce terme n'est retenue.

C'est ce qui explique que Fichte parle de découverte sans précédent, de nature à dépasser toutes les philosophies du sujet thématisées avant lui. Cette découverte, les *Méditations* la déclinent en trois propositions :

1) Le principe du Moi est premier : « aucune philosophie ne peut transgresser ou aller au-delà de cette condition »[1].

2) Il ne peut s'énoncer que sous la forme de l'identité : « je suis ce que je suis »[2].

3) Il est fondement de lui-même : « je suis *parce que* je suis »[1], ainsi que de toute autre proposition : « cette proposition est la condition exclusive du

1. Cf. p. 67.
2. Cf. p. 50, « La thèse "je suis" signifie je suis ce que je suis et je suis parce que je suis ».

philosopher [...]. Tout le reste doit se laisser démontrer et expliquer à partir de ce postulat »[2]. Analysons ces trois propositions pour dénouer ce paradoxe selon lequel, en érigeant le Moi en premier principe, Fichte entendait, en fait, contester la pensée de la subjectivité.

La proposition « je suis »

La « vérité de cette proposition »

« Le premier principe est celui du Moi », écrit donc Fichte en ce début de « la philosophie élémentaire proprement dite ». Mais en dépit de cette amorce pour le moins catégorique, de ce jugement apparemment péremptoire, c'est à une objection qu'il se confronte d'emblée, celle de la régression à l'infini. Enonçant ce premier principe, ne suis-je pas en effet tenu d'en postuler un autre? « Mais ce principe ne présuppose-t-il pas déjà le concept de représentation? Il faudrait dès lors expliquer ce qu'est la conscience. Comment remédier à cela? C'est dès le départ une recherche dont dépend toute la destinée de la philosophie élémentaire »[3]. Ainsi, dès la première phrase, le philosophe semble s'enferrer dans une remontée indéfinie vers un principe toujours plus originaire. Et pourtant, dire que tel principe est premier, c'est bien prédiquer quelque chose de ce principe, savoir que cet énoncé ne se découvre pas au terme d'une déduction. Je dis : c'est le *premier* et non le troisième ou le quinzième. *Quid juris ?* Comment Fichte peut-il prétendre ne pas tomber dans le traditionnel piège du commencement? Comment peut-il dire en même temps et sous le même rapport : « le premier principe est celui du Moi » et évoquer la possibilité d'un fourvoiement?

La solution la plus simple serait de faire de cette primauté du principe une simple hypothèse; en ce cas, la proposition : « Le premier principe est celui du Moi » se laisserait expliciter de la sorte: il faut bien partir de quelque chose, nous supposerons donc que le premier principe est celui du Moi; cela étant, nous aurions tout aussi bien pu dire : « le premier principe est celui du Non-Moi ». Fichte récuse cette solution. Trois arguments le démontrent :

Tout d'abord, s'il s'était agi d'une hypothèse, Fichte l'aurait signalé car, tout au long des *Méditations*, il souligne systématiquement le caractère provisoire ou hypothétique de certains développements. Comme nous

1. *Ibid.*, C'est nous qui soulignons.
2. *Ibid.*, p. 67.
3. *Ibid.*, p. 49-50.

avons eu l'occasion de le dire[1], ce texte, parce qu'il suit l'ordre de la recherche, est parfaitement explicite; loin de laisser certains énoncés dans l'ombre, le philosophe n'a de cesse que d'élucider ses propres propos. Aussi le caractère provisoire du fil conducteur, la logique, est-il clairement énoncé; de même la nécessaire présupposition de la méthode (présupposition que devra résorber la mise en œuvre effective du système) est sursoulignée.

Plus encore, qui refuse le Moi comme premier principe n'aura « aucune exigence pour philosopher». L'acceptation de cette proposition est donc bien marquée du sceau de la nécessité; ou bien nous considérons le Moi comme premier principe ou bien nous renonçons à la philosophie.

Enfin et surtout, Fichte parle de la vérité de cette proposition (*die Wahrheit dieses Satzes*[2]). Ainsi, il nous faut conclure que dans les *Méditations*, la proposition selon laquelle « le premier principe est celui du Moi » n'est ni une proposition fausse[3] ni même une proposition neutre ou simplement provisoire[4], mais bel et bien une proposition vraie. Mais disant cela, nous sommes reconduits au problème initial: Fichte affirmant la vérité de cette proposition, envisage en même temps la possibilité d'un échec de sa recherche. Comment l'auteur parvient-il à concilier l'affirmation d'une vérité avec l'éventualité du non-aboutissement de son enquête?

Toute la difficulté provient du fait que nous sommes enclins à opérer une identification entre trouver une première vérité et posséder un point de départ à partir duquel d'autres vérités se peuvent déduire au sens mathématique du procédé, qui consiste en une dérivation, à partir d'un premier jugement, d'un autre qui en est la conséquence[5]. Si nous étions dans une démarche wolffienne, voire déductive en général, nous estimerions, par l'énoncé de cette première vérité, avoir accompli l'essentiel du travail. Mais ce serait là oublier que Fichte rompt précisément avec toute démarche de ce type et qu'il entend «éradiquer» la manière de penser habituelle. C'est pourquoi la solution qu'il propose est inhabituelle car elle pulvérise cette contradiction par la distinction entre *concept* et *intuition*. Ce qui est vrai, c'est l'intuition selon laquelle « le premier principe est celui du Moi ». Fichte, ce faisant ne dit pas: « le concept du moi est vrai », ni même: « le premier principe est le concept du moi », ni moins encore: « le premier

1. Voir notre préface à ces *Méditations*.

2. Cf. p. 49: « Celui qui peut, par cette intuition, prendre conscience de son Moi, se confirme à soi-même la vérité de cette proposition. »

3. Cette thèse a été soutenue, on le sait, pour la *Grundlage* par A. Philonenko et ses disciples.

4. Cette thèse de la neutralité des principes est défendue par R. Kroner.

5. I. Radrizzani a soutenu cette thèse à propos du premier principe. Il parle de « la démarche hypothético-déductive du philosophe » à propos de la *Nova Methodo* (*Vers la fondation de l'intersubjectivité*, Paris, Vrin, 1993, p. 73).

principe est l'objet du monde : moi », mais affirme que nous savons par intuition que le premier principe est le principe (« *celui* ») du Moi. Ainsi à la question posée : « Comment remédier à cela ? » (c'est-à-dire : comment faire face à la possibilité d'une régression à l'infini), il répond : « si je pose l'intuition, on demande alors en plus le concept. Je ne suis pas obligé de le donner. Tu demandes : que dois-je en penser ? Je te réponds : tu verras bien. Patience. Ce n'est pas encore le moment de te faire penser ; pour le moment j'exige de mon élève uniquement l'intuitionner ». Et il ajoute, après avoir réitéré l'objection possible d'une remise en cause du premier principe : « on ne doit pas encore expliquer ce qu'est être conscient, ni ce qu'on doit de fait en *penser* [...]. La proposition est *prouvée* uniquement par intuition. Celui qui peut, par cette intuition, prendre conscience de son Moi *se confirme à soi-même la vérité de cette proposition* même s'il n'est pas en mesure de se l'*expliquer* »[1].

Le Moi comme premier principe est donc une intuition qui se donne comme vérité (comme l'attestent les expressions : prouver, se confirmer à soi-même, vérité) mais ne délivre aucun concept ; en d'autres termes, le premier principe n'est pas l'analyse définitionnelle d'un fait pré-donné qui serait la conscience de soi. Ceci nous rend donc à même de comprendre comment on peut à la fois poser une première vérité et en même temps rester perplexe sur les résultats de l'enquête Mais, plus concrètement, quelle est la signification de cette distinction tranchée entre une vérité par intuition et une vérité par concept ?

Il faut, pour la comprendre, rappeler que l'intuition intellectuelle n'est pas compréhension d'un contenu mais saisie d'un acte. Ce qui est vrai, c'est l'effectuation de l'acte au moment même où je l'effectue. Mais que cette vérité de l'effectuation puisse se laisser expliciter conceptuellement demeure indécidé. L'acte, en tant que tel, existe dans la simple mesure où il est accompli, mais il est possible que le discours philosophique se révèle incapable d'en produire une explication cohérente. Pour le dire d'un exemple, je sais que je puis décider d'accomplir tel acte comme marcher ; la vérité de cette possibilité se vérifiera au moment même où je la réaliserai en marchant effectivement ; cela dit, toute la philosophie pourrait demeurer impuissante à expliquer ce qu'est le mouvement ou à démontrer comment une décision de la volonté peut produire un déplacement du corps. La finalité de l'enquête philosophique sera précisément de s'interroger sur la consistance conceptuelle d'un acte qui, quel que soit le résultat de l'analyse discursive, sera vrai toutes les fois que je l'accomplirai. La distinction entre saisie intuitive et analyse conceptuelle recouvre donc la distinction déjà élucidée entre conscience de l'acte et compréhension d'un contenu.

1. Cf. p. 49 et 50. C'est nous qui soulignons.

Mais cette explication donnée, une objection surgit immédiatement: lors de l'étude sur l'intuition intellectuelle, nous avons montré que celle-ci pouvait s'exercer à partir de n'importe quel jugement. C'est ainsi que Fichte fera de la saisie du Non-Moi (c'est-à-dire de la saisie de l'acte de poser le Non-Moi) une intuition. C'est pourquoi, s'il s'était simplement agi d'attirer l'attention sur l'acte supposé en tout jugement, Fichte aurait fort bien pu commencer par n'importe quel énoncé. Dès lors, qu'est ce qui confère sa primauté au principe du Moi? Pourquoi est-ce précisément ce principe qui est dit *premier*?

La différence entre l'intuition intellectuelle en général et la saisie du principe du Moi comme premier

Si le principe du Moi jouit d'un privilège par rapport aux autres propositions, c'est parce que seul, il signe l'identité du posant et du posé, de la pensée et du pensant, de l'agi et de l'agissant. Dans le premier principe, et uniquement en lui, le contenu de l'énoncé et l'acte de l'énonciation sont identiques. C'est un acte dont l'effectuation implique l'existence non comme chose ni comme étant mais bien comme acte. Le premier principe est vrai de manière immédiate et irrécusable parce que c'est le seul énoncé où le fait de l'énonciation et le contenu de l'énoncé sont strictement identiques. Dans toute autre proposition, une distance s'introduit entre le sujet qui profère la proposition et l'objet de la proposition. Si je dis par exemple «le mur est», l'acte de poser le mur et l'objet que je pose ne coïncident pas; dès lors, pour établir la vérité de ma proposition, je serais contraint de me référer à une chose ou à un fait extérieur à mon énonciation. La vérité liée à l'énoncé ne sera pas immédiate mais supposera la référence à un objet extérieur. A l'inverse, dans la proposition où posant et posé coïncident, la vérité est intrinsèquement liée à l'effectuation, puisque toute négation de la proposition conduirait immédiatement à la destruction de cette négation, comme le montre un exemple aussi simple que: «je ne parle pas». Nous pouvons donc déterminer précisément la différence entre l'intuition intellectuelle en général et l'intuition du premier principe. Tout énoncé peut être saisi par intuition intellectuelle dans la mesure où, en toute proposition, je puis être attentif à l'acte de la dire et non à la chose qui est dite. Mais à l'intérieur de cette classe très vaste des énoncés, se trouve une proposition qui prime toutes les autres: en elle, l'objet énoncé et l'acte d'énonciation sont rigoureusement identiques, et c'est pourquoi elle ne peut être niée sans contradiction performative. C'est, en effet, la notion même de non-contradiction performative que découvre Fichte ici et qu'il cherche à mettre en lumière par cette simple proposition «je suis». Loin d'être l'expression du phénomène de la conscience de soi par opposition à la conscience d'objet, le premier principe définit la loi d'un acte: loi de l'identité réflexive qui se donne comme l'identité entre l'agi et l'agissant, entre l'effectué et l'effectuant, entre l'acte et le produit de l'acte.

Néanmoins, cette affirmation du « je suis » pourrait, en dépit des explications précédentes, éveiller quelques soupçons : ne constitue-t-elle pas, pourraient demander les kantiens orthodoxes, une simple variante de l'argument ontologique, appliqué au Moi plutôt qu'à Dieu, et par lequel nous passons, illégitimement, de l'affirmation d'un principe égologique à celle de son existence[1] ? Divers arguments permettent de répondre à cette objection. On notera, tout d'abord, que Fichte ne passe pas d'un concept à l'affirmation d'une existence puisqu'il n'est nullement question du concept du Moi. On ne saurait donc, sans contresens, déceler dans cette affirmation : « je suis » un quelconque oubli de la différence entre existence et concept. Corollairement, le premier principe n'est pas donné comme un objet subsistant (*res*) dont on prendrait conscience comme d'un état de fait. Par l'énoncé « je suis », Fichte entend précisément montrer qu'il ne s'agit pas pour lui de définir, par un prédicat quelconque, un fait ni un objet subsistant ni encore moins un type d'étant dans le monde. Il n'est donc nullement question de caractériser une réalité spécifique dont on s'attacherait à déterminer le mode d'être ou le prédicat le plus essentiel (*res cogitans*, monade sans porte ni fenêtre, être pour la mort, etc.). En un mot, il n'est nullement question de déterminer la nature ou essence de la conscience de soi par opposition à la chose. Parce qu'il s'agit d'accomplir un acte et non de déterminer une nature, le « je suis » accomplit, réalise, effectue l'acte mais ne renvoie pas à un x déjà là qu'il s'agirait de juger, de définir, de penser. Si l'énoncé est prononcé, il est réalisé. En ce sens, le premier principe fonctionne comme un énoncé performatif qui est du fait même qu'il se dit. La distinction entre intuition et concept, parce qu'elle s'explique comme différence entre poser un acte (et, par là, faire que cet acte existe) et définir un fait, permet de couper à la racine l'objection de l'impossibilité de l'assignation d'un commencement véritable. Dire « je suis », ce n'est pas constater un fait (*Tatsache*) ni se demander ce qui le permet, mais c'est poser, par l'acte de le dire, l'acte même comme fait. C'est là évidemment ce qui explique ce curieux néologisme que Fichte forgea dès l'année 93 : *Tathandlung*, qu'un interprète anglo-saxon pourrait tout aussi bien traduire par le « dire-faire ».

Par suite, ce dont il est question dans la proposition « je suis », c'est de déplacer le centre de gravité de la notion de vérité en la pensant à partir de l'effectuation de l'acte et non à partir de la définition d'une chose ou d'un fait (qui serait la conscience de soi) et, ce faisant, de révéler un nouveau

1. C'est, entre autres, à partir de ce constat que A. Philonenko tente d'établir sa thèse : le premier principe de la *Grundlage* ne peut être que faux puisqu'il mime l'argument ontologique.

type d'identité, sur le modèle de laquelle les propositions du système seront pensées. C'est cette identité inédite qu'accentue encore la deuxième formulation du premier principe : « je suis ce que je suis »[1].

L'IDENTITÉ, OU LA RÉSOLUTION DU PROBLÈME DE L'OBJECTIVATION DE LA CONSCIENCE

Que la thèse se donne comme la pure répétition d'une identité : « je suis ce que je suis » est indéniablement étrange, voire provocateur, tant cette formulation inhabituelle semble faire écho à la très célèbre expression d'*Exode* III, 14. Faut-il en conclure que Fichte entend, par là, penser le Moi en lieu et place de Dieu? Pareille interprétation masquerait ce dont il est question, à savoir que cette répétition du même, ce martèlement de l'identité que révèle un énoncé en apparence purement tautologique permet de dépasser la crise suscitée par la philosophie de Reinhold; plus encore, par cette répétition (Moi = Moi, je suis ce que je suis), Fichte conteste le principe même sur lequel reposait l'ensemble des thèses relatives à la subjectivité, que ces thèses défendent ou récusent la notion de sujet. Fichte se sépare de toute philosophie du sujet parce qu'il refuse de poser la question dans les termes où elle a toujours été posée. Il ne se propose pas de donner la *énième* définition de la conscience mais entend éradiquer le principe sur lequel repose toute tentative de définition de la subjectivité. Aussi, pour comprendre cette identité, il faut avant tout dégager le présupposé – commun à de nombreuses philosophies, qu'elles se situent dans le sillage de la philosophie de la subjectivité ou qu'elles tentent de s'en démarquer –, présupposé que la formulation de Fichte a précisément pour fonction de dévoiler.

Le modèle de connaissance à l'œuvre dans les pensées du sujet

La philosophie, trop souvent, pense la relation du sujet à lui-même à partir de la relation du sujet à l'objet. Plus précisément encore, de nombreuses philosophies supposent que le rapport de la conscience à elle-même est un rapport entre deux termes. Ce faisant, elles n'arrivent pas à attribuer à la conscience un autre mode de connaissance que celui de la relation objectivante. De multiples définitions de la conscience se peuvent déduire de l'acceptation subreptice de cette bipolarité du « je » sujet qui vise un « je » objet. Cette bipolarité si caractéristique de la pensée de la subjectivité peut s'exprimer de la manière suivante : le représentant fait réflexion sur lui-même (acte de retour sur) en même temps qu'il représente (acte de sortie vers) le représenté. Pour reprendre des exemples connus,

1. *Méd.*, p. 49.

l'audition d'un son est un acte et le son est un objet distinct de l'acte qui le perçoit. Cela dit, pour pouvoir représenter un objet différent de lui-même, le sujet doit se saisir lui-même comme différent de l'objet représenté. Donc, l'acte réfléchit sur lui-même dans le même temps qu'il représente l'objet. Le fait de penser est associé en même temps que dissocié de ce qui est pensé. Telle est l'explication classique de la structure du rapport entre sujet et objet à l'intérieur du cadre de la philosophie du sujet; structure qu'il serait aisé de retrouver, par exemple, chez Descartes. Ce schéma admis, le problème de Descartes, comme de beaucoup de philosophies du sujet, sera évidemment celui de l'explication du retour sur soi, c'est-à-dire l'explication de la structure réflexive, en laquelle le représentant possède cette étrange particularité de renvoyer à lui-même. Or, dans les *Méditations métaphysiques*, Descartes est conduit, subrepticement, à penser le mouvement réflexif sur le modèle du rapport entre sujet et objet représenté. En effet, au moment même où, abandonnant la simple proposition «je suis, j'existe», il pose la question: «qu'est ce donc que je suis?», il fait du moi un objet sur lequel se penche un sujet questionnant, réalisant ainsi un dédoublement des instances, dédoublement que révèle, déjà, l'usage le plus quotidien de la langue, qui, à travers le pronom réfléchi, semble renvoyer à un étant précédant la prise de parole. Par suite, la démarche de Descartes atteste que la conscience de soi est pensée sur le modèle de la conscience d'objet (ce qu'indique, à lui seul, le choix de l'expression: *res*). Inévitablement la conscience de soi est réifiée, condamnée à devenir autre qu'elle-même. Ce mouvement d'objectivation semble peser comme une fatalité sur toute élucidation de la conscience, quelle que soit la définition qu'on ait voulu en donner. Ainsi Hume, pour ne pas faire de la conscience une substance métaphysique, n'en reconduit pas moins le présupposé de Descartes: les mécanismes de l'esprit humain peuvent et doivent être analysés comme des objets se tenant sous le regard du philosophe. Les données mentales sont précisément l'objet du *Traité* et de l'*Enquête*, et si celle-ci peut s'achever sur un appel à l'observation et à l'étude de la régularité des éléments mentaux, c'est bien parce que Hume conçoit sa philosophie sur le modèle de la mécanique newtonienne, c'est-à-dire sur le modèle de l'objet. Enfin, même si, refusant de définir la conscience comme substance (*res cogitans*, monade, etc.), ou comme simple individu empirique, nous pensions la conscience comme pure visée intentionnelle, nous n'échapperions pas pour autant à la reconduction de ce schéma. En effet, toute intention suppose un corrélat (un but visé), qui – rempli ou non – ne s'en doit pas moins donner comme différent de la conscience pour être susceptible d'être atteint. Comment dès lors penser l'intention qui viserait l'intentionnalité qui définit toute conscience ? Là encore, nous aurions deux termes[1]. Par suite, si le mouvement réflexif semble bien au cœur de la philosophie, il n'en demeure pas moins qu'à peine énoncé, il est interprété comme « une représentation de représentation » et pensé sur le modèle de la relation à l'objet. Ainsi, le propre de la pensée de la subjectivité semble paradoxalement de penser la subjectivité comme relation entre deux termes.

En opposition à cette structure qui particularise la philosophie moderne de la subjectivité, nous trouvons la philosophie qui, déniant toute légitimité à la possibilité d'une représentation de soi, en conclut soit à l'impossibilité à dire le Moi, soit à l'inanité, voire la nocivité de toute référence à la subjectivité. Néanmoins, cette impossibilité à dire la subjectivité trouve sa source, comme l'atteste la philosophie de Kant lui-même, dans la thèse selon laquelle il n'est de connaissance que de l'objet. Dès lors, loin d'opérer une révolution sur ce point, Kant mène à son terme le modèle de la représentation qui apparaît ici comme : « l'unique instrument fourni par la tradition moderne »[2]. Le point commun à toutes ces philosophies est bien de faire du mouvement vers l'objet le modèle subreptice pour penser le rapport à soi. La ligne de démarcation entre les philosophes ne passe plus, dès lors, entre ceux qui admettent le sujet et ceux qui le récusent, mais bel et bien entre les philosophes qui absolutisent la connaissance d'objet et ceux qui tenteront d'en dépasser les mécanismes. Pour le dire encore autrement, le problème n'est plus, à partir de Fichte, de savoir si tel philosophe a ou non prétendu connaissable le sujet, mais réside fondamentalement dans cette question : au nom de quoi le sujet est-il dit connaissable ou inconnaissable ? Quel est le concept de connaissance que présuppose la position prise sur cette question ? Les philosophes, qu'ils acceptent ou récusent l'idée d'une connaissance du sujet, répondent au nom d'une théorie préalable de l'objet. Nous retrouvons donc bien cette assomption de la représentativité que Reinhold porta à son faîte, jusqu'à l'exténuer, et dont Fichte hérita comme du problème à résoudre en priorité.

1. Nous n'entendons pas ici faire référence à Husserl qui a évidemment affronté la difficulté et pense l'*Ego* transcendantal comme *Urkonstitution* (Voir, sur ce point, J. Benoist : « Qu'est ce que l'Ego transcendantal ? », *Philosophie*, N° 27, 1990). Nous voulons simplement dire que donner pour toute définition de la conscience sa seule intentionnalité conduit à la penser comme un mouvement vers un autre et par là aboutit à une impossibilité à expliquer la conscience de soi.

2. M. Frank, *L'ultime raison du sujet*, p. 30. Pour une vue analogue, voir U. Pothast, *Über einige Fragen der Selbstbeziehung*, et bien sûr, au premier plan, D. Henrich, « Selbstbewusstsein. Kritische Einleitung in eine Theorie », in *Hermeneutik und Dialektik*, Tübingen, 1970, tome I, p. 257 à 284.

La solution de Fichte

Nous sommes donc à présent en mesure de comprendre pourquoi Fichte parle de son premier principe comme d'une « découverte » sans précédent. En effet, le caractère apparemment tautologique de l'énoncé : « Je suis ce que je suis » a pour but de casser la bipolarité représentationnelle. Le Moi ne relève pas d'une conscience relationnelle. Le « je suis ce que je suis » marque la nécessité de penser le sujet et l'objet comme identité pure. C'est cette découverte que Fichte nommera par la suite, Moi = Moi, (*Grundlage*) ou « sujet-objectivité » (*Nova Methodo*), c'est-à-dire « la coïncidence entre le subjectif et l'objectif »[1]. Le fameux Moi = Moi a donc pour fonction de révéler un type d'identité qui deviendra l'assise fondamentale du savoir. Mais cette sujet-objectivité n'est pas seulement condition de possibilité (au sens d'une proposition qu'on se devrait de poser, sans en saisir le contenu véritable, au terme d'une argumentation régressive), elle se donne d'emblée par et dans le performatif. Fichte n'aboutit pas à l'idée qu'il faut, pour dépasser la fatalité de la bipolarité représentationnelle, poser en un seul acte sujet et objet, il en part. L'acte est initial. L'initialité de la proposition dévoile la positivité de la découverte. La sujet-objectivité n'est pas condition négative, elle recèle un « contenu » positif. En effet, par l'expérimentation du « Je suis », Fichte découvre un nouveau type de propositions : les propositions autoréférentielles. Dans le performatif, le contenu du dire et l'acte de dire renvoient l'un à l'autre, et c'est la raison pour laquelle l'énoncé ne peut être nié. Parce que dire « Je suis » n'est rien d'autre que l'effectuation de l'acte de dire « Je suis », l'explicitation de la proposition ne peut se donner que par la tautologie « je suis ce que je suis ».

L'autoréférentialité est donc ce qui permet à Fichte de sortir du schéma bipolaire de la représentation. L'adéquation n'est plus adéquation entre une proposition et un fait extérieur (objet), mais elle devient coïncidence entre la forme et le contenu de l'énoncé, entre l'acte de l'énonciation et le contenu de la proposition. La découverte de Fichte est découverte de l'autoréférentialité comme mode de vérité aussi radical que jamais thématisé avant lui. Radical, parce que l'énoncé proposé n'a pas d'alternative possible (le contraire ne peut être dit sans être immédiatement faux). Non thématisé, d'une part parce que toute la philosophie est jusqu'à présent restée obnubilée par la conception d'une vérité comme référence d'une proposition à un fait ou phénomène extérieur à cette proposition ; d'autre part, et surtout, parce que cette philosophie pensait l'identité soit comme identité logique (pure tautologie vide des jugements analytiques), soit comme identité réelle (laquelle suppose une référence à un réel extérieur). En ce sens, elle ne pouvait concevoir de jugements qu'analytiques ou

1. *Nova methodo*, p. 92.

synthétiques (qu'ils soient *a priori* ou non), mais n'avait jamais interrogé les jugements autoréférentiels, c'est-à-dire les propositions qui ont la particularité de renvoyer à elles-mêmes [1].

Là encore, la relation de Fichte à l'histoire de la subjectivité est plus de rupture que de continuation. Il n'est pas question *stricto sensu* du sujet dans le Moi mais bien, comme Fichte ne cessera de le répéter par la suite, du « sujet-objet ». Cette identité, qui ne peut s'exprimer que par la répétition du même « je suis ce que je suis » ou par un oxymore « sujet-objet » (dont la fonction est d'attirer l'attention sur la spécificité de l'identité envisagée), transcende la césure entre sujet représentant et objet représenté sur laquelle reposait toute pensée de la conscience. C'est pourquoi on peut se demander s'il est vraiment licite de continuer à inscrire Fichte dans le sillage de la philosophie du sujet quand la signification du premier principe conduit à pulvériser les présupposés sur lesquels elle reposait. En revanche, la philosophie de Fichte est indéniablement une philosophie de l'identité puisque le principe sur lequel elle repose est le principe d'identité. Encore convient-il d'interpréter au plus près cette identité : ni identité logique des énoncés analytiques ni identité numérique ni, moins encore, identité entre la proposition et un fait antérieur qu'elle devrait décrire, cette identité est l'identité entre l'acte et l'agi, entre ce qui est dit et le fait de le dire, pure autoréférentialité. Si Fichte peut parler de découverte, c'est bien parce que le premier principe permet, par sa seule énonciation, « je suis ce que je suis », « Moi = Moi », de rompre avec l'ère de la représentation pour accéder à celle de la réflexion. Reinhold, par ses multiples oscillations, disait l'agonie d'une philosophie du sujet ainsi conçue; Fichte, par sa découverte, entend rompre avec cette thématique et proposer une philosophie non du sujet mais de l'identité réflexive, philosophie en laquelle : 1) le principe du Moi est premier; 2) se formule par l'identité – jamais pensée – entre le dire et le dit, le faire et le fait; 3) est condition, enfin, de lui-même et de « tout le reste ». C'est le statut de cette troisième affirmation qu'il nous reste à comprendre pour faire le tour de la « découverte » des *Méditations*.

La notion de fondement

Le Moi comme fondement de « tout le reste »

Avant que de tenter de comprendre l'énigmatique expression « je suis parce ce que je suis », analysons la proposition selon laquelle « tout le reste

1. C'est pourquoi, par la découverte de la structure autoréférentielle de cette proposition, Fichte échappe déjà au risque (que décèle D. Henrich dans l'analyse fichtéenne) d'une « retombée » dans l'objectivation. Le modèle de la réflexion n'est pas, à notre sens, le simple modèle du « retour sur », propre à la conscience, il est l'autoréférentialité même.

doit se laisser démontrer et expliquer » à partir du Moi. Doit-on comprendre que par le premier principe Fichte entend fonder le monde en son ensemble, l'étant en sa totalité ? Le fondement est-il *ultimum subjectum* dont « tout le reste » dépendrait? Avant que de le conclure, il convient de poser cette question : que signifie, dans la phrase citée, l'expression « tout le reste »? En un mot, de quoi le premier principe est-il fondement? A cette question, les *Méditations* répondent avec précision. Le premier principe « est la condition exclusive du philosopher »[1]. Ce dont le Moi est fondement, c'est donc de la philosophie. Proposition qui, si l'on remplace le Moi par son équivalent, devient : le fondement de la philosophie est un acte. Cet acte est au fondement au sens où avant lui et sans lui il n'y a pas de philosophie possible ; « qui ne l'admet pas, n'aura aucune exigence pour philosopher ». Or, qu'il n'y ait pas de discours philosophique viable ne signifie pas qu'il n'y ait que le néant. Un monde sans philosophie n'est pas une absence de monde, c'est un monde sans philosophie. La conscience commune est immergée dans le contenu du jugement, dans la représentation de l'objet. Accéder à la philosophie consiste à s'arracher à cette obnubilation du contenu. Cet arrachement s'opère par la position d'un acte. Dès lors, Fichte ne dit pas que le premier principe est origine créatrice d'un monde extérieur à lui ni encore moins qu'il fonde l'étant en la totalité de ses dimensions, mais prétend que le discours philosophique ne peut faire abstraction de cette condition sans toujours la réintroduire subrepticement. Toute proposition philosophique, quelle qu'en soit la teneur, suppose un acte de philosopher, soit un acte d'énonciation. Quelle est, par exemple, la différence entre ces deux propositions : « j'entends par cause de soi ce dont l'essence implique l'existence » et « j'entends par analytique des concepts... »? Le contenu de ce qu'elles disent. Quel est leur point commun? Le terme « j'entends », énonciation du philosophe. Comment, dès lors, se présente la proposition philosophique? Comme objet (ce qu'elle dit) et comme sujet (l'acte d'énonciation). Les philosophes, dira Fichte plus tard[2], ont toujours supposé cette structure, même si dans le même temps il l'ont déniée, sombrant ainsi dans de graves contradictions. Par exemple,l'*Ethique* s'ouvre sur cette déclaration : « j'entends par cause de soi ce dont l'essence implique l'existence ». Si on en reste au niveau de la querelle classique des philosophe entre eux, la polémique portera sur le contenu de la proposition « la cause de soi est ce dont l'essence implique l'existence ». Dans ce cadre, sera discuté ou contesté ce que dit le philosophe (objet de la proposition philosophique). Mais, demande Fichte, que signifie le « j'entends » qui préside à tous les développements? Quel est ce « *Ich* » qui ouvre l'*Éthique*? En fait, au sein même du système spinoziste,

1. Cf. p. 50.
2. Voir, entre autres, *Fondement du droit naturel*, *op. cit.*, p. 18.

qui prétend évacuer tout sujet, se trouve d'emblée marquée la thématisation de l'acte d'énonciation du philosophe. C'est cet acte que Fichte veut mettre à jour; c'est à partir de cet acte qu'il entend montrer la contradiction propre à certains systèmes philosophiques qui, prétendant évacuer l'acte de dire, ne peuvent que sombrer dans des contradictions performatives graves. En d'autres termes, si une philosophie dans son contenu (détermination de ce qu'est la conscience de soi, la science, la vérité le savoir, le bien, etc.) fait abstraction de l'acte de le dire, elle se condamne et condamne la raison, à sombrer dans des contradictions dirimantes. C'est pourquoi, si Fichte récuse la philosophie de Spinoza, ce n'est point, comme on le dit trop souvent, parce que celle-ci aurait pour conséquences de nier la possibilité de la liberté ou de la moralité, mais parce qu'elle est intrinsèquement fausse dans la mesure où le contenu de l'énoncé est nié par le statut de l'énonciation. Le philosophe *fait* l'inverse de ce qu'il *dit*, et se contredit donc lui-même[1]. Sa philosophie se détruit d'elle-même précisément parce qu'elle ne respecte pas l'identité que Fichte découvre et qu'il entend mettre au fondement des autres propositions philosophiques.

Nos analyses précédentes concernant les apories à l'origine de la pensée de Fichte rendent intelligible la mise au premier plan de cette identité. N'avons-nous pas vu, en effet, que la plus grave menace contre le criticisme se trouvait non du côté du contenu du discours mais de son statut? Kant, en développant son système, ne s'était-il pas rendu incapable d'expliquer le point de vue à partir duquel le philosophe pouvait le développer? N'est-il pas évident, dès lors, que le premier souci d'une philosophe, confrontée à ce problème, sera de thématiser l'acte d'énonciation du philosophe, tant il est vrai que toute définition du sujet, comme «je transcendantal» ou «substance pensante» ou même comme «être pour la mort», suppose une instance qui produise ou propose cette définition? La proposition philosophique (qui s'oppose à la proposition attributive, du type X est Y) doit toujours distinguer entre le X de l'énoncé (le support des prédicats, le sujet comme ce dont on parle) et le sujet philosophant qui relie entre eux les prédicats (sujet de l'énonciation, comme sujet qui parle).

Ainsi, dire que le Moi est fondement de «tout le reste» n'est nullement faire de l'*Ego* l'instance fondatrice de l'étant en sa totalité. Là encore, la distance est grande entre Fichte et la pensée classique de la subjectivité.

1. Cette contradiction, véritable refrain de l'ensemble de l'œuvre, s'exprime par des formules variées, soit comme «contradiction entre ce que l'on dit et ce que l'on fait» (*Essai*, p. 136), soit comme contradiction entre «l'effectué et l'effectuation» ou «expliqué et principe de l'explication» (formules de la *Grundlage* sur lesquelles nous reviendrons), soit encore comme «contradiction avec soi-même» (*Leçons sur la destination du savant*, trad. J.L. Vieillard-Baron, Paris, Vrin, 1980, p. 39).

Cette distance n'apparaîtra que mieux si nous analysons l'autre versant de la fondation, à savoir la fondation par soi du premier principe.

« Je suis parce que je suis »

Par cet énoncé, les *Méditations* donnent le principe du Moi comme fondement inconditionné, absolu, n'ayant d'autre cause que lui-même. Des propositions jusqu'ici analysées, sans doute est-ce celle qui a été le plus critiquée par la postérité. Si la première fut mésinterprétée, si la fonction de la deuxième fut purement et simplement ignorée, la dernière, quant à elle, est très vite apparue comme le comble de la déraison philosophique. Là encore, ce jugement négatif n'est rendu possible que parce qu'on inscrit Fichte dans l'histoire de la subjectivité. En effet, on estime que Fichte répond à cette question : comment est explicable la subjectivité ou quelle en est la condition de possibilité, ou pour le dire encore autrement, comment la subjectivité peut-elle advenir à soi ? Que l'on emploie le vocabulaire brutal de la causalité, celui moins métaphysique de la condition de possibilité, ou celui, plus métaphorique, « de la provenance » de l'advenir à soi, il n'en demeure pas moins que la question posée ici est celle de savoir ce qui permet la conscience. Or, ce n'est pas à cette question que Fichte répond puisque, là encore, l'énoncé « je suis parce que je suis » a pour fonction d'en récuser les termes. En effet, si l'usage du « parce que » dans la langue courante introduit l'idée d'une origine, voire d'une cause, la répétition « je suis parce que je suis » (en tout point comparable au « je suis ce que je suis ») est l'expression d'un refus : postuler une cause ou rechercher une origine est impossible. Le premier principe est sans raison ; il est au sens strict événement, surgissement, commencement, acte que quelqu'un peut effectuer ou non. Si Fichte a recours à cette expression « je suis parce que je suis », c'est précisément pour mettre en lumière l'absence de cause ou, plus précisément, l'inanité qu'il y aurait ici à penser en termes de causalité ou même de condition de possibilité d'un fait. Le premier principe n'étant pas un fait, il n'est nul besoin d'en chercher la raison. Le « je suis parce que je suis » vise donc à mettre en lumière la part d'irréductible et d'indéductible contingence inscrite au cœur même de ce principe. Il est donc tout à fait étonnant que l'affirmation de ce principe au fondement de lui-même, alors même qu'elle avait pour but de souligner la contingence radicale et indépassable du premier principe, ait pu être lue comme le signe d'une autofondation du sujet fini singeant (d'une manière dont on ne saurait dire si elle est titanesque ou burlesque) l'absolu divin.

Si, là encore, nous tentons de restituer l'origine de l'erreur commise sur cette notion d'autofondation, nous ne pouvons que constater qu'elle a pour source l'alignement du principe fichtéen sur la subjectivité classique. Parce que l'on pense le Moi comme l'expression de la conscience de soi par opposition à la conscience d'objet, on interprète la philosophie de Fichte comme négation même du sujet fini. Les thèmes de la philosophie contemporaine n'ont fait qu'accentuer cette interprétation, empêchant, par là, la compréhension sereine de la nature du fondement. En effet, la quasi-totalité de la philosophie contemporaine dénonce l'idée d'une autofondation du sujet. Ainsi Heidegger et Habermas, par-delà l'évidente divergence de contenu de leurs philosophies, ont pour point commun de récuser tout sujet comme principe originaire. Tous deux tentent également de chercher une instance qui permettrait (ou révèlerait) la possibilité du retour sur soi [1]. Ce retour sur soi, pour Heidegger, serait « dérivé » (aurait pour provenance, *abkunftiger*) d'une structure plus originaire, celle de la compréhension de l'être. Le *Dasein* ne sera pour lui-même qu'autant qu'il saura se mettre à l'écoute de l'être. Le *Dasein* est ouvert (*erschlossen*), ou plus précisément encore, l'ouverture est *Dasein*. C'est cette ouverture ek-statique vers son autre qui lui permet le retour sur soi ou accès à soi. « Réfléchir signifie ici : se briser contre quelque chose et rayonner en retour, c'est-à-dire se montrer dans le reflet renvoyé par quelque chose » [2]; soit : la condition de la réflexion – on pourrait presque dire ici de la réverbération – est le « quelque chose » et non point la réflexion elle-même. Habermas, quant à lui, sensible au mot d'ordre de la philosophie anglo-saxonne qui voulut, au paradigme du sujet, substituer celui du langage, fait du langage, de l'intersubjectivité, qui se précise en agir communicationnel, la condition de possibilité de la conscience de soi. Ces deux positions ont donc en commun de dépasser la philosophie de la subjectivité en indexant le phénomène de la conscience de soi sur une autre instance plus originaire qui en susciterait l'éclosion. Cette critique de la subjectivité comme fondement se fait, dans les deux cas, au nom de la nécessaire reconnaissance de la finitude du sujet. A un *Ego*, « comme substance pensante, créateur tout-puissant du monde ou principe formel d'une vie purement spirituelle » [3], on oppose la nécessaire reconnaissance d'un être pour la mort, jeté dans un monde qui le transcende ou la reconnaissance de l'appartenance de chaque homme à un langage qui le façonne. On voit donc que c'est le thème du sujet ouvert à son autre, et par là radicalement fini, qui enjoint le philosophe à rechercher ce qui le dévoile à lui-même (l'être, le langage, l'altérité, etc.).

Ce lien entre reconnaissance de la finitude et critique de la subjectivité est, à notre sens, à l'origine de la difficulté que pose toute tentative d'expli-

1. Heidegger parle du *Dasein* qui revient sur lui-même (*auf sich zurückkommen*), Habermas de l'autoréflexion.

2. *Die Grundprobleme der Phänomenologie*, *Gesamtausgabe*, 24, p. 226, trad. J.F. Courtine, Gallimard, 1985. Sur tous ces points, voir J.F. Courtine, *Heidegger et la phénoménologie*, Paris, Vrin, 1990.

3. R. Bernet résume ainsi les conceptions qui sont prises à partie lorsque l'on critique la métaphysique de la subjectivité (*La vie du sujet*, p. 2).

citation la proposition fichtéenne. Car, on oppose à Fichte ces propositions en présupposant qu'elles constituent des objections immédiates à sa thèse. Or, la thèse de Fichte est d'un autre ordre et d'un tout autre statut. La contradiction entre la thèse de Fichte et celle des partisans du « décentrement » de la subjectivité est une contradiction illusoire car – et pour le dire de manière abrupte – ces philosophes ne parlent pas de la même chose. En un mot, au stade où nous nous trouvons de la philosophie de Fichte, rien ne laisse présager qu'il ne pourrait pas, à un autre stade, à un autre niveau d'analyse, être entièrement en accord avec Heidegger ou Habermas. Et, au demeurant, ce thème d'un sujet excentré, ouvert et « extrait » d'un « monde » qui le transcende sera développé par Fichte, mais au niveau de sa pensée de l'individualité. L'erreur réside donc en une confusion sur le terme « Moi » qu'on interprète immédiatement comme sujet qui s'oppose à un objet, comme un étant dans le monde qui n'est donc pas le monde ; sujet ou étant que l'on devrait caractériser à partir d'un prédicat (il est substance pensante, ou être pour la mort ou tissé par le langage, etc.). Or, cette identification est impossible pour au moins deux raisons : tout d'abord, nous avons vu qu'il ne s'agit pas, pour Fichte ici, de définir le mode propre du sujet, d'en donner un prédicat fondamental. La proposition : « je suis ce que je suis », a eu précisément pour fonction de mettre en garde contre toute tentative de détermination d'essence ou nature. Ensuite, la distinction d'avec son autre (le Non-Moi) n'est pas encore introduite ni non plus supposée. A ce titre, Fichte prend soin de préciser dans la marge de son texte : « le Moi est accepté, tout simplement, sans un Non-Moi ». Le Non-Moi, parce qu'il est deuxième principe, non seulement n'est pas la condition d'énonciation du premier, mais de surcroît sa thématisation comme opposition n'y est pas supposée. Par suite, il ne s'agit pas, contrairement aux différentes guises du sujet qui s'oppose à un objet, de parler d'un type d'étant, d'une réalité spécifique qui, s'opposant à d'autres types d'étants, circonscrirait un ensemble possible que l'on pourrait définir à partir d'un prédicat qui le distinguerait de ce qu'il n'est pas : le sujet est substance pensante et *non* substance étendue, il est immortel et *non* corruptible, etc., formulations qui toutes supposent la distinction préalable entre le sujet et ce qui n'est pas lui.

Point décisif s'il en fut, puisqu'il dévoile l'origine même de l'erreur commise sur la philosophie de Fichte. En effet, on a fait comme si le premier principe avait même fonction, même sens et même niveau que la *res cogitans* ou même l'être pour la mort. Or, pareil sujet correspond, en fait, au « moi » à l'intérieur du troisième principe qui, supposant l'énonciation du Non-Moi, n'a évidemment pas le même statut que le Moi du premier principe. Le « moi » compris dans le troisième principe sera un « sujet » qui, devenu objet d'analyse (nécessairement à l'accusatif dans toutes les formulations de Fichte, tant celles des *Méditations* que celles des textes suivants), supposera la position initiale d'un premier « Moi ». Le « Moi » du premier principe est l'identité du sujet et de l'objet (la sujet-objectivité) ; en revanche, le « moi » compris dans le troisième principe sera le « sujet » par opposition à l'objet. Nous voyons là encore que Fichte, par son premier principe, n'entend nullement prendre position sur la question : qu'est ce que le sujet et quelle est son origine ?, mais prétend dépasser ce débat pour s'élever à un autre niveau d'analyse. Ce qu'il soulignera en 1801, avec force : « la question n'est pas de concevoir ce que vous savez en ce qui regarde *l'objet* et que vous saisissiez votre conscience (votre conscience de l'objet précisément) comme quelque chose de subjectif et l'objet comme quelque chose d'objectif »[1].

Mais, si le Moi du premier principe n'est ni le sujet dans son opposition à l'objet ni un état de fait (chose, substance, conscience de soi, existant) sur lequel on ferait retour, ni bien évidemment l'individu, qu'est-il donc ? Qu'est-ce que ce « fondement » dont on nous dit qu'il est inconditionné et absolu ? Le Moi est une proposition (*Satz*), la plus fondamentale (*Grundsatz*) ; cette proposition est un acte ; cet acte exprime l'identité du posant et du posé, de l'identité et de l'agi, du faire et de ce qui est fait. Cette proposition, parce qu'elle exprime un acte, l'acte même de réaliser l'identité de l'acte, ne peut être déduite d'une instance qui l'expliquerait (elle est inconditionnée parce que sans condition) ; elle n'est relative à rien d'autre qu'elle-même (en ce sens, elle est absolue au sens immédiat du terme : ce qui n'est pas relatif à un autre). Par le premier principe, Fichte n'entend pas dire quoi que ce soit sur le sujet, en son sens obvie de ce qui n'est pas l'objet, mais vise à exprimer un type d'identité qui deviendra le levier à partir duquel se déploiera la philosophie : la coïncidence entre ce qui est fait et l'acte de le faire. C'est la thématisation de cette identité qui, aux yeux de Fichte, constitue l'essentiel de sa découverte. Et de fait, cette découverte lui permet non seulement de dépasser les apories de la représentation, mais plus encore de répondre à Maïmon en posant un type de référence qui ne soit pas entaché d'arbitraire.

Le dépassement de la déréalisation de la référence

Que découvre Fichte par la thématisation de la sujet-objectivité ? Une manière inédite de dire l'identité. L'acte d'effectuation, qui n'est rien d'autre que l'effectuation d'un acte, dévoile la coïncidence entre l'agissant et l'agi, le faire et ce qui est fait. Cette identité devient l'assise fondamentale (*Grundlage*) qui permet de résoudre le problème le plus grave qu'il

1. *Op. cit.*, p. 46.

avait trouvé dans le criticisme. Le premier principe permet de découvrir de nouveaux jugements qui dépassent le partage kantien en simples jugements déterminants et réfléchissants : les jugements autoréférentiels. C'est à partir de cet axe que la philosophie sera reconstruite. Cette découverte, en effet, permet de repenser la notion de vérité, elle permet, en outre, de préciser la spécificité du statut du discours philosophique, elle permet, enfin, de thématiser ce qui deviendra la loi de la réflexion par opposition à la seule loi de la représentation. Reprenons ces trois dimensions en montrant comment elles surmontent l'aporie de la reconstruction maïmonnienne du criticisme.

L'autoréférentialité et le bouleversement de la notion de vérité

Comme nous l'avons montré, le premier principe, incarnation du jugement autoréférentiel, est sans alternative possible. Le contraire ne saurait être assumé par un locuteur, sans qu'aussitôt il ne sombre dans une argumentation autoréfutante. Nous avons donc là un modèle de la vérité extrêmement contraignant, qui s'oppose à la simple vraisemblance des jugements philosophiques, tels que les concevait Maïmon. Le jugement autoréférentiel est une proposition dont le contraire ne peut être dit. Sur ce modèle absolu qu'est le premier principe, nous pouvons définir la vérité philosophique comme l'adéquation entre le contenu de l'énoncé et le sujet de l'énonciation. Le déplacement effectué dans la notion de vérité est ici patent. La vérité comme *adequatio* est bien reconduite, mais il ne s'agit plus de l'adéquation entre les propositions et les choses ou phénomènes mais de l'adéquation entre le contenu et la forme de la proposition, seule véritablement susceptible de dire l'adéquation de la raison à elle-même. Nous disposons donc d'un critère définitif pour distinguer le vrai du faux. Si une philosophie dans son contenu (détermination de ce qu'est la conscience de soi, la science, la vérité, le savoir, le bien, et toutes ces sortes de choses) fait abstraction de l'autoréférentialité, elle sera fausse parce que autocontradictoire. Prenons trois exemples pour le montrer concrètement, l'un portant sur la définition du sujet, l'autre sur son origine ou sa provenance, le troisième enfin sur le contenu de la vérité. Admettons qu'avec Kant nous posions la proposition suivante : le sujet ne peut connaître au-delà de certaines limites. Dans la délimitation de ces limites, le philosophe devra être tenu de s'inscrire dans ces limites, c'est-à-dire d'expliquer comment, en tant que philosophe, il a la capacité de définir la limite. S'il ne le fait pas, il y aura une contradiction entre le contenu du discours et son statut. Il fera l'inverse de ce qu'il dit. Nous pourrons donc dire que sa philosophie est fausse. Nous saisissons au passage toute la différence entre la définition de la vérité chez Kant et la définition de la vérité chez Fichte. Si la raison est condamnée chez Kant à se perdre en des antinomies sans fin, c'est parce qu'elle utilise des concepts alors qu'aucune intuition n'est donnée. En revanche, chez Fichte, la plus grande contradiction de la raison est la contradiction performative : il ne s'agit pas de déterminer, prioritairement, si à nos concepts correspond ou non une intuition dans le temps et l'espace, il s'agit de savoir si nous pouvons, en tant que philosophe, articuler le contenu de nos énoncés à leur statut. De même, si je pose la proposition suivante : l'origine du discours de la conscience de soi, c'est l'être, le langage ou la volonté de puissance, le travail du philosophe devra consister aussi à indiquer comment cette énonciation est aussi le fait de l'être, du langage ou de la volonté de puissance, sans quoi il n'y aura pas adéquation entre ce qu'il dit et ce qu'il fait. Là encore, cette philosophie peut, sur la base du premier principe, être considérée comme fausse. Enfin si, proposant une définition de la vérité, j'affirme, avec le positivisme logique, que seules sont douées de sens les propositions empiriques vérifiables et les propositions logiquement vraies, il faudra soit que j'explique comment cette définition de la vérité rentre elle-même dans cette définition (ce qui manifestement n'est pas le cas), soit que j'accepte de dire que ma proposition est un non-sens (mais je ne le pourrais manifestement plus puisque la définition du non-sens dépend de ma définition de la vérité que je contredis au moment même où je la formule). Nous voyons donc concrètement comment le premier principe, première vérité, fournit le critère de toute vérité philosophique à venir.

Les jugements philosophiques comme jugements autoréférentiels

La loi de l'autoréférentialité promeut la philosophie au rang de science. La prétention de Fichte de produire « une science qui égalera en évidence la géométrie » [1] trouve ici sa source. Encore convient-il de bien comprendre cette exigence : il ne s'agit pas de calquer les procédures de la philosophie sur les mathématiques. Le mode de rationalité mis en œuvre dans les deux disciplines n'est pas le même. La géométrie construit des figures, et cette construction effectuée, elle les analyse. La philosophie n'est pas la visée d'un objet extérieur, visée qui s'accomplirait dans la délimitation de représentations. Sa vérité naît de la conformité entre le contenu du dire et l'acte de dire. Comme l'a admirablement dit B. Bourgeois, le philosophe doit éviter « la contradiction entre le dit et le faire qui contredit la loi suprême de la raison » [2]. Grâce à la découverte de ce nouveau type d'identité, Fichte entend mettre un terme à la dérive du concept de référence. En effet, si, comme le veut Maïmon, s'inscrivant ainsi dans une tradition séculaire [3], penser, c'est d'abord fixer la référence première ou ultime, si les

1. Lettre à Wlöemer, novembre 1793, *G.A.*, III, 2, 14-17.

2. *L'idéalisme de Fichte*, PUF, 1968, p. 13, 2e éd., Paris, Vrin, 1995.

3. On reconnaîtra ici la thématique du πρὸς ἕν λεγόμενον. Que signifie πρὸς ἕν ? C'est cette question qui est reprise ici, en dépit de sa transformation due à son passage par le criticisme.

propositions suivantes sont une mise en ordre ou une mise en série à partir de cette référence, si leur consistance se définit à partir de leur lien à cette référence, et si, thèse centrale de Maïmon, cette référence dépend d'un choix arbitraire, alors c'est toute la philosophie, en sa possibilité même, qui s'effondre. Le premier principe a pour fonction de dépasser ce problème, en secondarisant la question de la référence (qu'est-elle ? être ou sujet ?) par la pensée de l'autoréférence (sujet-objet). C'est ce que confirme le troisième acquis délivré par le premier principe.

L'autoréférentialité comme loi
de la réflexion par opposition à la loi de la représentation

L'autoréférentialité devient la loi de la réflexion. L'ensemble du système, la totalité des propositions que nous accepterons par la suite devront se conformer à cette loi. Il ne s'agira donc pas, dans le cas d'un énoncé philosophique particulier, de voir un fait, de décrire un étant ou d'analyser un objet déjà là. Par là, le risque que décelait D. Henrich de la définition d'une réflexion comme position d'un « œil » extérieur qui surplomberait un « posé » antérieur (le Moi) s'estompe considérablement. Accepter telle proposition, refuser telle autre se feront au nom de la loi de l'autoréférentialité. Cette loi forte ne peut pas ne pas être présupposée par tous les philosophes, même si beaucoup la transgressent. Elle est nécessairement présupposée, y compris chez les philosophes qui visent à rompre avec toute forme de rationalité, comme par exemple Jacobi. Ainsi, lorsqu'un philosophe dit : « la philosophie ne peut atteindre aucune vérité, elle n'a d'autre statut que celui de fiction », il prétend, bien évidemment, à la vérité de cette proposition. Par là, cette proposition est invalidée par le fait même d'être prononcée. La loi de la réflexion, implicitement convoquée en tout énoncé philosophique, permet de transcender la simple affirmation individuelle et se donne, par là, comme loi universelle. Loi de l'identité du posant et du posé, reformulation non dogmatique de la *noésis noéseos* aristotélicienne, elle est ce à partir de quoi seront conquises toutes les propositions du système. Avant que de procéder à l'examen de l'ensemble des propositions qui dépendent du premier principe, il nous faut tirer les résultats de ces analyses.

RÉSULTATS : DU SAVOIR DE L'ACTE À L'ACTE DU SAVOIR

Par le premier principe, Fichte rompt définitivement avec les apories de la représentation suscitées par la reconstruction reinholdienne du criticisme. La philosophie ne doit plus se penser comme philosophie du sujet mais comme philosophie du « sujet-objet ». A ce titre, nous pouvons, au terme de ces analyses, nous confronter à une question qui, immédiatement posée, aurait pu paraître absurde : la philosophie de Fichte est-elle vraiment une philosophie du sujet ? Si, par sujet, on entend la substance métaphysique au sens classique du terme, la réponse est négative. Si, par sujet, on entend le sujet représentant indissolublement lié à un objet représenté, la réponse est encore négative. Si, par sujet, on entend le sujet fini, pratique ou théorique, ou encore la conscience de soi incarnée dans un monde, la réponse l'est tout autant. « Moi, sujet, âme et esprit ne sont pas synonymes »[1]. Le premier principe comme « sujet-objet » désigne la structure autoréférentielle de la philosophie, c'est-à-dire l'identité réflexive qui doit gouverner toutes les propositions qui prétendent à la vérité. En ce sens, la philosophie de Fichte est non pas une « philosophie du sujet » mais bien une philosophie de l'identité du sujet et de l'objet, identité du statut et du contenu des propositions.

Cette découverte de l'identité réflexive permet, en outre, de dépasser la contingence de la réflexion. Le premier principe est, certes, non nécessaire, dans la mesure où il est un acte qui peut être ou non repris, effectué ou « performé » par le lecteur. Il est inconditionné au sens où il est pur commencement effectué avec, par et comme liberté. Nul n'est contraint de philosopher. Mais si le lecteur effectue l'acte, il le réalisera et découvrira, par là, l'impossibilité de sa négation. En ce sens, le premier principe est ce dont le contraire ne peut être affirmé. L'« expérimentation » une fois produite deviendra la référence nécessaire à l'aune de laquelle seront pensées les propositions suivantes.

Au terme de cette étude des modifications de la conscience kantienne de Fichte, nous sommes en mesure de pénétrer la signification de ce qui deviendra la « doctrine de la science ». Parti du simple désir de vulgariser le kantisme, soucieux, ensuite, de l'appliquer à de nouveaux champs, Fichte fut confronté à la nécessité de le modifier, puis de le dépasser. Ce dépassement s'effectue à partir de deux notions qu'il ne remettra plus jamais en cause : l'intuition intellectuelle, qui consomme la rupture d'avec le kantisme et le premier principe, qui constitue l'assise fondamentale à partir de laquelle la philosophie à venir sera reconstruite. Dépasser le criticisme signifie donc bien répondre à la question du statut du discours du philosophe. Si, selon une phrase déjà citée, épitomé de la relation de Fichte à Kant, « l'on étudie Kant, non comme l'ont étudié tous les kantiens sans exception, en collant à sa lettre [...] mais en s'élevant de ce qu'il dit réellement à ce qu'il ne dit pas mais *qu'il devrait présupposer pour dire ce qu'il dit* », alors il est nécessaire de dépasser la définition de la connaissance comme simple connaissance d'objet. Connaître un objet n'est qu'une modalité particulière du savoir puisque la connaissance philosophique

1. *Nova Methodo*, p. 92.

atteste, par la spécificité de ses analyses, qu'on ne peut limiter le savoir à la connaissance telle qu'elle est définie par Kant. Pouvoir dire ce qu'est la représentation (ce qu'a voulu faire Kant) ne relève évidemment pas d'un savoir représentatif. C'est pourquoi, il faut passer de la simple connaissance d'objet au savoir de l'acte (intuition intellectuelle) et au savoir comme acte (premier principe). Chaque proposition de la doctrine de la science devra se donner à la fois comme acte du savoir et savoir de l'acte. C'est la mise en œuvre concrète de ce dépassement de la représentation, la réalisation effective d'un savoir qui ne se définira ni comme *mimésis*, ni comme reproduction d'un état de fait indépendant, ni comme figuration d'un objet dans le temps et l'espace, ni comme visibilité qui circonscrit, découpe, délimite une figure ou appréhende une notion qu'il nous faut maintenant envisager.

DEUXIÈME PARTIE

LE DÉPASSEMENT DE LA REPRÉSENTATION

CHAPITRE PREMIER

LE STATUT DES TROIS PREMIERS PRINCIPES DANS LA « GRUNDLAGE »

L'étude des *Méditations personnelles* nous a apporté des éléments fondamentaux permettant un dépassement de l'objectivisme représentationaliste : l'intuition intellectuelle, entendue comme saisie de l'acte impliqué en toute proposition ; le premier principe, comme loi de l'autoréférentialité, principe de l'identité du posant et du posé, qui assure au discours philosophique, défini comme *réflexion*, sa vérité. Le nom que prendra cette possibilité du dépassement de la représentation dans la *GWL* sera celui « d'activité indépendante ». En effet, le but de la partie théorique n'est pas d'élucider la relation d'un Moi à un Non-Moi (entendu comme monde ou altérité en général), mais de mettre en lumière la notion d'activité indépendante, notion sur laquelle reposera également la fondation du savoir pratique. Cette notion est le modèle de la réflexion que Fichte opposera aux philosophies de la représentation et le pivot central de l'ensemble de sa philosophie, puisque son élucidation permet de comprendre aussi bien les disciplines particulières que les *WL* suivantes. C'est pourquoi il nous faut suivre, pas à pas, cette introduction, dans la *Grundlage*, de l'activité indépendante, véritable innovation philosophique des doctrines de la science et axe autour duquel toutes s'articuleront désormais.

Rappelons tout d'abord la structure bien connue de cette doctrine de la science, divisée en trois grandes parties : les principes de la doctrine de la science (paragraphe 1 à 3), la fondation du savoir théorique (paragraphe 4), enfin la fondation de la science du pratique (paragraphe 5 à 11). Fichte explicite d'abord les trois propositions fondamentales sur lesquelles reposera la totalité de la construction. L'analyse de la troisième proposition fondamentale révélera deux contradictions que l'ensemble de la *GWL* devra travailler : le Moi se pose lui-même comme limité par le Non-Moi et le Moi pose le Non-Moi comme limité par le Moi. La première proposition sera élucidée dans la deuxième partie de la *GWL* (fondation du savoir théorique), la deuxième dans la troisième partie (fondation de la science du pratique). La première question qui se pose, face à cette construction, est évidemment la suivante : quel est le statut des trois propositions fondamentales qui commandent l'ensemble des développements ?

LE PREMIER PRINCIPE

Nous l'avons dit, dans les *Méditations*, le premier principe est posé comme vrai (*Die Wahrheit des Satzes*). Principe d'autoréférentialité sans alternative possible, il constitue le fondement absolu, inconditionné de tout savoir ; son effectuation est vérité et sa vérité, effectuation. Est-il légitime de déclarer qu'il en est de même trois mois plus tard au moment où Fichte expose la *Grundlage* devant ses étudiants ? On ne peut qu'y être enclin à la lecture de la première phrase : « nous devons dégager (*aufzusuchen*) le principe premier, absolument inconditionné de tout savoir humain »[1]. Parce que ce principe n'appartient pas aux déterminations empiriques, il ne s'agit pas de la conscience de soi comme fait qui relève des représentations communes que nous pouvons avoir. Ce principe ne peut être ni prouvé, au sens d'une déduction à partir d'un autre jugement, ni défini, au sens où nous en donnerions un prédicat fondamental. Il doit, nous dit Fichte, exprimer la *Tathandlung*, qui sera explicitée très précisément comme ce qui est « en même temps l'agissant et le produit de l'action, l'actif et ce qui est produit par l'activité. L'action (*Handlung*) et l'acte (*Tat*) sont un et même »[2].

1. A. Philonenko a traduit par « connaissance » le terme de *Wissen* (savoir). Nous restituons donc le terme « savoir », car si Fichte n'utilise pas le terme *Erkenntnis*, propre au lexique kantien, c'est bien pour marquer d'emblée la différence entre la thématique de la connaissance représentative et celle du savoir réflexif. Dans la *Nova Methodo*, il écrira : « Kant ne se préoccupe que du "connaître" et, pour lui, n'est objet que ce qui est objet de connaissance » et il ajoute « pour lui n'est réalité que ce qui est dans l'espace », p. 180.

2. *O.C.P.P.*, p. 20. Édition allemande : I, 96. Nous indiquerons d'abord la pagination française, puis la pagination allemande. La pagination allemande retenue est celle des *sämmtliche Werke*, car elle est indiquée dans toutes les autres éditions, celle de l'Académie mais aussi celle plus courante et maniable de F. Meiner (Hambourg, 1988). *Tat* peut se traduire aussi bien par « fait » (au sens de ce qui est fait) que par « acte », c'est pourquoi nous modifions légèrement la traduction de Philonenko. Il en sera parfois de même dans les citations suivantes. En dépit des divergences de traduction et d'interprétation qui apparaîtront au cours de cette étude, nous nous devons de souligner la grandeur de l'interprétation de Philonenko. Il a proposé une interprétation (par la suite partout reprise en France et, parfois, quelque peu édulcorée) nouvelle et claire non seulement de Fichte, de Kant mais de la philosophie allemande en général.

Comme dans les *Méditations*, le premier principe se donne comme action et plus précisément encore comme action qui exprime une identité (*Tat-Handlung*, action-acte[1]). Ce premier principe, la *Grundlage* le spécifie comme : « je suis », « je suis je », « je suis parce que je suis ». « Le Moi est », « il est ce qu'il est » et il « est parce qu'il s'est posé ». Il s'agit là, au mot près, de ce que nous avons étudié dans les *Méditations*.

Mais, dira-t-on, si le premier principe n'est que parce qu'il se pose, si l'effectuation de l'acte suffit à sa seule existence (performatif), pourquoi Fichte commence-t-il « par la logique générale » ?[2]. En fait, Fichte ne commence pas par la logique générale, il n'entend pas « dériver » le premier principe des lois de la logique. La logique n'est donc pas considérée comme un *organon* : « nous sommes partis de la logique générale non pas comme si le « je suis » devait être démontré par là » (p. 22, 98). Il s'agit, en fait, à partir d'un point de départ dont Fichte dit lui-même qu'il aurait pu être autre (« la réflexion est libre ») de désimpliquer l'acte compris en n'importe quelle proposition. Fichte choisit simplement l'énoncé le plus général pour parvenir plus rapidement à l'essentiel, à savoir l'acte et non le contenu de la proposition. Cette présupposition de la logique se donne comme telle : « ces lois sont présupposées tacitement comme connues et établies » et ne seront prouvées que par la suite, c'est-à-dire à la fin de l'enquête. C'est l'ensemble du système des actes qui fondera les lois de la logique. Mais, dès lors, pourquoi la présupposer? Pour « dégager » ou « remonter » (*aufzusuchen*) à l'acte inscrit en toute proposition. Il s'agit donc, conformément à ce que nous avons vu sur l'intuition intellectuelle, de sortir de l'attitude de la conscience commune qui, face à une proposition quelconque, aura tendance à se focaliser sur le contenu de ce que dit une proposition plutôt que de mettre en œuvre une réflexion sur l'acte même de mise en relation des termes (A=A). Nous retrouvons donc, en ce début de la *Grundlage*, cette expérimentation de la raison par elle-même, ce processus de remontée à l'acte que Fichte, dans les *Méditations*, appelait l'intuition intellectuelle; processus, qui suppose, précise ce début de la *Grundlage*, « l'abstraction et la réflexion ». Il s'agit donc là d'une reprise absolument littérale de ce que nous avons vu dans les *Méditations*. C'est pourquoi il semble licite de conclure que le premier principe se présente comme vrai.

Il nous faut néanmoins, avant de conclure sur cette proposition première dont les deux autres dépendront, indiquer brièvement les autres raisons pour lesquelles il nous semble impossible de lire ces pages sur le

1. En allemand, dans une expression composée comme *Tathandlung*, c'est le deuxième terme (ici *Handlung*) qui est le déterminant et doit donc apparaître en premier en français.

2. Rappelons que c'est l'un des arguments de A. Philonenko en faveur de sa thèse selon laquelle les premiers principes seraient faux.

premier principe comme la mise en œuvre de la dialectique, en son sens kantien d'exposition du faux.

Le premier principe, nous dit A. Philonenko, est le substrat des paralogismes soit le comble du sujet métaphysique. Le problème, c'est que Fichte prend soin de mettre en garde contre toute confusion du premier principe avec le sujet comme substrat métaphysique. Penser le Moi comme substrat, c'est « se contredire soi-même » (p. 21, 97). Nous retrouvons là l'expression de la contradiction performative analysée précédemment. Fichte ajoute à propos de la question qui donne naissance à la conception d'un sujet comme substrat existant : « toutes les questions du type de la précédente ne méritent pas de réponse, car si l'on se comprend bien soi-même, elle ne mérite pas d'être posée ». Comment interpréter cette parenthèse, cette évidente mise en garde contre toute identification du premier principe au sujet comme substrat, si le sujet du premier principe était lui-même le substrat métaphysique des paralogismes ? Plus encore, Fichte, deux pages plus loin, s'attache à thématiser la différence de son premier principe d'avec le principe cartésien. Il se livre à une brève histoire du concept de sujet pour montrer comment ses prédécesseurs l'ont insuffisamment pensé. A ce titre, il se situe également par rapport à Kant et écrit : « Kant dans sa déduction des catégories s'est appuyé sur notre proposition comme principe absolu de tout savoir; mais il ne l'a jamais établi précisément comme principe. » Ce qui signifie, tout simplement, que Kant, dans sa déduction des catégorie s'est appuyé sur le « je *transcendantal* », mais ne l'a jamais établi précisément comme principe en sa vérité même, à savoir comme sujet-objectivité.

Cette histoire, à laquelle Fichte se livre en ces toutes premières pages de la *Grundlage*, est un condensé du parcours que nous avons analysé. Y sont en effet cités comme demeurant au stade d'une pensée inaccomplie du Moi : Descartes, Kant et Reinhold. A propos de ce dernier, Fichte prend même soin de souligner qu'il ne dépasse guère Descartes, car son principe est un « *repraesento ergo sum* ». Or, ajoute t-il : « la représentation n'est pas l'essence de l'être mais une détermination particulière de celui-ci »[1]. Il est difficile, à notre sens, d'être plus précis que ne l'est Fichte ici. En effet, si ces trois auteurs n'ont pu, en dépit de leur percée, « remonter » au premier principe, c'est en raison de leur absolutisation de la représentation.

Plus encore, quel est le seul auteur cité par deux fois, à des endroits différents, dans cet exposé du premier principe ? Maïmon. Le premier principe, parce qu'il est acte et existence (accomplir l'acte, c'est faire qu'il existe et donc le poser comme réalité), nous permet, nous dit Fichte, de

1. Cf. p. 23, 100. Fichte y insiste car il prend soin de reformuler en latin, le principe reinholdien : « *repraesento, ergo sum* ou, plus exactement, *repraesentans sum, ergo sum* ».

dépasser le scepticisme de Maïmon[1], et, par suite, la contingence de la référence première. Cette histoire de la philosophie qui clôt l'exposé du premier principe résume donc bien le parcours que nous avons déployé : il s'agit, par ce premier principe, de surmonter à la fois les apories de la représentation et le problème de la contingence de la réflexion.

Ceci précisé, qu'en est-il du deuxième principe, également thématisé dans les *Méditations* et que nous n'avons pas encore analysé.

Le deuxième principe

Le Non-Moi est un acte, que Fichte nomme « l'acte antithétique ou acte d'opposition ». La *Nova methodo* précisera : « le Non-Moi n'est pas un concept d'expérience, il ne se laisse déduire qu'à partir de l'action par laquelle il est construit ». Il ne s'agit évidemment pas d'une chose existante ou d'une instance extérieure (quelle que soit la définition que l'on souhaiterait donner à cette instance : Dieu, monde, autrui, chose en soi, etc.). Le Non-Moi est l'acte de la pensée par lequel cette pensée pose quelque chose qui n'est pas elle. Ce point acquis, surgit néanmoins une question : pourquoi est-ce le deuxième principe et quel rapport entretient-il avec le premier ? Dans la *Grundlage*, Fichte écrit : « le second principe ne peut pas plus que le premier et pour les mêmes raisons être déduit et prouvé » (p. 24, 101). Ce que disaient déjà les *Méditations*. En effet, une fois caractérisé le premier principe comme proposition absolue au-delà de laquelle on ne saurait rétrocéder, ce texte introduisait le Non-Moi, en disant simplement ceci : « Il y a une intuition A et une autre Non-A » ; par un acte, je me pose (intuition A), par un autre acte, j'oppose un Non-Moi (intuition Non-A). Et Fichte précisait : « Les deux intuitions, celle du Moi et du Non-Moi semblent être toutes deux également nécessaires. Aucune n'est la condition préalable de l'autre, aucune ne sert à faire la preuve de l'autre ». Mais, demandera-t-on, ne sommes-nous pas, dès lors, confrontés à deux propositions de même statut et valeur ? Si tel était le cas, le premier principe serait *ipso facto* déchu de son rang. Se profile ici la célèbre objection de R. Kroner selon laquelle nous aurions non pas un mais « deux absolus », objection reprise de Hegel qui, le premier, dénonça la non-déductibilité et par suite la

1. Cf. p. 23, 99. La seconde citation intervient tout à fait à la fin de l'exposé du premier principe (p. 24, 101). Fichte revient ici non sur sa nécessité (si je le pose, il est comme posé) mais sur sa contingence (je ne suis pas obligé de le poser puisque c'est un acte libre). Par suite, explique-t-il, Maïmon a raison de dire que l'on peut faire le choix inverse (et poser, par exemple avec Spinoza, l'être). Là encore, il s'agit du problème de la référence ultime. Quelle est-elle ? L'acte ou l'être ? Si l'on considère la *position* même, elle dépend d'un choix indéductible et, sous cet aspect, Maïmon a raison (p. 24). Mais si l'on considère *l'acte* qui se posant lui-même devient par là « réalité » (p. 23), alors Maïmon a tort.

totale gratuité du deuxième principe. Les *Méditations* comme la *Grundlage* comprennent tous les éléments pour répondre à cette célèbre critique. Fichte met immédiatement en garde contre toute tentation d'identification de rang entre le premier et le deuxième principe : « Mais A peut être sans Non-A. Non-A n'est pas la condition de A car cela serait en totale contradiction avec le premier principe »[1]. Le deuxième principe doit être considéré selon deux points de vue non contradictoires : en tant qu'acte et en tant que produit de l'acte. En tant qu'acte, l'acte d'opposition, dont Non-A est le produit, n'est pas déductible du premier principe. L'acte d'opposer est entièrement indépendant. Le philosophe oppose avec la même contingence qu'il a posé; le deuxième principe est donc, de ce point de vue, un « événement » au même titre que le premier. En revanche, en tant que contenu de l'acte, le Non-Moi est dépendant de l'énonciation du Moi. Non-A est négation de A et donc en tant que négation suppose la position initiale de A, « il n'est d'acte d'opposition que par référence (*Beziehung*) à un acte de position » (p. 25, 103). Si le premier principe ne suppose aucune condition antérieure, le second est, du point de vue de son contenu, conditionné par le premier. Le second principe est « déductible dans son contenu » puisque le produit de l'acte, à savoir Non-A, est le contraire de A. Le contraire d'un x suppose la référence préalable au x lui-même. En revanche, du point de vue de sa forme, c'est-à-dire du point de vue de ce que Fichte appelle ici « l'acte dans son comment », le deuxième principe n'est pas déductible. L'acte d'opposer ne se déduit pas de l'acte de poser. Par suite, la différence de dignité entre le premier et le second principe est tangible. Nous n'avons nullement deux absolus mais un seul : la sujet-objectivité. Ceci précisé, nous sommes confrontés à deux actes contradictoires : la position et l'opposition. Le philosophe doit résoudre cette contradiction en vertu de la loi de la réflexion qui requiert de penser l'identité du posant et du posé. Par suite, Moi et Non-Moi doivent être réunis.

Avant que d'élucider cette réunion, nous devons là encore esquisser très brièvement les raisons textuelles pour lesquelles il nous paraît impossible de lire ce Non-Moi comme l'expression du monde absolu dont parlent les antinomies kantiennes. Tout d'abord, si les principes étaient l'expression du faux, pourquoi n'avoir pas commencé par le deuxième? Rien n'interdisait en effet, ni logiquement ni dialectiquement (en son sens kantien d'exposé du faux), d'ouvrir la *Grundlage* par cette proposition : « le premier principe est celui du Non-Moi » ou encore, par cette autre, plus neutre : « l'un des principes est celui du Non-Moi. » Rien n'impose intrinsèquement, lorsqu'on expose le faux, de commencer par une erreur (celle des paralogismes portant sur le sujet) plutôt qu'une autre (celle des antinomies

1. *Méd.*, p. 56.

portant sur le monde). En disant que le principe du Moi est premier, Fichte prétend au moins à la vérité du terme de « premier ». Qu'est-ce qui explique cette dignité conférée au principe du Moi, si ce n'est sa vérité intrinsèque ?

Nous comprenons, par là, pourquoi les principes ne peuvent pas non plus être dits tout simplement « neutres », c'est-à-dire sans valeur de vérité. En effet, dans l'énoncé du troisième principe, lequel s'obtient par limitation du Moi et du Non-Moi, rien logiquement n'interdisait d'écrire : « le Non-Moi pose le Moi comme limité par le Non-Moi », comme le remarque très bien M. Richir qui s'étonne de ce que cette formule, pourtant possible, ne soit pas retenue. Si nous étions, soit dans un exposé dialectique (au sens kantien), soit dans un exposé neutre, il n'y aurait aucune raison de ne pas retenir cette proposition. Si Fichte ne le fait pas, c'est parce que la vérité intrinsèque du premier principe l'interdit. C'est ce que montrera le troisième principe.

Le troisième principe

« *Ich setze im Ich dem teilbaren Ich ein teilbares Nicht-Ich entgegen* », telle est la troisième proposition à laquelle nous aboutissons. Cette proposition, les *Méditations* l'écrivaient ainsi : « Dans le Moi, le Moi est opposé à un Non-Moi par le Moi » ou encore : « A=-A en C par A ».

La différence entre le troisième principe et les deux autres provient de ce qu'il est, en tant qu'acte, « quasi déductible » des deux premiers. L'acte de réunir est commandé par le premier principe, qui exige l'identité du posant et du posé, mais également par l'acte d'opposer qui met en péril cette identité. Le troisième principe est la synthèse d'actes originaires, comme le précisaient déjà les *Méditations* : « Originairement nous n'avons rien d'autre que la position et l'opposition. » Les trois premiers principes sont les actes fondamentaux supposés en toute pensée, en tout jugement, quel qu'en soit le contenu. Dans n'importe quelle démonstration, dans n'importe quel texte, ces trois actes, position, opposition et réunion, sont nécessairement à l'œuvre. L'écriture de la *Critique de la raison pure* comme celle de la *Philosophie élémentaire* de Reinhold, comme, au demeurant, l'*Ethique* de Spinoza, suppose que le philosophe effectue ces actes. En fait, Fichte met au défi quiconque de ne pas retrouver dans un texte, jugement ou énoncé, ces actes présupposés. Les trois premiers principes deviendront donc les principes de la science parce qu'ils sont actes originaires présupposés en toute science. Tous les actes suivants seront, comme nous le verrons, des compositions de ces actes fondamentaux. Ce troisième principe délivre la structure de toute la *Grundlage*, car le penser sans contradiction et en toutes les dimensions qu'il comprend, produira l'ensemble des propositions de la doctrine de la science. C'est pourquoi, au moment où il introduit ce troisième principe, Fichte écrit : « A chaque pas en avant que nous faisons dans notre science, nous nous approchons du domaine où tout pourra être démontré » (p. 27, 105). Par ce troisième principe, il s'agira de revenir à l'identité du posant et du posé tout en ayant pris en compte l'opposition du posant et du posé, c'est-à-dire de faire en sorte que le discours philosophique puisse rendre compatible l'acte d'énonciation du philosophe et le contenu de ses énoncés.

Si, maintenant, nous reprenons le cheminement suivi jusqu'ici, nous pouvons constater que trois actes ont été effectués par le lecteur : position, opposition et nécessité de leur réunion. Cette réunion ou synthèse n'est au départ qu'une tâche à accomplir, un modèle exigé qu'il faudra remplir, une fin que l'on doit poursuivre en raison de la loi de la réflexion qui nous enjoint de ne pas nous contredire performativement. La réunion est une exigence qu'il faut honorer et non un fait qui est donné. A partir d'une opposition, il s'agit de construire progressivement le modèle qui permettra de la surmonter. Surmonter cette contradiction sera procéder à une série d'opérations, effectuer une série d'actes de pensée. Les termes, d'opposés qu'ils sont initialement, doivent donc être pensés ensemble (le Moi et le Non-Moi dans le Moi). Quels actes nous a-t-il fallu accomplir pour réunir ces deux termes initialement opposés ? Nous avons transformé et relativisé l'opposition et l'identité initiale. En effet, la réunion suppose l'identité première, puisque réunir des termes, c'est supposer un degré par lequel ils peuvent être mis en relation et ainsi devenir identiques. Mais cette identité n'est évidemment pas l'identité de départ, l'identité du posant et du posé, mais bien une identité relative qui permet aux termes d'être mis en relation. Le même constat vaut pour l'opposition, les termes seront relativement et non absolument opposés. Maintenant, si nous réfléchissons aux actes accomplis, qu'avons-nous fait? Nous avons limité des termes pour les penser ensemble. L'acte que nous avons effectué est l'acte de limitation. Nous avons donc produit à partir d'une tâche qui nous était fixée (transformer une opposition absolue en opposition relative) un acte de pensée (en l'occurrence, la limitation). La production de cet acte de pensée était nécessaire à ce stade de la contradiction, une autre opération ne pouvait s'y substituer. C'est cette effectuation que Fichte nomme déduction des concepts. Pour arriver au troisième principe, nous avons dû produire la catégorie de limitation. Le concept de limitation est, comme le seront tous les concepts ultérieurs, sédimentation d'un acte, résultat d'un processus.

Cela dit, doit-on comprendre que par la catégorie de limitation, Fichte renonce à l'absoluité du premier principe, qui deviendrait, ici, limité ? Non, car le moi et le non-moi sont limités *à l'intérieur* du moi *par* le Moi. L'écriture de la proposition fait apparaître clairement trois « moi » : par le Moi, qui est l'acte d'énonciation du philosophe au sens où c'est le philosophe qui a limité les deux termes (moi et –moi) ; dans le moi, qui, comme nous le verrons, deviendra la formule même de la représentation ; et enfin les « moi et non-moi limités » à l'intérieur du moi par le Moi. Or, si Fichte ne retient pas la proposition : « le Non-Moi pose le Moi comme limité par le non-Moi », proposition qui serait également possible à partir de la seule application de la catégorie de la limitation à des « objets » neutres ou indifférents, c'est précisément parce que le premier principe n'est pas neutre. Il est vrai en ce qu'il exprime l'identité réflexive à laquelle nous devons revenir après avoir parcouru l'opposition du moi et du non-moi limités dans le moi.

RÉSULTATS : LA GRAMMAIRE DE L'EFFECTUATION

Nous pouvons comprendre comment les principes peuvent être vrais et, en même temps, devenir un modèle qu'il nous faudra réaliser (deux tâches seront, en effet, à effectuer à partir du troisième principe : la première sera de penser comment le Moi se pose lui-même comme limité par le Non-Moi, la deuxième de penser comment le Moi pose le Non-Moi comme limité par le Moi). La vérité peut être à la fois point de départ et tâche à réaliser, parce qu'il ne s'agit pas de dériver, à partir des principes, des propositions qui en seraient des conséquences comme dans le cas d'un raisonnement hypothético-déductif, mais de déterminer si l'ensemble des propositions philosophiques peut obéir au principe de l'identité réflexive (congruence entre l'énoncé et l'énonciation). L'identité réflexive est réalisée dans un acte (la *Tathandlung*). Cet acte est dans la mesure même où il est effectué. Cela étant, il se pourrait qu'aucune de nos propositions particulières ne puisse exprimer cette identité que nous expérimentons dans la *Tathandlung*. Comprendre comment la *Tathandlung* peut être à la fois le commencement vrai et en même temps la fin à laquelle il nous faut parvenir, c'est comprendre que Fichte met en œuvre un type de raisonnement, une manière de prouver, qui n'a jamais été thématisé comme tel. En effet, si nous faisions l'histoire des différentes manières de prouver un énoncé philosophique, aucune ne correspondrait au raisonnement de Fichte. Prouver ne consiste plus à déduire à partir d'une première certitude les conséquences qui en découlent (schéma cartésien que l'on trouve dans les *Regulae* ou le *Discours de la méthode*) ; ce n'est pas non plus remonter à un *anhypothétique* (Platon) ou à des conditions de possibilité ; ce n'est pas mettre en œuvre, comme le préconise parfois Aristote, un raisonnement par l'absurde ; ce n'est pas non plus montrer la non-contradiction logique (ce que demandait Leibniz). Prouver sera s'assigner une tâche : mettre en accord ce qui est dit et le fait de le dire. Le moi et le non-moi sont limités (c'est là ce que l'on dit) mais ils le sont « par le Moi » (c'est là, selon la formule de 1804, « ce qui est présupposé pour pouvoir le dire »). Décomposer les attendus compris en cette exigence, y conformer nos propositions ultérieures, tel est ce que nous devrons faire après l'énoncé des trois premiers principes. La doctrine de la science se veut une décomposition des actes impliqués en chacune de nos assertions, une grammaire de l'effectuation qui doit révéler les règles qui assurent la coïncidence entre l'énoncé et l'énonciation. C'est à la mise en œuvre de cette grammaire de l'effectuation que nous sommes conviés maintenant.

CHAPITRE II

LA MISE EN PLACE DU CERCLE DE LA REPRÉSENTATION ET DE LA RÉFLEXION

Des deux propositions contradictoires que recèle le troisième principe, la première : « le Moi se pose comme déterminé par le Non-Moi » contient elle-même une contradiction puisque le Moi est à la fois déterminé par le Non-Moi et se détermine lui-même par une activité absolue. Le premier moment[1] de cette synthèse est consacré à l'exposition de cette contradiction. Les deux propositions prises ensemble s'annulent. Cette contradiction dessine la tâche à accomplir : « Il nous faut donc composer les contraires indiqués ».

LA DÉDUCTION DE LA CATÉGORIE DE DÉTERMINATION RÉCIPROQUE[2]

L'acte à accomplir

Cette composition ou unification n'est possible – comme l'a montré la production du troisième principe – que par le recours à un acte de limitation. La limitation consiste très précisément à assigner une sphère de validité à chacun des termes opposés. Pour autant, cette limitation, simple réitération du geste précédemment effectué, ne saurait suffire. Limiter un terme à une sphère de telle sorte que son affirmation ne soit pas supprimée par l'affirmation de son contraire, c'est en quelque sorte neutraliser ces termes. En le faisant, nous obtenons des opposés qui peuvent être chacun valables en des rapports ou en des moments différents. Mais pareil geste ne satisfait pas à l'exigence, autrement plus difficile, induite par le premier principe : les opposés doivent être pensés ensemble : « Il faut aussi les penser comme une seule et même signification » (p. 43, 129). Ainsi, composer ou unifier (*vereinigen*) des contraires signifie très précisément les penser en un même acte. Pour honorer cette exigence, nous sommes

1. Il s'agit, dans le texte, du point A qui est consacré à définir le problème à résoudre, la tâche à accomplir ; p. 40, ligne 38 à p. 42, ligne 4 (125-128).

2. Cf. p. 42, ligne 5 à p. 44, ligne 39 (128-131).

contraints de poser cette proposition : « Le Moi doit se déterminer du point de vue où il est déterminé et est déterminé du point de vue où il se détermine » (p. 43, 129). En un mot, nous ne pouvons penser un terme qu'en relation avec son autre et réciproquement.

Si, cela effectué, nous faisons abstraction de l'acte pour ne plus considérer que son produit (c'est-à-dire le concept « fixé »), nous obtenons la catégorie de détermination réciproque. Cette relation, Fichte la donne comme « universelle et générale » car elle sera la matrice de toutes les relations à venir. Les relations de substantialité et de causalité, découvertes par la suite, n'en seront que des particularisations. Cette détermination réciproque permet d'orienter plus précisément la recherche puisque, par elle, nous savons que la quantité de négation d'un terme devra être fonction de la quantité de réalité de l'autre terme. Si le Moi doit poser de la négation en lui-même, alors il doit, en même temps, poser de la réalité dans le Non-Moi. A tout + doit correspondre un - proportionnel, telle est la règle que résume le concept de détermination réciproque.

Insuffisance de la détermination réciproque

Mais si la découverte de la détermination réciproque permet à l'analyse de progresser par rapport à la simple position de la limitation, elle demeure néanmoins insuffisante pour deux raisons : tout d'abord, bien qu'elle donne une loi (à la quantité de réalité d'un terme doit correspondre la quantité de négation d'un autre terme), elle ne dit pas à quel terme (Moi ou Non-Moi) doit être attribué le + ou le -. La détermination réciproque ne donne pas de référent, de point fixe. La relation détermine les termes mais la signification de ceux-ci est interchangeable; à X (Moi) et à Y (Non-Moi) peuvent tout aussi bien être assignées la valeur « plus » que la valeur « moins ». C'est ce type de relation qui se trouve mobilisé dans bon nombre d'équations mathématiques; la signification du terme ou bien n'y est pas posée du tout ou bien est décidée arbitrairement par le mathématicien. C'est ce caractère arbitraire que souligne Fichte, lorsqu'il écrit : « il est parfaitement indifférent que je nomme les pas en avant ou en arrière des grandeurs positives » (p. 46, 133). Universelle donc, la détermination réciproque est aussi, et par là même, indifférente à la signification des termes de la relation. Mais plus encore, en unissant les deux termes, la détermination réciproque les fait entrer en contradiction, non plus entre eux, mais avec eux-mêmes. C'est à la levée de cette contradiction que seront consacrés les points C et D. Le point C considérera la manière dont devra être pensé le Non-Moi pour n'être pas une notion contradictoire; le point D s'attachera à montrer sous quel aspect il faut penser le Moi. La progression de la démonstration de Fichte est claire : la détermination réciproque nous enseigne que nous pouvons partir de n'importe quel terme de la relation (Moi ou Non-Moi) pour déterminer la quantité de l'autre. C'est pourquoi il faudra, en un premier temps, considérer ce que donne la relation si nous prenons le Non-Moi comme référentiel (point C); dans un second temps, ce que produit cette même relation de détermination réciproque si l'on part du Moi (point D). Dans chacun de ces moments, nous serons confrontés à une contradiction où ni A ni non-A ne seront égaux à eux-mêmes. La levée de cette contradiction aboutira à spécifier la relation de détermination réciproque en levant l'hypothèque de l'indifférenciation des termes.

Nous retrouvons la manière d'argumenter, analysée précédemment: une contradiction est donnée, elle est levée par une synthèse ou composition des termes; mais cette synthèse produit à son tour une nouvelle contradiction (par exemple, ici, les deux termes synthétisés deviennent contradictoires d'un autre point de vue). La *GWL* « procède toujours en introduisant des moyens termes entre les termes opposés; mais par là, la contradiction n'est pas résolue mais simplement déplacée ».

La déduction de la categorie de causalité [1]

Envisager ce qu'apporte la détermination réciproque du point de vue du Non-Moi, c'est aboutir au raisonnement suivant : si, à toute négation dans le Moi doit correspondre une quantité équivalente de réalité dans le Non-Moi, alors « le Non-Moi contient de la réalité en soi ». Or, selon le premier principe, seul le Moi est réalité: « **Mais toute réalité est posée dans le Moi** [...], il n'y a pas du tout de réalité dans le Non-Moi, seule la pure négation y est posée » [2]. Par suite, le Non-Moi est une notion contradictoire en soi. « Le Non-Moi a de la réalité en soi », c'est ce que nous oblige à dire la scrupuleuse application de la règle de détermination réciproque; « il n'a aucune réalité en soi », c'est ce que nous savons par le premier principe, qui seul a de la réalité.

Il convient de noter ici que c'est le rappel de la signification du premier principe qui, très explicitement, engendre la contradiction. Si ce premier principe était faux, dépourvu de toute signification positive, son surgissement soudain dans le cours du raisonnement serait illicite, puisque, du strict point de vue d'une combinatoire formelle, il est parfaitement indifférent d'énoncer cette proposition: « le Non-Moi a de la réalité »; s'il s'agissait d'un simple raisonnement logique, Fichte n'aurait donc jamais pu dépasser le stade de la pure résolution mathématique du problème. En

1. « Synthèse par détermination réciproque des contraires contenus dans la première des propositions opposés », p. 44, ligne 40 à p. 48, ligne 43 (131-136).

2. *Ibid.* Les caractères gras indiquent que c'est Fichte lui-même qui souligne. Les italiques indiqueront que c'est nous qui soulignons.

revanche, du point de vue philosophique, c'est-à-dire en référence à la *Tathandlung* de départ, nous ne saurions accepter cette proposition. La contradiction naît bien de la confrontation entre la vérité du premier principe et le résultat de notre application de la détermination réciproque, application nécessaire pour penser le troisième principe.

La résolution de la contradiction

C'est le rappel du premier principe qui engendrait la contradiction, c'est son élucidation encore plus précise qui en permettra la résolution. « Le Moi est source de toute réalité car il est immédiatement et absolument posé. Mais le Moi est parce qu'il se pose, et se pose parce qu'il est. Le concept d'auto-position et celui d'activité en général sont aussi un seul et même concept » (p. 46, 134). La mise à jour de cette dimension nouvelle (jusqu'alors, certes, restée dans l'ombre mais néanmoins immédiatement contenue dans la *Tathandlung*) indique un changement de point de vue dans la démonstration ; il ne s'agit plus en effet de composer des contraires mais de revenir à ce que nous enseignent les principes. Ce changement de direction peut être formulé simplement : lorsque nous composions les termes de la contradiction, nous cherchions à déterminer chaque membre de la proposition comme « *etwas* » quantifiable, obéissant à des lois (la quantité est inversement proportionnelle à celle de l'autre terme). Constituer chacun des termes en objet (*Objekt*), tel était le but visé par l'usage des catégories de limitation et de relation. La composition synthétique est donc un mouvement en direction d'un objet x, que nous devons, par caractérisation progressive, réaliser. En revanche, le geste de retour vers le premier principe ne participe plus de la constitution d'un « *etwas* » (composition synthétique), mais ressortit à ce que Fichte nomme ici un effort d'abstraction. C'est ce que précise la parenthèse qui suit l'introduction du concept d'activité :

> Il est tout à fait indispensable ici de penser de manière entièrement pure la concept d'activité. Celui-ci ne peut absolument rien désigner qui ne soit compris dans la position du Moi par lui-même ; rien qui ne soit immédiatement compris dans la proposition : **Je suis**. Il est par conséquent clair qu'il faut faire abstraction ici de toutes les **conditions de temps** mais encore de tout **objet** de l'activité. L'action du Moi, puisqu'il pose son propre être, ne se dirige pas vers un objet mais se réfléchit en elle-même. Ce n'est que lorsque le Moi se représente lui-même qu'il devient objet[1] L'imagination peut difficilement se garder d'introduire, dans le concept

1. On notera, au passage, le lien précis effectué par Fichte entre représentation et objet. Représenter le Moi, c'est le transformer en objet. Ce n'est évidemment pas ce à quoi nous sommes invités en pensant le premier principe, puisqu'il s'y agit non pas de « se diriger vers un objet », mais de « réfléchir l'action en elle-même ». En dépit du style extrêmement condensé de Fichte, on est à même néanmoins d'apprécier sa précision.

pur de l'activité, cette dernière qualité, celle de l'objet, auquel l'activité s'applique. Mais il suffit d'être prévenu de l'erreur de celle-ci, pour pouvoir faire abstraction dans les raisonnements de tout ce qui pourrait procéder d'une telle confusion (p. 47, 134).

La différence entre imaginer et réfléchir

La différence entre l'imagination et la réflexion (l'action du Moi qui se saisit comme telle, action permise par l'abstraction) est ce qui explique la spécificité du concept « d'actif » introduit ici. L'imagination compose des opposés, c'est-à-dire les rend pensables grâce à la production de différentes notions, telles la quantité, la relation, etc. Ce faisant, pour penser les X opposés, elle doit les constituer en objets (« elle ne peut se garder d'introduire [...] la qualité d'objet »). Mais il est une autre activité de l'esprit (le pouvoir d'abstraction) qui n'a pas pour but de composer un objet (de se représenter quelque chose) et qui néanmoins est requis à certains moments de nos démonstrations. C'est de ce pouvoir que relèvent les concepts d'actif et de passif. C'est donc bien par réflexion sur le premier principe et abstraction de ce qui y est contenu que nous pouvons *déduire* [1] ces concepts. Ce texte confirme donc deux points de notre hypothèse interprétative : tout d'abord, si le premier principe était faux, ces concepts d'actif et de passif le seraient tout autant. Quelle légitimité aurait la déduction du concept d'actif à partir de l'illusion transcendantale et quel sens aurait la mise en garde de cette parenthèse de Fichte (surtout ne pas imaginer un substrat à cette activité), si le premier principe, dont est directement tirée cette activité, devait se donner comme le comble du substrat métaphysique ? De plus, il est clair que ce ne sont pas seulement les catégories et l'intuition (la représentation dont parle la *Critique de la raison pure*) qu'il faut déduire, mais également les concepts de la réflexion (supposés dans l'écriture de toutes les *Critiques*). Ces concepts ne requièrent pas le même acte que les catégories. Dans un cas, en introduisant un troisième terme entre des opposés, grâce à l'imagination, j'ai tendance à constituer ces opposés en objet; dans l'autre, j'abstrais le concept d'activité par réflexion sur le premier principe. Dans un cas, je pars de l'opposition, dans l'autre de l'identité, c'est-à-dire de l'activité strictement synonyme du premier principe. C'est à partir de cette activité que se définira le concept de passif comme : « tout ce qui dans le Moi n'est pas donné immédiatement par le **Je suis**, et par conséquent n'est pas posé immédiatement par la position du Moi par lui-même ».

1. Il s'agit bien d'une déduction, au sens de légitimation. En effet Fichte un peu plus tôt dans sa démonstration évoque ces concepts mais prend soin de préciser : « Naturellement les concepts d'actif et de passif n'ont pas encore, en tant qu'opposés, été dérivés [...] on ne s'est servi de ces mots que pour être clair ». Fichte les a donc introduits anticipativement et ce n'est que dans la présente démonstration qu'il les déduit.

Représentation et réflexion

Nous obtenons donc là très clairement deux directions de l'esprit : la première, tournée vers le contenu de la proposition (Moi et Non-Moi sont dans un rapport de relation réciproque), tend, comme malgré elle, à constituer chacun des termes (le Moi, le Non-Moi) en objet. La seconde opère un mouvement de retour sur le premier principe. Un peu plus loin dans la *GWL*, Fichte soulignera à nouveau cette différence entre composition, qui mène à la constitution d'un objet, et réflexion. En effet, opposant le Moi déterminé et le Moi déterminant, il note que ce dernier est acquis uniquement par réflexion : « Il est déterminant [..] dans la mesure où l'on réfléchit uniquement sur ce poser absolu, en faisant abstraction des limites de cette sphère » (p. 51, 141).

Ce changement dans la démonstration, ce passage de la composition des opposés – visant la constitution de l'objet – à la réflexion sur le premier principe – ne visant pas l'objet –, permet de dénouer la contradiction de départ : le Non-Moi a de la réalité ; il n'a aucune réalité. « **Le Non-Moi,** comme tel, **n'a aucune réalité, mais il a de la réalité en tant que le Moi est passif** » (p. 47, 135). En effet, si, en raison du premier principe, nous ne pouvions attribuer de manière *immédiate* de réalité au Non-Moi, nous pouvons *médiatement* lui en conférer une, relative à la passivité du Moi. Le Non-Moi n'aura donc de réalité que pour autant que nous partons du Moi. Cette réalité est inférée à partir de la passivité du Moi et ne peut être posée directement comme en soi. Le Non-Moi n'est donc plus une notion contradictoire. A partir de là, nous retrouvons nos deux termes initiaux – le Moi passif et le Non-Moi actif – et pouvons dire, en toute rigueur, que le caractère du second (l'activité) est inféré à partir du caractère du premier (la passivité du Moi). La passivité du Moi devient donc *effet* de l'activité du Non-Moi qui en sera la *cause*. Le concept fixé de l'opération que nous venons d'effectuer est le concept de causalité.

Les acquis du point C sont donc les suivants : les termes (Moi et Non-Moi) peuvent être mis en relation sans que l'un (le Non-Moi) ne devienne un concept contradictoire et impensable. Le Non-Moi peut être pensé comme cause induite à partir de son effet (la passivité du Moi). La relation de causalité permet donc de résoudre provisoirement la contradiction initiale et montre en quel sens la proposition : « le Non-Moi a de la réalité » peut être acceptée. Le Non-Moi ne peut avoir de réalité que pour autant qu'il est posé comme cause de la passivité du Moi. C'est parce que le Moi est passif (effet) que le Non-Moi pourra être dit actif (cause). La réalité du Non-Moi procède donc du Moi. Il ne s'agit pas, comme le montre clairement la démonstration, de poser dogmatiquement la réalité du Non-Moi mais de montrer par quels actes (à quelles conditions) nous sommes contraints de conférer de la réalité au Non-Moi. Ce qui montre que le point de vue de la causalité n'est pas nécessairement faux, ni encore moins strictement synonyme de réalisme dogmatique[1]. Ce point de vue est déduit pour nous permettre de résoudre notre contradiction. En tant que lecteur nous avons opéré les mêmes actes que Fichte. Ces actes sont nécessaires. Le but de Fichte est donc clairement de présenter le système des actes de pensée, véritable idéographie des différentes manières de juger. La causalité est bien l'*Handlungsart*[2] nécessaire à la résolution de notre contradiction.

Cette catégorie de causalité est évidemment un cas particulier de la détermination réciproque mais elle la spécifie en ce qu'elle précise l'ordre de la relation. Par la catégorie de causalité, le Non-Moi a une certaine réalité proportionnelle à la négation, qui se trouve dans le Moi. Si cette « activité » du Non-Moi peut être posée sans contradiction, c'est parce qu'elle est simplement supposée à partir de l'affection du Moi, et non immédiatement posée. La causalité est donc la première forme que prend la relation, forme en laquelle le « plus » est attribué au Non-Moi. En d'autres termes, si le référentiel, le point fixe choisi pour appliquer la détermination réciproque, est le Non-Moi alors nous penserons nécessairement cette détermination réciproque sous la forme de la relation causale. Qu'en sera-t-il si nous prenons comme point fixe le Moi? Quelle spécification de la détermination réciproque obtiendrons-nous?

LA DÉDUCTION DE LA CATÉGORIE DE SUBSTANTIALITÉ[3]

L'activité diminuée

La contradiction est cette fois la suivante: le Moi est déterminant et déterminé. Il doit donc être à la fois actif et passif. Comment penser cette activité et cette passivité ensemble?

1. Dans le résumé qu'ils font de l'argumentation de la *GWL*, A. Renaut et L. Ferry établissent toujours l'égalité suivante: causalité = réalisme; substantialité = idéalisme (voir *Système du droit*, p. 155 *sq.*). Or, comme nous le verrons dans la suite du texte, le point de vue de la causalité peut être associé à une position idéaliste et celui de la substantialité à une position réaliste. La synonymie totale de ces termes semble donc strictement impossible. Ils pensent, en outre, conformément aux enseignements de A. Philonenko, le point de vue de la causalité et de la substantialité comme exposition du faux, présentation de systèmes dogmatiques. Nous pensons que la causalité est un acte nécessaire pour résoudre la contradiction initiale. A ce titre, le fait que Fichte, dès le départ, en donne une formulation indirecte montre que cela ne saurait être d'emblée et par sa seule exposition, le réalisme dogmatique.

2. A propos des catégories, la limitation, la détermination réciproque, etc., Fichte parle d'*Handlungsart*. A. Philonenko a traduit cette expression par « manière de juger » (voir par exemple p. 38). On pourrait proposer « mode d'action » ou « manière d'action », pour traduire ce terme *d'Handlungsart*. Dans les *Méditations*, Fichte usait également de ce terme ou parfois de *Handlungweise*.

3. Point D. p. 48, ligne 45 à p. 54, ligne 40, (136-144).

Le premier geste requis est la position d'une unité de mesure (*Masstab*), d'un point de référence fixe à partir duquel le reste sera jugé : « cette unité de mesure ne peut être que le Moi lui-même, car le Moi seul est originairement posé » (p. 49, 137). Cette unité, Fichte la pense minimalement, comme quantum « tel qu'il n'y en ait pas de plus grand possible ». Le Moi sera donc ici pris en deux sens : en tant que totalité et en tant que *quantum* de réalité moindre que cette totalité. Le Moi comme totalité est un ensemble, le Moi comme *quantum* moindre est un sous-ensemble qui contient moins d'éléments (ici de quantité) que la totalité dont il n'est qu'une partie. Mais bien que dépendant de l'ensemble initial, le sous-ensemble n'est pas cet ensemble et par là même devient, d'un certain point de vue, « **négation de la totalité** » (p. 50, 138). En effet, l'activité diminuée (le *quantum* défini d'activité) est bien, considérée en tant que telle, activité; mais référée à une activité telle qu'il n'en peut exister de plus grande, elle devient négation de celle-ci; analogiquement dit: si +7 est bien de valeur positive, il n'en demeure pas moins qu'il est moindre que + l'infini et en ce sens n'est pas l'infini. Dès lors, +7 considéré en lui-même est positif mais considéré en rapport à l'infini, il en est la négation; en apparence pourvu de prédicats contradictoires (il a une valeur positive + et est, en même temps, moins que l'infini), il est néanmoins pensable si nous précisons les deux points de vue sous lesquels il doit être envisagé. C'est ce qu'illustre Fichte par l'exemple du cercle[1]. Nous obtenons donc ce que nous cherchions, à savoir une passivité dans le Moi qui ne soit pas contradictoire avec son activité.

La modalité d'action comme substantialité

Ceci effectué, nous sommes en mesure de thématiser l'acte synthétique par lequel ces deux significations opposées pourront être pensées ensemble. Il suffit de penser la seconde (l'activité amoindrie) comme prédicat qui renvoie à la première (la totalité de l'activité). Cet acte synthétique, si nous en faisons à nouveau abstraction pour n'en plus considérer que le produit, n'est rien d'autre que l'antique catégorie de la substantialité. Qu'est-ce en effet que la substantialité? C'est l'acte par lequel, à partir d'une référence « absolue » (ici l'unité de mesure), je détermine un x comme propriété, c'est-à-dire comme accident de cette référence. La relation est bien relation d'identité (les deux termes sont activité) en même temps que de différence (l'un des termes n'est pas la totalité de l'autre).

Il convient de remarquer ici que, plutôt que de définir classiquement la substance comme ce qui « gît dessous » ses propriétés et, corollairement, l'accident comme dimension qui n'épuise pas la substance, Fichte prend soin de penser la relation de substantialité à partir de la relation d'un ensem-

1. « Tracez un cercle = A... », p. 51, 140.

ble à chacune de ses parties. Ainsi, le Moi « en tant que posé dans une sphère de cette sphère qui n'est pas absolument déterminée [...] est accidentalisé ; ou il y a un accident en lui. La limite qui sépare cette sphère particulière de l'ensemble est ce qui constitue l'accident comme accident. Elle est la raison de différence entre substance et accident. Elle appartient à l'ensemble (*Umfang*) ; ce pourquoi l'accident est dans et en la substance ; elle exclut quelque chose de l'ensemble ; ce pourquoi l'accident n'est pas substance » (p. 52,142). Cette formulation inhabituelle a, en fait, pour but de ménager la possibilité de penser, au terme de l'analyse, la substance autrement que comme *hypokeimenon* opaque, substrat transcendant les accidents. Nous pouvons, grâce à nos remarques précédentes sur l'imagination, aisément comprendre la signification concrète de cette formulation inhabituelle d'une substance comme ensemble. Penser un objet sera nécessairement le poser comme substance car l'imagination, pour s'exercer, doit supposer un substrat. Mais cette substance n'a pas nécessairement pour signification celle que lui donnait la métaphysique classique. Elle peut tout aussi bien se définir comme la somme de ses accidents.

La nature des catégories déduites

Cette remarque nous permet d'éclairer la technique d'argumentation propre à la *GWL*. Les concepts déployés (substantialité, causalité) peuvent être investis de manières différentes. Ces concepts de l'ancienne philosophie ne sont, en effet, rien d'autre que des modalités d'action (*Handlungsart*). Si, ayant fixé ces modalités d'action, nous en restons à cette pure fixation qui est, nous dira Fichte dans la *déduction de la représentation*, opérée par l'entendement, alors une interprétation dogmatique est possible ; elle n'est en rien nécessaire. Les concepts déduits dans la *GWL* (catégories, concepts de la réflexion) ne sont évidemment pas faux, mais sont les actes nécessairement impliqués en tout énoncé. Si, chez Kant, le dogmatisme s'interprétait immédiatement comme utilisation d'une catégorie sans intuition correspondante, chez Fichte, l'essence du dogmatisme se laisse comprendre comme oubli de la production. Cette différence de définition du dogmatisme est entièrement déductible de la différence du projet des deux auteurs – que nous avons analysé précédemment. Kant pense toujours à partir de la relation à l'objet, Fichte entend comprendre « le rapport de nos pensées à l'agir de notre esprit ». En ce sens, l'argument principal de A. Philonenko en faveur de la démarche dialectique de Fichte ne saurait être retenu. En effet l'interprète voit dans l'usage des catégories indépendamment de toute référence à l'intuition (temps espace) le signe même du faux, puisqu'en ce début de la *GWL* les catégories fonctionneraient à vide. C'est minimiser la différence des projets et des méthodes entre les deux auteurs. Fichte entend montrer comment, pour résoudre un problème X (la tâche que nous nous sommes fixée), nous devons faire tel acte, puis tel autre; poser la détermination réciproque puis la spécifier sous un certain point de vue comme relation de causalité, sous un autre comme relation de substantialité. Il remonte donc à l'acte de l'esprit par lequel nous produisons telle ou telle *Handlungsart*. De son projet découle sa méthode dite génétique et qui consiste, comme nous le voyons ici, à restituer les actes nécessairement à la source de tout jugement. C'est bien à la mise en place d'une grammaire de l'effectuation ou logique des actes que nous assistons ici.

Les acquis du point D sont donc les suivants : la relation de substantialité permet de résoudre provisoirement la contradiction en ce que les deux acceptions du Moi restent bien opposées mais peuvent néanmoins être pensées ensemble. La substantialité, qui le permet, est une catégorie qui, à l'égal des précédentes, se définit bien comme un acte synthétique unifiant deux significations initialement opposées.

Les points C et D permettent donc de lever la contradiction interne à chacune des propositions considérées (le Moi est déterminé par le Non-Moi, ce dernier est donc réalité et pourtant il n'est que négation; le Moi se détermine, il est donc à la fois déterminant et déterminé), en même temps qu'ils définissent l'ordre de la détermination réciproque. Si nous attribuons la valeur « + » au Non-Moi, alors nous mobilisons la catégorie de causalité; si nous attribuons la valeur « + » au Moi, alors il nous faut penser la substantialité. Si nous ne posons aucune de ces catégories, alors nous restons avec une contradiction brute et indépassable ou ni Non-A ni A ne sont égaux à eux-mêmes. La détermination réciproque, initialement indifférente à la signification de chaque terme, devra donc toujours être envisagée selon ces deux figures qui ne pourront jamais être réduites à une seule. C'est pourquoi Fichte, dans tous ses développements ultérieurs, étudiera la relation à chaque fois dans les deux sens. En d'autres termes et, anticipativement, la représentation sera envisagée tour à tour comme effet ou comme accident, sans que jamais, dans la partie théorique, l'une de ces deux dimensions ne subsume ni n'annule l'autre : « quelle voie faut-il suivre pour expliquer la représentation ? On verra que dans la partie théorique de notre doctrine de la science cette question ne reçoit absolument aucune réponse; plus précisément, il sera répondu : ces deux voies sont admissibles; dans un certain cas on est obligé d'en suivre une et dans le cas opposé de suivre l'autre » (p. 62,156).

Avant que d'analyser la contradiction (exposée dans le premier moment du point E) à laquelle donne naissance cette résolution, il convient de faire trois remarques sur ce que nous apporte d'ores et déjà ce développement de Fichte.

Tout d'abord, il constitue une reprise de ce que nous avons mis en lumière précédemment : à partir d'une contradiction construite, il nous faut montrer comment sa tentative de résolution engendre nécessairement un certain nombre d'actes, tels, par exemple, la catégorie comme mise en relation dans un même acte de deux significations contradictoires ou encore le concept d'actif comme issu de l'identité du premier principe.

Ensuite, ces actes dessinent deux directions de l'esprit : le mouvement vers le contenu de la proposition, où l'imagination a tendance à penser les termes comme substrat, et le mouvement vers le premier principe que permet l'abstraction. Ces actes de l'esprit sont exhibés dans les démonstrations mais non encore thématisés comme tels. Ils ne le seront que progressivement, jusqu'à ce que le philosophe, revenant sur l'ensemble des actes qu'il a dû effectuer, puisse les réfléchir et donc les définir. Ces actes deviendront, dès lors, *Factum*, puisque tout lecteur ayant suivi la démonstration jusque-là découvrira, par réflexion sur ses opérations, le pouvoir de lier les opposés ainsi que le pouvoir d'abstraction qu'il a dû mettre en œuvre tout au long de son cheminement.

Par suite, Fichte, dans la *Grundlage*, procède à une « mise en acte » ou « expérimentation » de la raison par elle-même. Il est démontré qu'il est impossible de penser autrement dans la mesure où le lecteur a fait l'expérience suivante : ou bien il faisait tel acte ou bien il ne pouvait plus penser (la contradiction ne pouvait être levée). Aussi cette démarche fichtéenne, réputée obscure et complexe, devient-elle claire lorsque nous comprenons qu'il s'y agit de mettre en acte le pouvoir de penser pour le réfléchir ; en d'autres termes, lorsqu'on ne perd pas de vue que ce qui y est toujours requis, c'est la saisie de l'effectuation et son analyse. Nous verrons par la suite, mais percevons dès maintenant, à quel point Fichte parvient à faire coïncider l'acte de dire et ce qui est dit, la méthode et l'objet, la conscience philosophique et la conscience dans son fonctionnement habituel. Que sera, en effet, la conscience ? La mise en acte et sa réflexion par le Moi. Que fait le philosophe ? Il met en acte et réfléchit cet acte. La *GWL* apparaît bien comme le premier texte de l'histoire de la philosophie où le statut du discours du philosophe est entièrement assumé.

Ces quelques remarques faites, poursuivons la lecture du texte. Les solutions des points C et D engendrent une contradiction. Pourquoi ?

La nouvelle contradiction [1]

Le cercle du réalisme et de l'idéalisme dogmatiques

Nous avons, certes, résolu une contradiction en considérant séparément comment il fallait penser le Non-Moi, puis le Moi. Mais le but de la démonstration était de les penser ensemble. Or, notre résolution précédente

1. Point E, p. 54, ligne 41, à 56, ligne 38, (p. 145, 148).

l'interdit. En effet, si nous prenons ces résultats, nous avons, d'un côté, la proposition : « le Moi est déterminé par le Non-Moi qui en est la cause » ; de l'autre : « le Moi détermine en lui de la passivité qui en est un accident. » En partant de la causalité, nous pouvons expliquer la proposition « le Moi est déterminé » mais, du même coup, nous ne pouvons plus dire que « le Moi se détermine ». Inversement, grâce à la relation de substantialité, nous pouvons préciser la proposition : « le Moi se détermine », mais ce faisant, nous devons dire qu'il n'est pas déterminé. Si nous posons la causalité, nous perdons la substantialité et inversement. Par suite : « les deux synthèses *utilisées séparément* n'expliquent point ce qu'elles doivent expliquer et la contradiction relevée précédemment demeure : si le Moi se pose comme déterminé, il n'est pas déterminé par le Non-Moi ; s'il est déterminé, il ne se pose pas comme déterminé » (p. 56, 148). Tel est le cercle dans lequel la *WL* s'est enfermée.

Ce cercle, Fichte le pense comme le cercle du réalisme et de l'idéalisme dogmatiques. Ces positions sont dogmatiques parce que, n'envisageant qu'un aspect de la relation et condamnant l'autre, elles ne peuvent penser la totalité. Ce qu'il convient de bien comprendre, c'est qu'idéalisme et réalisme sont des positions fausses à partir d'opérations qui, en tant que telles, ne le sont pas. Pour dénouer cet apparent paradoxe, nous devons réfléchir à nouveau à ce que nous avons effectué et montrer le moment où l'on passe de l'opération légitime à la fausseté d'une position. Pour préciser notre concept de détermination réciproque, nous avons posé et la causalité et la substantialité. Ces deux actes (catégories) sont bien issus de la détermination réciproque et sont, tout comme elle, parfaitement légitimes. Lorsque nous faisions ces opérations, nous ne raisonnions donc pas de manière fausse. Mais si figeant une de ces catégories (par exemple la causalité), nous en faisons la seule réponse possible à notre tâche initiale : penser ensemble les deux propositions (le Moi se détermine, il est déterminé par le Non-Moi), alors nous devenons dogmatiques. Isolant un moment, nous nions l'autre, pourtant tout aussi nécessaire à la résolution de notre problème. Tel est le mouvement qui explique que des actes, en soi légitimes et nécessaires, nous fassent entrer dans le cercle du réalisme et de l'idéalisme dogmatiques[1].

1. C'est sur ce point que nous nous rapprochons de A. Philonenko. Il y a bien dans la *Grundlage* une genèse des points de vue dogmatiques. En ce sens, il appartient à cet interprète d'avoir remarquablement éclairé cette genèse. Mais nous nous en séparons en ce que d'une part il n'est pas besoin, à notre sens, pour comprendre cette genèse du faux, de supposer que les trois principes le sont aussi ; d'autre part, en ce que la fausseté réside non dans l'emploi de la catégorie elle-même (qui serait indice du faux parce que non appliquée à une intuition) mais dans la détermination fixe et unilatérale de la catégorie. C'est pourquoi la déduction positive (vraie) est en même temps genèse du point de vue dogmatique. Pour le dire de manière historique, nous sommes ici à un point de passage entre Kant et Hegel. Certes, la

Signification de ce cercle

Ce cercle se laisse penser comme le cercle de la représentation et de la réflexion. En effet, représenter, c'est constituer progressivement un objet. La représentation est mouvement vers, ou visée de l'autre. En revanche, la réflexion est l'action du Moi qui « se réfléchit en elle-même », mouvement vers, ou plus précisément (tant il est vrai que le terme « vers » induit trop l'idée de direction vers l'extérieur) mouvement de soi à soi. Que ce cercle soit bien cercle de la représentation et de la réflexion, il n'est pour le prouver que de considérer ce que Fichte dans ces pages reproche à l'idéalisme et au réalisme dogmatiques. Le réalisme consiste à penser le Moi comme effet du Non-Moi, comme pure image d'un objet extérieur. L'idéalisme, à l'inverse, pense la passivité du Moi comme accident de la substance, comme simple « activité diminuée » ; il n'est plus besoin pour expliquer l'affection du Moi de se référer à une causalité extérieure. Or, chacune de ces solutions laisse impensées soit la réflexion soit la représentation. Le réalisme ne peut expliquer la réflexion comme mouvement de soi à soi, car, définissant le Moi comme pur reflet, il ne peut plus expliquer la conscience qui rend possible une telle affirmation. Le philosophe réaliste, qui est lui-même un Moi, en affirmant que « le Moi est reflet », devrait, en tant que philosophe, se définir comme pur miroir du Moi dont il prétend donner la définition. S'il en était ainsi, il ne pourrait pas énoncer la proposition « le Moi est pur reflet » qui suppose une réflexion sur cette conscience et non une simple image ou représentation de cette conscience. Ce que Fichte, dans ces pages, exprime de la manière suivante : « Le Moi est purement passif ; les degrés de négation sont sans doute bien posés – mais pour un être intelligent extérieur au Moi, qui observerait et jugerait d'après la règle de détermination le Moi et le Non-Moi dans cette action et non **pour le Moi lui-même** [...]. Dans le cas présent, le Moi serait sans doute limité mais il ne serait pas conscient de sa limitation » (p. 55, 146-147). Ce que le réalisme ne peut expliquer, c'est la réflexion comme saisie de sa propre effectuation ou opération, c'est-à-dire, nous dit Fichte ici, ce en quoi le Moi philosophant n'est pas pure limite, absolue finitude qu'un autre conditionne.

L'idéalisme, quant à lui, ne peut expliquer la représentation (la direction du Moi vers un X qui n'est pas le Moi). En effet, l'acte par lequel le Moi réfère à une chose extérieure sa passivité (c'est-à-dire le fait que je

stigmatisation des fausses positions (y compris celle de Kant) que nous trouverons tout au long de l'analyse, peut être conçue comme proche de la démarche de Kant dans la dialectique, mais elle est aussi fort peu éloignée de la dialectique en son sens hégélien où l'erreur réside dans l'unilatéralité d'une position. En un mot, Fichte déduit le faux à partir du vrai (l'acte que nous devons faire pour penser la contradiction) et non le vrai à partir du faux.

vois ou je crois voir un monde) reste mystérieux. Si les « leibniziens »[1] avaient raison, l'accident devrait être perçu comme une modification du Moi, et non être référé à un objet extérieur. Pourquoi le Moi « exclut-il » cette modification, en la rapportant à un monde, alors que, selon l'explication du philosophe idéaliste, il devrait percevoir ce monde comme illusion construite par lui-même, c'est-à-dire comme modification du Moi ? Dit autrement, si on admet, avec les leibniziens conséquents, que la conscience s'illusionne en posant un monde, quel est le ressort de cette illusion ? Par quelle nécessité la conscience pose-t-elle un monde chimérique plutôt que la vérité leibnizienne, à savoir la modification de soi-même ? En fait, si les leibniziens avaient raison, « le Moi devrait se considérer comme étant la cause de cette limitation » (p. 56,147). Ce que l'idéalisme ne peut expliquer, c'est donc la représentation comme relation à un autre, c'est-à-dire, précise Fichte, ce en quoi le Moi n'est pas seulement illimité, pure infinité à l'origine de la totalité de ses modifications.

Aussi, dans chacun des schémas envisagés, demeure un reste inexpliqué. La tentative de penser sans contradiction la proposition : « le Moi se pose comme déterminé par le Non-Moi » nous conduit au cercle de la réflexion et de la représentation, qui se laisse aussi formuler par le cercle de la limite et de l'illimité, du fini et de l'infini[2].

Résultats : la double direction du savoir

Ainsi, partis d'une contradiction (point A), nous avons dû effectuer une première tentative de résolution par la déduction de la catégorie d'action réciproque (point B). Cette première solution engendrait elle-même des contradictions qu'il a fallu lever par la déduction de la catégorie de causalité (point C), puis de substantialité (point D). Ceci effectué, nous nous retrouvons à nouveau en pleine contradiction.

Pour autant, il serait erroné de penser que l'enquête s'est effectuée en pure perte : toutes les catégories de la relation ont été déduites ainsi que les concepts d'actif et de passif. En outre, le problème s'est considérablement précisé ; alors que la proposition : « le Moi se pose comme déterminé par le

1. Dans ce texte, Fichte évoque sans autre précision « quelques leibniziens » (p. 56). Pour le réalisme, il ne donne à ce niveau du texte aucune illustration concrète ; il peut s'agir aussi bien du réalisme empirique qui considère l'esprit comme « table rase » (que remplirait un réel extérieur, à l'origine des représentations) que du spinozisme qui explique l'esprit fini (le mode) par un Non-Moi absolu (Dieu ou la nature). De manière plus générale encore, il s'agit de toute doctrine qui fait de l'acte le résultat d'une instance extérieure.

2. Fichte écrit : « Ces deux moments : l'infinité et la finitude doivent être composés » (p. 54,144). Le réalisme explique le fini mais non l'infini, l'idéalisme, l'inverse. Cette formulation en termes de fini et d'infini aura une grande importance à la fin de la *GWL*, il convient donc de la souligner d'emblée.

Non-Moi » demeurait relativement abstraite, nous comprenons maintenant qu'il nous faut penser la double direction de l'esprit. Cette double direction, nous l'avons rencontrée, en tant que lecteur de la *GWL*, en accomplissant les actes demandés, à savoir : le mouvement par lequel l'esprit se dirige vers un objet et le mouvement par lequel il réfléchit ses propres opérations. Articuler intentionnalité et réflexion, telle était donc la tâche concrète comprise dans une proposition initialement peu suggestive. Enfin, nous pouvons commencer à construire une typologie des différentes manières philosophiques de penser. Tout système philosophique est le produit des *Handlungsart* dégagées et est, à ce titre, déductible dans sa forme. Un des gains de l'enquête de la *GWL*, une fois achevée, sera donc d'avoir épuisé l'ensemble des figures philosophiques possibles. Penser les actes nécessaires de l'esprit humain sera retrouver l'histoire de la philosophie en laquelle ils se sont incarnés. La logique des actes est donc indissolublement histoire de l'esprit humain ; la *WL*, savoir du savoir.

Pour l'heure, nous n'en sommes pas encore là, mais bel et bien plongés en pleine contradiction. Quels actes devons-nous donc nécessairement faire pour tenter de la surmonter ? Quelle notion nouvelle révélera ce dépassement de la contradiction ?

CHAPITRE III

L'ACTIVITÉ INDÉPENDANTE [1]

LES ACTES IMPLIQUÉS DANS LA CONTRADICTION

De la claire explicitation de la contradiction surgira, en fait, un chemin susceptible de contribuer à la résoudre. Fichte écrit : « nous portons maintenant cette contradiction à sa pleine précision » [2]. Porter la contradiction à sa pleine précision signifie retranscrire la contradiction à laquelle nous sommes parvenus au terme des points C et D (si le Moi se détermine, il n'est pas déterminé par le Non-Moi ; s'il est déterminé par le Non-Moi, il ne se détermine pas) en ces deux propositions nouvelles, qui, certes, structurellement identiques, traduisent néanmoins un déplacement d'accent :

1) Le Moi ne pose pas de passivité en soi dans la mesure où il pose de l'activité dans le Non-Moi ; il ne pose pas non plus d'activité dans le Non-Moi dans la mesure où il pose de la passivité en soi : il ne pose pas en général.

2) Mais le Moi doit poser de la passivité en soi et dans cette mesure de l'activité dans le Non-Moi et inversement; c'est ce qui découle des propositions absolument posées précédemment (p. 56, 148).

Pourquoi cette reformulation apparemment plus complexe? Elle permet, en fait, de mieux signaler les actes impliqués dans la contradiction. Lisant la proposition : « le Moi se détermine, il n'est donc pas déterminé par le Non-Moi et inversement », le lecteur a tendance à davantage focaliser

1. Le point E, dont nous avons vu qu'il commençait par l'énoncé de la contradiction, se poursuit jusqu'à la page 101 (soit la fin de la première série de la partie théorique). Il s'agit du développement de la fameuse « synthèse de la déterminabilité ». Nos chapitres suivront les étapes qui, à notre sens, sont celles de cette synthèse. Nous commentons donc ici de la page 56, à partir de la ligne 38 (148) à la page 59 (151).

2. La phrase allemande est la suivante : *« Wir stellen jetzt diesen Widerspruch ganz bestimmt auf »* ; par rapport à la traduction de Philonenko, nous restituons donc le *« jetzt »* et le *« ganz »*, et insistons sur la connotation d'élévation liée au verbe *aufstellen*. La restitution du « maintenant » et du « totalement » n'est pas purement gratuite ou inutilement littérale. A nos yeux, le but de Fichte ici n'est pas de ressasser sous toutes ses formes le cercle du réalisme et de l'idéalisme mais bien de trouver un nouveau moyen de formuler la contradiction de telle sorte qu'en surgisse une solution.

son attention sur le contenu propositionnel (ce qui est dit des termes « Moi », « Non-Moi ») plutôt que sur les actes que ce contenu suppose. Il ne faut pas perdre de vue, en effet, que l'imagination a irrésistiblement tendance à poser les termes comme des objets ou substrats existants. Cette reformulation fournit donc un nouveau départ à l'analyse, la base de découvertes nouvelles. De fait, si nous analysons ces deux propositions, nous comprenons que la seconde est un rappel de la loi de détermination réciproque, alors que la première en constate l'impossibilité. Dans la proposition 2, j'affirme qu'à tout X en A doit correspondre un Non-X en Non-A. Cette loi, nous l'avons appliquée afin de parvenir à caractériser de manière toujours plus précise les termes de notre proposition. Cependant – et c'est là ce qui explique la première proposition –, cette application suscite sa non-application. En effet, la proposition : « le Moi ne pose pas de passivité en soi dans la mesure où il pose de l'activité dans le Non-Moi » résume le geste du philosophe causaliste [1] (c'est-à-dire notre propre geste au moment où nous pensions la causalité). Lorsque le causaliste dit : « il y a une activité dans le Non-Moi », lui-même, en tant que sujet de l'énonciation, n'est pas passif puisqu'il pose cette activité. Par suite, à l'activité du Non-Moi (qui est posée par le philosophe) ne correspond aucune passivité dans le Moi (le philosophe agit ici en posant l'activité). Dès lors, il y a une activité du Moi qui ne correspond à aucune passivité du Non-Moi et une activité du Non-Moi (celle-là même que nous posons) qui ne correspond à aucune passivité du Moi. C'est pourquoi, il nous faut reconnaître que, dans ce cas précis, la relation de détermination réciproque est niée, que « le Moi ne pose pas de passivité en soi dans la mesure où il pose de l'activité dans le Non-Moi ». L'autre membre de la proposition : « il ne pose pas non plus d'activité dans le Non-Moi dans la mesure où il pose de la passivité en soi » s'explique de la même manière ; il s'y agit, en effet, de restituer le geste du philosophe substantialiste. Le philosophe pose de l'activité diminuée dans le Moi, qu'il dérive de l'activité absolue de la substance ; il n'a donc pas recours au Non-Moi. La relation de détermination réciproque est donc également suspendue par son geste.

NÉCESSITÉ DE L'ACTIVITÉ INDÉPENDANTE

C'est donc de l'application de la détermination réciproque que surgit sa transgression. En effet, dans les points précédents (C et D), nous avons déduit la causalité et la substantialité comme figures de la détermination

1. Comme nous l'avons dit, le point de vue de la causalité pourra dans des cas que nous étudierons ultérieurement être incarné par des positions idéalistes. C'est pourquoi nous préférons parler de causaliste, soit : celui qui prend comme point fixe ou référentiel le Non-Moi.

réciproque. Or, c'est précisément leur application rigoureuse qui nous contraint maintenant à reconnaître qu'au moment même où nous déterminions, avec le réaliste et l'idéaliste, l'action réciproque dans son contenu, nous supposions, du point de vue du statut de notre discours, la pertinence de la non-application de cette loi. La signification de la contradiction est donc maintenant totalement claire : le Moi et le Non-Moi sont en relation d'action réciproque ; ils ne sont pas en relation d'action réciproque. Ces deux propositions se suppriment mais doivent être pensées ensemble.

Nous savons que cette exigence ne peut être remplie que par la limitation des deux propositions de la contradiction. Il nous faut donc admettre que la relation de détermination réciproque est valable en partie seulement, et réciproquement, qu'elle n'est pas valable dans une certaine mesure. L'analyse du geste impliqué dans les propositions : « le Moi se détermine » et « il est déterminé par le Non-Moi » fait donc saillir la notion d'activité indépendante. Qu'est-ce que, pour l'instant, cette activité indépendante ? La non-application constatée de la relation de détermination réciproque, soit l'idée qu'« il est une activité posée dans le Moi qui n'est opposée à aucune passivité dans le Non-Moi et il est une activité dans le Non-Moi qui n'est opposée à aucune passivité dans le Moi » (p. 57,149).

Telle est donc la nouvelle notion mise en lumière par l'argumentation. Il faut bien suivre ici le raisonnement de Fichte. La notion d'activité indépendante n'est nullement introduite gratuitement, mais est la conclusion absolument rigoureuse des raisonnements antécédents[1]. Nous avons jusqu'à présent accompli deux gestes : la position de la causalité et celle de la substantialité comme seules particularisations possibles de la relation générale de détermination réciproque. Au moment même où nous accomplissions ces actes, nous supposions subrepticement, et sans y prendre garde – concentrés que nous étions sur la résolution de la contradiction qui nous occupait à ce moment précis (le Non-Moi a de la réalité, il n'en a aucune) –, une exception à ces relations. En d'autres termes, penser précisément la relation, c'était en même temps dessiner une sphère de non-application de cette relation. La contradiction est une contradiction entre le contenu de nos énoncés et leur statut. C'est pourquoi, si nous pensons maintenant ce que nous avons fait, nous devons prendre en compte cette activité indépendante inscrite dans nos précédents jugements et dont nous devinons déjà qu'elle concerne le statut des propositions.

1. De toutes les notions de la *GWL*, sans doute est-ce celle de l'activité indépendante qui fut le plus stigmatisée comme inintelligible, voire superflue (quand elle n'est pas tout simplement passée sous silence). A ce titre, A. Philonenko a parfaitement raison de noter : « On voit mal dans la plupart des interprétations ce que signifie l'activité indépendante. Souvent on a l'impression qu'il s'agit de deux mots. Ce concept, il est vrai, est bien obscur » (*L.H.*, p. 231, note 46).

La solution de la contradiction : contenu et statut de l'opération

Nous sommes donc parvenus à deux nouvelles propositions : 1) Une relation acte-passivité, qui n'est rien d'autre que la relation de détermination réciproque, selon laquelle à toute activité dans le Moi doit correspondre une passivité dans le Non-Moi.

2) Une activité qui échappe à cette relation. Cette activité, nous l'avons subrepticement attribuée aussi bien au Moi qu'au Non-Moi. Le texte de Fichte est, sur ce point formel : « Il doit y avoir dans le Moi et dans le Non-Moi une activité qui n'est pas déterminée par la pensée de l'autre. »

La relation réciproque entre l'acte et la passivité est la formule générale de la représentation. Toute représentation est constituée d'une quantité d'actif et de passif. Nous retrouvons aussi bien la définition de la représentation de Kant, portée à sa plus haute généralité (toute représentation est constituée d'intuition – passivité – et de concepts – activité), que le fait de la représentation de Reinhold ; en effet, chez ce dernier, l'opposition sujet-objet, essence du fait représentatif, était systématiquement pensée comme l'opposition entre l'activité et la passivité. Fichte par cette formule, aussi précise que condensée, exprime donc ce que ses prédécesseurs considéraient comme épuisant les opérations de la connaissance. Or, le texte ici nous dit clairement que la représentation doit être relativisée, sa sphère de validité doit être limitée. Point d'une importance évidemment décisive puisque sa signification est la suivante : la représentation doit être dépassée ; le point de vue à partir duquel on pense cette représentation doit être thématisé. Ce point de vue est l'activité indépendante, sphère autre que la représentation mais que nous ne connaissons pas encore.

Comment penser ensemble ces deux dimensions qui se suppriment ? Nous possédons maintenant l'instrument pour le faire. Il faut limiter les propositions et montrer en quel sens elles peuvent se déterminer l'une l'autre, soit : comment, pensant l'une, nous supposons l'autre et réciproquement. Il s'agit donc de réappliquer la loi de détermination réciproque : « ces deux propositions doivent pouvoir être compatibles ; par conséquent, elles doivent pouvoir être pensées comme composées dans une seule et même action dans un concept synthétique. Or ce concept ne peut être autre que la détermination réciproque » (p. 58, 150). Face à la solution proposée, le lecteur pourrait éprouver un certain malaise, formulable par les deux objections suivantes :

Tout d'abord, la loi de la détermination réciproque est l'un des termes de la contradiction, puisque : « la première proposition, ci-dessus énoncée, et qui est contredite <*par la proposition de l'activité indépendante*> est la proposition de la détermination réciproque »[1]. A ce titre, elle est un des éléments de l'ensemble, lequel est composé par les deux propositions. Mais en même temps que partie de la contradiction, elle devient ici instrument par lequel les deux propositions seront composées. Par suite, on utilise une loi de relation entre deux termes, alors même que cette loi de relation est l'un des termes. N'y a t-il pas là une aberrante faute de raisonnement ? C'est à notre sens fort peu probable. Il faut, pour comprendre Fichte ici, se remémorer les actes effectués précédemment. Comme nous l'avons vu, la notion d'activité indépendante surgissait au moment même où nous appliquions la relation d'action réciproque. Elle était implicitement supposée lors de notre application de la loi. Si nous analysons maintenant ce geste, nous constatons que nous avons, *de fait*, lié la détermination réciproque à l'activité indépendante ; nous avons, *de fait*, mis en relation les deux propositions ; nous les avons, *de fait*, déterminées l'une par l'autre. La différence entre le contenu de l'énoncé et l'acte que suppose ce contenu est ce qui permet de comprendre le raisonnement de Fichte. Nous disons « A détermine Non-A et réciproquement » (contenu de l'énoncé), mais pour pouvoir le dire (acte ou condition de l'énonciation), nous supposons qu'il existe au moins un A qui n'est pas déterminé par Non-A et réciproquement. La première proposition (contenu) est liée, par nous, à la deuxième (statut) ; l'une ne va pas sans l'autre. Nous avons donc bien fait le geste de lier la détermination réciproque à la notion d'activité indépendante ; puisque nous l'avons fait, il nous faut maintenant le porter en pleine lumière et tenter de le comprendre. Il nous faut désimpliquer l'acte impliqué dans le contenu, pour le réfléchir.

La seconde objection que pourrait formuler le lecteur est la suivante : si nous lions par la loi de détermination réciproque la proposition 1 et 2, l'activité indépendante ne sera plus activité indépendante mais bel et bien une activité liée à la première proposition. C'est effectivement le cas. Fichte le précise de manière certes un peu rapide, mais néanmoins sans ambiguïté : la relation d'action réciproque « est applicable à la relation et à l'activité indépendante ; mais elle n'est pas applicable à l'activité indépendante et à l'activité indépendante en soi. Relation et activité indépendante sont soumises à cette proposition <*de détermination réciproque*>, mais non l'activité indépendante et l'activité indépendante en soi »[2]. Nous allons lier la relation acte-passivité à l'activité indépendante. Ce faisant,

1. P. 58. Les commentaires en italique et entre crochets obliques sont de nous. Il en sera de même par la suite.

2. La solution de cette duplicité de l'activité indépendante se trouvera dans la partie pratique. Il y a une activité indépendante liée au fait de la représentation. C'est elle que veut faire surgir la partie théorique. Il y a aussi une activité indépendante en soi, qui n'a pas besoin de la représentation puisqu'elle sera le premier principe lui-même : le Moi se pose.

l'activité indépendante ne sera plus tout à fait et totalement indépendante puisqu'elle sera, au terme de l'analyse, composée avec son contraire. Cela étant, notre analyse fera surgir un excès qui sera précisément l'activité indépendante en soi, non liée à la deuxième proposition. D'emblée, il y a une duplicité de l'expression « activité indépendante ». En la liant, nous allons la rendre dépendante mais apparaîtra un reste, un au-delà irréductible. Autrement dit, sachant que la relation acte et passivité n'est rien d'autre que le « fait de la représentation » de Reinhold (fait qui est lui-même l'épure de la théorie kantienne), sachant que toute représentation suppose un faire (*Tun*) et une passivité (*Leiden*), sachant enfin que ce fait de la représentation n'est rien d'autre que le mouvement entre ces deux dimensions, alors nous comprenons que l'activité (*Tätigkeit*) indépendante sera ce qui est autre que ce fait (activité indépendante en soi) et néanmoins implicitement impliquée dans ce fait (activité indépendante qui n'est plus « en soi »). Nous allons donc tenter de rendre pensable le fait de la représentation à partir de ce qui n'est pas le fait de la représentation et tenter de rendre pensable l'activité indépendante à partir du fait de la représentation. Cette réponse aux objections nous permet d'éclairer d'autant la difficile démarche de Fichte ici.

La démarche proposée consiste à réitérer une opération déjà effectuée. Nous avons utilisé la relation de détermination réciproque pour lier les termes « acte » et « passivité ». Nous utiliserons à nouveau cette relation (sous ses deux points de vue, causalité et substantialité) pour lier la relation acte-passivité à l'énigmatique activité indépendante. Nous avons donc une réduplication ou un redoublement de l'analyse qui conduira à la limitation de la relation acte-passivité. Il ne faut pas perdre de vue ce point, que M. Richir a su très bien relever dans son commentaire de ce passage de la *WL* : ceci « suppose un redoublement ou une ségrégation – en termes fichtéens une quantification – de l'activité indépendante et activité en échange réciproque avec passivité, et d'autre part, un redoublement ou une ségrégation de la détermination réciproque, puisque pour rendre possible la détermination réciproque activité/passivité, l'activité indépendante doit pouvoir s'appliquer à la relation acte-passivité, c'est-à-dire être appelée par celle-ci – pour Fichte la relation détermine l'activité indépendante –, appeler celle-ci – l'activité indépendante détermine la relation –, et être elle même en rapport réciproque, tout en s'en dégageant »[1]. Pour le dire autrement, nous partons de l'écriture suivante :

Act. indép. (Moi) / relation acte-passivité/ Act. Indép. (Non-Moi).

Nous avons pour l'instant étudié l'intervalle /acte-passivité/, en mettant en relation réciproque ces deux termes. Nous allons maintenant étudier la

1. *Le rien et son apparence*, p. 113-114.

relation entre notre premier intervalle et les deux bornes en postulant une relation d'action réciproque entre eux. Ce qui nous donne le schéma suivant :

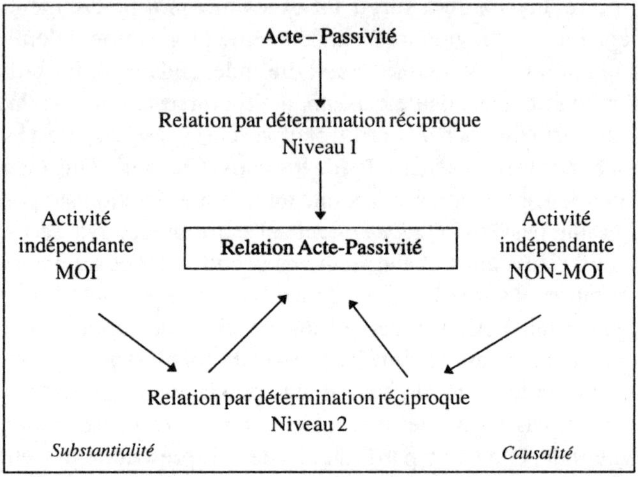

La réduplication de l'acte de détermination réciproque produit clairement la limitation de la relation acte-passivité. Nous avons montré la nécessité de cette réduplication par la distinction entre le contenu de la proposition et son statut. Du point de vue du contenu, nous restions au niveau 1 de notre schéma ; du point de vue du statut, nous passons au niveau 2. L'ensemble de ce schéma n'est rien d'autre que ce que nous avons fait jusqu'à présent sans en avoir une pleine conscience ; il nous faut donc maintenant décomposer cet acte effectivement effectué. Le redoublement est réflexif, c'est-à-dire n'est pas un pur jeu formel où, munis d'un instrument (la détermination réciproque), nous l'appliquerions aveuglément à tout. Il s'agit bien d'épuiser l'ensemble de ce qui est contenu dans la proposition de départ. La tâche que nous avons à effectuer est claire à présent : il nous faudra limiter la représentation pour en faire la composante d'une relation plus large en montrant, concrètement, comment le fait de la représentation est lui-même inclus dans une relation supérieure qui nous en livrera la clé. Nous devrons donc expliquer la représentation en même temps que son « autre » (l'activité indépendante), dont nous percevons dès à présent qu'elle renvoie à la question de l'acte du philosophe[1].

1. Nous verrons, par la suite, comment l'activité indépendante du Non-Moi sera elle aussi réduite à l'acte du philosophe. Il s'agira, pour Fichte, de montrer que même en prenant pour référentiel le Non-Moi, l'activité indépendante doit être comprise comme acte du philosophe et donc renvoyer au Moi.

RÉSULTATS : LES DEUX SIGNIFICATIONS DE L'ACTE DE RELIER

Il y a en fait deux niveaux de la détermination réciproque. A un premier niveau, nous établissons une relation entre deux termes donnés (Moi, Non-Moi, faire et passivité, X, –X). A un second niveau, nous ne sommes plus en présence de deux termes donnés mais nous comprenons, par un retour réflexif, que nous avons, subrepticement, lié deux propositions qui se contredisent. Pour le dire d'un exemple : je puis lier deux termes constitués, comme la terre et la lune et dire que les mouvements de la lune sont fonction de l'attraction de la terre. Nous sommes là au premier niveau de l'application de la détermination réciproque. Mais je puis aussi, si j'énonce une proposition telle que « il n'y a pas de vérité », comprendre, par réflexion, que cette proposition suppose son contraire, à savoir qu'il y a au moins une vérité, celle selon laquelle il n'y a pas de vérité. J'ai en fait (sans y songer et en ne formulant que la première proposition) mis en relation deux propositions qui se contredisent. Il me faut donc analyser cette relation que j'ai, comme malgré moi, opérée et tenter de la déployer pour comprendre ce qu'elle implique. La mise en lumière de ce second niveau de mise en relation constitue bien évidemment l'originalité de Fichte. Mettre en relation, ce n'est pas seulement établir une connexion entre deux termes donnés, c'est aussi déployer le rapport entre ce qui est dit (X est fonction de –X) et ce qui est fait (on suppose, subrepticement, une exception à cette connexion). Par cette définition totalement inédite de la relation réciproque, Fichte entend dépasser l'attitude simplement objectivante pour s'élever à un autre point de vue, que résume ici l'expression « activité indépendante ».

Au terme de cette analyse, nous comprenons, d'une part, que la représentation, comme visée d'un autre, doit être limitée et nous sommes à même, d'autre part, de saisir un peu mieux ce qu'est l'activité indépendante. Elle est ce qui était impliqué dans notre proposition au moment même où nous mettions en relation d'action réciproque le Moi et le Non-Moi. La remontée du contenu de notre proposition à l'acte qui la permettait (et qui ne saurait s'exprimer par cette proposition) nous permet de mettre en lumière une activité, indépendante de cette proposition. Les démonstrations suivantes auront pour but de mieux cerner la signification de cette activité indépendante. Néanmoins, il n'est pas difficile de pressentir, dès à présent, que Fichte a fait accomplir à son lecteur le chemin de réflexion qu'exigeaient Enésidème et Maïmon de Kant et Reinhold. Kant et Reinhold visaient à dire la représentation comme *telle* et *telle* (composée d'acte et de passivité, d'intuition et de concept). Quelle est l'opération présupposée ou impliquée dans ce dire ? Telle était la question des sceptiques, telle sera la nôtre maintenant, lorsque nous chercherons à élucider la notion d'activité indépendante.

Une fois ceci compris, le raisonnement de Fichte devient aisé à saisir : si les propositions 1 et 2 doivent être composées par la loi de détermination réciproque, alors nous devrons analyser les trois propositions contenues dans cette exigence :

1) Par la relation acte-passivité, une activité indépendante est déterminée.

2) Par une activité indépendante, une relation acte-passivité est déterminée.

3) Ces deux propositions se déterminent réciproquement et l'on peut passer indifféremment de la relation acte-passivité à l'activité indépendante ou au contraire de l'activité indépendante à la relation acte-passivité.

Ces trois propositions seront envisagées selon les deux figures que peut prendre la détermination réciproque, celle de la causalité et celle de la substantialité. Il s'agit de déterminer ce que chacune de ces trois propositions supposent comme actes et dévoilent comme nouveaux processus. Nous envisagerons donc la première : « par la relation acte-passivité une activité indépendante est déterminée », qui se donne comme la tentative pour éclaircir l'acte impliqué dans le fait de dire ce qu'est la représentation.

CHAPITRE IV

DE LA REPRÉSENTATION À LA RÉFLEXION : L'ACTE IMPLIQUÉ DANS LE FAIT DE DIRE LA NATURE DE LA REPRÉSENTATION

LA PROPOSITION À ANALYSER

La première proposition : « Par la relation acte-passivité une activité indépendante est déterminée »[1] vise à aller de la représentation à la réflexion. Il s'agit donc de montrer comment l'analyse du fait de la représentation implique une activité autre que ce fait de la représentation. La relation acte-passivité est le fait dont on part, l'activité indépendante le terme auquel on souhaite parvenir. Comment interpréter cette « remontée » ? Faut-il, à l'instar de A. Philonenko, y voir le signe patent du raisonnement dogmatique où « l'on tente d'atteindre l'inconditionné – c'est-à-dire ici l'activité indépendante – par le conditionné – c'est-à-dire la relation acte passivité »[2] ? Nous ne le pensons pas. Trois raisons peuvent justifier ce choix.

Tout d'abord, il ne s'agit pas ici d'atteindre un inconditionné mais de mettre en relation une proposition avec une autre, conformément à la loi de la détermination réciproque. Cette démarche ne diffère donc pas de celle qui a été suivie jusqu'alors, et dont nous avons montré la légitimité à partir de la distinction entre le contenu de la proposition et son statut, c'est-à-dire entre la proposition et l'acte impliqué dans cette proposition ; ou, pour le dire encore autrement, entre ce que l'on dit et ce que l'on fait. On voit mal dès lors comment l'activité indépendante pourrait être un inconditionné dogmatique.

Ensuite, le terme *Grund* employé par Fichte ne saurait s'entendre en son acception métaphysique. Il écrit : « Une détermination s'opère par indication d'un fondement. Dès que le fondement de l'application sera présenté, celle-ci sera aussi limitée ». Cette définition totalement neutre du *Grund* correspond à la définition la plus générale qu'en donne Kant, à savoir : « le

1. P. 59, ligne 10, à la p. 64 (151 à 159).

2. A. Philonenko, *L.H*, p. 210. L'interprète estime que dans ce passage « la démarche demeure dogmatique ».

fondement est en général ce par quoi quelque chose d'autre est posé de façon déterminée »[1]. Cette redéfinition du fondement fut reprise par tous les post-kantiens qui, comme Maïmon, l'illustrent par des exemples peu suspects de dogmatisme métaphysique, tel : « l'entendement se prescrit la règle ou la condition de tirer à partir d'un point donné un nombre infini de lignes égales entre elles afin, en réunissant leurs extrêmes, de présenter un cercle. L'égalité des lignes est ici le fondement, et le cercle, le fondé »[2].

Enfin, Fichte indique ici que si nous ne posons pas ce *Grund*, alors sera niée « l'unité de la conscience », un « hiatus » (p. 59,152) insurmontable apparaîtra en elle. Pareil argument montre bien que la démarche est véritative et non dogmatique.

A la lumière de ces rappels, la précédente phrase de Fichte peut donc s'interpréter de la manière suivante : sachant, comme nous l'avons vu, que tout le problème est maintenant de limiter la relation acte-passivité, nous pouvons dire que cette limitation deviendra effective lorsque nous aurons trouvé la condition qui rend possible l'effectuation de cette relation. Le ressort du raisonnement est toujours le même : nous avons pour tâche de lier des propositions opposées; cette tâche implique que nous fassions telle opération, puis telle autre, jusqu'à épuisement des relations possibles. Il est donc tout aussi nécessaire de rechercher la condition qui permet l'effectuation de la relation réciproque (condition qui en fera une proposition déterminée donc limitée à une sphère de validité X) qu'il était nécessaire de chercher, au tout début de notre enquête, quels actes nous devions faire pour penser ensemble des opposés. Que ces actes puissent, par la suite, être illustrés par des systèmes philosophiques dogmatiques ne présume pas que le raisonnement soit vicié au départ. Si cette dogmatisation est possible, c'est non pas du fait de l'acte effectué (limiter la relation par le *Grund*), mais parce que ces systèmes en restent à un seul aspect de la relation. Par exemple, la proposition : « Par une relation acte-passivité une activité indépendante est déterminée » sera, du point de vue de la causalité, illustrée par le système de Spinoza. Mais si ce système est faux, c'est d'une part parce que Spinoza n'envisage pas l'autre aspect possible de la relation (la substantialité), d'autre part parce qu'il n'étudie pas les deux propositions : « Par une activité indépendante, une relation acte-passivité est déterminée » et : « ces deux propositions se déterminent réciproquement ». Or, notre enquête nous a conduits à poser ces trois propositions. Partant, la fausseté du système de Spinoza réside dans la partialité et l'unilatéralité de la réponse et non, intrinsèquement, dans la position. En revanche, la vérité du système de Fichte résidera dans le fait d'avoir épuisé les relations pensables.

1. A. Reinhold 12 mai 1789; « Bibliothèque de la Pléiade », t. 2, p. 822 (XI, 35).
2. *Essai sur la philosophie transcendantale*, p. 88 de la traduction.

Ces arguments développés, nous sommes à présent en mesure de comprendre l'ensemble du raisonnement de Fichte dans ce passage parfois peu explicite.

La raison de relation [1]

Fichte part de la relation acte-passivité comme du fait qu'il nous faut méditer. Or, avoir mis les termes acte et passivité en relation d'action réciproque supposait que nous postulions implicitement qu'il existait un X permettant de les comparer. Nous ne saurions, par exemple, mettre en relation « terre » et « orange » sans autre forme de procès. Toute mise en relation *effective* ou *effectuée* [2] suppose un acte qui l'autorise : avoir posé tacitement qu'il existait une raison de relation (X) entre ces deux termes. Donc en posant cette relation, je suppose qu'il y a dans les termes mêmes une raison pour laquelle ils peuvent être en échange [3]. Cette raison est une raison de relation. « Cette raison de relation ne dépend pas de la détermination réciproque mais c'est cette dernière qui en dépend. » En effet, le X est bien condition de possibilité de la relation : si je n'avais pensé aucun point commun entre les termes, il ne me serait pas venu à l'idée de les penser comme étant en relation. Il est clair que l'acte de détermination réciproque ne serait pas possible sans l'acte X (la raison de relation). La raison de relation est plus vaste que la détermination réciproque qui la suppose nécessairement. Pour l'expliquer, Fichte reprend la métaphore du cercle [4]. Le *Grund* que nous cherchions était, en fait, implicitement contenu dans notre démarche précédente puisqu'en spécifiant la détermination réciproque, nous supposions qu'il existait une raison de relation entre les termes. Cette raison de relation n'est atteignable que par la réflexion sur la détermination réciproque. C'est parce que nous avons effectué la relation entre les termes que nous avons, en prenant pour objet de réflexion cette relation, pu comprendre qu'elle supposait un acte antérieur comme sa condition ; « cette raison de relation est sans doute **posée** dans la réflexion par la détermination réciproque, mais comme indépendante de celle-ci et de ce qui par cette dernière est en relation » (p. 59, 152).

1. P. 59 à p. 60, ligne 18.

2. Le terme allemand pour dire que la relation est considérée comme faite est *als geschehend* que Fichte opposera par la suite à « *das Geschehen* ». Cette opposition a pour but de marquer la différence entre une relation ayant été faite et que l'on considère et le « faire la relation », que nous verrons dans le chapitre suivant.

3. Le terme allemand que traduit le mot « relation » dans l'expression « relation acte-passivité » est *Wechsel*, qui induit à la fois l'échange et le mouvement entre les termes. M. Richir a d'ailleurs systématiquement traduit, dans son commentaire, par la formule « L'échange acte-passivité ». C'est la traduction qui nous semblerait le mieux convenir.

4. P. 60, 152.

La relation de détermination réciproque est donc bien limitée puisqu'elle suppose comme sa condition une opération qui la légitime. Autrement dit, le fait de la représentation renvoie à un X, qui en est la condition. L'activité indépendante se dessine plus précisément ici. Elle est ce par quoi nous mettons les termes d'acte et de passivité en relation.

La signification générale de cette proposition élucidée, il nous faut l'envisager du point de vue des deux figures de la détermination réciproque, la causalité et la substantialité. Quelle sera la raison de relation supposée en chacune de ces figures ?

Le point de vue de la causalité[1]

Raison idéale et raison réelle

Il nous faut thématiser ce que nous faisions lorsque nous posions la causalité, et ensuite rédupliquer ce geste pour établir un lien de causalité entre « la relation acte-passivité » d'une part, et l'activité indépendante d'autre part. Lorsque nous posions la causalité à partir des seuls termes (Moi, Non-Moi) compris dans la relation, nous constations que nous partions de la passivité du Moi pour en inférer la cause, le Non-Moi : « une activité du Non-Moi est posée par une passivité du Moi ». Nous supposions donc qu'il y avait une raison de passer d'un terme à l'autre. En fait, nous avons mis en relation ces termes parce que nous posions que tous deux avait une quantité. Cette quantité est donc la raison de notre mise en relation. Raison de relation que Fichte appelle la raison idéale (*Ideal-Grund*) qu'il oppose par la suite à la raison réelle de relation (*Real-Grund*). Quel est le sens de cette distinction nouvelle ? Il s'agit à notre sens de la distinction entre *ratio cognenscendi* et *ratio essendi*, entre point de vue de la connaissance et point de vue de l'essence. Comment, en effet, suis-je parvenu à la notion d'une causalité du Non-Moi ? En raison de la passivité du Moi. C'est parce que le Moi était considéré comme passif que j'ai cherché à rendre compte de cette passivité par une cause extérieure, le Non-Moi. La passivité du Moi est donc raison de connaissance de l'activité du Non-Moi. La *ratio essendi*, ou raison de l'existence d'une passivité du Moi, sera le Non-Moi. Ce raisonnement de Fichte peut surprendre. L'introduction d'une *ratio essendi* est-elle vraiment légitime, se demandera le lecteur ? Pour lui répondre positivement, il faut, d'une part éclairer les actes à partir desquels Fichte y parvient, d'autre part comprendre précisément le statut du Non-Moi dans l'ensemble du projet de la *GWL*.

1. P. 60, ligne 18 à p. 63, ligne 12, (153 à 157).

Les actes effectués

Tout d'abord, Fichte parvient à cette notion de raison réelle par un retour à l'analyse du Moi. Il écrit : « la raison de cette diminution ne peut se trouver dans le Moi (elle ne peut procéder immédiatement du Moi ou de son essence originaire, en effet le Moi ne pose en soi que l'activité et non la passivité, il se pose comme étant et non comme n'étant pas) ». Ceci prouve que le raisonnement reste établi du point de vue de Fichte et n'est pas une quelconque exposition d'une pensée dogmatique. On imagine mal, en effet, Spinoza posant la raison réelle dans le Non-Moi en arguant qu'il ne saurait y avoir de passivité dans le Moi, eu égard à son essence originaire : l'auto-position. C'est la comparaison entre le premier principe et notre présent cheminement qui conduit donc à la notion de raison réelle. La raison de mettre en relation les termes n'est plus ici la quantité mais la qualité. Si je considère la passivité du Moi, elle s'oppose à l'essence du Moi. Par suite, d'un point de vue qualitatif, je dois dire que le Non-Moi est cause de la passivité du Moi. L'activité (distincte de la relation acte-passivité, mais présupposée par l'établissement de celle-ci) ne peut donc être que le Non-Moi. Plus précisément encore, lorsque nous pensions une relation de causalité entre l'acte et la passivité, nous admettions en fait deux choses : d'une part, qu'il était légitime de mettre ces termes en relation ; que leur raison de relation était la quantité ; que le Moi était la raison qui me faisait postuler un Non-Moi ; nous admettions donc un *Ideal-Grund*. D'autre part, que les termes étaient qualitativement opposés ; que cette différence qualitative ne pouvait procéder du Moi ; qu'elle se trouvait donc dans son opposé ; telle était l'activité indépendante de la relation acte-passivité que nous supposions au moment même où nous effectuions la relation. Notre geste même impliquait, comme sa condition, la notion de *Real-Grund*.

Le statut du Non-Moi

De surcroît, pour saisir la légitimité de l'introduction de cette raison réelle, il est impératif de ne pas perdre de vue que le système de Fichte n'aboutira jamais à réduire à néant le Non-Moi. Il est évident qu'à la fin de notre texte, le Non-Moi sera, *en un certain sens*, posé. Savoir par quels actes nous arrivons à cette position, en exhiber la nécessité, telle est la fonction de cet examen de la relation selon la causalité. Le point de vue de la causalité, comme nous l'avons déjà montré, est la relation considérée à partir du Non-Moi. Il est impensable que ce point de vue soit réduit à de l'intrinsèquement faux. La raison réelle ici analysée, sera reformulée par la suite, jusqu'à sa juste désignation finale. Chaque étape de la démonstration conduira à sa compréhension de plus en plus rigoureuse. Loin d'avoir pour but de réduire la causalité à sa seule position spinoziste, Fichte entend exhiber la nécessité des actes que nous ne pouvons pas ne pas effectuer pour résoudre notre contradiction. Néanmoins, il est assurément certain que si nous en restions à ce seul point de vue, sans examiner les autres possibilités, si nous figions cet aspect et le donnions pour la totalité du vrai, si enfin, indifférent à l'acte, nous ne considérions plus que son produit, alors nous deviendrions dogmatiques. C'est ce qu'illustre la parenthèse consacrée à Spinoza :

> Parce que, d'une part, nous sommes parvenus à l'un des points lumineux qui permet de considérer aisément le système tout entier, et parce que d'autre part nous voulons arracher le plus vite possible au dogmatisme la confirmation qu'il pourrait trouver dans les propositions précédentes, nous soulignons encore une fois expressément que l'inférence à une raison réelle dans le Non-Moi se fonde sur le fait que la passivité dans le Moi est quelque chose de qualitatif (ce que l'on doit admettre par réflexion sur la seule proposition de causalité); et que, par conséquent, la valeur de cette inférence est coextensive à celle de cette supposition (p. 61,154).

Si tous les raisonnements antérieurs avaient pour unique fonction de déployer la fausseté du système spinoziste, pourquoi Fichte dirait-il que nous sommes parvenus à un point lumineux (*lichten Punkte*) du système ? Quel sens aurait, de surcroît, cet empressement (« arracher le plus vite possible », « soulignons expressément ») à éradiquer toute tentation réaliste ? Qu'entend souligner Fichte, ici, si ce n'est la nécessité du lien entre position d'une raison réelle et position d'une différence non plus quantitative mais qualitative ? Le raisonnement se laisse donc penser à partir de la formule « Si.... alors ». Si nous admettons que la finitude (la passivité) du Moi n'est pas simplement quantitative mais aussi qualitative, alors nous supposons au moment même où nous affirmons cette proposition qu'il y a une raison réelle, indépendante du Moi et condition de sa limitation. Ce qui ne signifie pas que ce Non-Moi existe mais signifie que nous le présupposons toujours comme condition de la consistance de notre affirmation d'une finitude qualitativement irréductible. Prétendre que la finitude ne s'interprète pas seulement comme une différence de degré (manque quantitatif), c'est *ipso facto* supposer une raison réelle. Quand bien même cette raison réelle serait dite inconnaissable (nous verrons par la suite que telle sera la position de Kant), elle n'en accompagne pas moins toujours l'idée d'une différence de nature entre la finitude et l'infini. Les résultats de notre réponse à l'objection du lecteur sont donc les suivants :

Le dogmatisme n'est possible que parce qu'il réifie l'acte et ne considère qu'un aspect de la proposition. Sa fausseté réside donc dans sa partialité; ce que confirme le fait qu'immédiatement après cette phrase, Fichte mentionne le point de vue idéaliste : « Dès que nous examinerons le second concept de relation, le concept de substantialité on trouvera que... ». On ne saurait mieux dire que la vérité est synonyme de totalité des points de vue, et non stigmatisation de l'intrinsèque fausseté des positions adverses.

Chaque passage de la *WL* montre à quel point la démarche de Fichte consiste à mettre en lumière l'ensemble des actes sous-jacents à un jugement. Notre analogie avec la décomposition pragmatique se vérifie à chaque pas nouveau que nous faisons dans ce texte.

C'est donc naturellement que Fichte conclut tout ce développement sur la relation de causalité par cette phrase, fort peu spinoziste : « pas de passivité dans le Moi, pas d'activité dans le Non-Moi : ceci est également valable lorsqu'on parle de cette activité comme d'une activité indépendante du concept de causalité et qui est raison réelle ». Tel est le résultat que nous obtenons au terme de notre analyse de la relation de causalité.

Le point de vue de la substantialité [1]

La raison de relation comme activité

L'application du point de vue de la substantialité impliquait également que la relation acte-passivité eût pour condition une activité indépendante. Ainsi, comme précédemment, il nous faut partir de la relation comme de ce qui est effectué (*als geschehend*), et nous demander ce qui, dans les termes considérés, était susceptible d'expliquer qu'on les mît en relation. Si nous revenons au concept sous-entendu qui permettait de postuler une relation entre eux, il s'agissait du concept d'activité. C'est parce que la passivité était considérée comme une activité diminuée qu'elle pouvait être référée à l'activité absolue : « leur raison de relation à toutes deux est donc l'activité » (p. 63, 158).

Mais si le *Grund* que nous cherchons est bien l'activité, de quel type d'activité s'agit-il ? Pour répondre à cette question, il faut nous souvenir que lors de notre déduction de la relation de substantialité, nous avons conclu que la passivité était accident de l'activité. Pour pouvoir le dire, nous supposions que le terme, mettant en relation ces deux dimensions, était une activité (raison de relation), mais une activité néanmoins différente de l'activité absolue, sans pour autant être le Non-Moi. Quelle était donc cette activité cachée « dans les profondeurs » de notre mise en relation ? Pouvons nous « l'exposer à découvert », sinon « devant les yeux », à tout le moins comme nécessairement impliquée dans notre mise relation ? Si nous ne pouvons le faire, il ne nous reste plus qu'à prétendre que Moi et Non-Moi sont la même chose, que « la raison de différence du Moi et du

1. P. 63, ligne 13, à la page 64 (157 à 159).

Non-Moi [...] s'efface », que la relation de substantialité n'a aucun sens et, par voie de conséquence, que nous ne pouvons penser la relation entre un X et un Y qui lui est opposé, bref que nous ne pouvons penser.

Caractéristique de cette activité

Cette activité doit être considérée, nous dit Fichte, « d'un double point de vue ». Si cette activité ne peut être activité du Non-Moi, alors elle possède le « caractère du Moi qui ne peut-être attribué au Non-Moi <*et qui*> est **le poser et l'être posé absolument et sans fondement** ». Mais d'un autre point de vue, elle doit être limitée car sinon elle ne serait plus différente de l'activité illimitée du Moi. Il faut donc qu'elle soit à la fois activité absolue et limitée.

> Voici ce qu'il convient de répondre : dans la mesure où il s'agit d'un agir en général et de rien d'autre, il ne doit être limité par aucun fondement, ni par aucune condition <*il est donc Moi absolu*> ; il peut y avoir une action ; l'action en elle-même advient avec une spontanéité absolue. <*Telles sont les caractéristiques de l'acte premier du Moi que nous avons analysé précédemment.*> Mais pour autant que cette action doit être référée à un objet, elle est limitée. Cette action pourrait ne pas être effectuée mais s'**il elle l'est** [...] il faut que l'action se porte sur cet objet, et ne saurait se porter sur aucun autre.

Le lecteur se demandera sans doute ce qui justifie cette mention soudaine de l'objet. Si Fichte se contentait d'exposer le point de vue des idéalistes absolus, cette intrusion de l'objet serait incompréhensible tant il est vrai que les leibniziens conséquents refuseraient toute référence à un objet. Mais nous qui sommes non dans la position tronquée mais dans le vrai, nous n'avons que faire de leur négation. En effet, le but que nous nous étions fixé était de penser d'un côté la relation acte-passivité, que nous avions admise comme effectuée, de l'autre l'activité indépendante, que nous présupposions en pensant la relation acte-passivité. Si nous prenons cette relation acte-passivité, nous constatons qu'en elle, il y a une activité et une non-activité (passivité). C'est ce non-actif que Fichte appelle ici l'objet (*Objekt*). L'acte (*Tun*) est donc lié à l'objet (*Leiden*). Mais l'activité (*Tätigkeit*) absolue du Moi ne l'est pas. Il y a donc bien un double aspect de l'activité. C'est ce qu'on peut faire clairement apparaître sur la base de notre schéma initial. En effet, nous devons mettre en relation, du point de vue de la substantialité, cette activité indépendante avec la relation acte-passivité. Sachant que notre raison de relation est l'activité, nous obtenons donc : l'activité (*Tätigkeit*) absolue est reliée à l'acte (*Tun*, le faire) lié lui-même à la passivité par une activité (*Tätigkeit*).

La mise en relation entre l'activité absolue et l'acte lié à la passivité s'effectue par l'activité. C'est donc à bon droit que nous constatons que l'activité, dans un cas, est liée à ce qui n'est pas elle (l'objet, la passivité), et, dans l'autre, est donnée comme indépendante de la relation. Nous obtenons bien une activité en tant que liée à la relation acte-passivité, et une activité pure. L'activité comme raison de relation a la double caractéristique de la *Tätigkeit* et du *Tun*.

L'activité indépendante déterminant la relation que nous cherchions est donc « non pas une activité absolue en général mais **une activité absolue qui détermine une relation (acte-passivité)** ». Et Fichte, de signaler, anticipativement, ce que tout le monde avait pressenti : « Comme on le verra, il s'agit de l'imagination » (p. 64, 159).

RÉSULTATS : DE LA RELATION À LA RAISON DE MISE EN RELATION

Au terme de cette étude de la proposition : « Par la relation acte-passivité, une activité indépendante est déterminée », nous obtenons donc le schéma suivant :

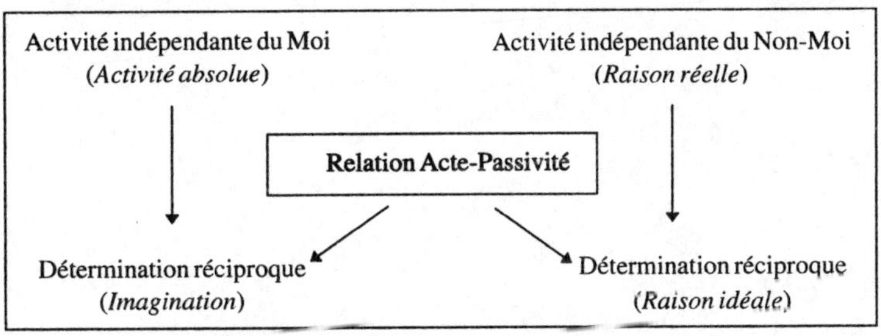

Nous sommes donc remontés de la relation acte-passivité à l'activité indépendante. La signification de l'activité indépendante se dévoile progressivement comme ce qui est impliqué dans (ou supposé par) la mise en relation. Elle est la raison que nous postulons lorsque nous pensons ensemble deux termes (raison de relation). Dans le cas du causaliste, cette activité indépendante est supposée (pour l'instant du moins) être le Non-Moi ; dans le cas du substantialiste, cette activité indépendante est l'imagination, uniquement définie ici comme moindre activité. Nous sommes à même de mesurer la radicalité du questionnement fichtéen. Que présupposons-nous implicitement lorsque nous mettons en relation deux termes entre eux ? Telle est la question. Et de fait, il ne nous viendrait sans doute pas à l'idée de mettre en relation des notions comme « racine de deux » et « Pégase », ceci parce que nous postulons, tacitement, que ces termes sont sans aucune commune mesure. Par suite, si nous cherchons la relation entre deux termes, c'est parce que nous posons initialement une raison de les mettre en relation. Le simple fait de chercher la relation entre deux termes suppose déjà que l'on dise ou pense quelque chose de ces termes, à savoir qu'il est pertinent de les mettre en relation. C'est à désimpliquer cette supposition que s'attachait le présent passage de la *GWL*. La démarche de Fichte consiste donc bien en une décomposition progressive de tous les attendus de notre proposition de départ. Il s'agit de porter de plus en plus précisément à l'intelligibilité les actes que nous effectuons, les conditions qu'ils supposent pour être consistants (ici, le postulat d'une raison de mettre en relation deux termes). Analyser le processus d'effectuation et non déduire la chose, tel est bien est le propos de la *GWL*. La proposition inverse : « par une activité indépendante, une relation acte-passivité est déterminée » nous permettra de remonter aux autres actes impliqués dans notre proposition de départ.

CHAPITRE V

DE LA RÉFLEXION À LA REPRÉSENTATION[1]. « QUI » DIT LA NATURE DE LA REPRÉSENTATION ET « COMMENT » ?

EXPLICATION DE LA PROPOSITION À ANALYSER[2]

Cette seconde proposition part de l'activité indépendante pour revenir à la relation acte-passivité ; c'est parce qu'il y a une activité indépendante que la relation peut être pensée. Nous irons donc cette fois de la condition (l'activité indépendante ou « effectuation ») au conditionné (la relation acte-passivité ou « effectué »). Si, dans le raisonnement précédent, le constat de la représentation permettait de conclure à une activité, indépendante de cette représentation, dans celui-ci, l'activité indépendante permettra d'expliquer la représentation ; changement de point de vue que résument ces deux questions :

1) Quelle est la condition de la mise en relation des termes de la proposition ? demandions-nous, lorsque nous partions de la relation acte-passivité comme effectuée.

2) Qui pose la relation et comment ? demanderons-nous maintenant. Nous passons donc de la relation effectuée (*der Wechsel als geschehend*) à l'effectuer ou effectuation de la relation (*das Geschehen*). Analogiquement dit : dans le premier moment, nous partions de la proposition 2+3=5 comme relation effectuée et nous posions que ces termes pouvaient être mis en relation parce que tous deux étaient des grandeurs. Maintenant, nous faisons abstraction du contenu des termes (à la place de 3 et 2, nous posons X et Y comme non déterminés) et nous nous interrogeons sur la nature de l'acte que nous effectuons. Nous devons donc réfléchir sur la structure de l'opération de mise en relation. Cette distinction entre les deux points de vue, Fichte la thématise à partir de la distinction entre matière de la proposition et forme de la proposition : « Il était précédemment question du

1. Nous analysons ici la proposition « une relation acte-passivité est déterminée par une activité indépendante » (point II), p. 65 à p. 68, (160 à 165).

2. P. 65 à p. 66, ligne 9 (160 à 162).

fondement de la **matière** de la relation <*de l'échange acte-passivité*>, il s'agit à présent du fondement de la **forme** de la relation ».

LES CONCEPTS DE FORME ET DE MATIÈRE

L'introduction, à ce moment précis, de ces concepts de la réflexion est évidemment d'une importance capitale. Tout d'abord, elle confirme ce que nous avons déjà mis en lumière, à savoir que les concepts de forme et de matière ne sont pas conquis par le même acte que les catégories. Il ne s'agit pas ici de produire une médiation entre deux opposés mais d'opérer une réflexion sur notre propre réflexion. Ce que marque clairement le redoublement systématique des termes dans le texte : « *wir auf unsere eigne Reflexion reflektieren wollen* » (p. 65, 161), « *eine Reflexion über jene Reflexion* » (p. 66, 162). Comment « réfléchir sur notre propre réflexion » ? Grâce à l'abstraction : « afin d'obtenir la forme pure de cette relation, nous devons faire *abstraction* aussi bien de ce qui est posé que des membres de la relation » (p. 66, 162). Cette abstraction ressortit à un mouvement de l'esprit qui se définit comme abstraction et réflexion, comme une sorte d'abstraction réfléchissante. Ensuite, nous parvenons, avec ces concepts de forme et de matière, à un tournant, véritable point nodal de la partie théorique. Plus aucun concept nouveau ne sera introduit. Nous possédons maintenant l'ensemble des éléments de la démonstration : la relation acte-passivité, la détermination réciproque, l'activité indépendante et enfin les concepts de forme et de matière. Les développements suivants seront tout entiers rythmés par cette relation entre la forme et la matière. Moteur de l'analyse à venir, ces concepts permettront de surcroît l'entière résolution du problème initial.

En effet, comme nous l'avons dit, dans le chapitre sur Maïmon, ces concepts interviennent en tout jugement. Mais Fichte est encore plus précis ici, puisque ces concepts se donnent comme ce par quoi la pensée pourra se réfléchir elle-même. C'est pourquoi, en conférant à ces concepts cette place et cette importance au sein de la *GWL*, Fichte porte à son plein accomplissement le mouvement qui, de Kant à Maïmon, en passant par Reinhold, fit des concepts de forme et de matière le « fondement de toute réflexion ». Ici, nous voyons clairement comment ces deux concepts réfléchissent toute comparaison et sont condition de possibilités ultimes, réflexion de réflexion. Cette notion de réflexion de réflexion rejoint évidemment la distinction technique entre concepts réfléchis (les catégories) et concepts réfléchissants (les concepts de la réflexion), ébauchée par Kant. Mais l'analyse de Fichte est autrement plus précise puisque – et cela ne saurait quand même relever du hasard – l'introduction de ces concepts de forme et de matière correspond à ce qu'il appelle ici « la réflexion du philosophe » (p. 66, 162). Par la thématisation de la distinction entre forme et matière nous accédons au savoir du savoir, au savoir qui se sait lui-même. Cette réflexion de réflexion est le propre du discours philosophique véritable. Dans le cas de la proposition précédant la distinction de la forme et de la matière :

> On réfléchit seulement sur la possibilité des membres compris dans la relation – l'aimant attire le fer ; le fer est attiré par l'aimant – : voici deux propositions qui renvoient l'une à l'autre ; en d'autres termes, l'une d'entre elles est posée par l'autre ; ceci est présupposé et présupposé comme fait fondé.

C'est là le point de vue de la simple observation ou du simple observateur. En revanche :

> Dans le second cas, on réfléchit sur l'effectuation de la relation elle-même ; on fait donc tout à fait abstraction des propositions [...]. Et l'on voit dès lors qu'il doit y avoir un être intelligent, extérieur au fer et à l'aimant [...]. Dans ce second cas, on est en présence d'une réflexion sur la réflexion, qui est la réflexion du philosophe sur la modalité d'observation.

Tel le scientifique qui, constatant que le fer et l'aimant sont en relation, essaie de déterminer la raison de cette relation (l'attraction), nous partions de la représentation (la relation acte-passivité) comme fait et cherchions à déterminer la raison de relation des termes. Ce faisant, nous n'accédions pas encore à la réflexion philosophique véritable qui se définit tout entière comme la prise en considération de l'« effectuation » dans « l'« effectué », de l'énonciation dans l'énoncé, que thématise ici l'accès à la distinction entre une matière et une forme de la proposition. Véritable cœur de la *WL*, ces concepts n'ont pas, à notre sens, suffisamment été mis en valeur dans les différents commentaires linéaires de celle-ci[1]. Ces concepts sont ce à partir de quoi sont écrites les différentes *WL*. Ils nous font quitter le point de vue du simple observateur pour parvenir à la réflexion de réflexion. A la lumière de ces concepts, nous voudrions récapituler le chemin que nous avons jusqu'à présent accompli, puis illustrer ce chemin par différentes figures de la conscience connaissante.

1. Désintérêt d'autant plus surprenant de la part des interprètes que, tant dans la *WL nova methodo*, que celles de 1801, 1804, ces concepts conserveront leur place centrale, correspondront toujours au point de vue du philosophe, au savoir du savoir ; plus encore ils seront, dans tous ces textes, les premiers à être déduits. Dès lors, s'il fallait poser la question de l'évolution de Fichte à la lumière de ces concepts et de leur rapport (qui de la matière ou de la forme a le primat sur l'autre ?), on aurait la surprise de constater que Fichte n'a jamais, sur ce point, modifié sa position.

RÉCAPITULATION DU TRAVAIL ACCOMPLI JUSQU'À PRÉSENT COMME MOUVEMENT DE L'HISTOIRE DE LA PENSÉE

Si nous faisons retour sur le chemin effectué, nous sommes en mesure de préciser les différents niveaux de la pensée que nous avons parcourus. Le scientifique, et plus généralement toute conscience tournée vers un objet (qu'il soit réel ou de pensée), procède à partir de l'opposition des termes – toute détermination est négation –, et tente de les mettre en relation (x est fonction de y, y fonction de x). C'est ce que nous avons fait au tout début de notre enquête en mettant en relation les notions de Moi et Non-Moi par la catégorie de limitation d'abord, puis par celle de détermination réciproque ensuite. Mais comme nous l'avons vu, la simple application de cette catégorie ne nous faisait pas dépasser le stade de la pensée mathématique ; le concept de détermination réciproque ne donne rien d'autre qu'une loi permettant de mettre en relation deux termes. Tel est le premier niveau que nous avions atteint. Ce niveau 1 correspond à la manière dont procède la pensée scientifique. Elle relie, en effet, des opposés, les fixe par l'entendement en une catégorie médiatrice. Ce niveau 1, nous pourrions l'appeler le point de vue de la raison objectivante, l'attitude de la connaissance d'objet, soit tout simplement le point de vue de la représentation, en lequel je suis face à un objet que j'essaie de déterminer. Cette manière de procéder est évidemment légitime. Mais elle se fourvoie si, figeant ce moment, elle confère un substrat à ces oppositions et estime avoir épuisé le problème qui lui était posé. Pour ne pas en rester à ce simple niveau, il nous a fallu, au cours de notre démonstration, faire un effort d'abstraction, nous détacher de la tendance de « l'imagination à conférer au terme un **substrat** ». Ce faisant, nous accédions déjà à un niveau philosophique. Se détacher de l'attitude objectivante, c'était en l'occurrence faire référence à la *Tathandlung* et introduire les concepts d'actif et de passif. Ce deuxième niveau nous a conduits jusqu'au chapitre précédent, en lequel nous cherchions le *Grund* de la mise en relation des termes (matière de la proposition). Nous accédons maintenant au troisième niveau, où il nous faudra penser la structure de notre propre opération au moment où nous menions ces analyses. Grâce à la distinction entre forme et matière de la proposition, nous entrons dans la phase ultime de la réflexion. Il s'agit maintenant de montrer très précisément comment la réflexion du philosophe est un élément à part entière de la résolution du problème.

Mais, dira-t-on, quelle est la différence entre le niveau 2 et le niveau 3 puisque aussi bien ils relèvent tous deux de l'abstraction philosophique ? C'est la différence entre une philosophie inachevée et la philosophie de Fichte, une philosophie qui dit quelque chose sur la représentation et une philosophie qui prend en compte la structure de ce dire. Ce qui, pour Fichte, distinguera toujours la *WL* de l'inclination « dogmatique » de tous les systèmes antérieurs, c'est qu'elle seule intègre la réflexion philosophique elle-même dans le développement du problème. Ce pourquoi tant l'*Ethique* de Spinoza que la *Critique de la raison pure* sont des textes « dogmatiques », c'est qu'on ne comprend pas quelle était la possibilité de les écrire. Spinoza écrit comme s'il pensait du point de vue d'un observateur neutre et transcendant, c'est-à-dire philosophe sans se penser lui-même comme pensant X (la représentation, la relation acte-passivité); Kant, quoique philosophe critique, ne thématise pas suffisamment les concepts de la réflexion, par lesquels le statut de son discours aurait pu devenir intelligible. Il reste ce faisant à mi-chemin du savoir qui se sait lui-même. Kant dit par exemple : entre l'intuition et le concept, le terme médiateur est l'imagination, mais il ne remonte pas à la possibilité de son propre acte de dire cela et non autre chose. Tant que la réflexion philosophique ne s'est pas elle-même mise en question, tant qu'elle n'a pas exhibé ses propres conditions de possibilité, elle n'a pas rejoint son essence véritable. C'est à cette démarche que nous sommes conviés maintenant, et qui caractérisera nos futures analyses.

Ce parcours, que nous avons jusqu'à présent effectué en lisant la *GWL*, peut tout aussi bien être illustré par différents moments de l'histoire de la pensée. Ainsi le niveau 1 est le fonctionnement de la pensée scientifique, en son acception courante. Newton, par exemple est face à deux objets : « la terre » et « la lune ». Il tente d'établir une relation entre ces deux objets. Si la lune est un satellite de la terre, ses mouvements devraient être fonction de la terre. Peut-on, demande Newton, admettre que la terre attire la lune à travers des centaines de milliers de kilomètres ? Si oui, selon quelle loi ? Cette loi de relation entre deux objets, la pensée scientifique doit la déterminer (par exemple comme loi de l'attraction universelle) et la vérifier. Cette démarche est la figure de la raison objectivante, qui est la manière habituelle de fonctionner de la conscience scientifique lorsqu'elle tente de connaître un objet. C'est aussi la conscience représentative telle que la définit Kant dans la *Critique de la raison pure* et l'amplifie Reinhold dans la philosophie élémentaire.

Cette raison objectivante, légitime dans un domaine circonscrit, est mise en œuvre dans certaines philosophies. Il s'agirait ici de philosophies qui, reproduisant les procédures de la science, s'imagineraient accéder par là même à la totalité du savoir. Partant d'un problème comme celui de l'opposition sujet-objet, elles penseraient cette opposition à partir des catégories scientifiques. La nature du sujet est dépendante d'un objet, effet d'une cause extérieure, le réel empirique, Dieu, l'inconscient, etc.; ou à l'inverse, l'objet est produit par une substance qui l'explique, un peu à la manière dont l'éther était, dans la physique du siècle dernier, sensé être l'origine substantielle de tous les phénomènes physiques inexpliqués. A ce stade, la pensée philosophique, oublieuse d'elle-même, prendrait le point de vue de l'entendement qui fige en un concept le mouvement de l'imagination [1]. Les illustrations de ce type de philosophie, calquant ses procédures sur celles de la science, sont suffisamment nombreuses et connues, tant avant Fichte qu'après lui, pour qu'il soit utile de les énumérer.

Le niveau 2 est un niveau intermédiaire. Sorti de la maladie infantile de la philosophie (l'objectivation), ce point de vue n'en continue pas moins d'être incapable d'assumer la spécificité de son propre discours. Partant du problème de la représentation (l'opposition constatée du sujet et de l'objet), cette philosophie utilise à certains moments les instruments de la conscience objectivante, à d'autres les concepts de la réflexion. Elle n'est pas simple décalque de la pensée scientifique, car à la différence de la philosophie du premier niveau, elle suppose toujours une référence à la *Tathandlung*, pense en termes de forme et matière de la proposition ou du jugement, mais elle ne sait pas, en une ultime « réflexion sur sa réflexion », en une dernière abstraction, porter en pleine lumière ces références pourtant subrepticement convoquées. Prenons pour illustrer cette position à mi-chemin entre la pure reconduction philosophique de la raison objectivante et le point de vue de Fichte, l'exemple de Kant et de Reinhold. La philosophie de Kant, Fichte ne cessera de le souligner, suppose la référence constante à la *Tathandlung* [2]. Comment Kant, en effet, pourrait-il distribuer les représentations en actives et passives, s'il n'avait aucune compréhension de ce qu'est l'activité ? Et que deviendrait le criticisme si, dans un souci de littéralité rigoriste, l'interprète se donnait comme contrainte oulipienne de réécrire la *Critique* en se passant des concepts de la réflexion, sous prétexte que leur légitimité n'est guère établie ? Et pourtant, comme nous l'avons montré, Kant se refuse à accepter la *Tathandlung*, n'évoque les concepts de la réflexion que dans un problématique appendice et n'établit jamais explicitement le rapport entre ces concepts et le point de vue du philosophe. Plus caractéristique encore de cette situation intermédiaire est la philosophie de Reinhold. Reinhold part de la représentation comme d'un fait donné (véritable exemplification de la formule de Fichte : *der Wechsel als geschehend*) : dans la représentation, le représentant s'oppose au représenté. Ceci posé, il tente de déterminer la relation précise

1. Dans la déduction de la représentation, Fichte écrit : « L'entendement n'est entendement que dans la mesure où quelque chose est fixé en lui ; et tout ce qui est fixé est fixé dans l'entendement [...]. L'entendement est une faculté calme et inactive, la simple conservatrice de ce qui est produit par l'imagination et déterminé ou à déterminer par la raison », *O.C.P.P.*, p. 112. La différence avec Kant est claire. L'entendement est « inactif » ; imagination et raison sont, à l'inverse, valorisées.

2. On consultera sur ce point l'*Essai* ainsi que la *Nova methodo* : « Kant avait l'intuition intellectuelle mais n'a pas réfléchi dessus », p. 93.

entre ces termes de la représentation. Cette relation, que thématise la philosophie élémentaire, n'est autre que la détermination réciproque. Il n'y a de représentation que par la liaison d'un représentant et d'un représenté, tout objet représenté est fonction d'un sujet représentant et réciproquement. Procédant ainsi, Reinhold est face à la représentation comme le scientifique face à son objet d'étude ; il analyse des composantes et établit leur lien. Tout comme le scientifique, il utilise, pour caractériser ce lien, les catégories, car dire que l'objet est toujours en relation avec le sujet, et le sujet en relation avec l'objet, c'est tout simplement utiliser la catégorie d'action réciproque. Pour autant, Reinhold ne se cantonne pas à ce simple niveau car il utilise également, pour pouvoir penser son fait de la représentation, d'autres concepts comme ceux de forme et de matière. Mais cette réflexion, il ne parvint pas à en exhiber la nécessité ni à en établir le véritable statut. C'est toujours subrepticement qu'apparaissaient ces concepts de forme et de matière ; subreption à l'origine des justes critiques d'Enésidème et de Maïmon.

Si maintenant nous comparons à la position de Fichte, la différence apparaît clairement : les concepts d'actif et de passif ont été déduits explicitement à partir de la *Tathandlung*, laquelle est donnée comme le principe premier de la philosophie proprement dite. Ce faisant, tant la légitimité que la nécessité en sont démontrées. Le niveau 2 présuppose donc ce que le niveau 3 démontre. Fichte est le premier à montrer clairement le lien entre l'utilisation des concepts de forme et de matière et le point de vue du philosophe. L'opposition entre le simple point de vue de l'observation et la « réflexion sur l'effectuation de la relation elle-même [...] qui est la réflexion du philosophe sur la modalité d'observation », entre la matière de la proposition et sa forme, permettra enfin à la conscience philosophante d'accéder au savoir d'elle-même. C'est dire à quel point l'introduction de ces concepts marque le tournant de la *GWL*.

Tous ces points établis, nous sommes en mesure de revenir au commentaire linéaire du texte. Il s'agit de prendre notre proposition : « l'activité indépendante détermine une relation acte-passivité » et d'envisager ce qu'elle produit lorsque nous prenons pour référentiel le Non-Moi (point de vue de la causalité), puis le Moi (point de vue de la substantialité). Plus concrètement, il s'agit dans l'un et l'autre cas de déterminer comment on passe du dire au faire, en répondant à cette double question : « Qui passe de l'un à l'autre, et comment ? ».

Réponse a la question « qui et comment ? »

La forme de l'activité indépendante du point de vue de la causalité[1]

Dans le cadre de la causalité, si nous posons la question de savoir comment le philosophe passe de l'un à l'autre terme, nous pouvons dire que « nous obtenons comme forme pure un poser par un non-poser ». Cette formule énigmatique devient claire si l'on se souvient qu'il s'agit ici de décomposer le geste du philosophe causaliste en tant qu'il philosophe. Cet acte, si on y réfléchit, part d'une passivité dans le Moi pour aboutir à une activité dans le Non-Moi. Le philosophe pose donc l'activité dans le Non-Moi. Que fait-il en tant que sujet de son énonciation? Il pose. Si je dis : « l'activité du Non-Moi est cause de la passivité du Moi », je pose un X à partir d'un Y. Je *pose*, simplement au sens où je suis actif en tant que philosophe. C'est ce que révèle clairement l'énonciation de Spinoza entièrement déployée : je pose que X (le mode, la passivité du Moi,) est dû à Y (Dieu ou la nature, le Non-Moi). Dans l'*Ethique* le « je pose » correspond au fameux « j'entends », qui prélude à la totalité des développements. L'activité du Non-Moi a donc pour condition le « poser » du philosophe, soit l'acte par lequel le philosophe lui attribue un prédicat. Comment le philosophe est-il parvenu à ce poser? A partir du non-poser, c'est-à-dire de la passivité dans le Moi. L'ensemble de la démarche du philosophe causaliste se laisse comprendre ainsi : je nie que le Moi soit actif, je ne pose pas d'activité dans le Moi ; c'est à partir de ce « je ne pose pas d'activité dans le Moi » que je « pose », c'est-à-dire que j'attribue au Non-Moi une activité.

La mise en relation a donc bien pour condition la structure de l'opération du philosophe, que concentre la formule : « un poser par un non-poser ». Ce que Fichte nomme le transfert (*übertragen*) d'activité; je transfère l'activité en l'autre à partir de la négation de l'activité en Moi. Telle est la structure (ou forme) de l'opération du philosophe lorsqu'il prend pour référentiel le Non-Moi.

Cette forme est indépendante de la relation acte-passivité. Elle n'apparaît pas immédiatement en celle-ci, même si elle lui est présupposée. La forme de l'activité indépendante concerne le statut de l'énonciation et non le contenu de la relation acte-passivité. L'interrogation sur la structure de l'opération de l'énonciateur montre qu'il s'agit d'un transfert. Ce mouvement de transfert est la quintessence de la philosophie causaliste ; son expression la plus conséquente, le spinozisme. Le philosophe causaliste pose toujours de l'activité en l'autre à partir de la négation en soi. La

1. P. 66, ligne 10 à p. 67, ligne 9 (162, 163).

structure de l'opération caractérisée, il s'agit à présent de fournir la réponse à la question « qui ? ».

Il ne peut s'agir que du Moi, en l'occurrence du philosophe. Ce dernier ne peut faire abstraction de lui-même comme sujet de l'« effectuation ». Si le philosophe voulait faire abstraction de lui-même comme énonciateur, il sombrerait dans une contradiction performative, qui témoignerait immédiatement de l'impossibilité et de la fausseté de sa philosophie. « Tout acte de position relève du caractère du Moi ; c'est par conséquent au Moi qu'appartient cette activité de transfert » (p. 66, 163). La forme de la proposition, envisagée du point de vue de la causalité, ne peut revenir qu'au Moi. Ainsi, au sein même du point de vue de la causalité, traditionnel fief du Non-Moi, nous trouvons comme condition de l'énonciation, c'est-à-dire comme forme de l'activité indépendante, le Moi. Conscient de la surprise que peut éprouver le lecteur, Fichte précise dans la parenthèse :

> Je voudrais que l'on ne soit pas troublé bien prématurément par le fait que cette proposition ainsi établie est en contradiction avec le principe précédent en fonction duquel on avait dégagé en conclusion dans la proposition précédente une réalité du Non-Moi indépendante de toute relation. Il suffit que cette proposition, grâce à des raisonnements justes, découle aussi bien des prémisses démontrées que celle qu'elle contredit. Le point de réunion de ces propositions se présentera à nous sans aucune intervention arbitraire de notre part (p. 66, 163).

Notre cheminement précédent (matière de la proposition, p. 61, 154) nous avait conduits à l'affirmation d'une raison réelle (l'activité du Non-Moi). Maintenant (forme de la proposition), c'est au cœur même de la causalité que nous trouvons le Moi. Nos deux raisonnements sont également justes ; il nous faudra par la suite comprendre comment ces deux aspects (forme et matière de la proposition), apparemment contradictoires, peuvent s'articuler. Là encore, le caractère véritatif des développements de la *GWL* est patent : même en prenant comme référentiel le Non-Moi, le philosophe ne peut faire abstraction de son énonciation. La *WL* doit donc la faire apparaître. Cette vérité du raisonnement, Fichte la souligne, qui conclut tout ce passage par cette phrase euphorique :

> Quelles que soient les limitations que la proposition énoncée devrait admettre <*il nous faudra synthétiser le point de vue de la matière et de la forme*>, nous avons tout au moins, grâce à elle, saisi que le Moi dans la mesure même où il est passif <*c'est ce que postule le point de vue de la causalité qui part toujours de la passivité du Moi pour en inférer la causalité du Non-Moi*> devait être aussi actif <*nous venons d'établir que le réaliste ne pouvait nier son acte d'énonciation en tant que philosophe philosophant*>, même si cela ne veut pas dire uniquement actif <*puisqu'il y a une matière de la proposition*> ; et il se pourrait bien que ce soit là un

> résultat important qui nous récompenserait amplement de toutes les peines de notre recherche (p. 67, 164).

Nous avons donc la réponse à notre double interrogation « qui et comment ? » du point de vue de la causalité. Il nous faut à présent reposer ces mêmes questions du point de vue de la substantialité.

La forme de l'activité indépendante du point de vue de la substantialité

Le geste requis du point de vue de la substantialité est évidemment l'inverse, soit : « un non-poser par un poser ». Comment sommes-nous parvenus à poser l'activité diminuée (la quantité de passivité dans le Moi) ? En référence à la totalité absolue. Le non-poser est la passivité ou l'activité diminuée ; le poser, l'activité absolue. Que fait le philosophe ? Il pose un non-poser. Le Moi absolu se limiterait lui-même, poserait de la négation en lui-même (du manque). Ce qui fait défaut dans l'activité diminuée est conféré à la totalité absolue, exempte de tout manque. Nous avons donc ici un acte de poser un non-poser. Nous pouvons caractériser la structure de l'opération du philosophe comme une exclusion, une aliénation, une extériorisation [1]. Telle est la juste caractérisation de la forme de l'acte si nous prenons comme référentiel le Moi. La réponse à la question « comment » donnée, envisageons la réponse à la question : Qui pose ? C'est évidemment le Moi puisque : « Tout poser en général doit être attribué au Moi » (p. 67, 164). Par suite, l'activité indépendante est un acte du Moi qui est condition de la relation acte-passivité.

RÉSULTATS : L'ACTIVITÉ INDÉPENDANTE COMME INSTANCE D'ÉNONCIATION

Nous constatons que, dans les deux cas, la forme de l'activité indépendante est le Moi absolu (Moi du premier principe). Alors que lors de l'étude de la matière de l'activité indépendante, nous conservions une référence à la borne Non-Moi, maintenant cette borne disparaît. La relation acte-passivité a pour condition une activité indépendante qui est le Moi, laquelle se définit ici très précisément comme l'acte d'effectuation du philosophe [2]. Au terme de ce parcours, nous obtenons donc le résultat suivant : l'activité indépendante, définie comme le Moi effectuant, pose la relation acte-passivité. Dans le cadre de la causalité, la structure du geste du philosophe est un « poser par un non-poser ». Dans le cadre de la substantialité, il s'agit

1. « Ein Entäussern », p. 67. A. Philonenko traduit par « aliénation », M. Richir par « extériorisation ».

2. Ceci confirme évidemment ce que nous disions sur le premier principe. Le Moi n'est rien d'autre que le philosophe.

d'un « non poser par un poser ». L'activité indépendante est définitivement précisée. Nous sommes remontés à la structure de l'acte. Si je pars du Non-Moi (causaliste), alors la structure de mon opération sera un *transfert*. Si je pars du Moi (substantialiste), la structure sera une *aliénation*. Remontant à la structure de l'acte, nous accédons aussi à l'instance qui opère cet acte. Dans les deux cas, il s'agit du philosophe en tant qu'il ne peut se nier comme sujet de l'effectuation ou de l'énonciation.

Au terme de ce premier moment de la partie théorique de la *Grundlage*, le dépassement de la représentation est accompli et assuré le statut de la proposition philosophique. Loin d'être un simple « observateur » qui met en relation deux objets constitués, le philosophe doit, dans tout ce qu'il dit, dégager la structure et l'instance de son dire. La notion d'activité indépendante est le nom que prend l'acte d'effectuation du philosophe ; elle signe le dépassement du fait de la représentation (la relation acte-passivité). Cette remontée à l'activité indépendante, nous l'avons effectuée progressivement ; tout d'abord en nous interrogeant sur la raison de mettre en relation nos deux termes (pourquoi, après tout, posons-nous qu'il est légitime par exemple de mettre en relation 2 et 5 et non pas « racine de deux » et « Pégase » ?), puis en dégageant la présupposition implicitement contenue dans cet acte de mise en relation, pour enfin nous demander qui effectuait cette relation et comment ? Ceci fait, il nous faut maintenant lier ensemble la relation acte-passivité et l'activité indépendante. En effet, l'exigence comprise dans le troisième principe est bien de penser ensemble, c'est-à-dire sans contradiction, l'une et l'autre des dimensions. Dans une proposition philosophique, ce qui est dit de la représentation (relation acte-passivité) ne doit pas contredire le fait de le dire (activité indépendante). La structure de l'opération de l'énonciateur ne doit pas invalider le contenu de ce qui est énoncé. Comment est-ce possible et à quelles nouvelles propositions et découvertes allons-nous aboutir?, c'est ce qu'il nous faut maintenant envisager pour comprendre comment la grammaire de l'effectuation est, indissolublement, doctrine de la vérité.

TROISIÈME PARTIE

LE LIEN ENTRE REPRÉSENTATION ET RÉFLEXION

CHAPITRE PREMIER

LA NÉCESSAIRE CONGRUENCE ENTRE L'EFFECTUÉ ET L'EFFECTUATION

SIGNIFICATION DE LA PROPOSITION[1]

Nous arrivons donc à la troisième proposition que nous devions étudier, accomplissement de la tâche qui nous était dévolue : lier, par la catégorie d'action réciproque, l'activité indépendante et la relation acte-passivité. Mais cette proposition s'est, de part nos analyses précédentes, considérablement complexifiée. En effet, les impératifs de la réflexion nous ont conduits à distinguer la forme de la proposition de sa matière. C'est pourquoi nous devons envisager chacun des termes (l'activité indépendante d'une part, la relation acte-passivité d'autre part) selon la forme et la matière. La proposition initiale : « la relation et l'activité qui en est indépendante doivent se déterminer mutuellement » se décompose, dès lors, en trois propositions :

> Alpha) L'activité indépendante par rapport à la forme de la relation, détermine l'activité indépendante par rapport à la matière de la relation et inversement; en d'autres termes, elles se déterminent réciproquement et sont composées synthétiquement.
>
> Bêta) La forme de la relation détermine la matière de celle-ci et inversement; en d'autres termes, elles se déterminent réciproquement et

1. « La relation et l'activité qui en est indépendante doivent se déterminer mutuellement » ; l'examen dure de la p. 68, ligne 27 à 72, ligne 17, point III (166 à 171).

sont composées synthétiquement. Dès lors, on peut expliquer et comprendre la proposition :
Gamma) La relation (comme unité synthétique) détermine l'activité indépendante (comme unité synthétique) et inversement; en d'autres termes, elles se déterminent réciproquement et sont composées elles-mêmes synthétiquement (p. 69, 166).

Ces trois propositions se subdivisent à leur tour chacune en trois autres propositions qu'il nous faudra étudier une à une :

α1) L'activité indépendante de la forme détermine l'activité indépendante de la matière. α2) L'activité indépendante de la matière détermine l'activité indépendante de la forme. D'où : α3) L'activité indépendante de la forme et l'activité indépendante de la matière se déterminent réciproquement.
β1) La forme de la relation détermine sa matière. β2) La matière de la relation détermine sa forme. D'où: β3) Elles se déterminent réciproquement.
γ1) L'activité comme unité synthétique détermine la relation comme unité synthétique. γ2) La relation comme unité synthétique détermine l'activité indépendante comme unité synthétique. γ3) L'activité indépendante comme unité synthétique et la relation comme unité synthétique se déterminent réciproquement.

Ces neuf propositions seront envisagées du point de vue de la causalité et du point de vue de la substantialité. Dix-huit propositions seront donc à développer. Au terme de ces analyses, nous aurons épuisé le problème posé par la théorie. Telle est la structure générale de tous les développements de la page 68 à 102 (166 à 217)[1]. Nous éluciderons dans ce chapitre la signification qu'il convient de conférer à cette combinatoire, pour reprendre dans les chapitres suivants les propositions alpha, bêta, gamma du point de vue de la causalité, puis du point de vue de la substantialité.

Comme nous le constatons, l'ensemble de ces développements est rythmé par la distinction forme et matière. Qui de la forme ou de la matière détermine l'autre ? Telle est la question la plus générale que Fichte pose ici. Dans deux cas de figures (alpha, bêta), il s'agit d'établir d'abord le primat de la forme sur la matière (première proposition de chacun des groupes), puis le primat de la matière sur la forme (deuxième proposition), pour enfin accéder au juste point de vue: l'une et l'autre se déterminent réciproquement (troisième proposition). Il convient donc, pour ne pas se laisser

1. La partie théorique ne s'achève, certes, pas à cette page, puisque lui succède la déduction de la représentation. Mais cette déduction, comme le note Fichte, n'apporte pas d'éléments nouveaux au problème, mais réfléchit au *Factum* que l'analyse philosophique nous a permis de découvrir. Le problème posé : « le Moi se pose comme déterminé par le Non-Moi » est donc résolu au terme de la p. 102 (217). Les pages suivantes (jusqu'à 121, 246) récapitulent « en sens inverse » le chemin parcouru.

submerger par l'indéniable aridité de tous ces développements, d'établir tout d'abord la signification et l'enjeu philosophique de la reformulation du débat en terme de primat de la forme sur de matière, pour ensuite déterminer son sens particulier lorsqu'elle s'applique à la relation acte-passivité, et, enfin, comprendre le plus difficile, à savoir la signification du primat de la forme sur la matière et de la matière sur la forme dans le cas de l'activité indépendante[1].

ENJEU DE LA QUESTION DE LA RELATION ENTRE FORME ET MATIÈRE

Savoir qui de la forme ou de la matière a la préséance sur l'autre, c'est déterminer si la connexion est condition de la signification des éléments ou inversement, les éléments, condition de la connexion. Est-ce la « nature » des éléments eux-mêmes qui détermine la forme de la proposition, ou au contraire la manière de mettre en relation qui confère signification aux éléments qui, pris séparément, en seraient dépourvus ? Lorsque la matière aura le primat sur la forme, nous aurons une position réaliste. Lorsque la forme aura le primat sur la matière, nous aurons une position idéaliste. La troisième position est évidemment le juste point de vue qui, dépassant l'opposition, montre comment nous « ne devons pas nous contenter d'un seul terme »mais « nous oblige à poser en même temps l'un et l'autre terme, parce que l'on voit que l'un est incomplet sans l'autre » (p. 69, 167).

Il convient de noter tout d'abord que la querelle de l'idéalisme et du réalisme se reformule finalement à partir de l'opposition entre forme et matière. Initialement partis de l'opposition entre un Moi divisible et un Non-Moi divisible, qui semblait entièrement subsumer le point de vue de l'idéalisme et du réalisme, nous parvenons maintenant à l'idée que l'opposition de la forme et de la matière est, fondamentalement, ce qui structure les différents points de vue philosophiques. Deux raisons qu'il convient de bien comprendre sont à l'origine de cette reformulation de la classique opposition entre sujet et objet en opposition entre forme et matière.

Il y a une raison historique tout d'abord, puisque à partir de Kant la question de la relation sujet-objet tend à se transformer. Avec Descartes et la philosophie du XVIIe siècle, le problème de la représentation se posait en termes de confrontation d'un sujet subsistant et d'un objet existant en dehors de celui-ci. Il s'agissait de mettre en relation ces deux « entités » extérieures l'une à l'autre. Le propre du criticisme est d'avoir rompu avec

1. Nous inversons ici l'ordre du texte. Fichte commence par élucider le sens général de la relation forme-matière dans le cas de l'activité indépendante (alpha p. 69, p.167), puis dans le cas de la relation acte-passivité (bêta, p. 70, p. 168). Nous nous autorisons cette unique inversion, dans la mesure où il nous semble que le point bêta, correspondant à un problème plus classique, est plus facilement saisissable.

cette conception de deux substances existant séparément; l'opposition est devenue interne à la représentation. C'est cette intériorisation du sujet et de l'objet qui fait la spécificité du criticisme. C'est pourquoi en passant de la définition du réalisme et de l'idéalisme, sur la base du Moi et du Non-Moi, à une définition à partir des concepts de forme et de matière, Fichte entend s'élever à une définition supérieure de l'idéalisme et du réalisme. Ce qui le prouve, c'est le fait que, dans les développements suivants, les positions de l'idéalisme et du réalisme seront exemplifiées par la philosophie de Kant et des post-kantiens. Alors que, antérieurement à la distinction de la matière et de la forme de la proposition, le réalisme et l'idéalisme étaient incarnés par des philosophes du XVIIe (Spinoza et les leibniziens), maintenant ils le seront par des philosophes critiques, Kant et les premiers post-kantiens. Fichte qualifie d'idéalisme et de réalisme qualitatif la philosophie du XVIIe, et de réalisme et d'idéalisme quantitatif les différentes versions du criticisme. Il convient donc de bien comprendre que par cette indexation de l'opposition du réalisme et de l'idéalisme sur l'opposition matière-forme, nous sommes passés à une détermination supérieure et encore plus précise des différentes figures du penser philosophique.

Mais, plus profondément, la question de savoir qui de la forme ou de la matière a le primat sur l'autre a évidemment une extension beaucoup plus large que la question de savoir qui de l'objet ou du sujet est le plus originaire. Comme nous l'avons vu précédemment, la distinction matière-forme vaut pour tous les jugements, pour toute proposition, qu'elle soit pratique, théorique, esthétique, etc. L'universalité de ces concepts permet de dépasser le seul problème de la représentation pour accéder à la question de la structure de tout savoir. De surcroît, cette reformulation en termes de forme et de matière permet d'éviter les pièges de la réification, toujours possible lorsque nous opposons un sujet à un objet; elle permet, en outre, de repenser la question de l'évolution de Fichte. La *WL* de 1801 est traditionnellement considérée comme en totale rupture avec la *WL* de 1794, parce qu'elle paraît d'emblée abandonner les concepts de Moi et de Non-Moi, de sujet et d'objet. Or, l'opposition qui structure la *WL* de 1801, c'est l'opposition de la forme et de la matière. C'est par elle qu'elle commence, c'est à sa résorption qu'elle vise. Si l'on considère que la *WL* de 1794 reformule ici l'opposition sujet-objet à partir de l'opposition forme-matière, la rupture entre les deux textes est de fait beaucoup moins spectaculaire qu'il n'y paraît habituellement.

Plus encore, la solution que Fichte propose, le refus du primat de l'un sur l'autre, constitue l'axe sur lequel reposera l'ensemble de sa philosophie. Il ne s'agit pas, en effet, de récuser telle position (le réalisme) et son contraire (l'idéalisme) pour conclure, à l'instar de Jacobi, à l'impuissance de la pensée, mais de proposer une réelle solution dont la fécondité se révélera en tous les domaines, y compris celui des « disciplines particulières ». Ainsi, nous savons d'emblée que, dans la philosophie politique, morale, juridique de Fichte, il ne saurait y avoir de primat de la relation (forme) sur la matière; concrètement dit, l'idée que l'intersubjectivité (relation) est condition de possibilité de la subjectivité est d'ores et déjà impossible, car cela serait faire fi de la thèse la plus générale développée ici par Fichte : il n'y a pas de primat de la forme sur la matière et de la matière sur la forme. Si on acceptait de lire l'ensemble de l'œuvre à la lumière des rapports les plus universels développés dans la *GWL*, bien des débats (celui de l'évolution), bien des thèses (autrui comme condition de la conscience), bien des questions (celle de l'incohérence politique de l'auteur) pourraient être envisagés sous un autre aspect. L'enjeu de la question du primat de la matière sur la forme est donc clair : il s'agit de la caractérisation de la structure la plus universelle du savoir, structure qui peut servir de fil conducteur pour lire l'ensemble de la philosophie de Fichte. Il nous faut maintenant comprendre ce que signifie cette distinction dans le cas de la relation acte-passivité, puis dans le cas de l'activité indépendante.

LA RELATION DE LA FORME ET DE LA MATIÈRE DANS LE CAS DE LA REPRÉSENTATION [1]

« La forme de la relation et la matière de celle-ci doivent se déterminer réciproquement. » Pour clarifier la signification générale de cette proposition Fichte écrit :

> Le mouvement de la relation est celui des termes eux-mêmes. L'enchaînement (*Eingreifen*) mutuel des deux termes, l'un en et par l'autre, est la forme ; l'activité et la passivité qui surgissent immédiatement en chaque terme dans cet enchaînement et cet être enchaîné constituent la matière de la relation. Afin d'être brefs, nous la nommerons le rapport réciproque des termes.

L'enchaînement, c'est le procédé par lequel nous mettons en relation un terme x avec un terme y. Ainsi, dans la proposition 5+7=12, nous lions, par une opération (l'addition), deux termes, qui, pourvus d'un contenu, constituent « l'être enchaîné ». De la même façon, dans la relation acte-passivité, nous avons un procédé de mise en relation qui met en rapport deux contenus : l'acte et la passivité. Savoir si les termes ont un sens en soi (indépendamment de leur mise en relation) ou s'ils ne prennent sens que par la relation, c'est, appliqué à la relation acte-passivité, poser très précisément le problème au niveau de la connaissance d'objet, ou plus précisément encore, au niveau du sujet en posture de connaissance d'objet. C'est, si l'on

1. P. 70, ligne 8, à p. 71, ligne 7 (168 à 169).

veut, le problème de la connaissance scientifique, ou même commune, en ce que toutes deux sont des connaissances objectivantes : le sujet est face à un objet qu'il considère comme autre que lui. Comme nous l'avons vu, la relation acte-passivité est la formule générale de la représentation comme connaissance objective, comme mouvement de l'esprit vers l'extérieur. Dès lors, la question ici se laisse formuler simplement de la manière suivante : dans la connaissance d'objet, qui de la forme ou de la matière a le primat sur l'autre? Ce dilemme entre forme et matière, nous pouvons le décliner à tous les stades de la connaissance objective envisagés par Kant dans la *Critique de la raison pure*. Si nous posons la question au niveau de la perception la plus concrète, nous obtiendrons le dilemme suivant : ou bien la succession du réel est à l'origine de la relation que nous établissons entre les différents éléments, ou bien c'est la mise en relation qui ordonne un réel, en lui-même informe. Dans le premier cas, la matière détermine la forme, dans le second, la forme détermine la matière. Dans le premier cas, nous obtenons la position de l'empirisme classique traditionnel, pour qui la succession des perceptions est à l'origine de l'ordre des idées; dans le second cas, nous obtenons évidemment un idéalisme pour lequel c'est la forme de la pensée qui coordonne le divers de la sensation. Si nous nous plaçons à un niveau plus général, nous obtenons l'alternative suivante : ou bien ce sont les objets qui indiquent en quel sens nous devons les ranger (lequel est cause; lequel, effet); ou bien c'est la structure de la rationalité qui assigne à chaque objet sa place. La catégorie de causalité par exemple relie deux objets distincts. Est-ce la forme (l'entendement, la notion subjective) ou sont-ce les objets eux-mêmes qui, de part leur contenu propre, nous permettent de dire lequel est cause, lequel effet? Ainsi formulée, la question correspond bien évidemment à la troisième synthèse envisagée par Kant, celle de la récognition dans le concept.

Si maintenant nous pensons le problème à son niveau le plus global, nous constatons qu'il se peut exprimer par le dilemme entre ce qui est donné et le sujet transcendantal. A ce niveau, la question se formule ainsi : le donné est-il nécessaire pour que se constitue un sujet, ou au contraire le champ de l'expérience est-il produit par le travail de la subjectivité? Nous restons ici à l'intérieur du champ de la représentation; le sujet n'est rien d'autre que le sujet représentant, c'est-à-dire le sujet en tant qu'il est en posture de connaissance d'objet. Dans ce cadre, si l'acte, par lequel le Moi se distingue de ce qui n'est pas lui, ouvre le champ de l'expérience, alors la forme est déterminante. A l'inverse, s'il y a un champ préalable unifié pour qu'un Moi et un Non-Moi se partagent ce champ, alors la matière aura le primat sur la forme. On objectera sans doute que chez Kant les deux sont indissolublement liés, que ce faisant leur opposition est artificielle. Fichte en convient puisque, en parfait lecteur de la *Critique*, il classera Kant au sein de la troisième proposition, à savoir : la forme et la matière de la relation se déterminent réciproquement. Néanmoins, il nous est loisible, tout en restant à l'intérieur du kantisme, d'illustrer ce débat, car il correspond à des interprétations possibles de Kant. La première interprétation serait celle d'un Kant comme représentant d'un idéalisme subjectif. L'information (ou mise en forme) par le sujet serait condition de l'expérience possible. La deuxième pourrait être illustrée par la position de Heidegger. Certes, Heidegger se détache de la problématique de la chose en soi, il n'en demeure pas moins, à notre sens, que pour lui, le partage sujet-objet se fait sur la base d'un « donné » préalable, qui n'est pas le fruit de la spontanéité du sujet. Pour Heidegger, en effet, la subjectivité n'est pas une instance hors du temps et qui le constituerait[1]. Au contraire, la constitution du sujet, et sa séparation corollaire d'avec l'objet, n'est possible que par un lieu plus originaire qui est le temps. Le sujet se constitue en sujet – et l'objet est constitué en objet – à partir d'un lieu qui n'est ni l'un ni l'autre. La temporalité n'est pas le résultat de la subjectivité, mais la précède et la permet. Pour cette seconde interprétation, la matière est très clairement déterminante par rapport à la forme : originairement il y a le temps, sorte de continuum préalable, et c'est à l'intérieur de ce champ que s'effectue le partage sujet-objet.

Sur la base de ces illustrations, nous sommes donc en mesure de comprendre la question apparemment absconse du primat de la forme et de la matière dans la relation acte-passivité. Nous restons ici à l'intérieur de la représentation, c'est-à-dire de la question de la connaissance de l'objet. Il s'agit très précisément de déterminer quelle est la part de la forme et de la matière lorsque nous nous attachons à caractériser l'objet. Le but est d'élucider la relation entre sujet et objet en tant que cette relation est considérée à partir de la connaissance d'objet. Pour le dire en termes de direction d'esprit, il nous faut étudier le mouvement de l'esprit qui se tourne vers l'objet; en un mot, l'intentionnalité en tant qu'elle est visée d'un autre qu'elle-même. Cela compris, nous pouvons maintenant étudier la signification de l'autre niveau.

1. Rappelons que, pour Heidegger, il existerait, chez Kant, une temporalité originaire (*Urzeit*) qui permettrait la constitution du sujet lui-même. Le sujet kantien serait dérivé d'une temporalité préalable. Ce qui nous importe dans le dispositif interprétatif de Heidegger, c'est l'idée qu'il y a un champ préalable (matière), à partir duquel se constituerait le sujet (forme). Cette précision montre une fois encore que le débat forme/matière excède (en même temps qu'il l'englobe), le débat sujet/objet, réel/entendement, sensation/jugement.

LA RELATION DE LA FORME ET DE LA MATIÈRE DANS LE CAS DE LA RÉFLEXION[1]

> L'activité qui doit déterminer la **forme** de la relation **en tant que telle**, est un **passage** (*Uebergehen*) de l'un des termes compris dans la relation à un autre, **en tant que** passage; (non comme acte en général) – l'activité qui détermine la **matière** de la relation, est l'activité qui pose dans les membres de la relation ce par quoi il est possible de passer de l'un à l'autre.

Expliquons tout d'abord les termes pour mieux saisir la signification et la portée générale de la distinction. Dans le chapitre précédent, nous avons vu que la forme est, du point de vue de la causalité, un transfert (un poser par un non-poser), du point de vue de la substantialité une aliénation (un non-poser par un poser). Le passage est ici la structure commune à ces deux opérations. Que l'on soit causaliste ou substantialiste, l'opération du philosophe consiste, dans l'un et l'autre cas, à aller d'un terme à l'autre. Seule diffère la direction (du non-poser au poser ou à l'inverse du poser au non-poser), mais l'acte commun est bien le passage. Il s'agit donc ici de caractériser, en sa forme la plus pure, ce que *fait* le philosophe lorsqu'il dit l'essence de la représentation.

En ce qui concerne la matière de l'activité indépendante, sa claire élucidation semble, au premier abord, poser plus de problèmes, à tel point que les rares interprètes qui en font mention ou la soupçonnent dénuée de sens ou l'oublient dans le cours de leurs développements. Pourtant, les analyses précédentes ne peuvent laisser aucun doute sur ce dont il est question. La matière de l'activité indépendante, comme nous l'avons vu précédemment, c'est soit le Non-Moi (point de vue de la causalité), soit l'imagination (point de vue de la substantialité). C'est donc la raison de relation entre les termes. C'est ce qu'indique sans ambiguïté Fichte qui rappelle: « Cette dernière activité (activité qui détermine la matière) nous fournit le terme X cherché plus haut ». La matière de la relation est donc, conformément à ce que nous avons vu précédemment, le fondement ou la condition de la relation acte-passivité. En d'autres termes, la matière de l'activité indépendante est ce qui est donné par le philosophe comme la condition de la représentation. Dans l'activité indépendante, ce que fait le philosophe (l'acte de passer d'un terme à un autre) est lié à ce qu'il dit (le contenu de son discours, c'est-à-dire: « la raison de relation entre les termes de la représentation, c'est le Non-Moi ou l'imagination »).

Illustrons ce propos général par l'exemple suivant: Kant, en tant que philosophe, pense une relation acte-passivité, c'est-à-dire s'interroge sur

1. P. 69, ligne 16 à p. 70, ligne 8 (167 à 168).

l'essence du représenter. A la question: comment une représentation objective est-elle possible? il répond: par l'imagination transcendantale. L'imagination transcendantale est la raison de relation entre les deux termes de la représentation, l'activité qui, chez Kant, est l'entendement et la passivité qui correspond à l'intuition; ces deux termes liés ensemble produisent une connaissance d'objet, un sujet représentant. Le philosophe réfléchit sur cette activité de l'imagination. La raison de relation est la matière de l'acte du philosophe, c'est-à-dire l'imagination est le contenu du discours du philosophe. Sa réflexion n'a pas la même structure que ce sur quoi il réfléchit. La forme désigne son opération de réflexion. La relation forme-matière dans le cas de l'activité indépendante est donc une interrogation sur le rapport entre l'acte du philosophe et le contenu de sa philosophie, la relation entre ce qu'il dit et ce qu'il fait en le disant.

Ce mouvement que nous pouvons repérer chez Kant, nous l'avons nous-mêmes effectué en tant que lecteur de la *GWL*. En effet, à partir du troisième principe, nous avons dégagé une relation acte-passivité (formule générale de la représentation). Nous avons ensuite réfléchi à cette relation. Nous nous sommes demandés, tout d'abord, quelle était la raison pour laquelle nous mettions l'acte et la passivité en relation. Ceci était donc la matière de notre réflexion, littéralement ce sur quoi nous réfléchissions. De cette matière, nous nous sommes élevés à la forme en posant la question suivante : lorsque nous réfléchissions sur la raison de relation, quelle était la structure de notre opération et qui la faisait ? Maintenant, nous devons nous demander quel est le lien entre la structure de notre acte (le passage) et le contenu de notre dire (ce que nous donnons comme la condition de possibilité de la relation). Tel est le chemin que nous avons parcouru en tant que lecteur et qui délivre la signification concrète de la relation forme-matière lorsqu'elle est appliquée à l'activité indépendante. Le philosophe réfléchit sur « des modalités d'observation » ; la structure de cette réflexion, ainsi que sa relation avec ces « modalités », doit aussi être thématisée. Si, dans le cas de la relation acte-passivité, la forme était la connexion et la matière les éléments de la relation, dans le cas de l'activité indépendante, la forme sera l'acte du philosophe et la matière le contenu de cet acte, soit ce sur quoi il réfléchit (la condition de la représentation). Le deuxième niveau peut donc être rigoureusement lu comme l'interrogation portant sur la relation entre le contenu propositionnel et la force illocutoire. Dans un dialogue philosophique, nous pouvons contester un contenu propositionnel tel que « la pensée a pour fondement son autre » – le Non-Moi –, ou bien elle a sa condition dans l'imagination, mais nous pouvons également, en un second temps, interroger le relation entre ce que dit le philosophe et ce qu'il fait.

Au terme de cette élucidation, nous sommes donc confrontés à deux séries distinctes, dont il nous faut fixer l'exacte différence pour, au terme de cette étude, être à même d'en penser la relation.

Les différences entre les deux séries

Nous trouvons tout d'abord une différence de niveaux. En effet, la première série, celle de la relation acte-passivité, élucide le rapport entre forme et matière lorsque nous sommes dans l'attitude de la connaissance d'objet. Soit une représentation quelconque, celle d'un mur. Le premier stade de la connaissance sera de caractériser ce mur. Il est jaune (qualité), il mesure tant (quantité), il est en relation avec x, etc. Si, me détachant de ce contenu, je réfléchis à cette représentation, je puis tenter de distinguer, à l'intérieur de cette représentation, ce qui appartient à la matière et ce qui appartient à la forme. Je puis, si je suis les enseignements de Locke, tenter de montrer que les qualités (jaune, dur, etc.) constituent la matière de la connaissance, matière qui est l'affection de la chose sur la sensibilité. Mais je puis tout aussi bien, si je relis le chapitre sur les « Anticipations de la perception », décréter que la matière du phénomène est construite et non donnée. Ce premier niveau est le niveau de la pensée de la connaissance d'objet; c'est l'interrogation sur l'essence de la représentation objectivante. Quelle est dans ma connaissance du mur la part de la forme et celle de la matière ? Telle est la signification ultime de la première série. La seconde série n'a jamais été thématisée comme telle et en cela Fichte innove totalement. Il s'agit ici de réfléchir le discours du philosophe. Lorsque le philosophe caractérise l'essence de la représentation comme étant X (l'imagination, la passivité), il faut distinguer le contenu de sa proposition et l'acte qui la permet. La question n'est plus de savoir ce qu'est la représentation (détermination d'essence), mais la question est: « Qui la pense et comment? » L'activité indépendante est donc, au sein de la *GWL*, le nom que prend le problème du statut du discours du philosophe, que Fichte caractérise ici en termes de réflexion sur la réflexion ou de réflexion réfléchissante, et que nous pourrions appeler la réflexivité.

De cette différence de niveau découle la différence des problèmes envisagés dans chacune de ces séries. Dans le premier cas, il s'agit de caractériser la structure du représenter, dans le second de penser la structure de « la réflexion sur la réflexion », ou réflexivité. Si nous prenons pour exemple Kant en tant qu'il écrit la *Critique de la raison pure*, nous savons que pour ce faire il met en œuvre des procédures qui ne peuvent être les mêmes que celles qu'il décrit (les catégories, l'intuition), qui sont celles de la conscience représentante ou conscience scientifique. Ce problème est l'exacte traduction de la différence entre relation acte-passivité et activité indépendante au sein de la *GWL*.

Ceci nous permet de thématiser une troisième différence, à savoir celle des types de consciences envisagées. Dans le premier cas, le sujet est le sujet comme sujet représentant. Se représenter un objet consiste à penser un X quelconque comme n'étant pas soi. Le sujet représentant est lié à un autre que lui-même et c'est par cette liaison à son autre qu'il peut se dire sujet. Le sujet dans la relation acte-passivité est le sujet auquel s'est arrêté Kant dans la *Critique de la raison pure*; Reinhold en a exprimé l'exacte nature par son « fait de la représentation » : « dans la représentation, le sujet représentant se distingue de l'objet représenté »; il s'en distingue en même tant qu'il lui est lié, puisque sans objet représenté, il n'y a pas de sujet représentant, et réciproquement. Dans le second cas, il s'agit d'un sujet en tant que comprenant ses propres opérations, c'est-à-dire en tant que se comprenant lui-même. Fichte a, par la suite, exprimé cette différence par une métaphore newtonienne qui passe à tort pour énigmatique ou arbitraire : celle de la force centrifuge et de la force centripète de l'esprit. La signification en est pourtant simple puisqu'il ne s'agit que de caractériser les directions que peut prendre l'esprit : soit le mouvement vers un autre, comme intentionnalité; soit le mouvement vers soi, comme réflexivité. Ce mouvement vers soi, loin d'être défini psychologiquement comme opération singulière et privée, mystérieux retour de la conscience sur elle-même, est pensé rigoureusement dans la *GWL* comme relation entre l'acte du philosophe et ce qu'il dit de la représentation. La conscience objectivante, ou sujet représentant, procède à la constitution de l'objet grâce au schématisme. La conscience philosophique, ou sujet réfléchissant, procède à l'explication du schématisme en comprenant l'acte de l'imagination comme relation. Cette compréhension mobilise d'autres actes que ceux à l'œuvre dans la constitution de l'objet. Ce faisant, la première conscience a affaire à un objet (ou à une passivité), la seconde à un acte de la conscience (par exemple ici le schématisme). Sujet représentant, sujet réfléchissant, représentation et réflexion, telle est la signification ultime de la différence entre la relation acte-passivité et l'activité indépendante.

Si nous anticipons sur nos analyses futures (l'un des derniers moments de la synthèse de la substantialité), nous pouvons tout aussi bien penser cette différence en termes de facultés. Dans le cadre de l'activité indépendante, la relation envisagée serait la relation entre l'abstraction comme acte du philosophe (forme), et le « j'imagine » (matière); dans le cas de la relation acte-passivité, il s'agira de la relation entre le « j'imagine » (forme), et le « je sens » (matière). La sensation en effet, dans le cadre de la substantialité, sera l'aspect que prendra la passivité, puisqu'il ne saurait exister, pour ce point de vue où l'on ne sort jamais du sujet, d'extériorité radicale. Le premier rapport est le rapport entre raison et imagination, le second est le rapport entre imagination et sensation. L'activité indépendante en tant que relation entre raison et imagination est, nous dira Fichte, l'*Urteilskraft*, la faculté de juger[1]. En termes de facultés, nous obtenons donc les équivalences suivantes : l'activité indépendante comme unité de la forme et de la matière se donne comme unité de la raison et imagination. La relation est l'*Urteilskraft*; la relation acte-passivité comme unité synthétique de la forme et de la matière se donne comme l'unité de l'imagination et sensation. Leur union conduit à la représentation d'un objet sensible.

En termes de facultés, notre enquête nous conduira donc à déterminer toujours plus précisément la structure de l'*Urteilskraft* et la structure de la représentation.

RÉSULTATS : GRAMMAIRE DE L'EFFECTUATION ET DOCTRINE DE LA VÉRITÉ

Cette double élucidation de la signification de la relation de la forme et de la matière dans le cas de l'activité indépendante et dans le cas de la relation acte-passivité permet de comprendre comment la *GWL* surmonte, pas à pas, les impasses d'un savoir uniquement spéculaire. Savoir n'est plus voir ou décrire un objet que l'on aurait sous les yeux mais dégager puis articuler l'ensemble des actes impliqués dans un processus cognitif quelconque; dans tout savoir, il y a ce «que l'on dit» et ce que nous « présupposons pour pouvoir le dire ». La vérité réside dans la cohérence ou congruence entre ces deux dimensions du savoir. On ne peut dire n'importe quoi ni mettre en relation n'importe comment deux termes que l'on prétend lier. Dégager puis appliquer les règles qui président à l'élaboration d'une mise en relation vraie, tel est ce à quoi nous conduit l'analyse présente. Cette analyse nous fournit un élément supplémentaire[2] pour récuser la thèse de D. Henrich selon laquelle Fichte, bien que soucieux au départ de penser la réflexion, retomberait dans les impasses d'un sujet purement représentant, d'une conception du savoir comme objet vu par un sujet qui voit. On peut, certes, comme le fait D. Henrich mettre en lumière telles ou telles expressions de Fichte, par lesquelles il semble retomber dans les impasses de l'objectivation[3], mais on ne saurait invalider par là la structure

1. L'*Urteilskraft* est donnée, dans la déduction de la représentation, comme la médiation entre imagination et raison. A. Philonenko, dans cette page (*O.C.P.P.*, p. 118), prévient qu'il traduira *Urteilskraft* par «jugement», ce qui a pour inconvénient de ne pas faire apparaître cette faculté dans le texte français. A l'avenir, nous écrirons donc ce terme en allemand.

2. Rappelons que le premier élément de réponse était fourni par la thèse de l'autoréférentialité (voir notre première partie, chap. IV.)

3. D. Henrich relève les expressions équivoques, telles celles de la *Nova methodo :* « l'œil qui se voit lui-même », ou encore les quelques fois, surtout en ses débuts (93-94) où Fichte emploie l'expression de « représentation de représentation ». Ces quelques occurrences sont

précise qu'il met en place ici. L'analyse de cette structure nous rapproche de plus en plus de la claire thématisation de la différence entre réflexion et représentation, nous mettant à même ainsi de penser la vérité de leur relation, c'est-à-dire de dégager de plus en plus précisément la matrice d'une proposition vraie.

Cette signification générale comprise, il nous faut maintenant envisager la solution du point de vue de la causalité et du point de vue de la substantialité. Comment doit-on appliquer cette vérité de la relation comme congruence entre l'effectué et l'effectuation si nous prenons comme référentiel le Non-Moi (point de vue de la causalité), puis si nous prenons comme référentiel le Moi (point de vue de la substantialité) ? Que doit dire chacun des points de vue pour être vrai et non plus auto-contradictoire ? Pour le comprendre, nous consacrerons, tout d'abord, trois chapitres à la synthèse de la causalité : dans le premier, nous étudierons ensemble la structure du réfléchir et du représenter, c'est-à-dire les solutions du groupe α (structure du réfléchir) et β (structure du représenter) ; puis, nous envisagerons les fausses mises en relation du représenter et du réfléchir, enfin nous analyserons la solution de γ 3, qui aboutit à l'idéalisme critique comme position vraie dans le cadre de la causalité.

certes attestées mais il n'en demeure pas moins que l'ensemble des démonstrations, par la distinction entre représentation et réflexion, va dans le sens inverse. Faut-il accentuer ces quelques expressions de Fichte, comme le fait l'interprète, pour démontrer l'échec de la tentative ? Nous ne le pensons pas. La précision de la distinction entre la relation acte-passivité et l'activité indépendante dès la *GWL* permet de dépasser la littéralité de certaines métaphores.

CHAPITRE II

LA STRUCTURE DU RÉFLÉCHIR ET DU REPRÉSENTER DANS LE CADRE DE LA CAUSALITÉ

LES DIFFÉRENTES CONCEPTIONS DE LA RÉFLEXIVITÉ [1]

L'activité indépendante selon la forme était, dans le cadre de causalité, le poser par un non-poser, le transfert; la matière de l'activité indépendante était le Non-Moi. Nous obtenons le schéma suivant :

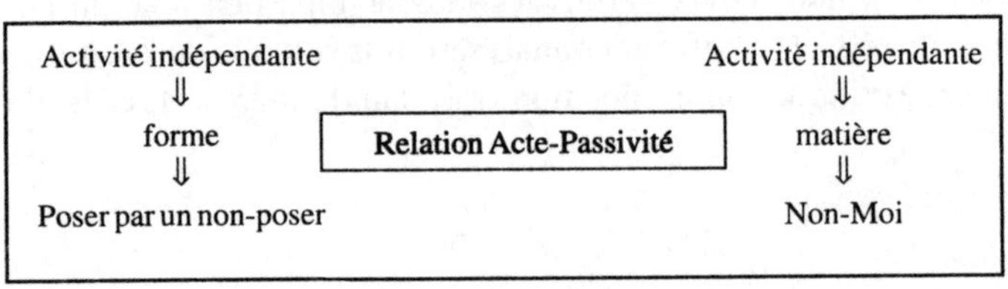

La solution de l'idéalisme et du réalisme

La « première proposition : l'activité selon la forme détermine l'activité selon la matière » signifie que le Non-Moi n'est actif que dans la mesure où il est posé comme tel par le Moi. La nature du Non-Moi (matière) dépend de l'acte du Moi (le transfert du philosophe). Plus précisément encore, ce que le philosophe donne comme condition de la représentation n'est rien d'autre que le résultat de son transfert. Il est assez simple de fournir une analogie concrète de ce dispositif par la manière dont Feuerbach analyse le geste de l'homme croyant. Le Non-Moi (Dieu) est posé par l'homme (acte de poser), et c'est cet acte de position qui confère sa nature à Dieu. Dans ce cadre, Dieu est le produit du transfert de l'homme croyant. La matière n'est telle que par l'acte de position, Dieu n'est fait que par l'homme. Nous obtenons clairement le versant idéaliste de la proposition puisqu'on part de l'acte de position comme origine du positionné : « Le Non-Moi n'est actif que dans la mesure où il est posé comme actif par le Moi. »

Inversement, si « la matière détermine la forme », alors l'activité du Non-Moi (la raison réelle) doit déterminer l'activité du Moi, c'est-à-dire le

1. Examen du groupe alpha : p. 72, l. 18 à p. 77, l. 10 (171 à 178).

geste du philosophe : « Le Non-Moi fonde le non-poser. » C'est parce qu'il y a affection par le Non-Moi que je puis dire la passivité. Pour prendre une illustration concrète, en restant dans le registre des métaphores religieuses, nous aurions la théorie de la grâce ou de l'appel divin ; c'est parce que Dieu appelle Abraham que celui-ci se met en mouvement, ou pour le dire autrement, c'est l'appel qui détermine ce que je suis ou plus précisément encore ce que je dis. L'autre ici devient la condition de la structure de mon acte de philosophe. De multiples exemples philosophiques peuvent remplir cette figure : « l'interloqué » de J.L. Marion[1] qui répond à un appel qui le constitue comme récepteur et non comme acteur. Mais dans la mesure où nous nous situons dans le cadre du discours philosophique et de l'interrogation sur la condition du geste du philosophe, il semblerait que ce soit la conception de Heidegger selon laquelle le langage du philosophe est langage de l'être qui conviendrait le mieux ici. C'est l'être qui se dit dans la langue et non le philosophe qui dit l'être : « ce faisant il *<l'être>* conditionne l'activité de la forme *<le dire du philosophe>* ». Dans ce cadre, l'acte du philosophe est écoute, recueillement (au sens de ce que l'on recueille), quasi-écho ou réverbération d'un donné préalable. Tel est le remplissement concret que nous pouvons proposer de la formule : « pas d'activité du Non-Moi, pas de poser par un non poser ». Position qui évidemment correspond à une conception réaliste du discours du philosophe puisque le philosophe assigne une origine extérieure à sa propre parole.

La juste position : α 3

« Il faut considérer ces deux propositions comme une et même. » Il s'agit de ramener ici les deux termes à l'identité de l'acte et non de les médiatiser par un autre terme. Forme et matière ne peuvent être sursumées en un troisième terme mais sont les deux faces, envers et endroit, d'un même acte : « La première ne fonde pas l'autre ni n'est fondée par celle-ci : elles sont en effet identiques » (p. 73, 173). Pourquoi ? Parce que « le Moi ne pose pas quelque chose en soi et le Moi pose quelque chose dans le Non-Moi sont un seul et même acte ». En effet, ne pas poser, c'est, en fait, poser dans une autre sphère. Puisque le Moi est toujours posant, son « ne pas poser » revient à ne pas poser en soi, donc à poser ailleurs (dans le Non-Moi). Ainsi Fichte réduit, dans ce passage, la raison réelle à la raison idéale, le Non-Moi à la passivité du Moi : « il est possible de poser une passivité du Moi à la place de l'activité du Non-Moi ». L'accès au Non-Moi n'est possible que par le non-poser en soi. « Je ne pose pas X » signifie « je pose X dans le Non-Moi ». Le non-poser, lorsqu'il s'agit du Moi, est toujours un poser :

1. Voir sur ce point, « L'interloqué », *Confrontation*, cahier n° 20.

> Dire que le Moi ne pose pas quelque chose dans le Moi ne signifie pas : le Moi n'est pas en général posant : <*car cela serait contraire au premier principe ; la vérité du premier principe est à nouveau ici le ressort de la démonstration*>. Il est à la vérité posant puisqu'il le pose comme négation. <*Le Moi pose toujours, mais il peut poser comme autre que lui. Toute négation est position.*>

Pour le dire autrement : le Non-Moi n'est donné comme cause que pour autant que la passivité a été constatée. Dire le « Non-Moi est cause » (raison réelle) et dire « je suis passif » (raison idéale) sont non pas deux actes distincts où l'un serait condition de l'autre mais un seul et même acte : ne pas poser en soi = poser dans un autre, et poser dans un autre = ne pas poser en soi. Le Non-Moi est donc bien la passivité du Moi. Au terme de cette analyse, notre schéma de départ s'est donc modifié ; il devient :

Activité indépendante selon la forme = Poser par un non-poser	Activité indépendante selon la matière = Passivité

L'impossible interrogation sur l'origine

Même au sein de la causalité, nous ne saurions parler d'une extériorité pure et agissante :

> Il s'ensuit qu'il n'est pas possible de répondre en général à la question : quel est le fondement de la passivité dans le Moi, et qu'il est surtout impossible d'y répondre en présupposant une activité du Non-Moi comme chose en soi.

Nous avons montré l'indissolubilité du lien entre « ne pas poser » et « poser à l'extérieur de soi dans un Non-Moi ». Cette indissolubilité nous interdit de poser dans les termes traditionnels la question du fondement comme origine. Telle est la conséquence la plus importante de cette réduction du Non-Moi (matière) à la passivité du Moi. Il n'y a pas de matière qui serait origine de la forme, il y a simplement la forme dès que je pose la matière et réciproquement. Forme et matière sont bien les deux faces d'un même acte.

L'activité indépendante est la réflexion du philosophe. Les termes « Moi » et « Non-Moi », que Fichte utilise ici sont, d'une part, l'acte de transfert (forme) et, d'autre part, la passivité (matière). Ce qui signifie que l'acte de transfert et la passivité sont les deux versants d'un même acte. Il y a transfert parce qu'il y a passivité et passivité parce qu'il y a transfert ; on ne peut penser le transfert qu'en fonction de la passivité et la passivité qu'en fonction du transfert. Le premier membre de l'alternative est simple à comprendre : c'est à partir du manque en Moi (ne pas poser) que je pose un

Non-Moi comme cause du manque. L'acte de transfert suppose donc la passivité. Le second, plus subtil, signifie que la passivité n'est passivité que par l'acte du philosophe. La passivité n'apparaît comme passivité que lorsque le philosophe la pose comme telle. La passivité ou la finitude n'est telle que posée par le philosophe. La passivité pure, la limite absolue n'est pas pensable dans la mesure où nul ne pourrait la dire : « Il n'est pas de pure passivité dans le Moi » (p. 76, 177) puisque à chaque fois le philosophe pose, par un acte, cette passivité comme passivité. Nous ne « sommes » pas finis, nous nous « disons » finis, et ce dire est un acte. Dans la position de la passivité, on peut entendre le terme « position » comme on peut entendre le terme « passivité ». Se dire passif, c'est ouvrir un espace de non-passivité; c'est toujours et indissolublement postuler un autre que la passivité. Les deux gestes sont liés, ils sont concomitants et non pas successifs. La matière (passivité) n'est matière que par la forme, et inversement, la forme (passage) n'est forme que par la considération de la matière.

Il est clair que cette interrogation sur la relation forme-matière dans le cas de l'activité indépendante a pour but de caractériser au plus près la relation entre ce que fait le philosophe (passage) et ce qu'il dit (la passivité du Moi). Ce que souligne explicitement Fichte qui, en note, déclare : « la condition de tout acte de philosopher est au principe de cette exposition ». Toute l'analyse a consisté à montrer que poser l'extériorité du Non-Moi, c'était poser une détermination du Moi (la passivité, la finitude, le mode, aurait dit Spinoza).

Le niveau de la solution proposée

Nous voyons combien il nous faut soigneusement distinguer les niveaux pour parvenir à une juste interprétation des propositions. Nous sommes en α, c'est-à-dire au niveau de la relation entre le geste du philosophe et le contenu de son discours, ou entre le Moi posant (le philosophe) et le Moi posé (l'essence de l'homme dite finie ou passive par le philosophe). Le contresens ici serait de penser à partir de la relation du sujet fini et de l'extériorité radicale au sein de la représentation (c'est-à-dire de penser au niveau de β). Fichte, dans ce passage, met très clairement en garde contre cette confusion. En effet, dénonçant la position philosophique qui, au lieu de réfléchir le statut de son propre discours, le concevrait comme la simple reproduction de la représentation, pensant ainsi l'activité indépendante comme identique à la relation acte-passivité, il écrit :

> Il doit y avoir dans les choses elles-mêmes quelque chose d'indépendant de notre représentation qui leur permet de s'enchaîner les unes aux autres, sans intervention de notre part <*tel est ce que dirait l'empiriste*> ; mais la raison du fait que nous les lions les unes aux autres doit se trouver en nous, par exemple dans la sensation <*objection que ferait l'idéaliste.*

> *Nous sommes ici très clairement au niveau du débat relatif à la relation acte-passivité, soit la détermination de la représentation*>. **Nous posons de même** <*et l'erreur réside précisément dans ce « de même » où nous ramenons à l'identique ce qui devrait être distingué, à savoir le débat sur la représentation et le débat sur l'activité indépendante*> notre Moi – qui est pour le Moi posant – <*c'est précisément ce que le philosophe a parfois tendance à oublier*>, en dehors de nous comme un Moi en soi, comme une chose existant sans nous et qui sait comment <*tel le philosophe qui dit, par exemple « l'essence de l'homme c'est la finitude radicale » comme s'il était simple observateur neutre d'un Moi qu'il avait sous les yeux*>; et toujours sans la moindre intervention de notre part, une autre chose <*le Non-Moi, Dieu ou la nature*> devrait agir sur lui, comme l'aimant agit sur le morceau de fer.

La double source de l'erreur est ici manifeste : le philosophe pense d'abord la relation acte-passivité sur le modèle de la science (le Non-Moi est au Moi ce que l'aimant est au fer) et ensuite reporte cette analyse de la représentation pour penser (ou plutôt ne pas penser) son propre rapport à ce qu'il analyse. Il s'agit ici de caractériser la nature de la réflexivité par le biais de l'interrogation sur le rapport entre le philosophe et ce qu'il dit.

Conclusion du groupe α

Le point de vue de la causalité, strictement compris, c'est-à-dire débarrassé des erreurs qui parfois le tentent, doit conclure d'une part que forme et matière de l'activité indépendante sont des déterminations du Moi (identité du Non-Moi et de la passivité du Moi) ; nous avons donc résorbé l'extériorité radicale (matière de l'activité indépendante comme Non-Moi) qui subsistait au sein de la position causaliste ; ce qui signifie concrètement que la réflexivité ne saurait être pensée à partir du leurre de l'extériorité. D'autre part, la position causaliste doit affirmer que poser l'une de ces déterminations, c'est poser l'autre. Ce faisant, la question du primat de la forme sur la matière est une question vaine puisque l'une renvoie à l'autre et réciproquement. En d'autres termes, le problème était de déterminer ce qu'était la matière de l'activité indépendante. Puisqu'il ne peut s'agir du Non-Moi, c'est la passivité du Moi. Ceci compris, il nous faut à présent analyser la structure du représenter (groupe β).

La structure du représenter [1]

Rappelons qu'ici la relation acte-passivité est considérée comme effectuée (*als geschehend*) ; « la relation est considérée uniquement en soi, c'est-à-dire en tant que relation », rappelle Fichte. On constate

1. P. 77 ligne 11 (point bêta) à 79, (178 à 181).

l'intentionnalité de la conscience (la scission représentative) et non ce qui rend possible sa position comme intentionnalité (activité indépendante). Il ne s'agit donc plus du rapport du philosophe à son propre discours, mais du rapport des deux termes contraires au sein de la représentation. Nous allons donc nous interroger sur la manière dont fonctionne la conscience lorsqu'elle est en posture de connaissance d'objet. Mais avant que de commencer cette analyse, une remarque s'impose : Fichte, comparativement à l'analyse de l'activité indépendante, ne consacre que peu de pages à l'élucidation de la relation forme-matière dans le cas de la relation acte-passivité. Certes, le problème posé est beaucoup plus classique, et partant plus connu, que le problème soulevé dans le cadre de l'activité indépendante. Cependant, le déséquilibre entre les pages consacrées à ces deux relations se retrouvera dans la synthèse de la substantialité, mais au détriment cette fois de l'analyse de l'activité indépendante qui sera rapidement définie. Ceci ne peut avoir d'autre raison que celle-ci : la causalité rend plus aisément raison de la représentation; la substantialité, de la réflexion. Le déséquilibre est donc fonction de la difficulté rencontrée. Parce que le point bêta pose moins de problème dans le cadre de la causalité que le point alpha, il est légitime de le traiter plus rapidement. Ceci remarqué, élucidons les principaux termes utilisés ici.

La définition des termes

Dans le cadre de la causalité, la forme sera: « le pur enchaînement réciproque des termes de la relation en tant que tel. La matière est ce qui, en chacun des deux termes fait qu'ils peuvent et qu'ils doivent s'enchaîner mutuellement ». La forme est connexion entre les deux termes (acte, passivité). Dans le cas de la causalité, cette forme s'explicite comme « une genèse par une corruption »[1]. Pour comprendre cette formule, il faut rappeler que dans le cadre de la causalité, le philosophe se trouve face aux deux termes (l'acte et la passivité) qu'il met en relation de la manière suivante : la passivité du Moi est effet de l'activité du Non-Moi. Ce faisant il dit, en fait : la passivité (corruption, évanouissement) est ce qui permet de poser le Non-Moi (position, naissance). La corruption est ce qui permet la genèse; la négation (de l'activité en Moi), l'affirmation (du Non-Moi). La figure que prend la connexion dans le cadre de la causalité est donc bien une genèse par une corruption. Mais Fichte spécifie encore plus avant les termes de forme et de matière dans le cours du texte. La forme sera : « suppression réciproque », la matière : « opposition essentielle ». Le texte allemand est ici nécessaire pour bien saisir la précision de ces nouvelles définitions. Pour la matière, Fichte parle littéralement : « d'être opposé essentiel (*des*

1. Richir traduit : « un devenir par un s'évanouir ».

wesentlichen Entgegenseins) », pour la forme de « supprimer (*das Aufheben*) ». Ainsi traduit, la connotation de donné (l'être opposé) d'un côté, et d'acte (le supprimer), de l'autre, apparaît mieux que par la double substantivation (opposition, suppression) qui pourrait masquer la différence conceptuelle. Dès lors, la question est la suivante : la nature même (être essentiel) d'un élément (par exemple la passivité) implique-t-elle d'être, de fait, opposé à l'autre (l'activité) ? Si nous répondons par l'affirmative, nous pensons alors que la matière a la préséance sur la forme (le supprimer). Imaginons, par exemple, qu'il nous prenne fantaisie d'écrire la proposition suivante : « Racine de deux n'est pas égale à Pégase ». Il est patent, dans ce cas, que les deux termes ne sont pas, par nature, opposés ; les prédicats de l'un ne sont pas les contraires des prédicats de l'autre. Dans un tel cas, nous aurions donc tendance à dire que l'opposition ne naît pas de « l'être opposé essentiel » des termes, mais de notre acte de « supprimer » (par le signe « n'est pas égal à ») ; acte, en l'occurrence, purement fantaisiste.

A l'inverse, si nous affirmons que la connexion établie entre les éléments (le supprimer) est à l'origine du fait que les éléments soient opposés, alors ce sera la forme de la relation que nous considérons comme origine de la matière. Ajoutons enfin, pour parfaire l'explicitation de ces termes, que si Fichte donne sa première définition de la forme comme « pur enchaînement », et sa définition finale comme « supprimer » pour strictement équivalentes, c'est tout simplement parce que l'enchaînement prend la figure ici d'un supprimer ; par le signe « être opposer à », j'établis bien un lien (enchaînement) entre deux termes ; ce lien réside dans le fait de devoir pour affirmer l'un, nier l'autre.

Ces termes élucidés, la signification de l'ensemble de la démonstration est simple, et nous l'avons développée, de manière générale, dans le chapitre précédent : il s'agit de savoir si c'est la connexion qui fait la relation ou si ce sont les éléments comme tels qui commandent la nature de la relation ; dit autrement, dans la connaissance d'objet, est-ce la connaissance qui fait l'objet ou la nature de l'objet qui fait la connaissance ? La proposition β1, affirmant que la forme doit déterminer la matière, revient à la position du rationalisme classique qui s'exacerbe en idéalisme subjectif. La proposition β 2, pour laquelle c'est la nature des éléments qui conditionne la mise en relation peut être incarnée par l'empirisme sous toutes ses formes. Aucune de ces positions ne peut être unilatéralement retenue et la solution n'est pas en l'une ou en l'autre mais dans les deux à la fois, soit :

La juste position : β3

« La matière de la relation et la forme de celle-ci doivent se déterminer réciproquement » (p. 78, 181.) Le principe de la solution est sans surprise : forme et matière, opposition réelle (être opposé) et opposition idéale (le

« supprimer »), sont un seul et même acte. Je ne puis, à l'intérieur de la représentation distinguer la forme si je ne lui oppose pas la matière; je ne puis poser la matière si je ne la pense pas par rapport à la forme. C'est pourquoi : « on nie la possibilité de séparer un être en soi d'un être en relation ». Il n'y a pas d'objet en soi. Penser un objet, c'est l'inscrire dans une relation et, réciproquement, penser la relation, c'est déterminer les objets. Le scientifique lorsqu'il doit déterminer la nature de l'objet le fait par sa mise en relation avec d'autres objets et ne peut l'étudier comme entité isolée, indemne de tout contexte, exempte de toute relation. De même, lorsqu'il pense une relation, il détermine, dans le même acte, les objets. En ce sens, idéalisme subjectif et réalisme empirique sont les deux versants d'un acte unique, d'une même opération.

RÉSULTATS : STRUCTURE DU FAIRE ET CONTENU DU DIRE DANS LE CADRE DE LA CAUSALITÉ

Les analyses précédentes permettent de donner une définition précise de l'activité indépendante comme unité synthétique, ou structure du geste du philosophe causaliste : il s'agit d'un « poser médiat ». Le point α, en effet, avait pour résultat d'unir la forme de l'acte du philosophe, comme *passage*, à la matière sur laquelle il réfléchissait, la passivité. Nous avons vu, ce faisant, qu'il n'est de passage que par la passivité et de passivité que par le passage. Dès lors, ce passage n'est pas un passage absolu mais, lesté de la matière à laquelle il est lié, il se définit comme passage par son autre. Le poser n'est possible qu'en s'opposant un non-posé (la passivité). Le philosophe, en tant que réfléchissant sur la représentation, lie son acte à ce sur quoi il réfléchit. Son agir sera donc un agir déterminé. Le propre de cet agir est de n'être pas immédiat, de devoir passer par la négation de son autre. Il est donc une différence entre l'acte pur, qui caractérise le premier principe, et la structure de l'acte du philosophe, lorsqu'il raisonne dans le cadre de la causalité [1]. Il ne s'agit pas du pur poser immédiat, comme dans la *Tathandlung*, mais d'une position de soi par suppression de l'autre et d'une suppression de l'autre par position de soi. Le poser médiat est la caractérisation rigoureuse de la structure de l'acte du philosophe pour autant qu'il s'inscrit dans le cadre de la causalité. La médiatité du poser répond à la question : de quelle manière déterminée juge le philosophe ? En termes de

1. Fichte précise la différence : « Le Moi considéré ici comme absolument actif ne peut transférer de la réalité au Non-Moi que s'il ne pose pas celle-ci en soi et inversement ce n'est qu'en ne posant pas de réalité dans le Non-Moi qu'il peut la transférer en soi. (Une définition plus précise du Moi montrera que ce dernier point ne contredit nullement sa réalité absolue établie plus haut ; il est également en partie clair qu'il n'est pas question d'une réalité absolue mais d'une réalité transférée). » (p. 80, 183).

faculté, cette unité synthétique de l'activité indépendante correspond à ce que Fichte appelle l'*Urteilskraft*. L'agir déterminé est l'*Urteilskraft* en tant que poser médiat. Si le causaliste veut être cohérent, il est contraint d'affirmer que pour poser la forme (le passage), il doit poser la matière (la passivité), et pour avoir la passivité, il doit effectuer un passage (sans quoi, encore une fois, il ne pourrait dire cette passivité). C'est à partir du manque que je pose du non-manque; c'est à partir du non-manque que je puis thématiser le manque comme manque. La structure du juger comme agir déterminé – *Urteilskraft* – se laisse définir par une opération, celle de la comparaison : je ne puis dire l'un qu'en supposant l'autre. Mais cette opération est liée à une autre : la suppression; pour poser l'un, je dois nier l'autre, le supprimer ou, plus précisément encore, en faire abstraction. La suppression, en effet, est une des facettes de l'abstraction; ce qu'indique Fichte à de multiples reprises, comme par exemple lorsqu'il écrit plus loin dans la *GWL*: « le Moi est à présent déterminé comme ce qui subsiste après la *suppression* de tous les objets par le pouvoir d'*abstraction* absolue » (p. 120, 244). Comparaison et abstraction sont les deux dimensions qui définissent « le poser médiat ». On constate donc à quel point la caractérisation de la réflexion se fait de plus en plus rigoureuse au fur et à mesure que l'analyse progresse. La définition de l'activité indépendante comme unité synthétique rejoint deux des dimensions essentielles de la réflexion chez Kant : la comparaison et l'abstraction.

La relation acte-passivité, ou contenu du dire du philosophe se définit, quant à elle, en son unité forme-matière, comme « l'identité de l'opposition essentielle (*l'être opposé*) et de la suppression réelle (*du supprimer*) ». La scission représentative est indissolublement opposition des termes et « être opposé » des termes.

Une fois donnée cette ultime et juste définition des termes dans le cadre de la causalité, il nous faut, maintenant, tenter la synthèse finale, à savoir la mise en relation réciproque de l'activité indépendante comme unité synthétique (structure du faire) et de la relation comme unité synthétique (contenu du dire). Grâce à l'analyse d'α3 et β3, nous sommes parvenus à une juste caractérisation de la structure du réfléchir et du représenter. Nous allons donc lier entre elles ces deux définitions. Mais là encore, nous avons trois solutions : deux mises en relation erronées (γ1 et 2) et le juste point de vue (γ3). Il nous faut donc, avant la juste solution, examiner tout d'abord les deux figures du faux. Ces deux figures du faux correspondent aux philosophes les plus décisifs dans l'élaboration de la thématique fichtéenne, à savoir Maïmon et Kant.

Chapitre III

L'ERREUR DE MAÏMON ET DE KANT[1]

Comprendre quelles sont les fausses mises en relation du représenter et du réfléchir, telle est donc la tâche qu'il nous faut mener à bien avant que d'analyser la vérité ultime de la synthèse de la causalité. Fichte, dans ce passage, dénonce deux erreurs qui bien que symétriquement inverses, sont mues par le même ressort.

La réflexion détermine la représentation : l'idéalisme quantitatif[2]

« La médiatité du poser est la condition et le fondement de l'identité de l'opposition essentielle et de la suppression réelle ». Cette position est une position idéaliste mais, précise Fichte, « d'un idéalisme encore plus abstrait que ne l'était le premier ». Dans ce nouvel idéalisme, l'activité en général contient immédiatement sa loi et cette loi est celle de la limitation. Le philosophe ne peut poser que médiatement, il est dans l'incapacité de poser un terme sans un autre. C'est une loi de sa réflexion en tant que philosophe. Dès lors, le fondement de la scission représentative (le fait que sujet et objet soient donnés à la fois comme séparés et unis du fait même de leur séparation, ce qui définit la relation acte-passivité comme unité synthétique) ne se trouve pas dans la représentation elle-même (dans ce que Fichte intitule significativement dans ce passage (p. 80, 183) « les *fragments* » Moi et Non-Moi du troisième principe), mais se trouve dans la structure de l'acte du philosophe. La médiatité du poser (activité indépendante comme unité synthétique) fonde donc la relation comme unité synthétique. La relation a pour condition le Moi posant, mais (et la restriction est d'importance) l'essence indépassable de ce Moi posant est la médiatité de l'acte, soit la finitude. L'activité a pour loi sa finité même. Nous obtenons ici une position qui affirme le primat du Moi posant (et en ce sens, c'est une position idéaliste), tout en postulant une limite interne à ce Moi, ou plus précisément encore, tout en postulant l'essence du Moi posant comme limitée.

1. P. 79 ligne 2 à p. 82 incluse (181 à 186).
2. P. 79, ligne 11 à 81 ligne 17 (181 à 185).

> Aucune activité par conséquent n'est supprimée dans le Moi ; l'activité médiate est dans le Moi et par conséquent il ne doit pas y avoir du tout d'activité immédiate. Tout le reste, la réalité du Non-Moi et dans cette mesure la négation du Moi, la négation du Non-Moi et dans cette mesure la réalité du Moi <*qui est la structure même de la représentation*> est parfaitement expliquée à partir de la médiatité du poser.

En termes de faculté, l'*Urteilskraft* est par essence finie, parce que reposant sur la comparaison ; la nécessité de cette comparaison détermine la structure de la représentation comme opposition. La finitude n'est pas seulement la loi de la représentation, c'est aussi l'essence même de la loi de la réflexion, de l'acte du philosophe. C'est pourquoi, conclut Fichte : « Le principe d'un tel système serait le suivant : **le Moi est fini, simplement parce qu'il est fini** » (p. 81, 184).

Qui incarne ce système de l'idéalisme quantitatif? Fichte ne donne aucune référence précise. Toutefois, s'il ne s'agit pas de Kant, qui remplira la figure du réalisme quantitatif (γ2), il ne peut s'agir que d'un philosophe critique, soit d'un post-kantien. La subtilité du raisonnement pourrait incliner à penser qu'il s'agit de Maïmon. Trois arguments militent en faveur de cette thèse : tout d'abord, c'est le seul des post-kantiens qui ait reconstruit à partir de la réflexion. Ensuite, cet idéalisme quantitatif peut aisément être lu comme un idéalisme sceptique. En effet, la loi de la réflexion (la médiatité du poser, la finité de l'acte du philosophe) est fondement de la structure représentative. En d'autres termes, le philosophe parce qu'il est fini, ne peut caractériser la représentation que dans tels termes et non dans tels autres. La structure de l'activité du philosophe commanderait ce qu'il dit de son objet (la représentation). C'est – pour le dire d'une analogie – la position de l'observateur qui fait l'observé, à la manière dont, pour Heisenberg, le mouvement réel des électrons ne pourra jamais être connu en tant que tel, puisque toujours la position de l'observateur influera sur leurs mouvements. L'affirmation que la structure essentiellement finie de la réflexion philosophique est au principe de la manière dont le philosophe pensera le fonctionnement de ce sur quoi il réfléchit (la relation acte-passivité) induit bien une position en dernière instance sceptique. Enfin, le type de raisonnement mobilisé correspond d'assez près à la démarche hypercritique de Maïmon. C'est la connaissance des lois de la réflexion philosophique qui, chez Maïmon, conformément à ce que nous avons montré précédemment, conduit à déterminer l'essence de la représentation. Il ne s'agit pas de dire la représentation est telle ou telle, le sujet tourne autour de l'objet ou l'objet autour du sujet mais d'affirmer que nous ne pouvons, en raison de la structure même de notre acte de philosophe, penser autrement la représentation. Nous l'avons vu, c'est par la remontée à la structure de l'*Urteilskraft* que Maïmon prétend valider ce que dit Kant sur la représentation. Pour Maïmon, c'est le sujet réfléchissant qui est fini. La finitude est bien celle de la réflexion.

Néanmoins, force est de reconnaître que deux arguments pourraient tout aussi bien être allégués contre cette identification de l'idéalisme quantitatif à la philosophie de Maïmon. Tout d'abord, Maïmon peut aussi remplir l'une des figures analysées dans la synthèse de la substantialité. Ensuite l'erreur que décèle Fichte dans l'idéalisme quantitatif, Maïmon, selon nous, ne l'a pas commise. Le premier argument n'est pas rédhibitoire en soi, dans la mesure où causalité et substantialité ne sont pas d'absolus contraires mais dépendent du point de référence choisi au départ; en ce sens, l'un *et* l'autre peuvent être adoptés sans incohérence. Le second est, en revanche, plus difficilement éliminable. C'est pourquoi nous pouvons dire qu'il s'agirait ici d'un Maïmon tronqué ou inconséquent. Mais à la limite, peu importe, car si cet idéalisme quantitatif ne correspond pas, littéralement, à une position défendue du temps de Fichte, elle est bien de l'ordre d'une figure possible de l'après Kant; c'est au demeurant une des plus vivaces aujourd'hui[1]. Pour le montrer, examinons l'erreur que commet, selon Fichte, cet idéalisme quantitatif:

> Si haut que s'élève un tel idéalisme, il ne s'élève pas jusqu'où l'on doit s'élever; jusqu'à l'absolument posé et inconditionné. Certes, une finitude doit être posée; mais en vertu de son concept, tout être fini doit être limité par son opposé; et la finitude absolue est un concept contradictoire (p. 81, 185).

La finitude radicale est du point de vue de son énonciation imprononçable. Toute finitude ne peut être dite qu'à partir de la considération subreptice de ce qui n'est pas elle, donc à partir de son contraire, l'infini. Nous ne pouvons poser le fini que par rapport à l'infini, celui-ci fût-il pensé, à l'instar de Maïmon, comme fiction nécessaire[2]. Par suite, la finitude radicale est un concept creux, son énonciation une contradiction performa-

1. Les études consacrées à Kant depuis une quinzaine d'années ont toutes, en dépit de leur diversité, pour point commun de proposer de refonder le kantisme à partir de la *Critique de la faculté de juger*; on peut citer, à cet égard, les lectures aussi différentes que celles de J.F. Lyotard, C. Piché ou L. Ferry et A. Renaut, ou encore, en Allemagne, M. Riedel. C'est là l'entreprise même de Maïmon, à cette différence près, que les auteurs contemporains ne semblent pas vouloir tirer la seule conséquence logique de cette relecture : le criticisme est un scepticisme.

2. Voilà pourquoi il nous semble que Maïmon ne commet pas vraiment l'erreur, même si le propos de Fichte peut quand même se justifier. En effet, Maïmon parle de « fiction » pour l'infini. Or, pour Fichte, il ne s'agit pas d'une fiction mais d'une structure nécessaire de la pensée ; un geste nécessaire et inévitable ne saurait avoir le statut de fiction. Nous proposons cette interprétation car Fichte, précisément à propos de Maïmon, dira sur un autre problème (le fonctionnement de l'imagination) qu'il est entièrement d'accord avec lui sauf sur un point: on ne peut penser ce fonctionnement comme illusion; ce que disait Maïmon (voir *O.C.P.P.*, p. 108).

tive. Parce que l'idéalisme quantitatif ne peut accorder ce qu'il dit à ce qu'il fait, et ce faisant s'enferme dans ce que Fichte ici appelle une « contradiction manifeste », il nous faut envisager maintenant l'autre membre de l'alternative, soit :

LA REPRÉSENTATION DÉTERMINE LA RÉFLEXION : LE RÉALISME QUANTITATIF

« La médiatité du poser est déterminée par le fait que l'essence des membres de la relation consiste en la pure opposition. » A l'inverse de la première proposition, nous partons cette fois de la scission représentative : dans la représentation, il y a un sujet et un objet qui sont opposés. Telle est la donnée de départ. Cette structure de la représentation serait au fondement de la structure de l'acte du philosophe (la médiatité du poser). Si le philosophe ne peut poser qu'en ne posant pas, c'est parce que le sujet, au départ, est scindé. Dans la mesure où Fichte donne explicitement Kant comme représentant de cette position, nous pouvons illustrer concrètement ce dont il est question. Mais remarquons, avant que d'expliquer ce texte, combien A. Philonenko, dans son commentaire de ce passage, se montre inhabituellement sévère à l'égard de Fichte. Il écrit : « la définition de la réflexion kantienne est peu claire » [1], « Fichte aurait pu se dispenser de présenter ainsi cette application. Elle se justifie par un souci systématique. Mais elle introduit une fâcheuse imprécision dans certains concepts jusqu'ici très clairs » [2]. Nous pensons à l'inverse que ce texte est d'une rigoureuse précision. Nous essaierons donc, en développant l'application au kantisme, de répondre aux objections que l'interprète adresse à l'auteur.

La première objection de A. Philonenko consiste à dire qu'en contexte kantien la notion de matière pour l'activité indépendante n'a guère de sens. « On ne voit pas très bien en effet comment l'activité indépendante selon la matière – c'est-à-dire chez Kant le principe de l'affection – peut être synthétisée avec l'acte du philosophe qui est un transfert. On ne peut illustrer la synthèse par l'idée de l'éducateur, sujet réfléchissant et affectant à la fois » [3]. Expliquons ce point selon notre traduction des termes. La matière, c'est la passivité, soit la finitude ; l'acte du philosophe, c'est le transfert. Il faut donc ici ne pas se tromper de niveau en cherchant, comme le fait A. Philonenko, à traduire ces termes à partir de la relation acte-passivité. Il ne s'agit pas, en effet, de se référer au « principe de l'affection » comme chose en soi chez Kant, mais il s'agit de penser le rapport entre ce que fait le

1. *L.H.*, p. 244.
2. *L.H.*, p. 246.
3. *L.H.*, p. 245. Rappelons que dans l'optique interprétative de A. Philonenko, la relation acte-passivité incarne l'élève ; l'activité indépendante, l'éducateur.

philosophe en tant qu'il philosophe et ce qu'il dit (l'homme est fini, ou il y a une finitude). La distinction forme-matière au niveau de l'activité indépendante est une distinction entre l'acte et le contenu propositionnel (lequel peut être n'importe quoi mais, en l'occurrence, il s'agit ici de la passivité comme finitude, laquelle, on nous l'accordera, est bien le contenu emblématique de la philosophie de Kant). Or, si l'on accepte cette traduction de l'activité indépendante comme forme et matière (c'est là le sens déjà expliqué du poser médiat), le texte est beaucoup plus clair qu'il n'y paraît. Dire que l'activité indépendante en tant qu'unité synthétique est déterminée par la relation acte-passivité en tant qu'unité synthétique, c'est dire : le philosophe (Kant écrivant la *Critique de la raison pure*, et considéré en tant qu'il l'écrit, au moment où il l'écrit) ne pose le « sujet » que médiatement, c'est-à-dire par référence à un autre que lui. En effet, il n'y a pas chez Kant d'accès direct au sujet pur. C'est parce qu'il faut une condition à l'expérience, que nous sommes en droit, en tant que philosophe, de poser un Sujet = X. Le poser est donc bien médiat et il a sa raison dans la structure même de la scission représentative, cette donnée dont on part, et dont Kant dit suffisamment qu'elle est indépassable. Si l'acte du philosophe est limité, c'est parce que la représentation l'est. La représentation se donne d'emblée comme opposition d'un terme à un autre; cette opposition détermine l'impossibilité dans laquelle se trouve le philosophe à poser immédiatement. C'est pourquoi :

> dans ce système l'opposition essentielle <*la relation acte-passivité*> est ainsi absolue et ne peut être expliquée <*elle est le donné dont on part, le geschehend que nous ne pouvons déduire d'un principe supérieur, en un mot ce que Reinhold, en bon kantien, appelait le « fait de la représentation »*> et la médiatité est fondée par elle ».

On est à même de percevoir la précision de Fichte ici : Kant dit bien que le philosophe ne peut poser le sujet immédiatement, que l'accès aux contenus philosophiques ne peut être qu'indirect, par régression vers des conditions de possibilité, et ce à partir d'un fait donné. Si le philosophe ne le peut, c'est parce que l'homme est fini et dépendant de la structure de la représentation. Nous avons bien là des énoncés authentiquement kantiens dont Fichte décompose les attendus et que résume la formule : « l'opposition essentielle, l'opposition en soi est établie comme fondement de la médiatité du poser ».

La deuxième objection de Philonenko concerne la terminologie de Fichte, qui lui semble parfois inappropriée voire confuse[1]. L'interprète, en dépit de cette dénonciation, émet néanmoins cette hypothèse : « Peut-être

1. « On peut penser que Fichte a pu confondre bien des choses en cherchant à les exprimer identiquement ou en une terminologie identique » (p. 244).

Fichte a t-il seulement voulu abréger son expression». Nous sommes en accord avec cette deuxième proposition mais non avec la première. La terminologie de Fichte n'est ni confuse ni inappropriée, mais elle requiert du lecteur, en raison de son caractère souvent abrégé, une certaine gymnastique pour les resituer à chaque fois dans le contexte qui en délivre la signification exacte. Prenons un exemple: les termes «Moi» et «Non-Moi» sont employés du début jusqu'à la fin du texte. Cependant, ils n'ont pas le même sens selon le niveau où ils se situent. Par exemple, lorsqu'il s'agit de l'activité indépendante, il est question de la relation entre l'acte du philosophe et le contenu de son acte; lorsqu'il s'agit de la relation acte-passivité, il s'agit des deux «fragments», le sujet fini et l'objet fini qui lui est nécessairement opposé à l'intérieur de la représentation. Fichte d'ailleurs précisera plus loin: «Pour être clair, nous nommerons dorénavant de ce point de vue et de ce point de vue seulement le Non-Moi objet (*Objekt*), et le Moi sujet (*Subjekt*); et cela même si nous ne pouvons encore montrer la pertinence de ces désignations ici», et d'ajouter: «On ne doit pas nommer le Non-Moi qui est indépendant de cette relation objet, ni sujet le Moi qui en est indépendant» (p. 83, 189). Il est clair ici que le lecteur doit adapter la signification des termes selon le rapport (l'activité indépendante ou la relation acte-passivité) en lequel ils se trouvent. Cette manière de procéder est caractéristique de la *GWL*. Nous pouvons en donner une illustration plus parlante encore: dans la synthèse de la substantialité, Fichte abrège ses expressions ainsi: «A (*Moi*) et B (*Non-Moi*) (on sait qu'ainsi on désigne en fait A+B déterminé par A, et le même A+B déterminé par B; en raison de notre but nous pouvons faire abstraction de ceci et les nommer simplement A et B), A et B donc...» La condensation de l'écriture est ici extrême. Le lecteur doit restituer en esprit la formule en sa totalité (A+B déterminé par A) s'il ne veut pas juger inexplicables certains développements, ou encore, commettre de graves contresens. On est certes en droit de trouver l'écriture des principes peu pédagogique (voire de juger la parenthèse de Fichte dans la phrase précédemment citée un peu cavalière), mais on ne saurait l'estimer confuse. Une formalisation des *Principes*, où l'on assignerait un signe et un seul à chacun des termes, révélerait certainement le caractère rigoureux des développements.

Enfin, la volonté de Fichte de faire rentrer le kantisme dans le cadre du réalisme quantitatif est jugé artificielle par l'interprète: «On ne peut pas refuser de penser qu'en cherchant à faire rentrer la philosophie kantienne dans ce schéma il <*Fichte*> semble avoir cédé à l'esprit systématique» (p. 244). Pourtant, la caractérisation du kantisme est là encore extrêmement précise. En effet, de la même manière que nous avions dans le cas précédent un idéalisme quantitatif qui dépassait l'idéalisme qualitatif, nous obtenons ici un réalisme quantitatif qui dépasse le réalisme qualitatif. Le réalisme quantitatif ne postule aucune extériorité réelle, il ne déduit pas la finitude, il la constate : « il affirme l'existence réelle d'une limitation du Moi, indépendante d'un acte du Moi ». Cette phrase est le condensé rigoureux de la philosophie de Kant. Kant, en effet, ne pose pas de chose en soi comme réalité, cause de nos représentations. S'il le faisait, il appliquerait les catégories à quelque chose qui n'est pas intuitionnable. Néanmoins, il est contraint de poser un autre de l'affection, tout en précisant que cet autre n'est un autre que pour le sujet (l'en soi est toujours un en soi pour moi). C'est cette particularité de la pensée kantienne que condense la phrase suivante :

> certes le réalisme quantitatif doit, étant donné le principe qu'il enveloppe, rapporter cette limitation au Non-Moi comme à sa raison réelle ; mais il sait que ce principe n'est que pour lui, et, ce faisant, il n'est victime d'aucune illusion (p. 82, 186).

Se trouve ici exprimée, en d'autres termes, la célèbre formule de Jacobi selon laquelle si l'on n'admet pas la chose en soi, on ne peut entrer dans la kantisme (le philosophe est donc contraint de postuler une raison réelle), mais si on l'admet, on en sort (car on reviendrait alors au réalisme classique que Kant ne peut admettre). Kant, récusant une extériorité réelle, n'est « victime d'aucune illusion ». Le commentaire de Fichte sur la chose en soi, quoique concis, nous paraît même d'une justesse peu égalée, y compris par de nombreux commentateurs de Kant. Il constate, en effet, que chez Kant la finitude est « une finitude contingente ». En d'autres termes, la finitude ne peut être expliquée, elle est indéductible. Alors que le réalisme qualitatif tente de déduire la finitude à partir de son autre (en règle générale, Dieu), le réalisme quantitatif n'exprime rien d'autre que l'impossibilité à déduire la passivité. En ce sens, la chose en soi est, pour Fichte, le nom que prend l'indéductibilité de la finitude :

> Le réalisme qualitatif affirme la réalité, indépendante du Moi, d'un **déterminant**. Le réalisme quantitatif affirme la réalité d'une détermination indépendante du Moi : il existe dans le Moi une détermination, dont le fondement ne peut être posé dans le Moi (p. 81, 186).

Par suite, que ce soit au niveau de l'activité indépendante (la caractérisation de l'opération du philosophe en tant qu'il philosophe) ou que ce soit au niveau de la relation acte-passivité (la caractérisation de la représentation par le débat sur la chose en soi), l'application du schéma interprétatif de Fichte à la philosophie de Kant nous paraît extrêmement précise et rigoureuse.

La réponse à ces objections donnée, analysons maintenant l'erreur que recèle, aux yeux de Fichte, la doctrine kantienne. Fichte estime que, par-delà les apparences, réalisme qualitatif et réalisme quantitatif « commettent la même faute », et insiste :

> Je dis bien : en commettant la même faute : en effet il lui est <*à Kant*> absolument impossible d'expliquer comment une détermination réelle peut devenir idéale, comment une détermination existant en soi pourrait devenir pour le Moi posant.

Par définition, le philosophe ne peut postuler un « en soi » sans dire comment cet « en soi » est devenu pour lui. Or, Kant affirme non pas une chose en soi, mais une finitude en soi, une passivité radicale. C'est là le sens de ce que Fichte appelle la « détermination réelle ». Face à la finitude, Kant se trouve dans la même position que le réaliste dogmatique face à l'objet en soi. Le criticisme est bien un dogmatisme. C'est très précisément un dogmatisme de la réflexion. Ce dogmatisme, certes, ne doit pas être pensé à partir de ce qu'il dit du rapport de l'objet au sujet représentant, mais à partir de ce que le sujet dit de lui-même, de ce que le philosophe dit de la représentation. Si nous analysons la manière dont le philosophe pense ce rapport nous nous apercevons qu'en postulant une finitude en soi, il ne fait que reproduire, à un autre niveau, le geste du dogmatisme classique. C'est pourquoi cette position doit être dépassée.

RÉSULTATS : LES CONDITIONS D'ÉNONCIATION DE LA FINITUDE

Nous remarquons que dans les deux cas (γ1 et 2, Maïmon et Kant), l'erreur a la même origine. Le philosophe ne parvient pas à réfléchir les conditions d'énonciation de la finitude. La « contradiction manifeste » que dénonce Fichte est une contradiction performative dont l'essence consiste à ne pas pouvoir rendre raison du statut de ce que l'on dit lorsqu'on affirme la finitude comme radicale. Le fini ne peut se dire qu'à la condition de supposer du non-fini, telle est la condition d'une énonciation sensée de la finitude. Il convient de bien prendre garde à la nature de l'argument de Fichte ici. Il ne s'agit pas de reprendre le cheminement de la troisième *Méditation* de Descartes qui, d'une finitude constatée, conclut à l'existence d'un infini actuel hors de moi. La question n'est pas de savoir si l'infini ni même le fini existent ou non, mais la question est: à quelles conditions pouvons-nous, par une énonciation sensée, déterminer ce qu'est la finitude ? Nous ne pouvons le faire qu'à partir de la position subreptice de son contraire, et réciproquement l'infini n'est pensable qu'à partir de la position du fini. La nécessité de cette structure nécessairement comparative peut être illustrée par bien d'autres doctrines que celle de Maïmon et de Kant, par exemple par la doctrine psychanalytique lacanienne. En effet, Lacan s'est attaché à démontrer (dans le plus pur fil de Platon) que l'homme était essentiellement manque, désir de ce qu'il n'a pas. Mais pour se concevoir comme incomplétude, encore faut-il que l'homme fantasme un « Autre », qualifié de « Grand » (ce qui le fait ressembler étrangement au

Dieu infini de la métaphysique classique), et à partir duquel il se peut déterminer comme manque (fini). Cet exemple montre que, quoique fasse le penseur, il ne peut penser un manque (une finitude) que relativement à un non-manque ; ce non-manque fût-il donné comme fantasme ou illusion. C'est là ce qu'entend souligner Fichte dans son refus de la finitude kantienne ou maïmonienne. Kant définit la finitude comme radicale sans pouvoir jamais justifier le statut de cette proposition qui, de ce fait, devient un dogme ininterrogé, un interdit de penser ce qui est susceptible de remettre en cause nos certitudes les plus ancrées. Quant à Maïmon, tirant les enseignements de la *Critique de la faculté de juger*, il admet la nécessité de poser un infini pour permettre à l'homme de se réfléchir comme finitude, mais cet infini, il le définit comme « fiction ». Or, par quelle nécessité argumentative, l'infini est-il ainsi défini comme « fiction » ? Cette caractérisation en terme de « fiction » est tout aussi arbitraire que celle qui consisterait à dire que l'infini est une réalité actuelle. Plus encore, si l'infini est posé comme « fiction », pourquoi le fini ne le serait-il pas tout autant, si ce n'est par une évidence subreptice que l'on se refuse d'interroger ? Là encore, il convient de souligner la radicalité et la subtilité de ce que nous avons appelé la grammaire de l'effectuation. Il ne s'agit pas, ici, de dire que l'homme est fini ou à l'inverse qu'il y a un infini, que la rationalité est limitée ou illimitée, etc. ; prendre position sur ces points serait prendre position sur des contenus sans s'interroger sur la consistance de notre énonciation. Il s'agit, bien plutôt, de se demander à quelles conditions une proposition quelconque possède une consistance. La consistance d'une proposition réside en l'articulation entre ce qui est dit et le fait de pouvoir le dire, entre le contenu de l'énoncé et le statut de l'énonciation. A la lumière de cette définition de la vérité d'une proposition, on comprend pourquoi l'énoncé d'une finitude comme radicale et indépassable révèle « une contradiction manifeste », du point de vue de l'énonciation du philosophe qui prétend la dire. L'argumentation de Fichte consiste toujours à n'admettre aucun énoncé sans interroger les conditions de sa production. Si une grammaire de l'effectuation doit avoir un sens, alors il faut désimpliquer ce qui est présupposé dans le contenu de ce qui est dit. On constate une fois de plus combien l'exigence de l'identité réflexive est le moteur de la démonstration, la source de tous les refus. C'est pourquoi la solution de gamma 3 devra surmonter « la contradiction manifeste » que recèlent les deux positions précédentes. C'est à l'examen de cette solution que nous consacrerons le chapitre suivant.

CHAPITRE IV

L'ULTIME VÉRITÉ DE LA SYNTHÈSE DE LA CAUSALITÉ [1]

LE RAPPORT ENTRE CAUSALITÉ ET SUBSTANTIALITÉ

Gamma 3 délivre le point de vue ultime et vrai ; encore convient-il d'ajouter : *pour* autant que nous nous inscrivons dans le cadre de la causalité. *Si* nous prenons comme fil conducteur la causalité, *alors* le juste point de vue doit s'énoncer ainsi : « la médiatité du poser et l'opposition essentielle se déterminent réciproquement ». Il est évident que dans le cadre de la synthèse de la substantialité, ni la signification des termes ni la solution ne seront les mêmes. Fichte donne donc deux solutions, toutes deux également acceptables ; ce que l'auteur signalait dès le début de la *GWL*, dans une phrase déjà citée : « les deux voies sont admissibles ». Pour autant, sont-elles équivalentes et d'égale dignité ? Non, car elles n'expliquent pas la même chose. Pour le comprendre, il suffit de revenir à la mise en place de la relation de la détermination réciproque, au tout début de notre cheminement. La relation de détermination réciproque nous enseignait que nous pouvions partir indifféremment d'un terme pour déterminer la quantité de l'autre, c'était là l'inévitable indétermination de la référence de départ. Voilà pourquoi nous avons dû envisager successivement le point de vue de la causalité (qui part du Non-Moi) et celui de la substantialité (qui part du Moi). Ces précisions dessinent l'attente qui doit être la nôtre en lisant ce passage : non pas celle d'une solution totale et définitive, mais la réponse à la question : comment le causaliste, eu égard à son point de départ, doit-il penser la relation entre activité indépendante et la relation acte-passivité s'il veut aboutir à des propositions consistantes et non plus autocontradictoires ? Plus précisément encore, il s'agira d'établir le lien entre le Moi posant (opération du philosophe) et le Moi posé (la représentation comme visée d'un autre) *en vue de l'explication du Moi posé*. Dans la synthèse de la substantialité, la relation sera établie en vue de l'explication du Moi posant. Pour le dire plus précisément encore, la synthèse de la

1. Gamma 3, p. 83 à p. 84.

causalité est légitime mais ne permet pas d'établir la doctrine définitive de la référence. Seule la partie pratique le permettra et dégagera ainsi la philosophie de la malédiction maïmonnienne de l'arbitraire de la référence; or, la synthèse de substantialité est la seule qui permet de passer à la partie pratique. C'est pourquoi cette synthèse de la substantialité se révélera supérieure à la synthèse de la causalité, même si cette dernière peut présenter une réponse légitime, parce que non contradictoire performativement, à la question de la relation entre le moi posé et le moi posant en vue de l'explication du moi posé.

Le principe de la solution

Dire : « la médiatité du poser et l'opposition essentielle doivent se déterminer réciproquement », c'est exiger qu'il n'y ait plus de contradiction entre l'acte d'énonciation du philosophe (activité indépendante comme unité synthétique) et ce qu'il dit (la relation acte-passivité). Cette exigence seule permet de sortir des deux pièges rencontrés durant notre parcours : le piège de la contradiction performative et celui l'objectivation. En effet, nous avons vu comment réalisme quantitatif et idéalisme quantitatif contredisaient ce qui était dit par le fait même de le dire. Nous avons vu aussi que le philosophe réfléchissant ne pouvait observer la conscience représentative comme s'il avait à faire à un objet extérieur, tel le fer. Le rapport entre réflexion et représentation ne doit donc pas être un rapport d'extériorité ou d'objectivation, mais doit être une relation réciproque. Ce qui nous invite à postuler qu'« être et être posé, rapport idéal et rapport réel, acte d'opposer et être opposé doivent être identiques ». Dans quelle mesure cette exigence peut-elle prendre sens ?

> La condition à laquelle ceci est possible est également claire : ce qui est posé dans le rapport et le posant doivent être identiques; en d'autres termes, c'est le Moi qui doit être posé dans le rapport. Le Moi doit être en rapport avec un terme X quelconque – lequel doit être dans cette mesure un Non-Moi – de telle sorte que le Moi ne soit posé que par la position de l'autre terme et réciproquement. Or le Moi, s'il est vrai qu'il est un Moi, ne peut être dans un rapport quelconque que dans la mesure où il se pose comme étant dans ce rapport. Ainsi il est parfaitement égal de dire au sujet du Moi : il est posé dans ce rapport ou : il se pose dans ce rapport (p. 83, 187)[1].

1. Remarquons au passage ce que nous avons souligné concernant la terminologie de Fichte et sa technique de « condensation ». Le Moi posant, dans ce contexte, c'est l'activité indépendante en tant qu'unité synthétique, le Moi posé, c'est la relation acte-passivité. Les expressions : la médiatité du poser et l'opposition essentielle sont donc résumées ici. Caractéristique encore de cette technique de résumé, le fait qu'à propos de ces deux « Moi »,

Le terme décisif ici est évidemment celui de rapport (*Verhältnis*). Il ne s'agit plus de déterminer à l'instar de la philosophie traditionnelle, la nature d'un Non-Moi comme terme en soi, indépendant de toute relation. Plus encore, le Non-Moi, significativement ramené à un « X quelconque », n'est même plus l'un des deux termes du rapport. En effet, ce qui doit être pensé, c'est le Moi en tant qu'il est posant (l'activité indépendante) et le Moi en tant qu'il est posé en relation avec un Non-Moi (la relation acte-passivité). Ces deux Moi ne peuvent être dissociés, comme s'il s'agissait de deux entités distinctes. En effet, lorsque le philosophe dit : « le Moi est dans un rapport à... », il dit : « je pose que le Moi est dans un rapport à... ». Ainsi au moment même où il énonce la proposition, il montre en même temps que c'est le Moi qui *se* met en rapport. C'est pourquoi dans la proposition : « le Moi est déterminé par le Non-Moi » est impliquée cette autre proposition : « le Moi se pose comme déterminé par le Non-Moi ». Tel est le principe de la solution où la réflexion du philosophe (qui pose le Moi) et la représentation (qui est le Moi posé) ne doivent pas se contredire ; le Moi (philosophe) qui dit quelque chose du Moi (représentation en tant que Moi opposé à un Non-Moi), et ce Moi qui est dit « doivent être identiques ». Comment caractériser au plus près la nature de cette identité ?

Il faut pour comprendre le type d'identité ici en jeu évacuer tout d'abord une interprétation possible : la réflexion du philosophe et la structure de la représentation ne sauraient être identiques au sens de l'identité de deux choses et encore moins au sens de l'identité analytique. Et cela pour au moins quatre raisons : tout d'abord, si tel était le cas, la notion d'activité *indépendante* n'aurait plus aucun sens. Ensuite, si nous avions affaire à une identité réelle ou logique, alors serait superflue l'exigence de les mettre en relation d'action réciproque. On ne s'enquiert pas de la relation entre deux termes parfaitement identiques. C'est précisément parce que activité synthétique et relation acte-passivité ne sont pas identiques au sens habituel du terme qu'elles doivent être mises en relation. En outre, si Fichte affirmait ce type d'identité, il saperait le principe même de sa critique du réalisme – qualitatif comme quantitatif –, puisqu'il considérerait la réflexion philosophique comme pure reproduction neutre de la structure de la représentation. Enfin, l'identification de l'intentionnalité comme direction « vers »

Fichte souligne, juste à la fin de la phrase, qu'ils ne doivent pas être confondus avec le Moi pur absolument posé. Nous avons ici trois occurrences du terme Moi qui s'expliquent uniquement par le contexte : le Moi pur = Moi du premier principe ; le Moi posant = médiatité du poser comme unité synthétique de l'activité indépendante ; le Moi posé = la relation acte-passivité en tant qu'unité synthétique. Le Moi posant (l'activité indépendante comme geste du philosophe en tant qu'unité de la forme et de la matière) se retrouvera dans le contexte de la substantialité mais ne se définira pas de la même façon puisque le geste du philosophe n'est pas le même.

l'objet, et de la réflexivité, comme direction de l'activité en elle-même, réduirait à néant l'ensemble de ses analyses précédentes.

Par suite, le type d'identité requise n'est ni l'identité réelle ni l'identité logique mais bel et bien l'identité entre le sujet de l'effectuation et le contenu de ce qui est effectué, l'identité entre le Moi posant (le philosophe) et le Moi posé (la relation acte-passivité). Dans les solutions que nous avons examinées précédemment, nous avons vu que le philosophe (en tant qu'unité synthétique de l'activité indépendante) contredisait, par son dire même, la définition qu'il donnait de la relation acte-passivité. C'est pourquoi, dans notre solution, aucune des déterminations données au Moi posé ne devra se révéler incompatible avec le Moi posant et, réciproquement, le Moi posant ne pourra, par son acte même, contredire ce qui est dit du Moi posé. Le causaliste, s'il veut penser la vérité du point de vue qu'il a choisi, doit affirmer: « le Moi posant et le Moi posé doivent être le même ». Telle est la signification exacte de l'identité exigée.

Cette signification de l'identité nous permet de légitimer la vérité de la proposition selon laquelle « le Moi posant et le Moi posé doivent être un et même ». En effet, prétendre le contraire aboutirait, de fait, à une position insensée. Lorsqu'un philosophe dit quelque chose du sujet (ou de l'homme en général), il doit nécessairement s'englober dans la définition générale qu'il donne du sujet ou de l'homme. En d'autres termes, la proposition « le sujet est X » doit s'appliquer au philosophe lui-même. Ainsi si nous prenons pour exemple la relation de Heidegger, en tant que sujet de l'énonciation, à sa proposition : « le *Dasein* est le berger de l'être », il est évident que le sujet de l'énonciation (le philosophe) doit être le même que le sujet (le *Dasein*) dont il est dit quelque chose (il est dans un certain type de relation à l'être). Heidegger, en tant que philosophe, s'englobe évidemment dans sa proposition et ne présuppose pas qu'il ne fait pas partie de ce qu'il définit. De même, lorsque Spinoza, soucieux d'évacuer toute réflexivité, écrit « l'homme pense », en lieu et place du « Je pense » cartésien, il n'en demeure pas moins qu'il doit, comme sujet de l'énonciation, se supposer partie de cet ensemble ; il ne peut donc éviter l'autoréférence implicitement comprise dans la proposition. Quoi qu'il fasse, il ne peut que postuler une identité entre le Moi posant et le Moi posé.

Mais on pourrait ici faire l'objection suivante : faire en sorte qu'il y ait non-contradiction réflexive ne signifie pas *stricto sensu* qu'il doive y avoir relation réciproque. Cette objection requiert d'approfondir plus précisément encore la signification de la solution proposée par Fichte, lorsqu'il parle de détermination réciproque.

En $\gamma 1$, la médiatité du poser déterminait la relation acte-passivité. C'était parce que l'acte même du philosophe était fini que la représentation était donnée comme scission (opposition essentielle) ; en $\gamma 2$, l'opposition comme scission représentative déterminait l'activité indépendante comme médiatité du poser. C'est parce que la représentation était finitude (se donnait comme scission) que le philosophe ne pouvait poser immédiatement. Dans ces contextes, qui incarnent les figures du faux, le terme « déterminer » signifiait « fonder », « conditionner », voire « être à l'origine de ». Or, lorsque Fichte dit que l'un et l'autre doivent se déterminer réciproquement, il récuse cette signification. Seule sera fondement la relation entre les deux et non l'une des propositions, au détriment de l'autre. Comme il l'écrira par la suite, la proposition qui délivre la solution « soutient qu'il y a bien une règle – non pas telle qu'un des deux modes de détermination pourrait être établi par elle, mais telle que ces deux modes soient établis comme se déterminant l'un l'autre réciproquement » (p. 90, 199). Penser la relation réciproque signifie que si l'on définit la structure de la réflexion comme étant par essence un processus de suppression et de comparaison (médiatité du poser), on doit définir la structure de la représentation comme opposition; inversement, si l'on pense la représentation en termes d'opposition essentielle, alors l'acte du philosophe devra être dit médiat; sans quoi le philosophe se contredit et ses propositions philosophiques sont fausses; ce qu'on dit de la représentation commandera ce qu'on devra dire de la structure de la réflexion et ce qu'on dira de la nature de la représentation commandera ce qui doit être dit de la structure de la représentation. C'est en ce sens, et en ce sens seulement, que l'activité détermine la relation et que la relation détermine l'activité. Les deux sont donc bien en relation de détermination réciproque.

Cette définition de la détermination réciproque – en apparence minimale et abstraite – nous délivre la loi ultime de la causalité.

La loi ultime de la causalité

> C'est, dis-je, une loi pour le Moi que de poser seulement médiatement le Moi aussi bien que le Non-Moi. En d'autres termes : de ne pas poser le Moi que par la position du Non-Moi et de ne poser le Non-Moi que par la non-position du Moi. (Le Moi est en tout les cas le posant mais nous faisons abstraction de cela dans notre recherche actuelle; le Moi n'est le posé qu'à la condition que le Non-Moi soit posé comme non-posé, qu'il soit nié. (p. 83, 188).

La loi se réduit donc à cette simple formule : toute position suppose et implique une non-position. Dans le cadre de la causalité, le Moi est ce qui est posé quand le Non-Moi n'est pas posé, et le Non-Moi ce qui est posé, quand le Moi ne se pose pas :

> ou pour s'exprimer dans un langage plus commun, le Moi tel qu'il est considéré ici n'est que le contraire du Non-Moi et rien de plus; et le Non-

> Moi que le contraire du Moi et rien de plus. Pas de Toi, pas de Moi ; pas de Moi, pas de Toi. Pour être clairs, nous nommerons dorénavant **de ce point de vue**, et de ce point de vue seulement, le Non-Moi **objet** (*Objekt*) et le Moi **sujet** (*Subjekt*).

Cette phrase, quoique sans ambiguïté par rapport à l'ensemble de nos développements, appelle néanmoins quelques explicitations et nous contraint à une légère digression. En effet, ce passage contient la fameuse proposition, mise en exergue par l'interprétation intersubjectiviste : « Pas de Toi, pas de Moi ». Cette exclamation délivre-t-elle la clé de la *GWL*, est-elle la traduction ultime des termes « Moi » et « Non-Moi » ? Nous ne le pensons pas. Diverses raisons justifient ce choix :

Tout d'abord, dans l'interprétation intersubjectiviste, cette phrase est lue non seulement comme l'affirmation de l'interrelation nécessaire de deux consciences finies mais encore comme l'idée qu'autrui est la condition de possibilité de la conscience de soi. Or, Fichte donne pour synonyme de cette formule les termes « sujet » d'un côté, « objet » de l'autre. Autrui serait-il objet ? Plus encore, Fichte précise : « le sujet est ce qui n'est pas objet et jusqu'à présent il ne possède aucun autre prédicat ; et l'objet est ce qui n'est pas sujet et jusqu'à présent il ne possède aucun autre prédicat ». Il est donc clair qu'autrui dans ce contexte n'épuise pas la signification du Non-Moi mais est bien plutôt une illustration possible et non exclusive du Non-Moi, simplement spécifié comme « un X quelconque », et strictement synonyme de ce qui n'est pas posé quand je me pose et de ce qui est posé quand je ne me pose pas. L'exemple est donné comme simple illustration pédagogique de la loi (« pour s'exprimer dans un langage plus commun »).

De plus, il convient de restituer cette proposition fameuse à la dynamique de l'ensemble de ce passage et non de l'en extraire. La finalité de la démonstration n'est pas de déployer la théorie de l'intersubjectivité, mais plus généralement d'expliciter la loi de la médiatité du poser. Cette loi dit très clairement que pour poser X, il faut ne pas poser Non-X et réciproquement (« le Moi n'est le posé qu'à la condition que le Non-Moi soit posé comme non-posé, qu'il soit nié »). Le Moi doit, pour se poser comme Moi, nier le Non-Moi. Aussi, la loi ne dit pas : « si je pose X, je dois poser Y », mais dit précisément l'inverse soit : « si je pose X, je dois ne pas poser Y, et donc le nier ». En détachant de son contexte la proposition, des interprètes comme L. Ferry ou A. Renaut font dire à la loi de la médiatité du poser très précisément l'inverse de ce qu'elle énonce. A une affirmation par négation (le Moi n'est le posé qu'à la condition que le Non-Moi soit posé comme non-posé, qu'il soit nié), ils substituent une double affirmation (l'affirmation d'autrui est la condition de l'affirmation de la conscience de soi). Par suite, faire de l'illustration de Fichte la vérité définitive de ce passage, c'est se mettre dans l'impossibilité de rendre compte de la signification qu'il donne à la médiatité du poser; finalité de tout ce paragraphe. Cette illustration peut encore moins être donnée comme la signification ultime du Non-Moi dans la *GWL*, car Fichte souligne à dessein l'expression « **de ce point de vue** », pour bien rappeler que nous nous situons dans le cadre de la causalité, point de vue inférieur à celui de la substantialité. Ajoutons à cet argument que tous les développements de la *GWL* sont ponctués par ce type de formule. Dès lors, si l'on voulait vraiment faire de l'une d'entre elles l'épitomé de la philosophie de Fichte, il faudrait prendre la dernière opposition sur laquelle elle se conclut, soit, comme nous le verrons : « Pas de fini, pas d'infini et réciproquement. » Cela d'autant que Fichte prend soin à ce moment-là de signaler qu'il s'agit de l'opposition ultime qui travaillait tous ses développements antérieurs.

Enfin, valoriser cette phrase, c'est faire fi de la parenthèse restrictive : « (Le Moi est dans tous les cas par conséquent absolument le posant, mais nous faisons abstraction de ceci dans notre recherche actuelle) ». Le Moi est absolument le posant, en ce que c'est toujours lui qui pose la relation, celle-ci fût-elle dite intersubjective. Ainsi, si l'on veut honorer l'exigence de Fichte, qui commande de toujours veiller au statut d'un jugement quand on en profère le contenu, on devrait reconnaître que le Moi (philosophe) pose autrui comme condition de possibilité du Moi. Qui pose? Le Moi. Qui est condition ultime du jugement? Le Moi qui est « dans tous les cas absolument le posant ».

Mais les raisons d'un refus ne sauraient dispenser de l'interprétation positive de cette phrase, car enfin Fichte, même si son but premier est d'expliciter la loi de la causalité comme position par la non-position, n'en semble pas moins dévier par cette formule : « Pas de Toi, pas de Moi » de sa trajectoire explicite. La signification est délivrée par la phrase immédiatement précédente : « le Moi, tel qu'il est considéré ici, n'est que le contraire du Non-Moi et rien de plus, et le Non-Moi… ». Le Moi est le contraire du Toi, le Toi le contraire du Moi ; le Moi n'est Moi qu'en tant qu'il n'a pas les prédicats d'autrui, et autrui n'est tel qu'en tant qu'il n'a pas les prédicats du Moi. L'affirmation du prédicat X, en autrui, est la négation de ce prédicat en Moi ; la négation d'un prédicat en Moi, permet de me constituer comme Moi (je ne *suis* pas X), et la négation d'un prédicat en autrui le constitue comme Toi (il n'est pas Moi). C'est là tout ce que le contexte permet de dire ; ce qui ne saurait, à notre sens, préjuger, pour l'instant, d'une théorie de l'intersubjectivité particulièrement précise et performante.

Cette digression faite, il convient de revenir au texte. La loi de la causalité nous fait accéder à la juste pensée de la passivité. La loi de la position par la non-position nous permet de nous débarrasser définitivement du spectre de la chose en soi (réalisme classique) ou de la finitude en soi (réalisme kantien). Nous n'avons plus « besoin d'admettre un acte du Non-Moi comme le fait le réaliste quantitatif pour fonder la passivité du Moi; en second lieu, nous n'avons pas besoin de cette passivité elle-même (affection, détermination) et qui est admise par le réalisme quantitatif pour expliquer la représentation ». On ne peut pas postuler, à l'instar de Kant, qu'il existe une détermination dans le Moi (la passivité), qui échappe à l'activité du Moi, sans mettre en contradiction le Moi posant et le Moi posé. Pour éviter cette contradiction, nous sommes contraints de poser la passivité comme inscrite dans l'activité du Moi. La passivité s'explique par la loi du Moi, qui est la loi du poser médiat. La position du Moi comprend la non-position du Non-Moi. Le Non-Moi ne se définit plus comme un être ou une détermination contredisant la nature du Moi, mais est la loi même du Moi qui, pour se poser comme Moi, doit poser un non-posé. Munis de cette loi, nous sommes en mesure de remonter à l'essence de l'acte par lequel une passivité est posée.

LA GENÈSE DE LA REPRÉSENTATION DU MONDE ET DE LA LIBERTÉ

> S'il <*le Moi*> doit poser l'objet, alors il supprime nécessairement le sujet et une passivité surgit en lui; il lui faut nécessairement référer cette passivité à une raison réelle dans le Non-Moi; et ainsi naît la représentation d'une réalité indépendante du Moi. S'il doit poser le sujet – dès lors il supprime nécessairement l'objet posé et cette fois encore surgit une passivité, qui est référée à une activité du sujet et qui produit la représentation d'une réalité du Moi indépendante du Non-Moi (la représentation d'une liberté du Moi, qui, du point de vue de notre démarche actuelle, n'est rien d'autre qu'une liberté **simplement représentée**) (p. 84, 189).

C'est sur cette genèse de la représentation d'une réalité comme indépendante que se conclut cette synthèse de la causalité. Les deux paragraphes suivants visent, en effet, à dégager le point qui, dans cette analyse, demeure inexpliqué et dont la solution ne sera délivrée que dans la partie pratique. Point d'orgue de la synthèse de la causalité, ces deux phrases dispensent la vérité de la représentation du point de vue de la causalité. Or, il est notable que cette genèse soit celle de la représentation du monde *comme* celle de la liberté. La loi du Moi comme médiatité du poser permet d'expliquer aussi bien la représentation d'un monde comme indépendant, et donc extérieur, que la représentation d'un Moi comme indépendant et donc libre. Remonter à la source de la représentation de l'indépendance est donc la finalité de cet ultime et décisif paragraphe. Nous en expliquerons tout d'abord le contenu pour nous interroger ensuite sur le statut de la « description » qui nous est ici offerte.

Le Moi n'est pas passif en soi, il produit, de par la loi qui est sienne, la passivité. La production par le Moi de la passivité nous permet d'accéder à la genèse de la représentation d'un monde extérieur. Pourquoi se représente-t-on une réalité indépendante du Moi ? En vertu de la loi du Moi. Fichte explique donc la position d'un monde comme indépendant et extérieur à partir de la seule loi du Moi. Parallèlement, comment en vient-on à la représentation d'une liberté ? Toujours selon la même loi. Le Moi se pose comme sujet. Il supprime donc, en vertu de la loi de la médiatité du poser, l'objet. Je suis ce que n'est pas l'objet. Je me constitue en tant que niant l'objet. Ce faisant, je me pense nécessairement comme indépendant de l'objet. Je me représente donc comme liberté, au sens le plus obvie du terme : comme réalité non dépendante d'une autre. C'est la même loi qui produit la représentation du monde et de la liberté. Plus encore, se représenter le monde comme indépendant, c'est en même temps se représenter comme libre. Les deux représentations procèdent d'une même loi et s'impliquent l'une l'autre. Dans les deux cas, il s'agit de représentations. Fichte prend même soin de souligner que la liberté est ici *seulement* représentée, indiquant par cette réserve que seule la partie pratique permettra de délivrer la liberté du simple champ de la représentation. La représentation, c'est ici l'idée nécessaire que nous nous formons de la réalité du Moi et du Non-Moi comme entités indépendantes ; cette notion d'une indépendance de l'un et l'autre procède de la loi du Moi. Partie du Non-Moi comme référence, la synthèse de la causalité revient donc nécessairement au Moi. Les représentations du monde et de la liberté – toutes deux nécessaires – ont pour origine la loi du Moi. Cette genèse de la représentation du monde est sans doute à l'origine de bon nombre de mésinterprétations de la doctrine de Fichte. Il nous faut donc en restituer l'exact statut.

Si, par une expérience de pensée, nous nous avisions d'extraire ce paragraphe de tout le cheminement qui nous y a conduits, alors nous pourrions déduire une bonne partie des erreurs commises sur la philosophie de Fichte. En effet, Fichte, semble, tout d'abord, s'y livrer à une description de la manière dont procède inconsciemment toute conscience lorsqu'elle croit en l'existence d'un monde extérieur. De surcroît, l'affirmation qu'il n'est de passivité que procédant de la loi du Moi semble faire du Moi le créateur du monde extérieur. Le vocabulaire de la naissance ou du surgissement d'un monde renforce cette impression ; tout se passant comme si nous était dévoilée ici l'origine du monde. Deux interprétations peuvent trouver aisément leur source en ce paragraphe ainsi compris : la première selon laquelle le monde serait une production inconsciente du Moi, interprétation qui, esquissée chez Novalis, sera amplifiée par les romantiques et reprise par le commentarisme traditionnel incarné par Bréhier et dans une certaine mesure Bergson [1]; la seconde, selon laquelle Fichte aurait fait du Moi l'unique créateur ou producteur en lieu et place de Dieu, interprétation d'un bon nombre de penseurs, au premier rang desquels Heidegger, et que résume l'ironique constat de Schiller: « le Moi est créateur jusque dans ses représentations, et toute réalité réside uniquement dans le Moi. Le monde n'est à ses yeux qu'un ballon que le Moi a projeté hors de lui et qu'il rattrape à la phase de la réflexion! Il aurait donc, en effet, proclamé la divinité du Moi, ce à quoi nous nous attendions » [2]. L'ensemble de nos développements permet de comprendre la nature des erreurs ici commises. En effet, du strict point de vue du contenu du paragraphe, ces deux interprétations ne sont pas fausses car Fichte indexe bien la passivité sur la loi du Moi et retrace bien la formation de la croyance en un monde extérieur. En revanche, elles le deviennent du point de vue du statut de ces propositions. Elles pensent cette genèse comme une description, comme si le philosophe s'attachait à dépeindre un objet (la conscience à sa naissance) qu'il avait devant les yeux. Or, Fichte ni ne voit ni ne décrit une réalité. Ce paragraphe n'est pas une description. Pour en comprendre le statut, il convient de bien conserver en mémoire toutes les étapes de notre cheminement précédent. Nous nous sommes fixés une tâche: penser le Moi et le Non-Moi ensemble. Nous avons composé ces contraires (détermination réciproque). Nous mettions en place progressivement un contenu – la relation de X et Non-X – sur lequel nous allions travailler. Impliquée en ce contenu même, nous avons découvert une activité indépendante. Qu'était-elle? Rien d'autre que la condition de l'affirmation du contenu, soit le statut de la proposition. Nous sommes ainsi remontés de la proposition énoncée (X est effet de Non-X) à la structure du dire du philosophe. Nous avons montré que structure du dire et contenu de ce qui était dit devaient s'accorder (l'activité indépendante et la relation acte-passivité devaient se déterminer réciproquement). De cette norme de l'identité du posant et du posé, nous avons déduit la seule loi à partir de laquelle le point de vue de la causalité pouvait être dit exact. A partir de cette loi, nous pouvons non pas décrire mais déduire un processus, celui de la formation de la représentation d'une réalité indépendante. Toutes les autres solutions possibles, par exemple celle de Kant, nous en avons montré la fausseté. Dès lors, si ce processus de formation de la représentation du monde est donné comme vrai, c'est parce qu'il est sans autre alternative possible. Ni vision des origines ni narration réelle ou fictive, la genèse ici déployée n'est rien d'autre que la seule solution qui soit sans alternative possible. Prétendre autre chose serait retomber dans les contradictions déjà

1. Voir à ce propos: H. Bergson, *Cours sur Fichte* de 1898, publiés par F. Turlot et P. Soulez, Cahiers du séminaire de philosophie, 7, Presses universitaires de Strasbourg, 1988.

2. Lettre de Schiller à Goethe du 28 octobre 1794, *Goethe, Schiller: Correspondance 1794-1805*, trad. L. Herr, Gallimard, 1994, t. I, p. 69.

analysées. La *GWL* a pour but de remonter aux conditions ultimes de ce qui peut être dit sans contradiction performative. La vérité, immédiatement déduite de l'identité réflexive, est ce qui est sans autre alternative. Confondant description et argumentation sans alternative possible, ces interprétations retombent inévitablement dans les impasses de l'objectivation.

RÉSULTATS : LES INTERPRÉTATIONS DE L'IDENTITÉ DU MOI POSANT ET DU MOI POSÉ

La juste compréhension du statut de la genèse de la représentation, comme conclusion légitime de la loi de l'identité du posant et du posé, nous permet donc de régler un débat interprétatif, sans doute parmi les plus aigus au sein des études fichtéennes. En effet, tous les commentateurs achoppent traditionnellement sur la signification de l'identité affirmée entre le Moi posant et le Moi posé [1]. Trois dispositifs interprétatifs ont été développés :

Le premier conçoit l'identité comme identité stricte. La conscience commune et la conscience philosophique seraient une et même ; la philosophie ne serait rien d'autre que la reproduction de la représentation, de la conscience objectivante, voire de la *doxa* [2]. Dans ce cadre, la conscience philosophique est engloutie dans la conscience commune ; l'identité des deux se fait au profit de la conscience commune ; le discours philosophique n'a d'autre but que de se saborder lui-même pour rejoindre l'unique vérité : la représentation de la conscience commune. Nous avons déjà dit pourquoi cette interprétation de l'identité était strictement et littéralement impossible.

Le deuxième dispositif, plus « hégélien » [3], consiste à penser l'identité comme accès de la conscience commune à la conscience philosophique, et ce, au terme d'un processus de formation (*Bildung*). Le Moi philosophe aurait extraposé un Moi objet (conscience commune) qu'il regarderait le rejoindre. Le point de rencontre entre les deux consciences signerait la résolution du problème. L'identité serait ici identité de la conscience commune et de la conscience philosophique du point de vue de la conscience philosophique. Une telle interprétation ne rabat pas la conscience philosophique sur la conscience commune mais élève la conscience commune à la conscience philosophique. Cette interprétation pose à notre avis deux problèmes : tout d'abord, dans ce dispositif, Fichte retomberait dans les pièges de l'objectivation puisque le philosophe serait tel un sujet face à un objet (la conscience commune), qu'il aurait devant lui et dont il observerait

1. Nous utilisons ces expressions générales à dessein, dans la mesure où les différents commentateurs n'ont pas traduit de la même manière les termes en présence.

2. C'est l'hypothèse que retient, après en avoir proposé une autre (voir *infra*), A. Philonenko. D'où son apologie de la *doxa* et de la « conscience commune ».

3. C'est l'hypothèse de D. Henrich pour la *Grundlage*.

le parcours. Or, nous avons montré combien tous les efforts de Fichte visaient à sortir de ces impasses qu'il ne cesse de dénoncer. Ensuite, une telle interprétation, si elle peut fournir une définition de l'identité (la conscience commune est, au terme d'un processus de formation, égale à la conscience philosophique), ne permet pas de donner une signification à la détermination réciproque de l'une par l'autre.

D'un point de vue plus général, ces deux interprétations semblent répéter la faute que Fichte analyse, à savoir penser une des consciences à partir de l'autre. La première interprétation fait de la conscience commune (la relation acte-passivité) le fondement de la conscience philosophique (l'activité indépendante) ; la seconde fait de la conscience philosophique la vérité de la conscience commune.

La troisième interprétation consisterait à penser l'identité et la détermination réciproque en terme de dérivation, de déduction. A partir de la connaissance des lois de la pensée philosophique, nous serions à même de déduire ou de décrire le fonctionnement de la pensée non philosophique. A. Philonenko, à ce titre, émet l'hypothèse suivante : « Il <Fichte> cherchera à dégager par inversion la vérité de la conscience commune en partant de la structure de la réflexion philosophique. Cela peut sans doute, si l'on entend la structure de l'opération philosophique, être admissible. On comprend bien que la philosophie soit une forme de pensée spécifique, certes, mais liée aux impératifs de toute pensée – on comprend bien aussi qu'en conséquence on puisse, sachant ce qu'est la pensée philosophique, décrire la pensée non philosophique et la rejoindre. Mais dès que l'on considère le détail, la *déduction* paraît contingente »[1]. Cette conception se heurte elle aussi à deux objections : tout d'abord, Fichte ne parle pas de « dériver » ou de « déduire » l'une de l'autre ; il ne s'agit pas que l'une des deux soit établie par l'autre, mais il faut que les « deux soient établies comme se déterminant l'une l'autre réciproquement ». Ensuite, cette conception nous reconduit aux apories de l'interprétation de l'identité. La pensée philosophique n'est qu'un sous-ensemble de toute pensée (elle est liée aux impératifs de toute pensée). L'activité indépendante n'a d'autre statut que de permettre l'accès à la pensée non philosophique, dont elle est l'expression.

Par rapport à ces trois interprétations, la conception d'une identité comme identité entre le contenu de l'énoncé et le sujet de l'énonciation permet de résoudre cet épineux problème. C'est pourquoi la solution de Fichte est à la fois d'une simplicité déconcertante et d'une difficulté totale. Simplicité, car l'identité du Moi posant et du Moi posé est l'une des formulations de la loi de l'identité réflexive. Ce qui est dit du Moi posé (la relation

1. *L.H.*, p. 235. C'est nous qui soulignons le terme déduction. A. Philonenko, en dernière instance, soutient la première interprétation mais il n'en propose pas moins cette autre solution, qu'il considère comme moins bonne (« dans le détail, la déduction paraît contingente »).

acte-passivité) ne doit pas contredire le fait de le dire (le Moi posant); le dire ne doit pas contredire le faire. Simplicité encore, car on a pu montrer sur la base de l'analyse de propositions, telles que « le *Dasein* est le berger de l'être » ou « l'homme pense », combien cette identité est toujours implicitement contenue dans tous les énoncés philosophiques. Fichte, en énonçant l'identité du posant et du posé ne semble donc rien faire d'autre que de donner une formule que tout philosophe peut reconnaître. Simplicité donc, mais aussi et sous le même rapport, difficulté en ce que l'irrésistible tendance à l'objectivation, propre à tout philosophe, à tout lecteur, à toute conscience, y est continuellement malmenée. Cette tendance à l'objectivation est perceptible au sein même des interprétations les plus subtiles de la *Grundlage* envisagées plus haut. Dans ces différents dispositifs, le lecteur pense d'un côté la conscience philosophique, de l'autre la conscience commune, comme s'il s'agissait de deux entités, qu'on regarderait (Qui ?) se rejoindre, tel le fer rejoignant l'aimant (dans le second cas, l'aimant serait la conscience philosophique, le fer la conscience commune, dans le premier, l'inverse). Or, dans la solution ici proposée, Fichte ne donne pas des contenus précis, mais révèle la loi qui nous permettra d'accepter tel énoncé concret, de refuser tel autre.

Cette loi, issue de l'exigence de l'identité du posant et du posé, elle-même expression du principe de la sujet-objectivité, délivre l'ultime vérité de la synthèse de la causalité. Principe de toutes les solutions, moteur de toutes les découvertes, matrice de toutes les vérités, cette identité du posant et du posé nous a permis d'accéder à rien de moins qu'à l'explication de la représentation du monde et de la liberté. Sa fécondité est donc proportionnelle à sa difficile simplicité. Cette fécondité, nous devons la tester maintenant dans le cadre de la synthèse de la substantialité, terme de toutes nos analyses. Comme l'a souligné Fichte, la synthèse de la causalité comme de la substantialité sont, dans le cadre de la partie théorique, toutes deux légitimes. Cependant, la synthèse de la substantialité n'en possède pas moins un privilège par rapport à la causalité : elle exorcisera définitivement l'arbitraire de la référence. La synthèse de la causalité réalise la congruence entre l'énoncé et l'énonciation qui était requise. La synthèse de la substantialité aussi. Mais cette dernière nous délivre, en plus, le modèle de la réflexion qui nous permettra de fonder le savoir pratique. A ce modèle de la réflexion, nous consacrerons quatre chapitres : nous envisagerons tout d'abord la structure du réfléchir (groupe de propositions alpha), ensuite la structure du représenter (bêta), puis les fausses mises en relation du réfléchir et du représenter (gamma 1 et 2). Ce n'est qu'après que nous pourrons analyser gamma 3, comme ultime solution de la relation entre représentation et réflexivité, et passage au savoir pratique.

Quatrième partie

LE MODÈLE DE LA RÉFLEXION

Chapitre premier

LA STRUCTURE DE LA RÉFLEXION DANS LA SYNTHÈSE DE LA SUBSTANTIALITÉ

La nature de la solution

Ultime étape de nos développements, la synthèse de la substantialité doit décomposer le geste que nous sommes contraints de faire à partir du moment où nous prenons pour référentiel le Moi et non plus le Non-Moi, comme dans la causalité. Il s'agit, dans ce cadre, de comprendre comment penser la non-position à partir de l'acte de position. Alors que la causalité partait du fini – poser par un non-poser, le manque est à l'origine du poser –, la substantialité partira de l'infini – non poser par un poser, le poser est à l'origine du manque ou de l'activité diminuée. Comme nous le démontrerons, la spécificité de cette synthèse sera de penser la relation entre activité indépendante comme unité synthétique et la relation acte-passivité comme une relation du fini à l'infini. Comment concevoir une finitisation de l'infini et corrélativement une infinitisation du fini : telle est l'ultime formulation du problème, à laquelle nous aboutirons et vers laquelle tend, à notre sens, toute l'argumentation de Fichte. Cette finalité de la synthèse de la substantialité nous permet d'emblée de refuser une interprétation pour laquelle le but de la synthèse de la substantialité serait la doctrine de l'*Anstoss*. Soucieux de faire de la philosophie de Fichte une doctrine du fini, en laquelle l'homme est irrémédiablement lié au monde empirique, des interprètes en apparence aussi différents que A. Philonenko et M. Richir font de l'élucidation du choc, l'objectif premier de ces dernières pages de la partie théorique. Nous ne saurions accepter cette optique interprétative pour au moins trois raisons :

La première raison, purement textuelle, vient de ce que la doctrine de l'*Anstoss* ne peut, nous dit explicitement Fichte, recevoir de signification définitive que dans la partie pratique. En fait, comme dans le point de vue de la causalité, la synthèse de la substantialité laissera subsister un reste qui ne pourra pas être élucidé. Il nous semble donc prématuré de vouloir remplir définitivement et exclusivement le terme d'*Anstoss* sur les seules bases fournies en cette synthèse.

De surcroît, en survalorisant le fini, ces interprètes sont contraints soit de passer sous silence l'infini, soit d'en faire une simple exigence morale, de même statut que les postulats pratiques kantiens. A notre sens, ces interprètes imputent à Fichte une position qu'il a récusée en γ1 de la synthèse de la causalité; position selon laquelle « le Moi est fini parce qu'il est fini », et dont nous avons vu qu'elle pouvait, en un certain sens, être celle de Maïmon.

Enfin, il est toujours nécessaire de penser une interprétation à partir du contexte en lequel elle a éclos. Or, il est patent qu'aussi bien A. Philonenko que M. Richir se situent historiquement à un moment de survalorisation de la finitude. La différence de référence – Kant pour A. Philonenko, Heidegger pour M. Richir – ne saurait masquer l'*a priori* commun partagé par l'ensemble des recherches philosophiques du dernier demi-siècle, celui de la finitude radicale. C'est, nous semble-t-il, ce contexte herméneutique qui explique la promotion de l'*Anstoss* au rang de notion emblématique de toute la philosophie de Fichte; notion qui, pour A. Philonenko, signerait la condamnation par Fichte de l'essentialisme métaphysique, oublieux du temps et d'autrui, et qui, pour M. Richir, serait une anticipation de la moderne notion de facticité (*Geworfenheit*). Si nous nous risquons à poser cette hypothèse sur le contexte d'origine des interprétations, c'est d'une part parce que, comme nous le verrons par la suite, il est, du strict point de vue du texte et de sa dynamique, extrêmement surprenant de faire de l'*Anstoss* son point nodal, et d'autre part parce que c'est précisément cette survalorisation du fini par les interprètes qui les contraint à poser, par la suite, le problème de l'évolution de Fichte. Or, nous le verrons, l'essentiel du propos de Fichte se concentre, ici, autour du double problème de la finitisation de l'infini et de l'infinitisation du fini. Nous déterminerons précisément le sens de cette question qui, pour nous, est bien la question rectrice de cette synthèse de la substantialité.

Pour autant ce refus de faire de la doctrine de l'*Anstoss*, l'alpha et l'omega de cette synthèse, ne saurait évidemment nous dispenser de toute élucidation de cette notion. Là encore, nous devrons nous confronter à deux interprétations, cette fois radicalement opposées, celle de A. Philonenko et celle de D. Henrich. Pour Philonenko, le choc est l'épure de la relation intersubjective. Autrui lance un appel à la conscience qui, ainsi mise en demeure, doit répondre ou non à cet appel, ou incitation extérieure. Cause occasionnelle et non nécessitante de l'agir de la conscience, le choc est donné comme l'acmé de la doctrine de l'intersubjectivité, elle-même finalité dernière de la partie théorique de la *GWL*. Pour Henrich, en revanche, le choc est un reste de la chose en soi. Dans la *GWL*, Fichte n'aurait pu se défaire d'une position « dogmatique » qu'il abandonnera par la suite. Ainsi, selon cet interprète, l'idée d'une raison extérieure à l'activité du Moi (le choc) constitue une véritable trahison de « l'esprit spéculatif », qui animait pourtant l'ensemble des développements précédents[1].

Contre ces deux interprétations, nous essaierons de comprendre pourquoi l'*Anstoss* ne saurait s'interpréter comme incitation étrangère à la conscience, en un mot comment et pourquoi Fichte récuse la forme de réalisme – pourtant très épuré – qu'on lui impute. Mais en tout état de cause, la signification du choc ne saurait être donnée comme la clé de cette synthèse de la substantialité.

La finalité de la synthèse de la substantialité dessinée, nous pouvons à nouveau reprendre notre lecture linéaire de ce texte. Un premier moment est consacré à la définition des termes (forme, matière) dans le cadre de la substantialité. Ces définitions permettront à la combinatoire de s'exercer de la même manière que dans la synthèse de la causalité : alpha 1 et 2 sont les thèses idéalistes et réalistes sur la réflexion comme activité du philosophe, alpha 3 constitue la juste solution.

Forme et matière de l'activité indépendante[2]

L'activité de la forme est un « non-poser par un poser ». Le passage – quintessence de l'opération du philosophe – se spécifie ici en exclusion. En effet, dans la substantialité nous ne nions ni ne supprimons comme dans le cadre de la causalité ; la passivité (Non-Moi) est encore de l'activité. Loin de se donner comme le contraire absolu de l'activité, elle est pensée comme son amoindrissement, comme activité diminuée. Conformément à ce que nous avons déjà dit, l'activité diminuée est telle parce qu'elle ne remplit pas la totalité de l'ensemble, que remplit l'activité absolue. Néanmoins, elle remplit une sphère déterminée d'activité, sinon nous ne parlerions pas d'activité diminuée mais d'absolu contraire de l'activité, de passivité radicale. Pour saisir concrètement la différence dont il est question ici, il nous faut comparer le geste de Leibniz (substantialité) à celui de Kant (causalité). Pour Leibniz, la finitude de la représentation doit être expliquée à partir de la seule activité. L'imagination, par exemple, sera pensée comme

1. *Fichtes ursprüngliche Einsicht*, Francfort-sur-le-Main, Klostermann, 1967, p. 40 et 41.
2. P. 85, ligne 13 à p. 86, ligne 26 (192 à 193).

activité obscurcie par rapport à l'activité pure de l'intelligence abstraite. Pour Kant en revanche, il existe à l'intérieur du Moi une détermination, une passivité, qui ne vient pas de l'activité du Moi. Cette passivité est l'intuition. Dans ce second cas, nous obtenons une négation ou suppression forte (la passivité ne vient pas de l'activité, la différence est de nature), alors que dans le cas de Leibniz nous obtenons une simple exclusion hors de la sphère de l'activité pure (il s'agit encore de l'activité, mais d'une activité diminuée; la différence est seulement quantitative). En fait, l'exclusion est ici formation d'une autre sphère hors de la totalité de référence, l'activité pure. Cette sphère contient cela même qui a été exclu. C'est pourquoi « le caractère déterminé de l'activité formelle dans la relation de détermination réciproque par substantialité est l'exclusion d'une sphère déterminée remplie et comprenant en ce sens la totalité de ce qui s'y trouve ».

Mais cette caractérisation de la forme de l'activité indépendante, bien qu'exacte, suscite néanmoins un problème : en effet, conformément au premier principe : « la sphère de A doit être posée comme totalité absolue ». Mais si B (le non-poser ou l'activité diminuée) doit être posé, alors A ne peut plus être totalité absolue. « Par conséquent la sphère de A doit être posée comme totalité et non-totalité. » Le paradoxe est simple : l'activité est à la fois totalité et partie de la totalité. Le raisonnement de Fichte ici est le suivant : je pose A comme totalité puis j'exclus B de la sphère de A ; je pose donc B (puisque toute exclusion est initialement position). Dès lors B, du fait même de mon geste d'exclusion devient une sphère qui est (puisqu'en l'excluant je l'ai posée), mais c'est une sphère indéterminée. En effet, B n'est défini que comme sphère qui est exclue de A. Pour le dire d'une analogie : lorsque je dirige mon attention sur le nombre 5, je ne pense pas 3, 7, ou –5, c'est-à-dire l'ensemble des autres nombres. Par suite, ces nombres sont exclus du champ de mon attention. Poser X, c'est ne pas se concentrer sur Y. Ce faisant, Y reste indéterminé puisque mon attention ne le détermine pas comme objet spécifié, défini.

Maintenant, si je considère ce que j'ai fait, je comprends que j'ai posé A comme déterminé et B comme indéterminé, j'ai donc posé : A et B. Mais B est un non-posé par une position du Moi. Conformément au premier principe, le Moi se pose et en ce sens, il est totalité absolue ; mais il pose aussi B, et cette position d'une sphère autre que le « se poser » est bien un acte de position. Si donc nous prenons en compte l'ensemble de ce qu'implique notre geste, nous devons écrire : A (A+B).

Le A, à l'intérieur de la parenthèse, marque la position par A de B. Essayons d'illustrer ces procédures abstraites de quelques exemples : dans la conscience, nous avons la conscience de soi (A) et la conscience de l'autre (B). Mais dans l'expression « conscience de l'autre », nous retrou-vons le terme « conscience », et donc A. Nous obtenons donc bien une réduplication du terme de conscience, un redoublement de A. Si maintenant nous essayons de l'expliquer en prenant comme fil conducteur le geste d'un leibnizien conséquent, nous voyons qu'il distinguerait d'une part l'activité pure, par exemple l'entendement pur du philosophe, de l'activité obscurcie, propre à l'imagination recourant aux images et se soumettant au souvenir et à la sensation. Par suite, le philosophe leibnizien pose d'abord une activité pure comme totalité de référence, puis exclut de cette sphère le non-pur (B). Mais ce non-pur est pensé comme activité diminuée et non comme absolu contraire de l'activité pure. Dès lors, dans l'expression « activité diminuée », le terme « activité » correspond à A, et le terme « diminuée » à B. Si nous concentrons maintenant ce geste en une formule, nous obtenons bien une première occurrence de l'activité comme activité absolue (A), une seconde comme inscrite dans la formule « activité diminuée » où l'activité est à nouveau A et où le « diminuer » renvoie à B, soit: A (A+B). C'est pourquoi nous constatons que « l'auto-position est donc ici prise en un double sens : comme totalité absolue *<A pur>*, et comme partie déterminée d'une grandeur indéterminée *<A dans l'expression A+B>* ».

Ce faisant, A et B dessinent eux-mêmes une sphère plus large que la simple position de A. Cette sphère comporte une partie déterminée qui est A et une partie indéterminée qui est B. Dès lors, l'élucidation de la simple forme de l'activité indépendante nous contraint à poser une sphère qui excède la forme. Impliquée par la forme, cette sphère n'est pas la forme puisqu'elle se donne comme (A+B). Ce sera donc la matière de l'activité indépendante : « L'acte de position d'une **sphère supérieure, comprenant en soi la sphère déterminée et la sphère indéterminée,** constituerait l'activité grâce à laquelle l'activité formelle serait possible ; ce serait donc la **matière**, que nous cherchons. » Il est clair que pour pouvoir penser rigoureusement la forme comme exclusion, nous sommes nécessairement tenus de poser la matière. Ce qui, au niveau où nous nous situons, à savoir dans le cadre de l'activité indépendante, signifie ceci, qui se décompose en deux gestes : a) le philosophe pose la thèse selon laquelle l'imagination (pensée comme relation entre un X et un Non-X) n'est que de l'activité diminuée. La structure de l'opération du philosophe est bien ici un geste d'exclusion hors de l'activité pure ; b) ce faisant, il doit poser une sphère plus large où se trouvent à la fois l'activité première et un indéterminé seulement défini comme différent de l'activité absolue. La forme comme exclusion implique donc la matière comme sphère plus large parce que englobant les termes A et B.

Cette définition des termes de forme et de matière dans le cas de l'activité indépendante nous permet de poser la question habituelle : qui de la forme ou de la matière a le primat sur l'autre ?

LES POSITIONS IDÉALISTE ET RÉALISTE

Dans la position idéaliste (alpha 1) « la forme détermine la matière ». Dans cette perspective, le geste d'exclusion du philosophe donnerait naissance à la sphère plus large (A+B). Si le philosophe n'avait pas exclu, il n'y aurait pas de matière : « Pas d'exclusion, pas de sphère plus large. » Ce qui concrètement signifie que la spontanéité absolue (l'acte du philosophe comme forme pure) serait cela même qui produirait de l'activité diminuée. La spontanéité serait à l'origine de la limitation de la spontanéité dans l'activité diminuée. Nous obtenons ici un idéalisme qui prétendrait déduire toutes les déterminations de l'intelligence à partir de la seule spontanéité de la réflexion. Dès lors, c'est la structure de l'opération du philosophe qui conférerait ses caractéristiques à ce sur quoi il réfléchit (la sphère indéterminée). L'auto-position serait à l'origine de la non-position.

Le reproche que Fichte adresse à cette position est simple : cet idéalisme laisse inexpliquée la raison de la finitisation; il est incapable de dire comment une spontanéité pure et infinie pourrait elle-même se limiter. Il ne peut exhiber la nécessité par laquelle le Moi en viendrait à exclure quelque chose de lui. S'il explique le résultat (l'activité diminuée) comme produit de l'exclure, il ne peut répondre à la question : pourquoi exclure ? Cet idéalisme « soutient : le Moi pose un objet, où il exclut quelque chose de soi uniquement parce qu'il l'exclut et *sans autre raison* ». Comme dans le cadre de la causalité, nous sommes face à l'affirmation d'un geste qui ne peut se justifier. L'exclusion est sans pourquoi. Le Moi exclut parce qu'il exclut. Dans cet idéalisme, tout est fonction de l'opération, du geste d'exclure, mais ce geste lui-même, qui n'est pas conforme à l'auto-position posée du Moi, est inexplicable. Le fait que Fichte thématise et récuse cette position est sans doute remarquable dans la mesure où c'est cette position que lui attribuera Hegel dans *Foi et savoir*. L'objection de Hegel est la même que celle envisagée ici. En effet, Hegel reproche à Fichte de ne pouvoir rendre raison de l'exclusion; voilà pourquoi, à ses yeux, nous avons dans la *GWL* non pas un principe suprême, mais bel et bien deux principes indéductibles l'un de l'autre : le Moi et le Non-Moi, la position et l'opposition. Parce que Fichte critique cette position dans les mêmes termes que Hegel, il apparaît clairement qu'elle n'est pas sienne. C'est autrement que Fichte répondra à la difficile question de l'auto-limitation de la spontanéité absolue. Nous pouvons remarquer en outre que si Hegel reproche à Fichte de laisser « sans raison » la finitisation de la spontanéité absolue, d'autres philosophes à l'inverse lui reprocheront – ainsi qu'à Hegel – la volonté de rendre raison. La lecture de ce passage permet de comprendre la juste signification de ce désir de « rendre raison ». Si le philosophe idéaliste est sommé de dire comment, à partir de la spontanéité pure, on peut produire de la spontanéité limitée (activité diminuée), c'est bien parce que sinon son discours n'aurait aucun statut et par là aucune vérité. Il pourrait tout aussi bien prétendre l'inverse sans qu'aucun argument ne soit susceptible d'étayer sa position. Le philosophe énonce une thèse. Il prétend ce faisant à la vérité de cette thèse. Cette prétention doit être honorée. Elle ne peut l'être que par la monstration des conditions à partir desquelles cette thèse a un sens, c'est-à-dire par la mise en place d'une argumentation qui pourra être acceptée ou refusée par d'autres. Parce que le philosophe n'a pas à s'ériger en guide inspiré, distillant des formules sans appel et sans argumentation, il doit rendre raison de ses propositions. C'est pourquoi l'attaque – récurrente dans la philosophie la plus contemporaine – contre la volonté de « rendre raison » (attaque qui prend pour cible autant Fichte que Hegel) semble manquer ce dont il est question, à savoir la possibilité de justifier ses propres thèses philosophiques. Parce que l'idéalisme, induit par la proposition « la forme détermine la matière », est incapable de justifier sa propre position, il doit être récusé. Il est donc nécessaire d'examiner la proposition inverse, soit la position réaliste (alpha 2) selon laquelle « la matière détermine la forme ».

Dans ce cadre, c'est la matière (A+B), comme activité diminuée, qui est donnée comme origine du geste d'exclusion du philosophe. Dès lors : « la sphère plus large (*umfassendere*), en tant que plus large (donc avec les sphères du Moi et du Non-Moi qui lui sont sous-ordonnées) est absolument posée ». Nous sommes ici clairement dans le cadre du réalisme où quelque chose est donné, à savoir la sphère comprenant les « fragments » Moi et Non-Moi comme opposés. Le philosophe par son geste d'exclusion ne fait que reproduire (réfléchir au sens optique) la structure qui lui est donnée. S'il exclut, c'est parce que la sphère initiale se donne comme opposition du Moi et du Non-Moi. L'opération du philosophe consiste à refléter, tel un miroir, un donné qu'il n'a pas produit. Cette position est évidemment une position réaliste et son insuffisance est patente. C'est pourquoi il nous faut examiner la juste solution c'est-à-dire alpha 3, où « la forme et la matière de l'activité indépendante se détermine réciproquement ».

La position vraie

> Puisque le Moi doit exclure quelque chose de soi-même, une sphère supérieure doit être posée et puisqu'une sphère supérieure doit exister et être posée, le Moi doit exclure quelque chose de soi-même.

Comme dans le cas de la causalité, il nous faut penser l'indissolubilité du lien entre forme et matière. Si je pose la forme, j'ai la matière et réciproquement. Cette indissolubilité était inscrite dès notre raisonnement de départ, car pour pouvoir penser la forme (le geste d'exclusion), nous avons dû poser la matière. De même, toute position de la matière entraîne *ipso facto* sa comparaison avec la forme.

Pour comprendre autrement que formellement la solution proposée, il convient de donner une traduction des termes ici en présence. Nous l'avons vu précédemment, la forme de l'activité indépendante recoupe deux questions : celles du « Qui ? » et du « Comment ? ». A la question « Qui ? », la réponse ne peut être que le philosophe ou l'instance d'énonciation. A la question « Comment ? », la réponse est ici l'exclusion. L'exclusion hors d'une sphère de référence (le Moi comme totalité absolue) est la structure de l'opération du philosophe. Qui pense ? Le Moi ou philosophe. Comment ? En excluant. Le philosophe, en tant que se posant comme soi (A pur), exclut de son champ ce qui n'est pas l'activité absolue. Le passage, comme non-poser par un poser, consiste à séparer les deux sphères. Leibniz, en tant qu'il considère l'imagination comme de l'activité diminuée, la sépare bien de la totalité de référence qui est l'activité pure ou Moi absolu. Ce pouvoir est, nous dira Fichte, *dans la déduction de la représentation*, celui de la raison. La raison en effet recouvre les deux questions « Qui ? » et « Comment ? ». La question : « Comment ? », parce qu'elle est le pouvoir absolu de rejeter hors de soi tout objet. La question : « Qui ? », car ce pouvoir de séparer ou de rejeter conduit *ipso facto* au Moi absolu comme cela même qui ne peut être exclu : « si tout ce qui est objectif est supprimé, il demeure au moins le se déterminant soi-même et le déterminé par soi-même » (p. 120, 244). Ainsi la forme de l'activité indépendante, en tant que recouvrant les deux questions « qui » et « comment », est la raison, elle-même définie comme pouvoir d'abstraction absolue : « ce pouvoir d'abstraction absolue est lui-même la raison » (*ibid.*).

La matière de l'activité indépendante c'est, nous l'avons vu, l'imagination. L'imagination est une sphère « plus large » que la forme en tant qu'elle contient A et B indéterminés. Elle est donc relation entre deux termes différents, pouvoir de comparer deux termes opposés. La synthèse de ces deux pouvoirs reçoit ultimement pour nom celui de faculté de juger ou *Urteilskraft*. A la lumière de ces précisions, nous sommes en mesure de comprendre la solution selon laquelle « puisque le Moi doit exclure quelque chose de soi-même, une sphère supérieure doit exister, et puisqu'une sphère supérieure doit exister, le Moi doit exclure quelque chose de soi-même ». Le pouvoir d'abstraction absolu n'est possible que par la possibilité de comparer (qui est la sphère plus large où nous avons non pas seulement A mais A et B). Le pouvoir de comparer n'est possible que par l'abstraction absolue, qui délivre la sphère de référence permettant de penser B comme différent, comme exclu de la sphère de la totalité. L'acte du philosophe comme *Urteilskraft* peut être ainsi rigoureusement caractérisé comme indissolubilité du lien entre comparaison et abstraction à partir d'une totalité de référence, qui est le Moi absolu comme instance inéliminable. Par suite, on ne peut déduire l'imagination comme activité diminuée de la raison (comme le voulait l'idéalisme), ni déduire la raison de l'activité diminuée (comme le postule le réalisme), car toutes deux sont posées l'une avec l'autre. Cette indissolubilité du lien, nous l'avons nous-mêmes éprouvée. En décomposant les actes nécessaires à la pensée de la forme, nous avons compris que nous étions contraints de poser la matière. Nous avons donc *expérimenté* la justesse de cette réciprocité.

RÉSULTATS : « URTEILSKRAFT » ET VÉRITÉ

La structure du réfléchir se caractérise donc comme abstraction (raison) et comparaison (imagination, en tant que pouvoir de mettre en relation deux termes sans commune mesure). La faculté requise dans le discours philosophique est l'*Urteilskraft* comme synthèse de ces deux pouvoirs ou facultés. Comparaison et abstraction aboutissent nécessairement à la réflexion comme position de soi (seul le Moi ne peut être abstrait, il est l'unique réponse à la question « Qui ? »).

Par ces résultats, nous percevons très nettement pourquoi Fichte qui, à l'instar de Maïmon, fait de l'*Urteilskraft* (comme comparaison et abstraction) la faculté propre au philosophe, ne l'entache pas de la même contingence. En effet, le point de référence n'est pas une fiction postulée mais la loi même de l'identité réflexive (le Moi= Moi). Cette loi est sans alternative possible. Dès lors, les développements qui en sont issus le sont aussi. Comme nous le disions précédemment, par la découverte des énoncés auto-référentiels, Fichte dépasse la dichotomie entre jugements réfléchissants et jugements déterminants. Par suite, il exorcise le risque sceptique induit par la reconstruction à partir de l'*Urteilskraft*. A la position arbitraire de la référence ultime, il oppose l'instauration véritative. La vérité est bien de l'ordre de l'instauration et n'est point décalque d'un état de fait antérieur, mais cette instauration est instauration universelle et non création individuelle. Par suite, les jugements qui en dépendent, loin d'être livrés à la contingence d'un choix arbitraire, sont les seuls jugements philosophiques consistants.

Ces résultats nous conduisent également à préciser plus encore le concept de réflexion mis en œuvre par Fichte. La réflexion est la synthèse de l'abstraction et de la comparaison. Elle se définit ultimement comme position du sujet-objet, conçue comme identité de l'effectuation et de l'effectué. La réflexion est position du Moi et la position du Moi est réflexion. Il n'y a pas de scission entre les deux, au sens où la position du Moi serait première et la réflexion – comme retour sur cette position initiale –

seconde. La thèse directrice de D. Henrich, selon laquelle Fichte retomberait dans les impasses du modèle optique de la représentation, est démentie par les analyses de Fichte ici. La fin de la synthèse de la substantialité montrera mieux encore comment Fichte a définitivement cassé le modèle optique, mais nous pouvons apprécier dès maintenant la rigueur du modèle de la réflexion proposé, même si Fichte consacre peu de pages à cette élucidation dans le cadre de la synthèse de la substantialité. Ce qui ne sera pas le cas pour la structure du représenter (groupe bêta) qui, à l'inverse de ce qui se passait dans la causalité, requiert des analyses beaucoup plus longues et complexes. C'est cette structure du représenter qu'il nous faut maintenant élucider.

CHAPITRE II

LA STRUCTURE DU REPRÉSENTER

LA NATURE DE LA DÉMONSTRATION

La structure de l'argumentation est ici la même que précédemment. Fichte spécifie tout d'abord la signification des termes dans le cadre de la relation acte-passivité, expose, ensuite, la contradiction à laquelle cette définition donne lieu pour, enfin, reprendre la question du primat de l'une sur l'autre (bêta 1, 2, 3). Cependant, nous savons maintenant que l'identité de structure argumentative ne doit pas masquer la différence de signification entre l'examen de l'activité indépendante et l'examen de la relation acte-passivité. Dans le point bêta, nous n'analysons plus le geste du philosophe mais le caractère du représenter. Parce que la relation est ici considérée comme effectuée (*als geschehend*), nous allons étudier l'intervalle (acte-passivité), et essaierons de définir la nature du lien entre les deux termes (*Tun* et *Leiden*). Si nous reprenons ce qui incarne le mieux la relation acte-passivité, à savoir le fait de la représentation de Reinhold, nous savons que nous allons examiner l'opposition à l'intérieur de la représentation entre le sujet représentant (l'acte) et l'objet représenté (la passivité).

Or, dans le cadre de la substantialité, l'objet représenté n'est rien d'autre qu'une modalité du Moi, puisque, à la différence de la causalité, l'idée d'une extériorité est niée. Cet objet représenté est très précisément la sensation, symbole de la passivité comme activité diminuée. La passivité correspond toujours dans un système substantialiste à un « je sens ». La relation que nous allons étudier est donc la relation entre l'acte qu'incarne le « sujet représentant » (en tant que « je pense quelque chose ») et la passivité que dit le « je sens ». Ainsi, la différence d'avec l'activité indépendante est claire : il s'agit dans les deux cas du rapport du sujet à lui-même puisque dans la substantialité on ne sort jamais du sujet ; mais dans le premier cas, il s'agit du lien entre raison et imagination, dans le second cas, de la relation entre l'imagination et la sensation. Dans le premier cas, il est question du sujet réfléchissant, dans le second, du sujet représentant comme acte de se représenter quelque chose. C'est cette relation qui caractérisera le « représenter » comme mouvement de la conscience vers ce qui n'est pas elle. Cette mise au point faite, reprenons le fil de la démonstration, et tout d'abord :

LA RAISON DE DISTINCTION ENTRE REPRÉSENTANT ET REPRÉSENTÉ

La définition des termes [1]

La forme est la manière dont sont mis en connexion les éléments, « elle consiste dans l'exclure réciproque ». La relation entre les termes ne se définit que par le fait que pour poser l'un (l'acte), il faille exclure l'autre (la passivité) et réciproquement. Pour reprendre notre métaphore : ce n'est pas parce que j'ai « racine de deux » que je dois *ipso facto* exclure « Pégase ». La connexion qui, éventuellement, pourrait unir ces deux termes disparates ne serait pas de l'ordre de « l'exclure réciproque ». En revanche, dans la relation acte-passivité, la position de l'un des termes présuppose, engendre et implique la négation de l'autre. La liaison des termes réside donc bien dans leur exclusion mutuelle où « si A est posé comme totalité absolue, B est exclu de la sphère de celui-ci et posé dans la sphère B indéterminée, mais déterminable ».

Que signifie ici l'introduction du terme déterminable? Si je pose A, j'exclus B. Ce faisant, B est indéterminé puisque mon attention n'est pas dirigée sur B mais sur A. Mais bien qu'indéterminé, il peut être déterminé si mon attention venait à se porter sur lui. En ce cas, c'est A qui deviendrait indéterminé. B est donc pour l'instant indéterminé mais a la possibilité d'être déterminé, il est donc déterminable. Ce qu'exprime Fichte dans la phrase suivante : « Inversement, dès que B est posé (lorsqu'on réfléchit sur B en tant que posé), A est exclu de la totalité absolue, il n'est plus subsumé sous le concept de celle-ci, la sphère A n'est plus totalité absolue, mais elle est avec B en même temps partie d'une sphère indéterminée mais déterminable ». La déterminabilité se définit donc comme la possibilité de recevoir un prédicat sans qu'il soit pour autant donné; c'est, pourrions-nous dire, la prédicabilité.

Comme précédemment, de cette définition de la forme surgira un paradoxe : la juste définition de la forme supposera la position de la matière de la relation [2]. Mais le raisonnement est ici beaucoup plus subtil et complexe que dans le groupe alpha. Fichte note tout d'abord que la forme fait surgir une autre sphère (A+B). Nous sommes donc confrontés à deux sphères A et A+B. Or, chacune de ces sphères peuvent être considérées comme absolues, selon le point de vue que l'on choisit; nous pouvons considérer A ou considérer A+B, considérer la totalité déterminée ou la

1. P. 87 ligne 40 à 89 ligne 13 (195 à 197).
2. P. 88 ligne 13 à 89 (196 à 197).

totalité indéterminée mais déterminable. Dès lors, quelle est la vraie totalité ? La juste réponse à cette question ne peut être que la suivante : « la totalité est totalité des deux points de vue », soit A (A+B) et non pas l'une des totalités au détriment de l'autre. Mais cette résolution n'est que provisoire car elle fait surgir à son tour un problème. En effet, comment distinguer entre les deux totalités qui, pensées ensemble, forment la vraie totalité ? Si je considère que la totalité est A (A+B), il me faut, pour additionner A et A+B, impérativement faire la différence entre les deux, sans quoi : « la totalité serait une et il n'y aurait qu'un terme dans la relation » ; nous aurions A *ou bien* A+B et non pas A *et* A+B. Il nous faut donc déterminer A et déterminer A+B pour penser la différence entre les deux, différenciation qui nous permettra de les mettre en relation, relation qui à son tour nous permettra d'envisager la véritable totalité : A (A+B).

> Il s'ensuit que la déterminabilité de la totalité, comme telle, est présupposée par la possibilité de la relation postulée ; il est présupposé que ces deux totalités puissent être distinguées en quelque chose ; et cette déterminabilité est la **matière de la relation**.

La différence entre A et A+B est fournie par les termes mêmes ; il y a quelque chose qui, intrinsèquement, différencie l'un de l'autre ; c'est la matière de la relation. Nous avons deux sphères et il nous faut trouver un terme X pour les distinguer.

Illustration de ces définitions

Afin de comprendre autrement que formellement ce raisonnement, nous pouvons en reprendre les termes à partir d'une situation concrète, celle en laquelle nous nous mettons en situation de représenter l'objet, c'est-à-dire en laquelle nous visons un autre quelconque. Dans ce cadre, que signifie tout d'abord l'existence de deux sphères ? Lorsque je me représente un X quelconque, je vise l'objet, et le visant, je pose que cet objet n'est pas moi. J'exclus donc l'objet de ma sphère pour pouvoir le penser comme objet. Représenter consiste à penser hors de soi un objet, et par là même à penser une différence entre soi et l'objet. Je distingue donc une sphère qui est moi comme sujet représentant et une sphère de ce qui est représenté, sphère que j'exclus de moi-même puisque je la définis non comme sujet mais comme objet représenté. Nous avons donc ici deux totalités ou deux sphères : la sphère A et la sphère A+B. Toujours à partir du même fil conducteur, nous pouvons aisément comprendre ce que recouvrent précisément A et A+B. A est le sujet représentant, le scientifique en tant qu'il se sait sujet et ne se confond pas avec l'objet. A travers la multiplicité de ses représentations (la terre, la lune, leur rapport, etc.), le scientifique a conscience de rester lui-même en même temps que différent de ses représentations. Quant à A+B, c'est la sphère de l'expérience possible comme indéfiniment déterminable, soit l'ensemble des objets qui peuvent être pensés ou plus précisément encore, l'ensemble des différents actes du Moi en tant qu'il est en situation de connaissance d'objet. En effet, en tant que sujet représentant, je puis diriger mon attention vers un triangle, une chimère, etc. En ce sens, l'ensemble infini de ces possibilités constitue la sphère du déterminable en tant qu'expérience possible. Ces deux sphères, nous dit Fichte, ne peuvent être considérées comme des totalités à elles seules. En effet, la représentation est à la fois le sujet représentant et l'ensemble du représentable (A et A+B) et non pas l'un *ou* l'autre. Dès lors, sachant que je dois penser ensemble A et A+B, il me faut, au préalable, trouver une raison de différence entre ces deux sphères. Ce qui n'a d'autre signification que celle-ci : quel est le facteur discriminant qui me permet de ne pas confondre les deux sphères ? Pourquoi suis-je distinct de l'objet représenté, pourquoi n'y suis je pas englouti ? Qu'est-ce qui, à l'intérieur d'une représentation X, totalité comme A (A+B), me permet de dissocier ce qui appartient à l'objet (la sphère du déterminable), et ce qui revient au sujet représentant (la sphère du déterminé) ?

Toujours à partir du même fil conducteur – la situation de représentation –, nous pouvons approfondir la définition de la forme et de la matière ici proposée. La forme réside en l'acte d'exclusion par lequel la conscience représentante exclut quelque chose d'elle-même pour en faire un objet représenté. La matière serait le critère, pour l'instant inconnu, qui nous permettrait de dire ce qui revient au subjectif et ce qui revient à l'objectif. La matière serait ainsi le principe de distribution des représentations en actives et passives.

Penser la relation forme-matière, dans le cas de la relation acte-passivité, équivaut donc à déterminer s'il faut, pour expliquer l'expérience, partir d'un sujet qui se constitue et définit l'objet par exclusion, ou à l'inverse, s'il faut partir de l'expérience possible, infiniment déterminable, pour montrer comment le sujet advient. Envisageons les différentes possibilités de réponse :

LES FAUSSES DÉFINITIONS DE L'EXPÉRIENCE

La position de l'idéalisme [1]

En β1 où « la forme de la relation détermine la matière », l'exclusion réciproque montre de quelle totalité il faut partir, quelle est la totalité qui est condition ou fondement de l'autre. « Un terme qui en exclut un autre de la totalité est, dans cette mesure même où il exclut, la totalité, et inversement. » Si j'exclus A, alors la totalité est A+B ; si j'exclus B, alors la totalité

1. P. 89, ligne 14 à 31.

sera A. La forme, comme pur exclure, est ce qui fera de A ou de A+B la totalité. Ici, tout dépend du point de référence de départ (A et exclusion de A+B, ou A+B et exclusion de A). Si je pense le sujet, alors j'exclus l'objet et en ce cas, la totalité de référence sera le sujet ; c'est par rapport à A, totalité de référence que sera formé B. Si à l'inverse, je pars de la représentation de l'objet (A+B), alors la totalité de référence sera A+B, l'autre sphère sera exclue. C'est donc bien l'acte d'exclusion qui détermine de quelle totalité il faut partir. Dans cette position idéaliste, le fondement est purement relatif : « il n'est de fondement de détermination possible que relativement » ; pire encore, il n'y a en dernière instance aucun fondement. Une fois de plus, il est aisé de percevoir, au travers ces raisonnements, l'ombre du scepticisme radical pour qui il n'est de référence que relative. La conception que Maïmon se fait de la révolution copernicienne comme déréalisation de la référence pourrait aisément illustrer cette position. C'est précisément parce que cet idéalisme est un scepticisme que Fichte le récuse. En effet, loin de répondre à la question posée, il la conteste. Ce faisant, il ruine la possibilité même de penser un critère de distinction entre les deux totalités ; c'est pourquoi nous sommes renvoyés à notre situation initiale : l'impossibilité de penser la totalité véritable comme A(A+B). Or, puisque cette totalité est l'exacte formule de la représentation en son ensemble, il nous faut absolument trouver un critère de distinction entre les deux totalités. Ainsi « ce résultat ne semble rien apporter de nouveau, mais simplement dire ce que nous savions avant d'effectuer la synthèse ; or nous espérions bien alors dégager un nouveau fondement de détermination. Le présent résultat réduit à néant cette espérance ; sa signification est négative ».

A cette position clairement idéaliste s'oppose évidemment la position réaliste.

La position réaliste [1]

Dire, comme en β2, que « la matière de la relation détermine la forme », c'est dire que la déterminabilité de la totalité permettrait l'exclusion : « La détermination est effectivement possible et il y a un terme X quelconque, en vertu duquel elle s'effectue, et qu'il ne nous appartient pas ici de rechercher ». Il y aurait dans la représentation un critère de distinction (X) [2] qui permettrait de distinguer la représentation de l'objet du sujet représentant. Nous aurions, dans la relation elle-même, un principe pour distribuer de manière sensée les termes. Le raisonnement, dans le cas de la préséance de

1. P. 89 ligne 37 à p. 90, ligne 9 (198 à 199).

2. Comme le signale Fichte, nous n'avons pas à chercher ce que signifie ce mystérieux X ; il nous faut simplement considérer que l'autre solution consiste à dire qu'il y a quelque chose qui nous permet de faire la distinction.

la matière, est toujours le même : ce sont les termes, en tant qu'ils sont, et de par leur nature même, qui indiquent qu'il faut exclure de la sphère du sujet celle de l'objet ou exclure de la sphère de l'objet donné celle du sujet. En ce sens, le champ de l'expérience possible déterminerait le partage sujet-objet qui s'opérerait à l'intérieur de ce champ. A l'inverse de la position idéaliste, nous obtenons maintenant un principe absolu de discrimination des représentations. La relation acte-passivité est ici une sorte de *continuum* en lequel A et B seraient des points parfaitement repérables et différenciables grâce à un X, fondement absolu à l'origine de l'exclusion. Dans cette hypothèse : « il y a un fondement absolu de la totalité et celle-ci n'est pas purement relative ». Cette position a toutes les caractéristiques du réalisme en ce que le fait que je distingue le sujet de l'objet dépend d'un donné X ou critère de discrimination en soi. La position d'un en soi à l'origine de l'acte a suffisamment été réfutée pour qu'il soit utile d'y insister.

La parenthèse qui suit l'analyse du réalisme illustre les deux positions (idéalisme et réalisme), à l'aide d'une métaphore physique. Cette parenthèse nous permet de confirmer la signification que nous avons attribuée aux sphères A et A+B. Le problème, nous dit Fichte, est comparable au problème de la détermination du mouvement d'un corps par rapport à la permanence en un lieu. Nous pouvons préciser cette métaphore de Fichte en reprenant l'exemple, devenu classique dans toute la philosophie post-kantienne, et sur lequel les *Méditations personnelles* s'attardaient longuement, celui du bateau qui descend le cours d'une rivière. A partir de quel point de référence fixe vais-je déterminer que le bateau est en mouvement ? Est-ce à partir de la rive considérée comme permanente ? Au nom de quoi déciderai-je de ce qui est permanent et de ce qui ne l'est pas ? Cette référence est-elle donnée dans la nature, ou fixée arbitrairement par le sujet ? Or, par-delà cet exemple concret, il importe de noter que, depuis Maïmon, cette métaphore sert à illustrer le rapport du sujet représentant à la multiplicité de ses représentations. La question de la relation du sujet comme identique à lui-même (=A), par-delà le flux de ses représentations possibles (=A+B), se laisse effectivement penser comme relation de la permanence à la variabilité. Cette précision nous permet d'approfondir encore ce que nous disions sur la signification des deux totalités. Le sujet représentant doit être distingué du flux de ses représentations. Le sujet n'est pas la simple sommation de ses représentations car sinon il n'aurait pas conscience de rester le même, en dépit de la diversité de ses représentations. Le scientifique serait la lune, puis la terre, etc., et par là ne pourrait rien en dire. Dès lors, la question posée par Fichte est bien celle de la relation du sujet représentant à ses représentations. Sachant que les deux sphères constituent la totalité, comment penser ces deux totalités ? C'est évidemment à bêta 3 qu'il appartient de délivrer le juste point de vue.

LA RELATION DU REPRÉSENTANT AU FLUX DES REPRÉSENTATIONS

Le principe de la solution en β3 ne saurait surprendre : il réside dans le lien entre forme et matière et donc « les deux doivent se déterminer réciproquement »[1], ce qui dans le cas qui nous occupe signifie plus précisément que « fondement absolu de la totalité et fondement relatif de la totalité doivent être identiques. La relation est absolue et l'absolu est relation ». Par la seule considération de la forme, nous ne savions pas s'il fallait partir de A ou de A+B. Le fondement était donc relatif; par la considération de la matière nous postulions, certes, un fondement absolu, mais nous ignorions la nature de ce fondement, énigmatique X, « en soi » inconnu. Considérer la réciprocité des deux affirmations, c'est faire de leur relation même la totalité cherchée :

> La proposition actuelle unit ces deux propositions : elle soutient en effet qu'il y a bien une règle, non pas telle qu'un de ces deux modes de détermination pourrait être établi par elle, mais telle que ces deux modes soient établis comme se déterminant l'un et l'autre réciproquement.

C'est pourquoi l'absolu est relation, et la relation, l'absolu. La véritable totalité est le rapport entre les deux propositions, le mouvement qui les joint l'une à l'autre. Cette exigence nous délivre la proposition vraie, point d'aboutissement de tout notre raisonnement : « Le déterminable doit être déterminé par le déterminé et le déterminé doit être déterminé par le déterminable. »

Cette double proposition est donc la formule définitive de la représentation : le sujet représentant détermine l'objet représenté et l'objet représenté détermine le sujet représentant. La relation acte-passivité est l'ensemble de ces combinaisons. Elle est la totalité du processus comme position simultanée de toutes ces relations. Ce qui était déterminable à un moment (par exemple A+B) doit devenir le déterminant à un autre moment, et en ce cas A+B détermine A. Ce qu'il nous faut donc penser, ce sont toutes les combinaisons possibles entre les deux sphères A et A+B. Chaque sphère est tour à tour déterminée et déterminable, ce qui est déterminable dans une relation devient déterminant dans l'autre, et inversement. Le principe de la solution est donc relativement aisé à saisir mais quelle est la signification spécifique de la proposition « le déterminable est déterminé par le déterminé et le déterminé par le déterminable » ?

Le premier membre de l'alternative est aisé à comprendre : le sujet déterminé (A), ou le scientifique en tant qu'il se sait sujet, détermine la sphère du déterminable (A+B), comprise comme ensemble des actes du sujet en position de connaissance d'objet; en un mot, le sujet détermine

1. P. 90 ligne 9 à p. 93, ligne 44 (199 à 204).

l'expérience possible. Si ce point est exempt de toute difficulté, plus paradoxal semble être le second membre de la proposition : le déterminé est déterminé par le déterminable. La sphère A+B déterminerait A ; le sujet déterminé (A) serait donc déterminé par son propre déterminable. En termes plus classiques, cela signifie que le sujet est déterminé par la sphère de l'expérience ; le *Cogito* n'est tel qu'en tant qu'il se spécifie en un *Cogito cogitatum*, ou pour le dire encore autrement, le sujet représentant ne devient sujet que parce qu'il se représente quelque chose.

Mais pour que cette relation (A est déterminé par A+B) soit pensable, il nous faut élucider une nouvelle proposition, impliquée par elle, et sur laquelle nous n'avons pas encore réfléchi : A+B déterminé par B. En effet, pour que A (le sujet représentant) puisse être déterminé par A+B (le déterminable ou sphère des actes de connaissances possibles), il faut que A+B soit lui-même déterminé par B, c'est-à-dire que la sphère des actes de connaissances possibles soit déterminée par l'objet. Si nous n'acceptions pas cette éventualité, nous n'aurions comme terme que A. « Si A+B est posé, et dans la mesure où A est posé dans la sphère du déterminable, alors A+B est d'autre part déterminé par B. » Si l'expérience doit déterminer le sujet (lequel de ce fait devient le déterminable), alors cette expérience doit elle-même être déterminée par B.

Essayons de creuser cette différence entre A+B déterminé par A et A+B déterminé par B. Dans le premier cas, A+B comme sphère du déterminable est l'ensemble des actes possibles de connaissance. Dans le second cas, A+B déterminé par B, A+B n'est plus le déterminable mais est déterminé, et c'est A qui devient le déterminable. En d'autres termes, l'expérience possible, pour déterminer le sujet, doit être elle-même déterminée et n'être plus la sphère infinie des actes possibles de connaissance. Le seul moyen, à notre sens, de comprendre ce point difficile, c'est de dissocier l'expérience possible de l'expérience réelle. Lorsque nous avons A+B déterminé par B (pour que A+B puisse déterminer A), nous nous plaçons une fois l'expérience effectuée. L'objet est de fait construit, il est devant moi ; en ce sens, la sphère du déterminable n'est plus l'ensemble des actes possibles du sujet mais devient la sphère déterminée par l'objet. Pour le dire autrement, A+B comme déterminable est ce qui est indéterminé ou non encore déterminé. C'est la sphère des actes possibles du sujet en tant qu'il vise l'objet, ou l'ensemble infini des connaissances possibles. En effet, j'ai la possibilité de connaître ou de viser le triangle, le chiliogone, la chimère, etc. Mais si je m'interroge sur tel triangle isocèle particulier, alors cette sphère infiniment déterminable ne l'est plus, elle est déterminée, et elle l'est par *ce* triangle, c'est-à-dire par B. Aussi la formule : « A+B déterminé par B » signifie que lorsque je fais telle expérience réelle (penser le triangle isocèle), cette pensée de B détermine la sphère du déterminable, et donc réduit la sphère du possible (A+B) à de l'effectivement réalisé (A+B est alors déterminé par B). A partir de là, nous sommes à même de comprendre concrètement comment A+B déterminé par B peut déterminer le sujet A. La représentation de tel particulier me permet de me penser en retour comme sujet. Il faut que j'ai eu telle représentation, puis telle autre, pour me penser comme sujet représentant ces représentations effectives.

Mais cette distinction entre expérience réelle et expérience possible, si elle permet de comprendre la signification de la formule « A+B déterminé par B » par rapport à la formule « A+B déterminé par A », ne nous dit pas pour autant le statut qu'il faut donner à B. C'est à cette dernière étape que nous sommes conviés et qui nous permettra d'approfondir la notion d'objet.

Le double statut de l'objet

L'objet (B) sera donné comme conditionné et inconditionné. Qu'il soit conditionné est une évidence par rapport à nos analyses précédentes, puisqu'il n'est d'objet que par un acte d'exclusion du Moi; B est posé comme non-posé par son exclusion hors de la sphère du Moi. Mais que signifie qu'il est inconditionné ? Faut-il comprendre que Fichte reconnaît, dans la synthèse de la substantialité, un être de l'objet en soi, qui ne dépendrait pas du Moi ? Pour répondre à cette question, décomposons ce raisonnement complexe :

> Le Moi doit exclure quelque chose de soi : telle est l'action considérée jusqu'ici comme le premier moment de la relation dans son ensemble, que l'on a entrepris d'examiner. Je poursuis et j'ai le droit de poursuivre car je me trouve sur le terrain de ce qui est au fondement : si le Moi doit exclure quelque chose de soi, cela doit être posé en lui avant l'exclusion, c'est-à-dire indépendamment; cela est donc absolument posé puisqu'il nous est impossible de présenter un fondement plus élevé.

Pour que B soit exclu de la sphère du Moi, il faut qu'il ait été antérieurement dans cette sphère. L'exclusion implique que la chose existe avant d'être exclue. Comme le souligne Fichte : « sans cet acte d'exclusion il <*l'objet*> serait existant non pas hors du Moi mais dans le Moi ». B est donc contenu dans A, et pourtant non pensé comme B. Ensuite, il est exclu et est donc pensé comme B. B est à la fois pensé comme B par A et non pensé comme B par A (lorsqu'il se trouve dans la sphère de A, sans que celui-ci ne l'ait exclu), et donc : « l'être posé de l'objet est ici deux fois apparu [...] d'une part en un sens inconditionné et d'autre part en un sens conditionné par un acte d'exclusion du Moi ».

Que signifie cette hypothèse selon laquelle il y aurait un B posé dans la conscience, lequel serait antérieur à la conscience qu'on en a et qui, à partir du moment où l'on en prend conscience, serait exclu de la sphère du Moi? Cette curieuse analyse ne peut trouver d'autre illustration concrète que la genèse de la sensation effectuée par Kant dans les *Anticipations de la perception*. Il s'agit de la relation de ce que Kant appelle la conscience pure à la conscience empirique. Entre la conscience pure comme degré zéro de contenu, conscience exempte de toute matière, et le degré X, où l'on prend conscience d'un contenu (par exemple la couleur jaune, le bruit de la mer, la douleur, etc.), il existe, nous dit Kant, des degrés. La conscience empirique comme conscience d'un contenu n'apparaît qu'au degré X, mais, en vertu du principe des grandeurs intensives, nous pouvons poser *a priori* que la conscience a parcouru tous les degrés entre zéro et X. Par suite, il y a entre zéro et X quelque chose qui est dans le Moi sans être encore pour le Moi. C'est la notion bien connue des petites perceptions leibniziennes qui, en tant que non conscientes, sont des différentielles de conscience qui, après sommation, parviennent au degré X, où la conscience de quelque chose apparaît. C'est cette analyse que résume le propos, condensé à l'extrême, de Fichte ici. En effet, nous y retrouvons la nécessité de poser un objet qui est dans le Moi sans être objet pour le Moi, puisqu'il ne l'a pas encore exclu. L'objet est donc inconditionné et en même temps conditionné par le Moi.

Ce statut de l'objet doit encore être précisé. Il ne s'agit pas pour Fichte de revenir, par cette notion d'objet inconditionné, à la chose en soi extérieure au Moi. C'est même de l'inverse dont il est question, puisque l'objet est dans le Moi et ne deviendra objet pour le Moi que par exclusion du Moi. Dire que l'objet est dans le Moi, c'est refuser toute passivité en soi ou chose en soi, puisque la sphère du Moi n'est que l'activité pure. Fichte reprend donc ici les amendements apportés par Maïmon à la théorie des anticipations de la perception. Pour Maïmon, en effet, les degrés infiniment petits (les degrés intermédiaires entre 0 et X, qui ne peuvent être divisés en unités à l'inverse des grandeurs extensives) ne sont pas le fait d'une quelconque chose en soi mais proviennent de la spontanéité. Reprenant l'idée leibnizienne selon laquelle le repos n'est rien d'autre qu'un cas limite du mouvement, il affirme que la passivité n'est qu'un cas limite de l'activité. En faisant de l'objet inconditionné un objet dans le Moi, Fichte reprend cette idée d'un objet (passivité) initialement sujet (activité). Nous comprenons dès lors que ce n'est pas la nature de l'objet qui produit son exclusion, mais c'est l'acte d'exclusion qui fait l'objet (et en ce sens, il est conditionné). Cet acte d'exclusion est « un non-posé dans l'absolument posé »; « c'est chose contingente que celui-ci (B) soit exclu ». C'est en fait l'acte qui est contingent et non l'objet. Ce n'est pas par lui-même, par son propre mouvement que l'objet (les différentielles ou petites perceptions) est exclu mais par un acte d'exclusion, totalement contingent.

RÉSULTATS : LA CIRCULARITÉ DU PROCESSUS

Ainsi, partis de l'élucidation de l'objet, nous parvenons en fait à deux actes du Moi : l'auto-position absolue et l'acte d'exclusion qui extrapose B, pour en faire un objet extérieur. Nous obtenons donc une explication de la passivité comme différentielle d'activité ou activité amoindrie. Cette activité amoindrie est la sensation, définie comme une activité qui, du fait de l'acte d'exclusion du Moi, devient une passivité. La théorie de l'objet est en fait une genèse de la sensation. C'est la sensation qui fait la différence entre l'expérience possible et l'expérience réelle. La compréhension de la proposition « A+B déterminé par B (tel objet) » passe donc par l'explicitation de la sensation. Nous avons donc donné un sens à la proposition A+B déterminé par B, proposition nécessaire à cette autre : A+B détermine A. Néanmoins la représentation, comme totalité que nous cherchions, n'est pas A+B déterminé par B, mais est A+B déterminé par A et A+B déterminé par B. La représentation est l'ensemble des relations envisagées. « Ainsi [...] la totalité ne consiste que dans la relation complète et de façon générale il n'existe rien de fixe en soi, qui la détermine. La totalité consiste dans l'achèvement (*Vollstantigkeit*) d'un **rapport** et non dans celui d'une **réalité**). » Ce qui doit être pensé comme totalité, c'est la circularité du processus et non tel ou tel de ses moments (par exemple A+B déterminé par B, au détriment de A+B déterminé par A). Si nous pensions A+B déterminé par B, nous penserions la représentation comme sensation, si nous pensions A+B déterminé par A, nous penserions simplement la représentation comme ensemble des actes possibles du Moi en situation de connaissance d'objet. Penser la totalité, c'est accéder à la juste définition de la substance. Nous avons déjà souligné les efforts de Fichte pour penser la substance comme somme ou ensemble et non comme *hypokeimenon* transcendant ses accidents : « les termes de la relation considérés isolément sont les accidents, leur totalité est substance ». La substance, comme totalité, loin d'être substrat qui gît dessous, est connexion de relations, somme de ses accidents (« rien d'autre n'est contenu en celle-ci que ses accidents »). La différence d'avec la traditionnelle définition de la substance comme substrat transcendant ses accidents est évidente.

Dès lors, représenter, c'est penser une relation entre A+B déterminé par A et A+ B déterminé par B. C'est maintenir ensemble des accidents (chacun des termes de la totalité) alors même qu'ils sont opposés. La représentation est l'achèvement d'un rapport entre des opposés. Ce pouvoir de maintenir ensemble deux opposés est le pouvoir de l'imagination.

L'imagination doit maintenir ensemble A (déterminant A+B) et B (déterminant A+B qui déterminera A), sujet représentant et sensation. Comme « pouvoir qui opère à partir de contraires continus la liaison d'une unité », elle nous donne la clé du mouvement de l'esprit qui se dirige vers l'objet.

Ayant élucidé la structure du réfléchir, puis celle du représenter, il nous reste maintenant à penser leur relation. Comme pour la synthèse de la causalité, il nous faut d'abord récuser deux relations possibles (γ1 et 2), pour ensuite pouvoir penser la véritable nature de la relation.

CHAPITRE III

LES FAUSSES MISES EN RELATION DU REPRÉSENTER ET DU RÉFLÉCHIR[1]

Comme dans la synthèse de la causalité, γ 1 et 2 incarnent des positions fausses à partir de définitions vraies. En effet, l'activité indépendante et la relation acte-passivité sont, grâce à α 3 et β 3, justement définies comme réciprocité de la forme et de la matière, comme unité synthétique. Le premier moment du texte est donc consacré à la mise au point de ces définitions définitives de l'activité indépendante et de la relation acte-passivité (du réfléchir et du représenter), le second à la reprise de la combinatoire, où sont déconstruites, d'une part, la position de l'idéalisme (« l'activité indépendante comme unité synthétique détermine la relation acte-passivité »), d'autre part, la position du réalisme (« la relation acte-passivité détermine l'activité indépendante »).

L'ULTIME DÉFINITION DES TERMES

L'activité indépendante comme raison et imagination[2]

> L'activité indépendante comme unité synthétique sera plus brièvement décrite comme un acte absolu de comprendre (*ein absolutes Zuzammenfassen*) et comme l'acte de maintenir des termes opposés (*Festhalten Entgegengesetzter*) dans le concept de déterminabilité en lequel ces termes sont également opposés.

Bien que visant la brièveté, cette formule n'en comprend pas moins deux termes, comprendre et maintenir, unis par un « et ». A quoi renvoie ce « et » ? A la forme de l'activité indépendante et à sa matière. Nous avons montré que la forme s'associait à la raison, la matière à l'imagination. C'est pourquoi nous ne saurions, à l'instar de certaines interprétations, donner pour strict équivalent de cette formule la seule imagination. Cela d'autant

1. Gamma 1 et 2 p. 93, ligne 45 à p. 98, ligne 17 (205 à 212).
2. P. 94 à 95, ligne 6 (205 à 207).

moins, qu'indépendamment de nos analyses précédentes qui montrent que l'imagination est toujours donnée comme matière de l'activité et non comme la totalité, le texte présent fournit une précision qui nous semble décisive. En effet, Fichte, peu de temps après, spécifie « le comprendre » de la manière suivante : « l'acte de compréhension ou, comme nous pourrions le dire en nous exprimant de façon plus précise, la position d'une limite » ; il ajoute un peu plus loin : « en général l'imagination ne pose aucune limite fixe ; elle ne possède aucun point d'appui fixe (*Standpunkt*) ; seule la raison pose quelque chose de fixe par le fait qu'elle seule fixe l'imagination elle-même ». Par suite, l'acte de comprendre ne saurait être exclusivement l'imagination, laquelle se définit comme pouvoir de maintenir ensemble les opposés, mais se rapporte bel et bien à la raison. En conséquence, la formule proposée doit se lire ainsi : l'activité indépendante comme unité synthétique est la raison (« acte absolu de comprendre »)[1] et l'imagination (acte de maintenir ensemble des opposés). Sachant, par ailleurs, que le point de jonction entre imagination et raison, Fichte l'appelle l'*Urteilskraft*, faculté de juger, la définition la plus exacte de l'activité indépendante est bien l'*Urteilskraft*, comme réflexion, qui se décompose en comparaison (maintien des opposés) et abstraction, laquelle, au terme de son processus, conduit au Moi=Moi, seule dimension qui ne saurait être abstraite. Cette structure de la réflexion est la caractéristique du discours du philosophe qui ne vise pas l'objet ou la constitution d'une connaissance d'objet comme le scientifique, mais tend à l'élucidation de ses propres opérations.

La relation acte-passivité comme imagination et sensation[2]

La forme de la relation était « l'exclusion réciproque » ; la matière était « la sphère qui contient en soi les deux termes en tant qu'ils s'excluent ». Leur unité ne peut donc être conçue que comme « pure relation ». Nous avions deux relations : A+B déterminé par A et A+B déterminé par B ; l'expérience possible et l'expérience réelle. Il nous fallait penser la relation acte-passivité comme totalité ou connexion de ces moments ; moments pourtant opposés. En effet, si l'un était posé, l'autre ne l'était pas. Penser tel objet particulier (A+B déterminé par B), c'est limiter la sphère infinie des actes possibles (le pouvoir de penser la chimère, le triangle, etc.). L'exigence de penser ces moments opposés comme unité synthétique nous conduit donc à postuler une pure liaison entre eux, un point où ils se

1. Ajoutons à nos arguments que le prédicat d'absolu dans la *GWL* n'est employé que pour la raison, le Moi, ou le pouvoir d'abstraction et jamais pour l'imagination qui est une activité liée ou assujettie à une relation.

2. P. 95, ligne 4 à p. 96, ligne 7 (207 à 208).

rencontrent. « Il ne faut penser ni A ni B[1]; mais il faut penser la rencontre (*Zusammentreffen*), l'enchaînement (*Eingreifen*) de ces deux termes; tel est leur point de liaison (*Vereinigungspunkt*) ». Il nous faut donc imaginer un point de tangente où A+B déterminé par A et A+B déterminé par B se croiseraient. Pur postulat, certes, mais néanmoins rendu sans alternative possible de part nos développements précédents. Cette rencontre est rencontre entre l'ensemble des actes possibles et illimités du savoir et tel acte particulier comme la pensée du triangle isocèle. Il s'agit donc de la rencontre entre la conscience pure et la conscience empirique.

Comment cette rencontre est-elle possible? Fichte l'explique, dans la parenthèse suivante, à partir d'une analogie. Lumière et obscurité s'opposent; si nous avons l'une, nous n'avons pas l'autre. Disposons ces deux concepts à chaque extrémité d'une ligne et imaginons un point Z formant une ligne de démarcation entre les deux segments de la lumière et de l'obscurité. Comment doit être ce point Z? Il n'est ni lumière ni obscurité; néanmoins, il est à la fois lumière et obscurité. Ce qui nous permet de penser ce point Z, c'est l'imagination : « J'étends, par l'imagination, Z, qui ne devrait être que limite, jusqu'à ce qu'il constitue un moment. » L'imagination est l'intermédiaire grâce auquel je puis penser la rencontre entre la conscience pure et la conscience empirique, elle crée un point Z en lequel ces deux consciences entrent en contact. Une telle extension médiée par l'imagination est ce qui permet de penser la relation entre les moments contradictoires. Conscience pure et conscience empirique peuvent être pensées comme rencontre grâce à l'imagination.

Matière de l'activité indépendante, l'imagination devient, dans la relation acte passivité, ce qui permet de la penser en son ensemble. Si, comme nous l'avons fait pour l'activité indépendante, nous essayons de penser en termes de facultés, nous obtenons ici la sensation et l'imagination. L'imagination est la faculté médiatrice qui permet de penser ensemble la forme comme pur acte d'exclure et la matière comme sphère comprenant B, c'est-à-dire l'objet; elle engendre le point de contact qui permet de les penser en tant qu'ils se rencontrent.

Au terme de ces analyses, nous obtenons donc le résultat suivant: l'imagination est bien « ce sans quoi rien ne pourrait être expliqué dans l'esprit humain », dans la mesure où elle est requise aussi bien dans l'activité indépendante, comme matière de celle-ci, que dans la relation acte-passivité, comme condition de la rencontre. Néanmoins, elle n'épuise pas l'esprit. En effet, l'ensemble des dimensions qui nous sont d'ores et déjà apparues sont : la raison, l'imagination et la sensation.

1. Fichte précise dans une parenthèse déjà citée que A et B doivent s'entendre comme A+B déterminé par A, et A+B déterminé par B.

L'imagination, faculté mise en lumière aussi bien dans la relation acte-passivité que dans l'activité indépendante, n'a pas la même valeur dans les deux cas. Condition de la relation acte-passivité, c'est-à-dire condition de la représentation, elle devient dans l'activité indépendante matière de la réflexion ou acte sur lequel on réfléchit. Double aspect de l'imagination, que disait déjà sa première occurrence qui la donnait à la fois comme spontanéité et comme acte lié ou assujetti à un autre. Par ces définitions, Fichte a donc accompli la tâche qui était sienne : penser la représentation en même temps que l'instance qui permet de la dire. Ces considérations nous permettent au passage de répondre à un problème qu'à notre connaissance M. Richir a été le seul à soulever, à savoir la différence d'appréciation sur l'imagination dans la *GWL*. Parce qu'elle est parfois donnée comme faculté induisant en erreur[1], l'interprète souligne la difficulté d'accorder ces condamnations avec le panégyrique final, où l'imagination apparaît comme pièce maîtresse du mécanisme de l'esprit. La réponse est, à notre sens, la suivante : lorsque nous devons faire un effort d'abstraction (point de vue de l'activité indépendante), il faut se garder de penser dans le cadre de la représentation (relation acte-passivité comme imagination et sensation). Nous devons donc prendre l'imagination comme matière et non comme condition de notre pensée. La tentation de confondre les registres est d'autant plus grande que le mouvement le plus commun de la conscience reste l'objectivation. Cette objectivation est évidemment légitime lorsqu'il s'agit de penser le monde (attitude scientifique), elle ne l'est plus lorsqu'il s'agit de penser la pensée, de mettre en œuvre le savoir du savoir, qui est le juste nom de la philosophie.

Nous pouvons tout aussi aisément penser ces définitions en termes de directions de l'esprit plutôt que de facultés. Dans la relation acte-passivité, l'esprit se dirige vers un autre. Le terme « rencontre » signe ce moment de l'altérité, altérité qui n'est pas un en soi, un terme hors relation mais est la relation elle-même. En ce sens, le nom de l'expérience est le fait de la rencontre. La représentation, ou visée de l'objet, ne s'accomplit que dans et par la rencontre. L'activité indépendante traduit la direction de l'esprit tournée vers ses propres opérations; comme compréhension de l'acte, elle est le modèle de la réflexivité que Fichte a réussi à mettre en place en évitant tous les pièges de l'objectivation ou de la réification. La *GWL* a réussi a mettre en place un modèle de la réflexion qui ne soit pas le décalque, plus ou moins avoué, de la représentation.

1. Voir la phrase déjà citée : « l'imagination ne peut se garder d'introduire dans le concept pur de l'activité [...] mais il suffit d'être prévenu de l'erreur pour pouvoir faire abstraction dans les raisonnements suivants de tout ce qui pourrait procéder d'une telle confusion » (p. 47, 134).

Ces termes expliqués, nous pouvons passer au moment de la combinatoire.

L'IDÉALISME ET LE RÉALISME ABSTRAITS [1]

Dans l'optique idéaliste, la réflexion fonde la représentation: « La rencontre a pour condition une activité absolue du Moi par laquelle celui-ci oppose un terme subjectif et un terme objectif. » C'est la philosophe ou sujet absolu qui poserait la séparation en sujet-objet. La spontanéité absolue serait à l'origine de la scission représentative. L'intelligence avec toutes ses déterminations possibles (imagination, perception) serait le résultat de la seule spontanéité. Le problème que pose cet idéalisme radical est simple : « L'existence de ce qui doit être subjectif pourrait certes être expliqué à partir de la position absolue du Moi ; mais non l'existence de ce qui doit être objectif ; en effet rien de tel n'est posé par la position du Moi ». Nous revenons donc à l'erreur caractéristique de tout idéalisme : l'impuissance à rendre compte de la conscience d'objet comme rencontre de l'altérité. A l'aune de cette explication, la conscience ne devrait avoir conscience que d'elle-même, de ses modifications ou de ses opérations, mais jamais d'un objet autre qu'elle. Il nous faut donc examiner la deuxième position possible : à savoir celle du réalisme.

C'est parce qu'il y aurait la représentation comme rencontre, que le comprendre, ou activité de la réflexion, serait possible. Le partage entre subjectif et objectif ne naîtrait donc pas de la spontanéité pure mais procéderait d'un fait, celui de la rencontre. Cette perspective nous reconduit-elle pour autant à un réalisme classique où c'est un élément extérieur à la conscience qui la détermine ? Non car :

> L'objectif qui doit être exclu n'a nul besoin d'exister; il n'est seulement besoin que d'un choc existant pour le moi, c'est-à-dire que le subjectif, en vertu d'une raison quelconque mais extérieure à l'activité du Moi, doit ne pas pouvoir être étendu plus loin. Une telle impossibilité concernant une extension plus grande constituerait la pure relation (Wechsel) décrite, ou le pur enchaînement; il ne limiterait pas le Moi en tant qu'actif mais lui donnerait comme tâche de se déterminer lui-même.

Nous voici donc parvenus à la première occurrence du choc ou impulsion (*Anstoss*). Bien qu'elle prenne place au sein d'une position qui sera récusée, il nous faut quand même en tirer les principaux enseignements. Tout d'abord, le choc se donne immédiatement comme obstacle, comme empêchement, puisque l'activité « ne peut aller plus loin », mais – et c'est ce qui est capital – rien n'indique qu'il s'agisse d'un obstacle extérieur à la

1. P. 96, ligne 7 à p. 98, ligne 17 (208 à 212).

conscience ; il est même licite de parler d'un choc intérieur ou d'une impulsion interne. Notre élucidation précédente permet de comprendre cet aspect en apparence paradoxal. En effet, le choc, c'est le point Z entre le degré X (conscience empirique comme conscience de la couleur jaune) et le degré 0, ou conscience pure. Le choc exprime le passage des différentielles de sensations à leur sommation, qui aboutit à une conscience. C'est ce que confirme ce paragraphe qui, anticipant sur des analyses qui ne pourront être menées à bien que dans la partie pratique, se réfère au sentiment. Ce réalisme n'est donc plus le réalisme qui pense le Non-Moi comme extérieur à la conscience. Ceci nous invite à mettre en doute l'interprétation selon laquelle le choc serait l'impulsion d'autrui sur ma conscience. En effet, quand bien même on penserait le Non-Moi comme autrui, il n'en demeure pas moins que ce dispositif contraint à penser un agent du choc comme extérieur. Or cette position, Fichte ici la récuse.

Mais, dira-t-on, si le choc est intérieur à la conscience ne revenons-nous pas au réalisme kantien, en lequel une détermination se trouve dans le Moi (l'intuition), sans être le fait de l'activité du Moi (l'entendement) ? Pour échapper à cette objection, Fichte précise que nous sommes obligés de penser le choc non comme une détermination réelle qui affecterait la conscience (« il ne limiterait pas le Moi en tant qu'actif »), mais comme la prescription pour le Moi de se définir lui-même. Le choc serait à l'origine d'une tâche pour le Moi, celle d'user de son activité pour produire sa propre limitation. Cette définition nous permet d'échapper à l'erreur de Kant, mais pour autant ce « réalisme plus abstrait que tous les réalismes jusqu'à présent définis » n'est pas exempt de « la faute propre à tout réalisme ». En effet : « il considère le Moi comme un Non-Moi ». Or, comment, de fait, pourrait-il exister dans le Moi quelque chose qui ne soit pas pour le Moi qui dit ce quelque chose ? Si nous refusons, avec le réalisme abstrait, l'idée d'une extériorité pure du Non-Moi, il n'en demeure pas moins que par l'idée du choc, propre à ce réalisme abstrait, nous transformons le clivage Moi/Non-Moi, en clivage conscient/inconscient qui, loin de résoudre le problème, le déplace puisque l'essentiel de la question subsiste : comment quelque chose d'inconscient peut-il devenir conscient ? Plus encore, comment le philosophe, en tant que Moi, peut-il dire : « il y a de l'inconscient dans le Moi », sans considérer le Moi dont il parle comme autre que le Moi qui parle et donc comme Non-Moi[1] et commettre ainsi « la faute propre à tout réalisme » ?

1. C'est là un des problèmes de la psychanalyse, comme le montre très bien M. Henry dans la *Généalogie de la psychanalyse*.

RÉSULTATS : LA GWL, CHANSON DE GESTE DE LA PHILOSOPHIE

Ces deux manières de concevoir la relation entre représentation et réflexion sont donc fausses. Ces ultimes figures du réalisme et de l'idéalisme (que Fichte ici caractérise d'« abstraits ») ont ceci d'intéressant qu'elles incarnent ce que nous pourrions appeler une internalisation de l'opposition initiale. Plutôt que de penser, comme dans le réalisme ou l'idéalisme qualitatif, le clivage sujet-objet comme l'opposition entre deux entités indépendantes, ces nouvelles moutures de l'idéalisme et du réalisme ramènent le clivage à la division entre conscient et inconscient. La division devient interne au Moi. Or – et c'est là ce que montre clairement la réfutation de la position du réalisme abstrait –, pareil geste, aux yeux de Fichte, ne change rien d'un point de vue épistémique, c'est-à-dire du point de vue de la capacité que peut avoir le philosophe à penser le statut de ce qu'il dit lorsqu'il parle d'une instance inconsciente. Faire du rapport d'exclusion ou d'opposition entre Moi et Non-Moi (ou sujet et objet, intérieur et extérieur, etc.) une division interne au sujet, c'est déplacer le problème non le résoudre. En effet, si nous reprenons, par exemple, le réalisme abstrait réfuté ici et essayons de remplir ces définitions, puisqu'à la différence des deux autres formes de réalisme (qualitatif – Spinoza – et quantitatif – Kant –) Fichte ne donne aucun exemple, nous pouvons, illustrer cette internalisation du clivage en termes de division entre désir (comme désir de satisfaction de pulsions) et volonté consciente. Dans ce cadre, nous aurions bien une sorte d'instance « insue » du sujet qui le déterminerait, voire opérerait en ses lieux et places. Cette instance inconsciente (partie obscure, inaccessible au sujet, sorte de « *Es* » s'opposant au « *Ich* », qui inciterait le philosophe ou le théoricien à prétendre que ce « *Es* » « parle par et dans l'homme ») ne serait, selon Fichte, rien d'autre que la reconduction de l'erreur, propre à Spinoza puis à Kant, qui consiste à ne pas penser les conditions strictement épistémiques d'une telle énonciation. Contre cette réinterprétation de l'opposition sujet-objet en division conscient-inconscient, il ne s'agit pas, pour Fichte, de nier d'emblée toute division dans le sujet empirique ou de récuser tout clivage mais bien de mettre en lumière la position de l'énonciateur et, à partir d'elle, de dresser une typologie de « ce qui ne peut être dit sans contradiction manifeste ». Si l'on prend en compte l'énonciateur (Qui dit que « ça parle » ?) et son geste (« comment » le dit-il ou peut-il le dire ?), alors nous ne pouvons prétendre décrire cette instance non consciente comme « l'observateur scientifique » décrirait un objet extérieur (le fer attiré par l'aimant), nous ne pouvons non plus, comme a tendance à le faire le réaliste, hypostasier cette instance pour, en une sorte de mystique de l'inconscient (relayant la mystique de la transcendance radicale), en faire un absolument indicible, extérieur à toute raison ou à toute proposition. Le fait que nous disions quelque chose de quelque chose (ici le non-conscient) commande pour partie ce qui en sera dit, puisque nous ne pouvons, en le disant, commettre de contradictions performatives. Du point de vue épistémique, c'est-à-dire du point de vue de ce que Fichte appelle la science de la science ou doctrine de la science, le philosophe (ou, dans notre exemple, un théoricien de l'inconscient comme Lacan) doit respecter la grammaire de l'effectuation s'il veut penser avec vérité son « objet ». Transformer une opposition externe en division interne ne saurait masquer le fait qu'il y a, pour le philosophe, une manière cohérente ou consistante de dire l'opposition et une manière qui s'autoréfute d'elle-même. Avec ces dernières moutures de l'idéalisme et du réalisme s'achève donc la typologie des positions fausses. De la caractérisation de l'idéalisme et du réalisme qualitatifs (Spinoza et « quelques leibniziens »), à la thématisation de l'idéalisme et du réalisme quantitatifs (Maïmon et Kant), jusqu'à la stigmatisation du réalisme et l'idéalisme « abstraits » qui, accomplissant le mouvement (amorcé par Kant) d'internalisation de la division sujet-objet, ne parviennent toujours pas à articuler ce qui est dit de l'objet (ou de l'instance non-consciente) avec le fait de le dire, la *GWL* se donne comme une sorte de décomposition des gestes erronés des philosophes. En ce sens, la doctrine de la science, en même temps qu'élaboration de la vérité, devient la chanson de geste des philosophes ; chanson de geste, au sens où les médiévaux parlaient de la geste du Roy, des héros ou des saints. Décrire au plus près le geste (et la geste) du philosophe réaliste ou idéaliste lorsqu'il énonce une proposition quelconque, en montrer l'inconsistance – que nous appellerions aujourd'hui une inconsistance pragmatique –, tel est bien l'un des gains de l'enquête qui s'achève par cette réfutation de l'idéalisme et du réalisme « abstraits ». Les ultimes positions fausses thématisées, il nous faut maintenant penser le vrai en étudiant la dernière solution : celle de gamma 3. Ce texte, en ce qu'il focalise tous les problèmes de l'interprétation, est trop décisif pour que nous puissions faire l'économie d'une analyse phrase à phrase. C'est pourquoi dans ce chapitre, plutôt que de renvoyer à chaque paragraphe, comme nous l'avons fait jusqu'à présent, nous citerons chacune des propositions pour mieux en interpréter le sens. Procédure certes un peu lourde, mais requise par le fait que par ce texte doivent se confirmer ultimement les principes de notre interprétation. Test de vérification donc, cette analyse sera aussi et indissolublement une réponse à certaines interprétations essentielles, telle celle de D. Henrich. Vérification, réponse aux objections, ce chapitre souhaiterait aussi montrer combien les propositions de Fichte, quoique indéniablement complexes, sont pourtant aisément compréhensibles. Pour le dire autrement, nous voudrions montrer que des notions apparemment absconses, comme « l'illimitation de la limite », sont des notions susceptibles – pour peu que l'on fasse l'effort de penser en termes d'acte – d'être suivies par n'importe quel lecteur, fût-il anglo-saxon. En effet, au vu d'expressions comme celles « d'illimitation de la limite », il serait aisé de reprendre la fameuse critique (impulsée par le cercle de Vienne, et reprise depuis par toute la philosophie analytique) selon laquelle de tels énoncés seraient dénués de sens. On se souvient des lazzi, dont furent l'objet des propositions comme : « le néant néantise », véritable symbole de la vacuité de la philosophie continentale, vacuité qui commence, aux yeux de la tradition anglo-saxonne, avec l'idéalisme allemand. Nous tenterons donc de montrer comment des énoncés tels que « la limite s'illimite » ne nécessitent rien d'autre, pour être signifiants, que la claire compréhension de ce qu'est une contradiction performative. Cette volonté de répondre, en priorité, à une tradition aussi éloignée de l'idéalisme allemand sera, en fait, l'une des dernières manières de démontrer comment Fichte met en place un nouveau type dc rationalité, laquelle, ni représentative, ni logique (au sens de la simple logique formelle chère à la tradition analytique) n'en est pas moins rationalité, démontrable par voie d'argumentation.

CHAPITRE IV

LA SOLUTION DE LA PARTIE THÉORIQUE [1]

LE RAPPEL DU PRINCIPE DE L'AUTORÉFÉRENTIALITÉ : L'EXPLICATION DOIT ÊTRE CONFORME AU PRINCIPE DE L'EXPLICATION

> Ces deux démarches doivent être composées synthétiquement; l'activité et la relation doivent se déterminer réciproquement. On ne pouvait admettre que la relation ou un pur choc existant sans la moindre intervention du Moi impose au Moi la tâche de se déterminer lui-même. En effet, ce qui devait être ainsi expliqué ne se trouvait pas contenu dans le principe d'explication.

La solution proposée par le réalisme supérieur ou « abstrait » en gamma 2 a révélé son insuffisance dans la mesure où elle admettait une sollicitation du Moi, étrangère à celui-ci. Le choc ne saurait être considéré ni comme une impulsion ou *stimulus* extérieur, occasion fortuite d'une mise en branle des facultés, ni non plus comme sollicitation inconsciente à l'intérieur du Moi. La raison de ce refus est simple : dans une telle doctrine, l'explication n'est pas comprise dans le principe de l'explication; ce qu'explique le réalisme supérieur entre en contradiction avec le fait de l'expliquer (principe de l'explication). Et, en effet, le contenu de l'affirmation réaliste est le suivant : « Le choc impose au Moi la tâche de se déterminer lui-même. » Si nous déployons, conformément au principe de l'identité réflexive, la proposition en son intégralité, c'est-à-dire en y incluant le statut du discours du philosophe (« le principe d'explication »), nous obtenons la proposition suivante : « je pose que le choc impose au Moi la tâche de se déterminer lui-même ». Dans ce jugement, qui est le sujet ? Le : « je pose que » ou : « le choc impose au Moi la tâche de se déterminer » ? Déployer l'affirmation en son entier fait apparaître le véritable sujet de la proposition, à savoir le sujet énonciateur. L'erreur du réaliste est donc toujours la même qui consiste à ne pas pouvoir rendre compte de ce qu'il dit et à se contredire en le disant. L'exigence d'autoréférentialité, comme identité du posant et du posé donnée dans le premier principe, n'est pas

1. P. 98, ligne 17 à p. 101 incluse (p. 212 à 217).

respectée, et c'est pourquoi nous ne saurions accepter la doctrine d'un choc ainsi conçu. Si nous voulons être cohérents, c'est-à-dire faire en sorte que ce qui est à expliquer n'entre pas en contradiction avec le fait de l'expliquer, il nous faut admettre que c'est le « je pose » qui pose le choc, comme l'indique clairement le jugement entièrement déployé. Cette exigence de ne pas sombrer, à l'instar du réaliste abstrait, dans une contradiction performative dessine la nouvelle proposition qu'il nous faut poser :

> Il faudrait en conséquence admettre que ce choc n'existerait pas sans une intervention du Moi, mais qu'il s'opérerait sur l'activité d'auto-position de celui-ci, et que en quelque sorte son activité, s'efforçant d'aller plus loin (*strebende weiter hinaus*), serait repoussée en elle-même (réfléchie-*reflektiert*).

L'usage du terme « devoir » ainsi que l'emploi systématique du conditionnel marque clairement le statut de notre proposition : il s'agit de décomposer les attendus compris dans la volonté de faire coïncider l'expliqué et l'expliquant. Et de fait, l'autoréférentialité, comme *noésis noéseos*, nous délivre le principe de la solution. Ce principe, nous le comprenons parfaitement si encore une fois nous revenons à la proposition intégrale développée plus haut : « je pose (Moi) que le choc détermine le Moi ». L'auto-position du Moi est bien sinon antérieure, à tout le moins condition de la proposition : « le choc, etc. ». Ainsi, dire que le choc n'existerait pas sans une intervention du Moi, c'est dire tout simplement que l'acceptation du contenu de la proposition suppose la prise en compte de son énonciateur (le Moi).

Mais, dira-t-on, cela n'explique pas la phrase suivante, que commande un « en quelque sorte » (*gleichsam*) et qui semble s'engager dans la description d'un processus pour le moins abscons. Deux remarques permettent de répondre à cette objection. Tout d'abord, le fait que précisément le « *gleichsam* » introduit une réserve. En effet, les termes tels que « s'efforçant de » ne trouveront leur pleine explication que plus tard, dans la partie pratique. Pour autant, il ne saurait s'agir d'une anticipation gratuite car ce mouvement est déjà impliqué dans notre proposition. En effet, si le réaliste dit : « le choc détermine le Moi », nous comprenons bien que le Moi du réaliste (son « je dis que ») va plus loin que cette proposition en ce qu'il n'est pas compris dans la proposition. Il l'excède, la dépasse au sens littéral (*weiter hinaus*). Donc, le Moi (énonciateur) dépasse le Moi qui est atteint par le choc. Il faut ici penser en termes d'attitude ou de posture d'esprit : si je dirige mon attention sur le contenu propositionnel, j'affirme que le Moi est déterminé par le choc. Mais si je dirige mon attention sur le fait que c'est moi, en tant que philosophe, qui énonce cette proposition, alors je constate qu'il est une activité, un Moi, qui est autre que le Moi déterminé par le choc. Ceci compris, Fichte précise, en outre, que cette activité serait repoussée en elle-même; métaphore spatiale qu'il convient d'élucider. Pourquoi y aurait-il un retour ? Si je dis : « le choc détermine le moi », cette proposition, nous l'avons vu, contient une contradiction performative. C'est cette contradiction qui permet de comprendre que la proposition renvoie non pas au Moi (accusatif), mais au Moi (sujet de l'énonciation). Je suis donc bien renvoyé, au sens propre, d'un contenu propositionnel à l'activité du sujet énonciateur. Du contenu propositionnel, nous faisons retour vers le statut de la proposition, c'est-à-dire vers le Moi qui échappe au choc. Dire : « le choc (ou n'importe quoi d'autre, l'être, la matière, autrui, l'inconscient, etc.) conditionne l'activité du Moi », c'est faire apparaître, comme malgré soi, le véritable sujet de la proposition qui sera toujours le sujet de l'énonciation, le philosophe. Le choc fait apparaître son autre, le Moi. Nous percevons ici un mouvement de va-et-vient de l'esprit. Si je dirige mon attention sur le contenu de la proposition, je pense le choc comme déterminant le Moi ; cette pensée ramène mon attention vers le sujet qui énonce. Le vocabulaire du retour vers ou du « repousser en soi » traduit donc parfaitement ce mouvement entre le contenu de ce que je dis (ce qui expliqué) et son statut (le principe de l'explication).

Ce commentaire nous permet de vérifier encore une fois notre thèse selon laquelle toute la philosophie de Fichte consiste en une sortie hors de la représentation objectivante et est la mise en acte d'une rationalité qui se vérifie au moment même où elle s'exerce. Les propositions qui doivent être acceptées par le lecteur ne relèvent ni de la logique formelle ni de l'intuition au sens platonicien, cartésien, ou kantien. Pour autant, elles n'appartiennent pas non plus aux énoncés inattestables et invérifiables que dénoncent les Anglo-Saxons. Ces propositions sont directement attestables à partir de l'exigence induite par le premier principe : n'accepter aucune proposition en laquelle le fait de l'énonciation (ou « principe d'explication ») contredirait ce qui est énoncé (ou « l'expliqué »). Nous avons là une description qui n'est pas une description ; Fichte ne se trouve pas devant le Moi comme face à un objet extraposé devant le philosophe, qui en décrirait les processus à la manière dont on peut décrire les mouvements d'un corps céleste. Il décompose simplement les attendus impliqués dans les actes que sont nos différents jugements. Ainsi, nous pouvons certes affirmer que le Moi est déterminé par X mais nous devons prendre en compte le fait que nous l'affirmions. Telle est la grammaire de l'effectuation. L'attention au statut et à la structure de notre affirmation permet de découvrir de nouveaux énoncés, d'en récuser d'autres. Tout jugement qui ne sera pas conforme à l'autoréférentialité attestée dans le premier principe est, *ipso facto*, faux, puisque le principe de l'explication contredit ce qui est expliqué. Dès lors, de quoi a besoin le philosophe anglo-saxon, pour comprendre la *GWL*, si ce n'est de la distinction entre force illocutoire et contenu propositionnel ; en un mot de ce que Fichte appelle la différence entre ce « que dit » le philosophe (explication), et ce « qu'il fait » (principe de l'explication) ? En outre, si ce philosophe est capable de comprendre ce qu'est une contradiction performative, alors il possède ce que Fichte nomme « l'intuition intellectuelle », c'est-à-dire la capacité de rétrocéder d'un contenu X, à l'acte de le dire. Si ces deux compétences sont possédées, alors nous comprenons pourquoi le choc ne peut exister sans une intervention du Moi, de l'acte. Nous sommes donc habilités à tirer les conséquences de ce constat, soit : l'autolimitation.

> L'autolimitation et tout ce qui en dérive, et qui fut nécessairement exigé, s'ensuivrait très naturellement.

Rappelons tout d'abord que la nécessité de l'autolimitation est apparue comme une hypothèse que nous devions poser si nous ne voulions pas nous contredire, mais qui, pour l'instant, n'a pu recevoir de véritable signification. Or, à la lumière de nos développements précédents, cette autolimitation n'a rien d'une notion mystérieuse. Elle est attestée par le geste même du réaliste dont nous sommes partis. En effet, si je dis, à l'instar du réaliste : « le choc détermine le Moi », c'est moi qui pose l'autre (le choc), comme me déterminant. C'est donc bien moi qui pose la limite. Tout énoncé philosophique du type : « l'homme est être pour la mort, substance pensante, produit de la nécessité, résultat de l'inconscient, etc. » est une autolimitation du Moi (philosophe) à une sphère qui n'est pas la totalité. Dire que l'homme est un être pour la mort, c'est aussi dire que l'homme n'est pas un nombre premier ou une substance étendue. De surcroît, le philosophe s'englobe dans le prédicat qu'il donne à l'homme sinon il se contredit, (c'est d'ailleurs, aux yeux de Fichte, ce qu'il fait le plus souvent). Le philosophe se limite donc lui-même en s'attribuant un prédicat ou en posant une cause limitante. L'analyse de n'importe quel énoncé philosophique de ce type fait apparaître ce que signifie autolimitation ou autoaffection, à savoir la position d'un ensemble en lequel on s'inscrit, ensemble qui n'est pas la totalité. Et c'est bien le philosophe, le Moi, l'acte, qui limite car nous avons démontré qu'à la question « qui » ?, il n'est d'autre réponse que le philosophe comme sujet de l'énonciation. Nul ne saurait aller au-delà de cet acte, qui, en ce sens, est absolu parce que non relatif à quelque chose d'autre. En disant : « le Moi est déterminé par le choc », nous effectuons une limitation et cette limitation, il convient, conformément à la norme de l'autoréférentialité, de la dire, de la réfléchir. Cet éclaircissement dessine la juste manière dont il nous faudra interpréter, dans le cadre de la synthèse de la substantialité, la notion d'autolimitation. Nous l'avons vu, tout philosophe substantialiste doit expliquer comment l'activité pure peut se limiter elle-même pour devenir activité diminuée. Jusqu'à présent, nous ne pouvions conférer une signification à cette exigence pourtant requise. Maintenant, nous commençons à comprendre cette nécessité, même s'il nous faudra attendre les analyses suivantes pour approfondir encore plus avant ce processus d'autolimitation, appelé par tous les développements précédents. La phrase suivante tire les conséquences que nous permettrait ce résultat si nous parvenons à le tirer au clair :

> Par là, la relation et l'activité seraient déterminées l'une par l'autre et synthétiquement composées, comme le requerrait (*gefordert wurde*) le processus (*Gang*) de notre recherche.

Le principe de la solution tant recherchée commence à apparaître. Pour que cette composition ait lieu, il nous faut tirer au clair deux autres propositions que recèlent nos analyses précédentes.

LES DEUX PROPOSITIONS IMPLIQUÉES

> Le choc (non posé par le Moi posant) ne s'effectue sur le Moi que dans la mesure ou le Moi est actif et n'est un choc que dans la mesure ou le Moi est actif: sa possibilité est conditionnée par l'activité du Moi; pas d'activité, pas de choc.

Cette proposition découle de nos analyses précédentes qui montraient que le choc ne pouvait se concevoir sans une activité du Moi. Il nous faut néanmoins lever une ambiguïté que pourrait paraître receler cette proposition. En effet, un lecteur pourrait mettre en valeur l'expression « non posé par le Moi posant » et vérifier ainsi la thèse d'un *Anstoss*, résidu dogmatique de la chose en soi. A cette tentation, nous devons objecter que selon l'inflexion donnée, et en français selon l'ordre de la phrase, la proposition peut se lire comme : le choc (par le Moi posant non posé). Ce qui ne signifie pas que le choc est un choc extérieur au moi que celui-ci ne pourrait même pas dire (non-posé par le Moi) mais signifie que le Moi le pose comme non-posé par lui (par le Moi posant non-posé). Cette interprétation est confirmée par l'expression qu'emploiera Fichte un peu plus loin : Le Moi doit « se poser comme ne se posant pas ». Tous nos développements précédents autorisent cette expression paradoxale : toute non-position est non-position du Moi donc un acte du Moi. Je (le philosophe) prétends que je suis déterminé par un choc. Ce choc, je le pense comme le contraire de l'activité du Moi (sinon je dirais que je suis déterminé par le Moi). Je prétends donc que je suis posé par le contraire du Moi. Le choc est donc donné comme non-posé par l'activité du Moi. Par suite, on ne saurait faire fond sur ce type de phrases pour étayer la thèse d'une reprise dogmatique d'une chose en soi extérieure au Moi. La possibilité du choc, comme le conclut Fichte est bien : « conditionnée par le Moi [...]. Pas d'activité du Moi, pas de choc ». Ceci compris, envisageons l'autre membre de l'alternative que nous devons aussi admettre conformément à l'exigence selon laquelle la rencontre doit conditionner l'activité indépendante :

> En retour (*hinwiederum*), l'activité de détermination du Moi par lui-même serait conditionnée par le choc : pas de choc, pas d'autodétermination du Moi. Et partant, pas d'autodétermination, pas d'être objectif, etc.

Il convient tout d'abord de relever le déséquilibre entre le premier membre de l'alternative : « pas d'activité du Moi, pas de choc » et le second : « pas de choc, pas d'autodétermination du Moi » ; les deux membres ne sont pas réciproquables. Si tel avait été le cas, Fichte aurait écrit : « pas de choc, pas d'activité du Moi ». Cette différence de formulation signifie que, sans le choc, le Moi ne pourrait s'attribuer l'activité qui est sienne. Reprenons, pour comprendre cette proposition, la position du réalisme abstrait, point de départ de toutes ces analyses. Pour pouvoir se penser lui-même comme sujet posant, il faut qu'il passe par la proposition : « le moi est déterminé par le choc ». Le retour vers le Moi (le « je pense que » ou énonciation du philosophe) s'effectue à partir du contenu propositionnel. Pour le dire de façon brutale : si je ne disais rien, je ne pourrais savoir que je le dis. Ainsi, pour que l'activité puisse être attribuée au sujet du jugement, il faut passer par le contenu de la proposition pour, en retour (*hinwiederum*), s'en dissocier. Dans *la déduction de la représentation*, Fichte expliquera ce processus par l'abstraction. Toute abstraction (et l'on sait déjà que le Moi est l'abstraction suprême au-delà de laquelle on ne saurait rétrocéder) suppose un contenu dont on s'abstrait. Ce rappel suffit à interpréter le déséquilibre entre les deux membres de l'alternative.

Nous devons relever aussi que l'être objectif ne dépend que médiatement du choc. Fichte n'écrit pas : « pas de choc pas d'être objectif », mais bien : « pas d'autodétermination, pas d'être objectif ». Si je ne me détermine pas comme sujet posant, je ne puis m'opposer un monde objectif. L'objectif n'est que par différenciation d'avec le sujet posant qui doit se savoir posant. Si ce sujet posant n'était pas posé, toute représentation du monde serait impossible ; nous serions engloutis dans la représentation de l'objet. Je ne penserais pas le mur, je serais le mur. L'objectif a donc bien pour condition de possibilité la détermination de soi comme sujet posant. On le voit, nous sommes assez loin du réalisme attribué à Fichte ; nous le sommes d'autant plus si, anticipant sur nos analyses futures, nous précisons que, dans la *GWL*, le choc se définira très précisément comme sentiment. La proposition signifie, dès lors : pas de sentiment, pas d'autodétermination ; pas d'autodétermination, pas d'être objectif. Plus encore, si nous reprenons notre proposition précédente, la formule entièrement déployée est : pas d'activité, pas de sentiment ; pas de sentiment, pas d'autodétermination ; pas d'autodétermination, pas d'être objectif. Formule dont on peut déjà soupçonner qu'elle ne saurait signifier qu'une impulsion extérieure et étrangère à la subjectivité est l'occasion de l'exercice de son activité.

La double formule (pas d'activité du Moi, pas de choc; pas de choc pas d'autodétermination du Moi) expliquée, le passage suivant aura pour but d'approfondir la signification de ces énoncés nécessaires.

COMPRENDRE ET RENCONTRER

> Nous nous trouvons face au résultat le plus important, le résultat final et nous devons faire en sorte qu'il nous devienne mieux connu. L'activité du Moi dans la compréhension d'êtres opposés et la rencontre (en soi et abstraction faite de l'activité du Moi) doivent être synthétiquement composées; elles doivent être identiques. La distinction fondamentale est celle du comprendre (*Zusammenfassen*) et du rencontrer (*Zusammentreffen*); nous pénétrons plus précisément l'esprit de la proposition établie, si nous réfléchissons sur la possibilité de composer ces deux termes.

Ce passage, là encore, est révélateur de la manière dont Fichte procède : l'ensemble des analyses précédentes a montré que les résultats étaient sans autre alternative possible. Toutes les autres solutions évoquées se sont révélées contradictoires parce que transgressant sans cesse la norme de l'autoréférentialité ou loi de la réflexivité. Il nous faut maintenant tenter de porter en pleine lumière ces résultats pour approcher la signification de notre proposition. Soulignons, en outre, l'expression « esprit de la proposition établie » ; c'est, en effet, bien à des propositions (*Sätze*) que Fichte prétend avoir affaire et non à des choses. Nous posons des propositions fondamentales ou principes (*Grundsätze*), nous en décomposons les attendus pour parvenir à d'autres propositions (*Sätze*) nécessaires; une fois établie la proposition nécessaire et ultime, il nous faut, par un effort de réflexion, en saisir « l'esprit » (*Geist*) et non nous focaliser sur le contenu.

Ceci compris, le sens de ces phrases est sans difficulté, car purement récapitulatif. Nos analyses précédentes ont montré comment la relation acte-passivité, considérée comme unité synthétique, se pensait comme « rencontre » et l'activité indépendante comme « comprendre ». Deux remarques, néanmoins, s'imposent: tout d'abord, si la rencontre est considérée « en soi » et abstraction faite de l'activité indépendante, c'est que, comme nous l'avons souligné, la relation est considérée: « *als geschehend* ». Il convient donc de ne pas dissocier cette phrase de ce qu'elle récapitule, pour mieux dénoncer l'expression « en soi » qui émaille le texte. Ensuite, il faut rappeler que l'identité de ces deux dimensions doit s'entendre en son acception rigoureusement fichtéenne et non comme identité réelle ou logique.

Ayant réduit les deux unités synthétiques à leurs équivalents, Fichte, conformément à son habitude, envisagera d'abord le sens qu'il est licite de donner à la proposition : « la compréhension détermine la rencontre », pour ensuite examiner l'inverse :

La compréhension détermine la rencontre

> Il est facile de voir comment la rencontre en soi suppose comme condition un acte de compréhension et doit le supposer. Les termes opposés en soi sont totalement opposés ; ils n'ont rien de commun ; si l'un est posé, l'autre ne l'est pas ; ils ne se rencontrent que dans la mesure où une limite est tracée entre eux et cette limite n'est posée ni par la position de l'un des termes, ni par la position de l'autre ; elle doit être posée pour elle-même.

Les deux termes de la rencontre sont l'acte et la passivité. La ligne de partage entre ces deux termes ne saurait être l'un d'entre eux car, toutes nos analyses précédentes l'ont montré, on ne peut, à partir de la passivité, produire de l'activité ni, à partir de l'activité, produire de la passivité. La limite entre les deux sera donc un troisième terme, différent de l'un et l'autre membre de la relation. Par suite, la séparation entre les deux termes est posée de l'extérieur de la relation, par l'activité indépendante. Ce qui signifie que la relation, en tant que rencontre entre deux termes, a pour condition un X qui établit une ligne de démarcation. Cette ligne est le lien véritable entre les termes. C'est cette distinction préalable qui fait exister ces termes en tant que réunis. La condition du réunir est un distinguer et ce distinguer est position d'une délimitation. Le Moi (comme activité indépendante) pose la limite et du fait de cette limite un partage se fait entre actif et passif. Le partage rassemble, unit, assemble. La limite comme distinction de deux sphères est bien la condition de la rencontre. En un mot, la représentation, comme rencontre d'un sujet et d'un objet, a pour préalable la position d'une limite entre sujet et objet. Cette limite, comme acte de délimitation[1], n'est rien d'autre que le partage initial du subjectif et de l'objectif par le philosophe.

Cet acte de partage est vérifiable dans n'importe quel énoncé philosophique. Ainsi, dire par exemple : « L'homme est une substance pensante ou même un être pour la mort », c'est aussi dire : « le cheval n'est pas une substance pensante ou un être pour la mort ». Disant cela, j'établis une ligne de partage entre ce qui est « subjectif » (l'homme) et ce qui ne l'est pas. C'est bien ici l'acte du philosophe qui trace la limite entre ce qui est

1. Dans le texte allemand, Fichte emploie différentes expressions pour dire la limite : *Begrenzung*, que nous pourrions traduire par délimitation et qui manifeste l'acte de poser une limite. *Grenze*, que nous pourrions traduire par « limite », et qui nous semble correspondre au résultat de l'acte. *Schranke* enfin, qui marque l'aspect simplement négatif de la limite, et que, conformément au lexique kantien, nous pourrions traduire par « borne ».

subjectif et ce qui ne l'est pas. La rencontre (représentation ou ce qui est dit de quelque chose) naît de la délimitation; la délimitation procède de l'activité indépendante. Ainsi :

> Cette compréhension des termes opposés n'est pas possible autrement que par la position de leur limite de séparation. Ils ne se rencontrent qu'à la condition d'un acte de compréhension et cela par et pour le sujet de la compréhension (*für und durch das Zusammenfassende, <littéralement : par et pour le comprenant>*).

Qui pose la frontière entre acte et passivité ? Le philosophe. La limite comme acte de délimitation procède de la raison même. Il est important de souligner que loin d'être, comme chez certains kantiens, imposée de l'extérieur par une chose en soi énigmatique, la limitation devient expression même de la raison. Nous commençons donc à mieux saisir la notion même d'autolimitation ou de limites issues de la raison elle-même. Pour que la raison puisse réfléchir ses propres limites, encore faut-il comprendre l'acte préalable par lequel elle les pose. Kant n'est pas parvenu à penser ce concept d'autolimitation; trop souvent, la limite semble venir de l'extérieur, être un « en soi » auquel se heurte la raison. Cette notion d'autolimitation n'a donc rien d'une notion énigmatique; elle peut être illustrée par quelques exemples simples, telle la décomposition du geste effectué par tout philosophe lorsqu'il dit que « l'homme est X et non pas Y ». Tout énoncé philosophique suppose à sa source le partage, la limite, la délimitation. Envisageons maintenant l'autre membre de la proposition :

La rencontre détermine la compréhension

> L'acte de compréhension ou, comme nous pourrions le dire en nous exprimant de façon plus précise, la position d'une limite, est subordonné à la condition d'une rencontre; ou étant donné, d'après ce qui précède, que ce qui est actif dans la limitation, et cela en tant que purement actif, doit être l'un des termes qui se rencontrent, à la condition d'un choc sur ce dernier.

Expliquons tout d'abord la signification de la précision : « étant donné que ce qui est actif dans la limitation ». L'ensemble de la formule que nous devions étudier était *Tätigkeit* (*Tun-leiden*), formule qui indique le redoublement de la dimension d'activité. L'activité est à la fois hors relation, comme activité indépendante, et dans la relation, comme *Tun* lié à la passivité. Le *Tun* est donc bien l'un des termes qui se rencontrent, puisque la rencontre a lieu entre acte et passivité. Pour le dire à partir du fait de la représentation de Reinhold (dans la représentation, le sujet représentant et l'objet représenté sont distingués), nous avons deux sujets : Reinhold, en tant que sujet de l'énonciation, en tant que philosophe, et le sujet représentant à l'intérieur de sa phrase. Le sujet représentant correspond, nous l'avons vu au *Tun* de la relation acte-passivité, le sujet de l'énonciation à la *Tätigkeit*, hors relation. C'est ce *Tun* qui est à la fois actif et qui, en même temps, a pour condition un choc. Parce que la rencontre est la formule acte-passivité, le choc doit être pensé comme le (–), le tiret qui assemble et disjoint l'acte de la passivité. Le choc a lieu entre acte et passivité *à l'intérieur du sujet représentant*, tant il est vrai que c'est le sujet qui est passif et non l'objet. Il ne s'agit donc pas d'un reste de la chose en soi, où l'on poserait le choc comme l'effet d'un objet extérieur ou d'une sollicitation extérieure (celle d'autrui, par exemple), puisque le choc se trouve entre passivité et activité au sein du sujet. Ce qui, si nous décomposons la phrase, signifie : la position d'une limite par l'activité indépendante (*Tätigkeit*) est déterminée par un choc, non pas sur la *Tätigkeit* mais sur le *Tun*. Précision importante, car elle évite toute tentation de faire du choc une impulsion extérieure. Excepté ce point, le propos de Fichte est sans difficulté puisqu'il s'y agit simplement de répéter la condition que nous devons admettre. Il est à noter que Fichte ne dit encore rien de précis sur le contenu comme tel du choc. La phrase suivante nous aidera-t-elle à savoir enfin ce qu'il est précisément ?

> Cela n'est possible que si l'activité de ce terme, abandonnée à elle-même en soi et pour soi, se dépasse dans l'illimité, dans l'indéterminé et l'indéterminable, c'est-à-dire à l'infini. Si elle ne devait pas s'étendre à l'infini, on ne pourrait conclure de sa limitation qu'un choc s'est effectué sur l'activité de ce terme.

Le lecteur ne peut être que saisi d'étonnement face à cette phrase, tant son attente légitime est déçue. En effet, Fichte dans la phrase précédente a rappelé la condition que nous devions admettre : la compréhension est subordonnée à un choc sur l'un des termes de la relation. C'est pourquoi tout le monde s'attend à voir développée ou approfondie la notion de choc, pour pouvoir comprendre en quel sens le choc peut déterminer la compréhension ; cela d'autant plus que dans l'autre alternative étudiée (la rencontre est conditionnée par la compréhension), Fichte élucidait la notion de compréhension. Or, que se passe-t-il ici ? Le lecteur est renvoyé à une élucidation de l'activité pure, abstraction faite de tout choc : laissée à elle-même, c'est-à-dire indépendamment de la rencontre qui la spécifie en *Tun*, la *Tätigkeit* doit être posée comme infinie. Plus encore, Fichte précise que si nous ne la posions pas comme telle, alors nous ne pourrions conclure à un choc. Ainsi, de terme principal (la rencontre, comme choc, détermine l'activité indépendante), le choc devient une notion conclue (si nous n'admettons pas l'infinité de l'activité, il n'y a pas de choc). La différence de traitement entre les deux membres de l'alternative est patente. Quels enseignements tirer de ce constat ?

Tout d'abord que le but de Fichte n'est pas de nous expliquer le choc qui, jusqu'à la fin de la partie théorique, restera totalement indéterminé. Ensuite que le choc est conclu à partir du constat que le *Tun* est différent de la *Tätigkeit*. Quelle est la légitimité de ce constat? Nous l'avons vu, la relation est posée comme effectuée (*als geschehend*). C'est nous qui, en posant les trois premiers principes, l'avons effectuée; nous aurions pu faire autre chose et ne pas commencer à philosopher. A partir de l'effectuation de cette relation, nous sommes remontés à l'activité indépendante. La différence entre les deux ayant été démontrée initialement, nous sommes donc habilités à la poser ici. La finalité de cette phrase est donc de tenter de cerner la différence entre *Tätigkeit* et *Tun*, entre acte pur et agir déterminé. La validité de la proposition, selon laquelle la rencontre détermine la compréhension, passe par là.

La signification de cette stratégie argumentative ne peut donc être que la suivante, qui confirme l'ensemble de nos analyses : il nous faut tenter de penser les conditions à partir desquelles le choc peut se dire. Il ne s'agit pas, en effet, de chercher ce qu'*est* le choc (ceci ne sera fait que dans la partie pratique) mais de penser les conditions à partir desquelles il peut être posé sans contradiction. Or, il ne peut l'être que si nous supposons que l'activité (*Tätigkeit*) est infinie. Voilà pourquoi nous sommes renvoyés à l'activité infinie et à son élucidation. Toute position du fini (incarné ici par le choc) implique une position de l'infini. Comme nous l'avons déjà dit, l'affirmation d'une finitude radicale est le prototype de la contradiction performative et ne saurait donc être retenue. Ceci est confirmé par la phrase suivante qui critique le réalisme et stigmatise son insuffisance. En effet, si l'activité ne pouvait s'étendre à l'infini, alors :

> Il ne pourrait s'agir que de la limitation posée par son pur concept (ce qui devrait être admis dans un système en lequel un Moi fini serait absolument posé). Il pourrait aussi alors y avoir de nouvelles limitations à l'intérieur des bornes qui lui seraient posées par son concept, lesquelles permettraient de conclure à un choc extérieur et cela devrait pouvoir être déterminé, en partant d'autres principes. Mais une telle inférence ne pourrait être faite, comme elle doit l'être ici, à partir de la limitation en général.

Fichte revient ici à la figure du réalisme telle qu'elle a pu être développée par les post-kantiens et Kant lui-même. Celle-ci, en effet, pose que le Moi est fini parce qu'il est fini, et ceci sans raison. Ces philosophes, interdisant toute référence à l'infini, sont par là même incapables de rendre compte du statut de leur propre discours. Voilà pourquoi ils multiplient les bornes (*schranke*), les choses en soi, les concepts limites. Dans le système de Fichte, le choc (comme inférence) ne peut être conclu qu'à partir de la délimitation (*Begrenzung*), c'est-à-dire à partir de l'acte de position d'une limite (*Grenze*) par la raison elle-même. Kant, en effet, quoiqu'il dise souvent que la raison doit réfléchir ses propres limites, ne peut jamais montrer comment elle peut se les prescrire à elle-même (condition de possibilité d'une réflexion et d'une connaissance des limites). C'est pourquoi il est dans l'incapacité de penser l'autolimitation, et reste attaché à un « en-soi » de la limite, à une « borne ». Position fausse que dénonce Fichte ici. Nous voyons par là combien il est difficile de prétendre que sa philosophie n'a d'autre but que de ramener l'homme à sa finitude, combien il est inexact de la réduire à un « système du Moi fini ». Fichte récuse l'idée d'une finitude radicale (d'« un Moi fini absolument posé ») parce que c'est une philosophie contradictoire. Prouver le fini passe par la position de l'infini. Le choc n'est énonçable qu'à condition que la *Tätigkeit* se dépasse à l'infini.

Cette récusation d'une doctrine de l'absolument fini explique la phrase suivante. Cette proposition, là encore, a posé problème aux commentateurs qui survalorisent la finitude et concentrent leur analyses sur la seule définition du choc. A preuve, M. Richir qui, dans son commentaire, estime que l'opposition qui va suivre est « introduite de manière dogmatique ». Examinons-la, pour comprendre comment elle est, bien au contraire, le point d'aboutissement de tout notre parcours.

Le point d'aboutissement : le fini et l'infini

> (Les opposés dont il est question ici sont purement et simplement opposés; il ne doit y avoir entre eux aucun point de liaison. Or, tous les êtres finis <*littéralement tous les finis ou tout ce qui est fini*> ne sont absolument pas opposés entre eux; ils sont identiques dans le concept de déterminabilité; ils sont universellement déterminables les uns par les autres. Telle est la qualité commune à tous les finis. De même, tous les infinis – si tant est qu'il puisse y avoir plusieurs infinis – sont identiques dans le concept de l'indéterminabilité. Par suite, il n'est rien qui ne soit totalement opposé, qui ne soit pas identique dans un caractère quelconque, si ce n'est le fini et l'infini et ceux-ci doivent par conséquent être les opposés dont il était ici question.)

Que dit Fichte ici si ce n'est que les deux termes que nous essayons de composer depuis le début sont le fini et l'infini? Nous prenons pleine conscience du parcours que nous avons accompli depuis le début de notre cheminement. Nous sommes partis de l'opposition : « Moi-Non-moi », puis par abstraction et réflexion, nous sommes parvenus à l'opposition : « activité indépendante-relation acte-passivité »; la réflexion sur cette opposition nous a conduits à une autre opposition : « forme-matière », qui marquait encore un seuil supplémentaire dans la réflexion. Nous aboutissons, enfin, à l'opposition entre infini et fini et comprenons que cette opposition travaillait nos développements dès notre première composition. N'avons-nous pas vu en effet que le réalisme classique expliquait le fini mais était incapable de penser l'infini et qu'à l'inverse les leibniziens pensaient l'infini mais butaient sur le fini ? Loin d'être introduite soudainement, cette opposition est la claire expression de tout le cheminement. Notre opposition de départ s'est peu à peu transformée, un peu à la manière dont on procède en géométrie projective où partant d'une figure, on parvient à une autre, puis une autre etc., sans que jamais il n'y ait hiatus ni bien sûr simple répétition du même. Ce constat est lourd de conséquences.

Tout d'abord, il montre combien il est erroné de réduire la *GWL* à l'opposition Moi-Non-Moi et à l'affirmation (triomphale ou consternée) de leur nécessaire relation réciproque. L'opposition qui structure la *GWL* est l'opposition à laquelle nous parvenons ici, soit l'opposition du fini et de l'infini à l'intérieur du Moi. Le fini, c'est la relation acte-passivité, la représentation, en laquelle, nous l'avons vu, l'imagination est contrainte, liée, assujettie. L'infini, c'est le pouvoir de la réflexion qui se repose sans arrêt et au-delà duquel on ne peut rétrocéder. L'opposition est donc bien une opposition interne au sujet et non une opposition entre le sujet et la chose extérieure (le monde) ou entre le sujet fini et autrui. Ni l'interprétation de M. Gueroult (le Non-Moi, c'est le monde extérieur) ni celle de A. Philonenko (le Non-Moi, c'est Autrui) ne peuvent rendre compte du fait que l'opposition Moi-Non-Moi trouve son sens ultime dans l'opposition entre infini et fini. Comme le dit Fichte ici, l'ensemble « des êtres finis ne sont pas absolument opposés l'un à l'autre », seuls le sont le fini et l'infini à l'intérieur du Moi.

De surcroît, le problème de l'évolution de Fichte peut connaître un début de réponse. On reproche volontiers à Fichte son passage d'un système du Moi fini (*GWL* de 94), où l'homme est renvoyé au monde empirique, à un système contraire où il n'est question que d'absolu, d'infini et autres concepts qui passent pour effroyablement dogmatiques. L'infini n'est pas absent de la *GWL*, il en est même le point d'aboutissement. Nous avons montré à quel point l'idée d'un Moi absolument fini est récusé tout au long de ces développements par Fichte, à quel point l'essentiel de sa critique de Kant se concentre sur les conditions d'énonciation de la finitude. Il est donc clair que toute lecture de l'œuvre ultérieure ne peut faire abstraction de cette dimension essentielle de la *GWL*, qui ne tente pas « de ramener l'homme à sa finitude » mais qui s'interroge sur la condition à partir de laquelle le philosophe peut la dire. Or, cette condition, c'est l'infini.

Fini et infini sont donc les termes ultimes de l'élucidation de la partie théorique ; ces termes, nous devons, dans un dernier moment, tenter de les composer.

C'est à cette tâche que se consacre le long paragraphe suivant. Paragraphe décisif en ce que s'y concentre le sens de la *GWL* et s'y délivre, selon nous, la structure de l'œuvre ultérieure. Fichte, tout d'abord, pose ce à quoi nous devons aboutir, il nous faut composer fini et infini.

> Ces deux termes doivent être identiques : pas d'infinité, pas de délimitation; pas de délimitation, pas d'infinité; infinité et délimitation sont réunis en un seul et même membre synthétique.

Poser le fini, c'est *ipso facto* arriver à l'infini; poser l'infini, c'est poser le fini. Le Moi est fini parce qu'infini et infini, parce que fini.

> Si l'activité du Moi n'allait pas à l'infini, il ne pourrait lui-même délimiter cette activité qui est sienne, il ne pourrait poser des limites comme il doit cependant le faire.

Le terme important de cette phrase est évidemment le mot « lui-même ». Le Moi, nous l'avons vu, ne doit pas *être* limité mais il doit *se* limiter. Si ce processus d'autolimitation n'était pas possible, le Moi n'aurait aucun savoir de sa limite. Par suite, le philosophe ne pourrait même pas se dire fini; la possibilité de réfléchir son savoir serait impossible. Le propre du face-à-face dogmatique du sujet et de l'objet est de penser une limite totalement externe. Ce faisant, le Moi est peut-être limité par l'objet mais il ne peut le savoir; tel le fer attiré par l'aimant, objet parmi les objets, le Moi ne peut se dire ni se penser. Toute philosophe qui dit la finitude suppose, comme nous l'avons montré, la possibilité de réfléchir sa propre limite. Ce nécessaire rapport entre fini et infini prendra deux directions : la première consiste en une infinitisation du fini; la seconde en une finitisation de l'infini.

L'INFINITISATION DU FINI ; LA FINITISATION DE L'INFINI

L'infinitisation du fini

> L'activité du Moi consiste en une auto-position non bornée (*unbeschränkten*). Une résistance se présente. Si elle cédait devant cette résistance, l'activité qui s'étend au-delà de la limite (*Grenze*) de cette résistance, serait entièrement supprimée et niée. Dans cette mesure, le Moi ne serait pas posant en général.

On remarquera, tout d'abord, que la notion de résistance est introduite sans être expliquée : Fichte dit simplement qu'une résistance a lieu. Dans cette phrase, la résistance n'a d'autre statut que d'une hypothèse nécessaire. Le raisonnement est le suivant : même si nous supposons la contrainte imposée par un terme X, nous serons ramenés nécessairement à l'affirmation de l'infinité du Moi. Le fini, comme résistance, est le point de départ, l'infini sera son aboutissement logique puisque l'ensemble du processus que nous allons analyser se conclut par ces mots: « et si le Moi fait cela, alors il est infini ».

Si, nous explique Fichte en cette phrase, la résistance était totalement efficiente, c'est-à-dire si elle supprimait l'activité du Moi, le Moi ne serait plus posant; or, il l'est dans la mesure même où le philosophe pose la limite en se disant fini. Le simple fait de vouloir énoncer le fini suppose que le philosophe le pose. Il existe donc une activité – l'acte du philosophe – qui excède la résistance et qui montre que celle-ci dépasse la résistance et n'est donc pas « supprimée et niée ».

> Mais il doit aussi toutefois (*allerdings*) poser au-delà de cette ligne (*Linie*). Il doit donc se borner (*Es soll sich beschränken*); en d'autres termes, il doit se poser comme ne se posant pas; il doit poser dans cette étendue (*Umfang*) la limite (*Grenze*) (plus haut = B) indéterminée, illimitée et infinie; et s'il fait cela, il doit être infini.

Fichte continue à approfondir les conditions requises pour penser le passage du fini à l'infini : non seulement l'activité du Moi ne doit pas être supprimée, mais le Moi doit poser au-delà de cette ligne (*Linie*) imposée par la contrainte. Il s'agit donc ici de préciser plus avant le geste requis. La condition pour que le Moi intériorise la limite, c'est qu'il pose un au-delà de cette limite. La limite ne peut devenir pour le Moi que s'il la dépasse. Le processus décrit est le mouvement nécessaire à la constitution d'une limite. Celle-ci ne doit pas supprimer le Moi (premier réquisit), mais elle doit aussi être dépassée par lui (seconde condition). Pour le dire d'un exemple concret : je me représente un triangle; je suis contraint dans cette représentation (résistance) dans la mesure où mon activité n'est pas la même que si je pensais la chimère. Si je porte mon attention sur X, je ne la porte pas sur Y. Le triangle est ici la ligne, la borne. Mais cette ligne doit être dépassée pour apparaître comme ligne; si, en effet, je suis incapable de penser un au-delà du triangle, celui-ci ne peut apparaître comme triangle. Je constitue donc un horizon sur lequel le triangle, se détachant, pourra être pensé comme limite à mon activité. En posant cet ensemble, ce pourtour (*Umfang*), au sein duquel la ligne peut apparaître, le Moi se pose « comme ne se posant pas ». Il limite sa sphère par le fait d'en poser une autre.

Cette explication nous permet de préciser l'expression éminemment paradoxale de « limite illimitée ». Ce n'est qu'en illimitant la limite que je puis la penser comme telle; la limite doit être sans cesse reculée, élargie en un horizon indéterminé. La condition de sa pensabilité est cette infinitisation par laquelle elle devient horizon. La limite existe, mais elle est supprimée pour tout point déterminé; elle est reculée à l'infini. Propos qui se laissent aisément illustrer par l'exemple du temps : toute limitation du temps est sans cesse supprimée et reculée à l'infini. Et pourtant, penser le temps, c'est penser un point déterminé. Je pose le présent comme un point déterminé mais je ne pourrais poser ce point si je ne posais pas aussi l'avenir indéterminé comme horizon du présent; et réciproquement, si je ne posais pas le présent comme point déterminé (la limite), je ne pourrais poser l'avenir comme indéterminé. Il s'agit donc bien là d'une limite illimitée. Le Moi pose donc un horizon indéterminé, infini, pour penser la limitation, « et s'il fait cela, alors il doit être infini ». Dès lors, le processus par lequel nous parvenons à penser le fini est un processus d'illimitation ou d'infinitisation. L'illimitation est bien la condition de possibilité d'une existence pour soi de la limite. Si nous posons le fini, nous parvenons à l'infini. Ceci compris, deux remarques s'imposent :

Le processus d'infinitisation du fini, ici décrit, contient le principe d'explication de l'exclusion. En effet, l'exclusion (poser la limite et, en même temps que cette limite, l'horizon indéterminé, et donc poser un autre que soi) procède de l'infinité du Moi. Si le Moi n'était pas infini, il n'exclurait pas hors de soi. La représentation (« plus haut = B », c'est-à-dire comme nous l'avons vu A+B déterminé par B) renvoie à l'infinité. Loin d'être synonyme de finitude, la représentation devient l'index de l'infini. Elle n'est possible que parce que le Moi est capable de dépasser cette représentation. La stricte équivalence kantienne entre finitude et représentation est donc définitivement dépassée. C'est le fini lui-même qui fait signe vers l'infini sans lequel il ne pourrait être pensé. La représentation n'a de sens qu'à se dépasser sans arrêt en son autre, le non-représentable de l'infinité; elle n'est telle qu'à la condition d'être toujours déjà dépassée. L'idée qu'on n'en puisse sortir est donc une idée contradictoire en soi, et en tant que telle, c'est une proposition fausse. Nous vérifions encore une fois combien le moteur de la philosophie de Fichte est le dépassement de la représentation.

Nous l'avons vu, un des moyens de remplir l'abstraite structure déployée ici, c'est le temps. En approfondissant la représentation (comme exclusion et position de B), la matrice du temps est donnée. Or, le but de la démonstration était de parvenir à l'infinité du Moi (« et s'il fait cela, il doit être infini »). La temporalisation renvoie donc à l'infinité. La temporalité se constitue par passage du fini (la résistance dont nous sommes partis) à l'infini (ce à quoi nous parvenons). Si ce mouvement du fini à l'infini n'était pas possible, alors il n'y aurait pas de temps. Cette conception du temps, ici donnée en filigrane, révolutionne évidemment les conceptions traditionnelles. En effet, le temps, loin d'être le stigmate de la finitude indépassable est le moyen par lequel on infinitise le fini. Pur mouvement entre limité et illimité, le temps cesse d'être associé à la finitude radicale, pour devenir l'indice de l'infinité du Moi. Pas d'infinité du Moi, pas de Temps, pourrions-nous conclure en parodiant les formules de Fichte.

La phrase suivante décomposera le mouvement inverse, c'est-à-dire le passage de l'infini au fini. Comment, à partir de l'infini, le Moi se finitise-t-il pour pouvoir se penser comme infini ? Le raisonnement étonnamment paradoxal – et fort peu commenté – de Fichte doit retenir l'attention car s'il s'agissait, dans la première phrase, de penser l'exclusion et donc la représentation, il s'agit ici de penser l'attribution et donc la réflexion. Nous passons du « Moi pose B » (et donc doit être infini) au « Moi *se* pose » et donc doit devenir fini.

La finitisation de l'infini

> Le Moi n'est que ce qu'il pose comme soi. Dire qu'il est infini signifie : il se pose infini ; il se **détermine** par le prédicat de l'infinité ; ainsi il se limite lui-même (le Moi) comme substrat de l'infinité ; il se distingue lui-même de son infinité (ces deux actes étant identiques) ; et il doit en être ainsi si le Moi doit être infini. Cette activité allant à l'infini et qu'il distingue de soi doit être **son** activité ; elle doit lui être attribuée ; donc par une action identique et qui ne doit pas être divisée, ni faire l'objet d'une distinction, le Moi doit à nouveau admettre en soi (déterminer A+B par A) cette activité. Mais s'il l'admet en soi, celle-ci est déterminée ; par conséquent elle n'est pas infinie. Or, elle doit être infinie et, par conséquent, il faut qu'elle soit posée en dehors du Moi.

Ce développement, d'une extrême concision, n'est pas sans évoquer deux autres textes. En amont, le *Sophiste* de Platon. En effet, semblent résumées ici toutes les impasses parménidiennes de la prédication : si le Moi (sujet) est activité infinie (prédicat), alors il y a deux termes, le Moi et l'activité infinie. Par conséquent, le Moi se distinguant de son prédicat n'est pas l'activité infinie ; il est donc fini. En aval, la *Logique* de Hegel. Que l'infini ne puisse l'être qu'en s'incarnant dans ce que Fichte appelle ici un *substrat* semble bien anticiper le fameux développement sur le devenir infini. Un devenir qui ne serait pas devenir de quelque chose et ne se poserait pas dans un *Dasein* est une notion dénuée de sens, comparable en tout point au concept de vitesse infinie qui implique la négation même de la vitesse ; poser la vitesse infinie, c'est ne pas poser de vitesse du tout puisque la chose serait toujours déjà arrivée. Il faut donc que le devenir infini se pose, se détermine. Le *Werden*, pour exister, doit se poser dans un *Dasein*. Mais ces rapprochements immédiats sont sans doute trompeurs, tant la finalité de la démonstration de Fichte est autre : il s'y agit de penser l'acte d'attribution par lequel le Moi (activité infinie) revient sur soi pour se saisir comme activité infinie : « cette activité doit être **son** activité ». Le raisonnement consiste à penser la double dimension du Moi comme activité infinie et objet posé par cette activité infinie (sujet-objet). L'activité infinie (Moi posant) doit se déterminer comme produit de cette activité (Moi posé). Il faut donc élucider les conditions mêmes de la réflexion qui se spécifie clairement ici comme tentative du passage de l'infini au fini. Si, dans la phrase précédente, nous tentions, à partir du fini, de montrer comment on arrivait à l'infini (mouvement de la représentation qui doit s'infinitiser), dans cette phrase, nous tentons, à partir de l'infini, de montrer comment nous aboutissons à la finité (mouvement de la réflexion sur soi qui doit se finitiser). Trois conditions sont recensées dans cette phrase pour comprendre ce mouvement de la réflexion : a) la distinction, b) l'attribution, c) l'exclusion. Montrer comment ces trois actes s'engendrent nécessairement pour produire la finitisation de l'infini, tel est le but de cette démonstration. Décomposons ces trois moments, et, tout d'abord, le moment de la *distinction*.

Le Moi est activité infinie posante mais en tant que posé par cette activité infinie, il n'est plus activité infinie, mais devient activité déterminée. Il se détermine comme produit et par conséquent se distingue du produisant. « Dire qu'il est infini signifie : il se pose comme infini », tant il est vrai que le Moi n'est que ce qu'il pose. Ce serait, en effet, une erreur propre au réalisme, dénoncé tout au long de ces développements, que de croire que le Moi est en soi tel ou tel, sans qu'il n'y ait un sujet énonciateur pour le dire tel ou tel. Mais toute prédication est distinction ; le Moi en cherchant son prédicat se distingue nécessairement de lui-même. Nous sommes ici au cœur du problème de la réflexivité qui semble condamnée à se donner sur le mode de la scission. Tenter de prendre conscience de soi, c'est inévitablement dédoubler le produisant et le produit. Pire encore, toute prédication est détermination et donc limitation. En effet, en affirmant je suis tel ou tel, X ou Y, je pose une sphère ou fixe des limites qui sont censées me caractériser. Ainsi, le Moi « se limite lui-même comme **substrat** de l'infinité ». Cette distinction qui contient en soi une limitation nous conduit à *l'attribution*.

L'attribution de l'activité infinie passe par la détermination du Moi comme produit de cette activité. Cette attribution est vouée à l'échec. En effet, si nous prenons le Moi comme sujet de la phrase : « le Moi est X », nous en faisons un produit posé, un quasi-objet qui recevra des prédicats. C'est là le mouvement de l'objectivation du *Cogito* qui peut être repéré dans les *Méditations métaphysiques* de Descartes. Mais l'attribution de l'activité infinie est encore plus radicalement condamnée à l'échec que les attributions classiques. En effet, le Moi ne peut s'attribuer cette activité infinie, parce que si tel était le cas, nous aurions un prédicat d'extension plus vaste que le sujet. Le sujet produirait un prédicat qui produirait le sujet. Dit en termes kantiens : le Moi ne peut poser comme prédicat sa propre condition de possibilité (l'activité infinie) parce qu'en ce cas il se poserait comme produisant sa condition de possibilité. Cette impossibilité de l'attribution produit *l'exclusion*.

Si le Moi admet l'activité infinie comme son prédicat, alors cette activité infinie devient une activité déterminée. Elle est donc niée. Le Moi exclut hors de soi cette activité pour rétablir, en quelque sorte, l'activité dans son infinité. Le Moi est contraint de ne pas poser cette activité infinie comme lui-même. Le processus d'attribution, parce que voué à l'échec, conduit donc à une exclusion de l'infinité hors de soi. Le processus aboutit lui aussi à une exclusion ou position hors de soi.

Il nous faut approfondir cette décisive caractérisation de la réflexion. Dire que le Moi, pour se réfléchir, doit se limiter et se poser comme substrat, n'est-ce-pas dire qu'il est condamné à l'objectivation, comme le veut D. Henrich ? Le prétendre serait, à notre sens, figer un mouvement que Fichte veut au contraire accentuer comme mouvement. Le Moi, certes, pour se réfléchir, est contraint à l'objectivation. Il se pense comme substrat d'une activité infinie. Mais le mouvement ne s'arrête pas là, loin s'en faut. En effet, en finitisant l'activité infinie, le Moi la nie. Ainsi, parce que ce n'est plus l'activité infinie, il l'extrapose. Mais il reprendra par un mouvement de retour ce qu'il a posé à l'extérieur[1] pour se l'approprier à nouveau. La réflexion est ce mouvement même et non l'arrêt sur l'un de ces moments. C'est pourquoi, à s'en tenir à la lettre du texte, il faut reconnaître que Fichte dit exactement l'inverse des propos que lui prête D. Henrich : le Moi ne peut s'objectiver et, par ce fait même, il est sans arrêt reconduit au mouvement ici décrit.

On peut même admirer la précision extrême de Fichte puisqu'il explique la raison pour laquelle la philosophie n'aboutissait qu'à un *Cogito* objectivé. La raison de cette tendance est clairement décrite : c'est parce que le Moi tente de finitiser l'infini. Aussi Fichte n'objective-t-il pas le Moi mais pointe au contraire le mouvement par lequel le Moi en vient à se poser comme substrat. Allons plus loin : se trouve donné ici le principe même de l'historicité de la philosophie, ce processus par lequel elle est conduite à toujours produire de nouvelles définitions du sujet. Tout philosophe cherche par sa définition du sujet à finitiser l'infini ; de là, cet incessant mouvement de dépassement d'une détermination fixée (le sujet est une substance pensante, monade, mode, être pour la mort, etc.). Par suite, que fait Fichte ici si ce n'est délivrer la formule de ce mouvement ? Dépassant l'objectivation, il exhibe sa condition de possibilité : la tentative, sans cesse reconduite, de la finitisation de l'infini. Ce mouvement définit la réflexion, et la réflexion est ce mouvement même.

1. Nous reviendrons par la suite sur le sens qu'il convient de donner à cette exclusion.

Mais, objectera-t-on, faut-il en conclure que ce mouvement est un mouvement perpétuel? Du fini à l'infini, de l'infini au fini, et reprise? L'esprit serait-il cet éternel balancier, ce va-et-vient sans aboutissement? La suite du texte dit explicitement l'inverse et précise encore les deux modèles (celui de la représentation et celui de la réflexion) ici esquissés. Dans le paragraphe suivant, Fichte explique que le mouvement décrit est celui de l'imagination. Que ce soit pour la représentation de B (du fini à l'infini) ou pour l'attribution à A (de l'infini au fini), c'est l'imagination qui opère ce mouvement. Plus précisément encore, l'imagination est mouvement, *Schweben*, qui oscille du fini à l'infini puis de l'infini au fini. L'imagination est condition de la représentation de B et de la réflexion sur soi. La suite du texte vise à décomposer ces deux moments.

La représentation comme infinitisation du fini

Dans le premier moment, nous avons pour extrême le choc (qui deviendra, dans la partie pratique, le sentiment) et l'infini. L'imagination est la faculté qui relie les deux. Lorsque l'imagination procède du fini à l'infini, par création d'un horizon et du temps, elle part du fini et essaie de penser l'infini. Nous pouvons remplir ce processus abstrait par deux exemples: la perception d'un objet et le travail du scientifique en général. Percevoir un objet, c'est indissolublement poser un horizon sur lequel il pourra se détacher. Se trouve donc à l'œuvre le processus d'illimitation de la limite. De même, l'entendement scientifique doit poser comme horizon de sa recherche l'idéal d'une science parfaite; horizon qui le pousse à toujours aller plus loin dans le détermination des causes et qui devient, par là même, condition d'un progrès des connaissances. Nous sommes donc parvenus à l'explication définitive de la relation acte-passivité, de la représentation au sein de la synthèse de la substantialité. Nous devions expliquer la représentation comme activité diminuée. Nos analyses nous conduisent au résultat suivant:

Nous avons tout d'abord le choc, comme nécessairement posé, mais qui n'est pas expliqué entièrement au sein de la partie théorique. Ce choc est ce qui permet de penser la différence entre le *Tun* lié à la passivité et la *Tätigkeit* comme activité pure, non assujettie. Nous avons ensuite, le mouvement de l'imagination comme mouvement sans cesse reconduit. Dans le fini, l'imagination tente de saisir l'infini. Elle échoue toujours dans cette tâche et son mouvement est réitéré sans cesse.

Nous avons donc le sentiment (choc), l'imagination et l'infini – vers lequel on tend – comme composantes de la représentation. La relation acte-passivité est donc entièrement explicitée. Passons maintenant à la caractérisation plus précise de l'activité indépendante comme réflexion.

LA RÉFLEXION COMME FINITISATION DE L'INFINI

Si la formule de la représentation était choc + imagination, la formule de l'activité indépendante sera imagination + raison. En effet, Fichte, dans ces dernières pages, ne se contente pas, contrairement à ce que l'on a trop souvent dit, de faire de l'imagination le tout de l'esprit. L'imagination est, certes, impliquée et dans la relation acte-passivité et dans l'activité indépendante. Ceci est parfaitement conforme à ce que nous avons vu depuis le début de l'élucidation de ces deux notions puisque l'imagination au sein de la synthèse de la substantialité était matière de l'activité indépendante et condition de la relation acte-passivité. En ce sens, c'est sur elle que repose tout le mécanisme de l'esprit; ceci ne veut pas dire qu'elle l'épuise. Fichte en effet, après avoir insisté sur le *schweben* de l'imagination, écrit :

> La raison entre en œuvre (par là naît une réflexion) et détermine l'imagination à saisir le terme B dans le terme A déterminé (le sujet) : toutefois, le terme A posé comme déterminé doit de nouveau être délimité par le terme B infini et l'imagination procède à l'égard de celui-ci comme on vient de le dire; ce mouvement doit se poursuivre jusqu'à la détermination complète de la raison (théorique ici) par elle-même, c'est-à-dire jusqu'au point où il ne sera plus besoin à l'imagination d'un terme B limitant, extérieur à la raison, c'est-à-dire jusqu'à la représentation du représentant.

Ce point est évidemment le premier principe dont nous étions partis, le « je suis ». Ce que Fichte soulignera explicitement quelques pages après : « Si tout ce qui est objectif est supprimé il ne reste plus que le se déterminant soi-même et le déterminé par soi-même, le Moi ». Les deux facultés à l'œuvre sont bien la raison + l'imagination.

Cette analyse nous permet de répondre à l'objection d'un incessant va-et-vient. Ce mouvement trouve son arrêt dans le « je suis », dans la position du sujet se déterminant, stade ultime de la réflexion. Ce que confirme très clairement la dernière phrase du dernier paragraphe de toute la partie théorique, qui conclut :

> Si dans une réflexion encore plus élevée on réfléchit sur le fait que le Moi lui-même est l'absolument déterminant et **qu'il est par conséquent aussi celui qui détermine absolument la précédente réflexion dont dépend ce conflit** alors [...] le Moi ne se trouve en relation d'action réciproque qu'avec lui-même; relation réciproque en lequel le Moi est parfaitement **unifié** avec soi et qu'aucune philosophie théorique ne peut dépasser.

L'imagination est toujours définie comme « contradiction », « conflit » du Moi avec lui-même[1]. Or, dans la phrase sur laquelle s'achève cette partie théorique, il est question de l'*unité* du Moi, que seul confère l'accès au « Je suis » du premier principe, au « Moi qui se détermine lui-même ». La formule de l'activité indépendante est donc bien imagination et raison. En cette phrase se condense l'ensemble de nos précédentes analyses : l'abstraction suprême ou raison est la forme de l'activité indépendante, point de vue du philosophe comme sujet de l'énonciation. L'imagination comme matière de l'activité indépendante était ce sur quoi le philosophe réfléchissait. L'ultime réflexion consiste bien à penser le Moi comme « celui qui détermine absolument la précédente réflexion dont dépend ce conflit ». La *Tathandlung*, point de départ de notre cheminement, est aussi son point d'arrivée.

Cette caractérisation de la réflexion comme imagination + raison nous permet d'attirer l'attention sur un fait d'une extrême importance : Fichte ne caractérise pas prioritairement la réflexion comme attribution. En effet, toute attribution directe est vouée à l'échec et implique son propre dépassement. La réflexion est le processus d'abstraction qui nous conduit à l'intuition intellectuelle du premier principe, alpha et oméga de la partie théorique. Or, l'erreur de D. Henrich est de chercher dans l'attribution le modèle de la réflexion, en concluant de l'échec revendiqué de la première à l'impossibilité inavouée de la seconde. En pensant l'attribution comme le maître mot de la réflexion, D. Henrich reste prisonnier d'un modèle que Fichte a définitivement dépassé. En effet, penser en terme d'attribution, c'est rester prisonnier du modèle optique de la réflexion, modèle dont on pourrait montrer la prégnance dans la philosophie avant Fichte. Fichte s'en est totalement délivré grâce à l'autoréférentialité et l'intuition intellectuelle, elle-même possible grâce à l'abstraction. La réflexion n'est pas attribution à soi d'un prédicat X, elle est abstraction produisant la réflexion suprême comme loi de la *noésis noéseos*.

RÉSULTATS : SAVOIR ET INFINI

Nous sommes donc revenus à la *Tathandlung* sur laquelle se conclut la partie théorique. Avec la seule loi de l'autoréférentialité (Moi = Moi), nous avons montré comment la pensée pouvait se réfléchir sans jamais s'objectiver. Nous comprenons le sens de la proposition de Fichte : « Tout doit se déduire du Moi », du Moi comme sujet-objectivité, principe de la *noésis noéseos*; c'est ce principe qui nous a amenés à refuser telles théories

1. « Une relation qui d'ailleurs consiste aussi dans une contradiction du Moi avec lui-même [...] est le pouvoir de l'imagination », p. 100 (215).

philosophiques, à découvrir de nouveaux énoncés. La nécessité induite par cette seule loi de la sujet-objectivité nous a permis de penser la pensée comme processus; processus qu'expriment ces deux mouvements : l'infinitisation du fini et la finitisation de l'infini; double mouvement qu'une seule « racine » résume : l'exigence d'infini qui est l'expression de la raison même. Le principe du savoir du savoir, du Moi = Moi, conçu comme identité réflexive, est le fondement de toute philosophie, l'impératif de toute pensée, la condition de toute vérité. Toutes les propositions particulières, déduites au cours de notre démarche, sont conquises à partir de cet unique principe.

Pour autant, nous ne sommes qu'au terme de la partie théorique et non au terme de notre enquête. Demeurent quelques restes inexpliqués. Le choc, certes, qui sera explicité dans la partie pratique comme sentiment, mais aussi et surtout, le processus de l'exclusion sur laquelle se conclut l'élucidation de la réflexion. En effet, si nous faisons retour sur nos dernières analyses, nous constatons que les deux mouvements, la représentation (comme infinitisation du fini) et la réflexion (comme finitisation de l'infini), aboutissent tous deux à l'exclusion. Le produit de ces exclusions ne saurait être le même. Dans le premier cas, nous pouvons comprendre que l'exclusion produit l'image, la représentation ou la *Bildung* (au sens de formation) d'un monde comme indépendant et extérieur. Mais le second cas semble plus énigmatique, d'autant que Fichte n'en dira plus rien. Les éléments qui nous sont fournis nous permettent néanmoins de déduire quelques propositions. Dans ce processus de finitisation de l'infini, qui est la juste caractérisation de la réflexion, il s'agit de restaurer l'infinité. Si le Moi s'attribue immédiatement cette infinité, il la nie. C'est donc cette impossibilité de l'attribution directe qui produit une exclusion. Cette exclusion devra donc être ce qui permet au Moi de se penser comme infini. L'exclusion devra donc produire la possibilité de la reconnaissance de l'infini comme soi. Telle est la proposition que dessine en creux cette exclusion si rapidement évoquée ici. A notre sens, cette exclusion, il appartiendra à la partie pratique de la penser. Le premier mouvement comme processus d'infinitisation (mouvement de l'esprit lorsqu'il se représente) produit l'exclusion comme représentation d'un monde extérieur et sensible; ce processus préside, nous dira Fichte, plus tard, à la formation des images (*Nachbild*). Le processus de réflexion produit l'affirmation d'un monde qui n'est plus le monde sensible et à partir duquel le Moi pourra se savoir infini, ou si l'on veut, s'attribuer indirectement l'infinité (rappelons en effet que toute attribution directe est impossible car elle objective et donc nie l'infinité). Ce processus ne préside plus à la formation d'image mais à la production de modèles (*Vorbild*).

Nous allons donc maintenant démontrer comment ce que l'on a coutume d'appeler la partie pratique est en fait un approfondissement du processus de réflexion. Thèse paradoxale, certes, mais à laquelle nous a conduits l'ensemble de nos analyses. Ce faisant, nous aurons accompli notre démonstration : le but de Fichte est de dépasser la représentation pour mettre en place un modèle de la réflexion qui dépasse les apories de l'objectivation. Nous tenterons donc de démontrer que la question pratique est un approfondissement de la réflexion, un approfondissement du premier principe : Le Moi se pose et est en même temps savoir de cette position. L'impératif catégorique et le concept de fin, produits de l'énigmatique exclusion, seront les manières dont le Moi peut s'attribuer l'activité infinie.

CINQUIÈME PARTIE

LA PRATIQUE COMME APPROFONDISSEMENT DU MODÈLE DE LA RÉFLEXION

CHAPITRE PREMIER

LA « NOVA METHODO », ÉLUCIDATION DE L'EXIGENCE D'INFINITISATION

LA PARTIE PRATIQUE COMME SAVOIR

La partie pratique de la *Grundlage* n'est pas pur et simple développement d'une morale ni encore moins simple référence à la foi. Il ne s'agit pas non plus d'y développer une philosophie de l'action concrète au sens où, après avoir interprété le monde, Fichte proposerait de le transformer. La partie pratique ne peut se résumer à l'exhortation luthérienne : « crois au Christ et fais ce que tu dois » [1], ni à « l'affirmation jacobienne et mystique des réalités pratiques » [2], et ce pour au moins trois raisons.

La *Grundlage* se présente en trois parties. Or, la première (« Les principes de la doctrine de la science ») permet aussi bien la fondation du savoir théorique que du savoir pratique. Par suite, la démonstration de Fichte obéit, dans l'un et l'autre cas, au principe d'identité réflexive, principe qui est à la source des découvertes tant théoriques que pratiques. L'affirmation des énoncés de la partie pratique ne saurait donc être comparée au *salte*

1. A. Philonenko, *LH*, p. 138.

2. Selon l'expression de M. Gueroult (*Structures* I, p. 333). Nous constatons qu'en dernière instance l'interprétation de ces deux auteurs est, sur ce point, la même. A. Philonenko note lui aussi que Fichte entend démontrer Jacobi. Seul diffère le jugement de valeur porté sur la partie pratique. Pour A. Philonenko, l'appréciation est positive ; le fichtéanisme se donnerait comme une philosophie de la finitude, laissant une place à la foi. Pour M. Gueroult, l'appréciation est négative : c'est parce que Fichte ne pouvait se contenter, en tant que philosophe, de ce simple appel à la foi, qu'il modifiera après 94 sa philosophie en vue de résorber ce point irrationnel de la partie pratique de la *Grundlage*.

mortale de Jacobi. Les concepts déployés, tels l'effort, le sentiment, le concept de fin, etc., ne sont ni affirmation ni description mais conquis de manière aussi rigoureuse que dans la partie théorique, soit à partir de la nécessaire concordance entre le principe de l'explication et ce qui est à expliquer. Dès lors, comme dans la partie théorique, Fichte estime parvenir à des énoncés vrais, parce que sans alternative possible. Montrer que le contraire d'une proposition X est absolument impossible n'est pas se référer à la foi mais démontrer une vérité. A l'instar de la partie théorique, le but est d'établir une science certaine, de démontrer les propositions les plus générales, à partir desquelles nous pourrons ultérieurement (c'est-à-dire dans les ouvrages de philosophie particulière) penser avec vérité tel ou tel contenu.

En outre, s'il s'agissait pour Fichte de choisir la loi morale « par et dans la foi », pourquoi continuer en celle-ci, à déployer, comme dans la partie théorique, tant de démonstrations rigoureuses ? Imagine t-on Jacobi consacrant la partie la plus importante de son œuvre à prouver à l'aide d'arguments, de raisonnements et de démonstrations l'existence de Dieu ? Si tel était le cas, la mise en œuvre même de la démonstration contredirait son contenu, selon lequel il n'est pas de preuves rationnelles de l'existence de Dieu. Fichte a trop insisté sur ce type de contradiction pour la commettre lorsqu'il passe à la fondation du savoir pratique.

On a eu que trop tendance à comprendre le terme pratique comme un synonyme immédiat de morale. Or, comme l'établit C. Cesa, dans son décisif article « Zum Begriff des Praktischen bei Fichte » [1], le terme pratique chez Fichte renvoie le plus souvent au « dépassement du fini ». Sur la base du relevé des occurrences, l'interprète montre que la signification immédiatement morale est relativisée. Paradoxalement, l'identification *immédiate* de la philosophie pratique à la morale ne va nullement de soi.

Cette thèse selon laquelle la partie pratique est élucidation du savoir, nous pouvons la démontrer, de manière positive, en élucidant le sentiment, à l'analyse duquel est consacrée la moitié de la partie pratique de la *Grundlage*.

LE SENTIMENT DANS LA PARTIE PRATIQUE

Le choc, nous l'avons dit, est rempli par la notion de sentiment. Le choc devait à la fois exercer une résistance, une contrainte sur l'activité du Moi et ne pas dépendre de l'affirmation de l'existence d'agent extérieur ou Non-Moi réel. La partie pratique montrera que les sentiments exercent sur l'activité *pratique* du Moi, qui tend à s'étendre à l'infini, une contrainte ou

1. Dans : *Zur Rekonstruction der praktischen Philosophie. Gedenksschrift für K.H. Ilting*, Stuttgart, Frommann, 1990, p. 461-480.

résistance. Tout sentiment est par définition sentiment de contrainte : les sentiments se donnent comme présence de quelque chose qui existe sans effort de notre part ; je ne décide pas de sentir le sucré de telle manière ou telle manière. Mais, et indissolublement, tout sentiment est sentiment de soi. Il n'est pas de sentiment qui ne soit en même temps conscience que nous sommes sujets de ce sentiment. Le soi est immanent au sentiment. Nous constatons donc que le sentiment a la double qualité requise : ce qui ne dépend pas de la spontanéité et ce qui est entièrement subjectif [1].

Objet en ce qu'il est donné, sujet en ce qu'il est donné comme modification de soi et non comme objet extérieur, le sentiment est indissolublement sujet et objet. Ce que disait anticipativement Fichte, dans la partie théorique, lorsque, s'interrogeant sur le fondement de la loi de la médiatité du poser (gamma 3, dans la synthèse de la causalité), il notait : « toute recherche est ici suspendue », tout en ajoutant : « son fondement doit se trouver à la fois dans le sujet et l'objet » ; lorsque, de même, dans la synthèse de la substantialité, il évoquait, là encore par anticipation sur les analyses de la partie pratique, le sentiment comme seul susceptible de lever l'aporie du réalisme abstrait. Cette sujet-objectivité du sentiment, il la développe dans la partie pratique : « Le Moi n'est posé comme Moi que dans la mesure où il est en même temps **le sujet et l'objet du sentiment** et se trouve par conséquent en relation d'action réciproque avec lui-même » [2]. Quels enseignements tirer de l'élucidation de cette notion ?

Tout d'abord que le sentiment est déduit comme seule réponse possible à une contradiction donnée. La référence au sentiment dans la partie pratique ne procède donc pas du souci arbitraire de faire place à une dimension jacobienne que l'abstraction philosophique aurait eu tendance à occulter. Le sentiment est le seul moyen de résoudre la contradiction du réalisme abstrait, lequel était faux parce qu'il transgressait l'autoréférentialité toujours et partout exigée.

Le sentiment est une relation du Moi à lui-même. La prétention de Fichte de tout déduire « sans sortir du Moi » (c'est-à-dire sans jamais transgresser le premier principe) trouve ici son point d'orgue. Ce faisant, toute interprétation pensant le Non-Moi comme une instance extérieure (chose en soi chez D. Henrich ou autrui chez A. Philonenko) ne peut être maintenue. Ce qui est « premier moteur » et initie le développement des actes cognitifs, c'est le sentiment. Certes, on peut toujours poser la question de savoir d'où vient ce sentiment mais, nous l'avons dit, à cette question il n'est pas de réponse : la passivité ne peut être pensée comme effet d'une

1. Voir, par exemple *O.C.P.P.*, p. 169 (313) : « Supposons par exemple quelque chose qui soit doux, aigre, rouge, jaune ou du même genre. [...] On peut dire seulement : **il y a en Moi la sensation de l'amer, du doux**, etc., et on ne peut rien dire de plus ».

2. *Ibid.*, p. 159 (299).

cause extérieure et existante indépendamment du Moi ; le prétendre serait retomber dans les erreurs du réalisme qualitatif, quantitatif ou abstrait. La seule chose que nous puissions penser, conformément à ce que nous avons vu dans la partie théorique, c'est le sentiment comme dépendant de l'activité du Moi : « pas d'activité du Moi, pas de sentiment ; pas de sentiment, pas d'autodétermination ; pas d'autodétermination, pas de monde objectif ». Les sentiments sont transformés par l'imagination productrice et pensés comme qualités d'un monde extérieur. Nous savons que le sentiment du sucré, du jaune est nôtre mais, en même temps, nous en faisons la qualité de la madeleine ou du petit pan de mur. La représentation du monde prend sa source dans le sentiment, lequel est tout à la fois donné et sujet. Ainsi, le sentir se donne comme autre et même, tout à la fois sujet et objet, altérité et identité. Le sentir est en fait la présence originaire à soi. La présence n'est pas celle de la chose mais est présence originaire à soi dans et par le sentiment.

Mais ce qui nous importe le plus, eu égard à notre analyse, c'est que dans le sentiment nous retrouvons la structure sujet-objet. Le sentir n'est pas de l'ordre du représenter; il n'est pas visée d'un extérieur, figuration d'un objet. Il est immanence à soi. Le sentiment n'appartient pas à la sphère du représentable, du figurable. De l'ordre de l'immédiation, le sentiment n'est que par son effectuation même. Présentation et non pas représentation, le sentiment fait écho à l'intuition intellectuelle. Sa structure est également celle du sujet-objet. L'intuition intellectuelle naît, nous l'avons vu, de l'abstraction philosophique ; le sentiment évidemment pas. Mais il témoigne de la structure de l'égoïté qui se donne toujours comme sujet-objectivité.

Que conclure de toutes ces données si ce n'est que la partie pratique se donne comme un approfondissement toujours plus poussé de ce que Fichte revendiquait comme sa découverte : la sujet-objectivité ? C'est précisément cette sujet-objectivité que déploiera encore la *WL de 98*.

LE PROBLÈME DE LA PRÉDICATION DE L'INFINI

Avant que d'en étudier les grandes lignes, il nous faut juste préciser les deux raisons essentielles pour lesquelles cette *WL* peut être considérée comme la recherche plus aboutie de la partie pratique de la *Grundlage*. De tous les changements introduits par la *WL nova methodo*, il en est un que Fichte souligne plus particulièrement, à savoir l'inversion de l'ordre entre théorique et pratique. Très peu satisfait de la division, jugée artificielle, de la *Grundlage*, Fichte se propose dans sa nouvelle *WL* de suivre l'ordre le plus légitime : commencer par la partie pratique pour montrer comment elle fonde la partie théorique : « Dans l'exposé actuel, la pratique est l'objet immédiat et on en déduit le théorique [...]. Par conséquent la division en partie pratique et théorique qui était opérée dans le livre *<i.e la GWL>* disparaît ici »[1], ou encore : « Ici nous commençons à l'inverse par le pratique et nous le traitons séparément aussi longtemps qu'il reste séparé et qu'il n'est pas en relation avec le théorique ; mais dès que les deux coïncident ils sont traités ensemble »[2].

Soulignons ensuite que la situation des deux *WL*, à l'intérieur de l'édifice philosophique est la même : il s'y agit de la fondation du savoir et non de l'étude particulière de tel ou tel contenu (comme par exemple, l'éthique, le droit, la politique, etc.). Rappelant, au terme de la *WL de 98*, la différence entre ses œuvres de philosophie concrète, et l'élucidation menée dans les *WL*, il précise : « La science particulière poursuit la détermination complète des concepts particuliers, alors que l'assise fondamentale (*Grundlage*) ne discute ici que les concepts fondamentaux »[3]. Nous pouvons donc à bon droit considérer la *WL de 98*, comme ce que Fichte nomme la fondation du savoir pratique. Il nous faut maintenant déterminer la problématique centrale de cette partie pratique.

Au terme de la partie théorique de la *WL de 94*, nous avions deux processus très précisément décrits : le processus de la représentation qui menait à la constitution du monde sensible et le processus de la réflexion. Ce dernier aboutissait, en raison de l'impossibilité de l'attribution directe de l'activité infinie au Moi, à l'exclusion. La fondation du savoir pratique répond à la question de cette exclusion. En effet, c'est ce rythme (affirmation, échec de l'attribution et exclusion) qui structure les analyses de la *Nova methodo*.

Le moment de l'affirmation

Les trois premiers paragraphes correspondent au moment de l'affirmation. Le premier paragraphe part de « l'identité du posant et du posé », obtenu par abstraction, puis intuition intellectuelle. Le Moi est cette identité. « Je suis Moi et je me pose comme Moi s'épuisent réciproquement ». Grâce à l'intuition intellectuelle, nous parvenons à une définition minimale du Moi comme acte : il est un « se poser soi-même et un revenir en soi » comme savoir de ce poser soi-même. Le deuxième paragraphe élucide plus avant cet acte que nous avons posé. Cet acte, nous dit, Fichte, est « un passage ». En effet, en définissant le Moi comme activité qui revient sur soi, j'ai pensé le Moi non pas comme activité en général, comme n'importe

1. *Nova Methodo* p. 141-142.

2. *Ibid.*, p. 142.

3. *Ibid.*, p. 332. On notera au passage que Fichte, pour la *Nova methodo*, parle également de *Grundlage*, ce qui rend sans objet les discussions des interprètes qui visent à établir la différence de statut entre la *Grundlage* de 94 et les autres doctrines de la science.

quelle activité, mais bien comme une activité spécifique : le Moi est une activité *revenant en soi*, c'est-à-dire une activité qui se sait elle-même comme activité. Cette position d'une activité déterminée n'est possible que par opposition à un indéterminé. Je ne puis dire que X est déterminé sans supposer implicitement un indéterminé. Cet indéterminé suppose à son tour d'être déterminable. La position du Moi implique donc une distinction entre déterminé et déterminable, l'acte de se déterminer a pour corollaire la position d'un indéterminé déterminable. Cette élucidation nous permet de proposer une définition plus précise du Moi, il « est un passage d'un indéterminé à un déterminé ». Pour le dire plus précisément, au moment X (c'est-à-dire avant que ne commence ma réflexion), je ne pensais ni ne posais le Moi ; au moment Y, je pense et pose le Moi comme activité déterminée, comme activité qui se sait elle-même (« revenant en soi »). Je suis donc passé du moment X au moment Y. Le Moi est ce passage. Il convient dès lors de réfléchir à nouveau sur ce qui a été trouvé, en posant cette question : si le Moi est passage, qu'est-ce qui permet ce passage ?

Le passage ne peut se définir comme le produit de l'indéterminé, sinon l'activité procéderait de son contraire. Trouver un fondement extérieur au passage serait purement et simplement nier ce passage. C'est pourquoi nous devons poser que ce passage n'a pas de fondement : « Le Moi effectue un passage parce qu'il effectue un passage, il se détermine parce qu'il se détermine »[1]. Nous retrouvons ici l'exact écho de la formule des *Méditations* et de la *Grundlage* : le Moi ne peut être déduit d'un principe extérieur et antérieur dont il serait le produit ou l'expression. Penser le Moi comme passage, pur surgissement, c'est donc élucider plus profondément cette indéductibilité du Moi. C'est ce que fera le paragraphe suivant (§ 3) qui définira le passage comme liberté. Ce qui n'a d'autre fondement que lui-même et ne procède pas de quelque chose qui le précède est un pur commencement. Ce pur commencement a pour nom, chez Kant comme chez Fichte, liberté. Le passage comme commencement est la liberté, au-delà de quoi on ne peut rétrocéder sans contradiction ; et c'est pourquoi Fichte, au terme de ce parcours, conclut : « La liberté est le fondement premier et la condition de tout être et de toute conscience ». Là encore, nous rejoignons ce que nous avons mis en lumière lors de notre étude des *Méditations* et de la *Grundlage*. La position du Moi comme sujet-objectivité est événement ou surgissement, pur commencement qui ne procède de rien. La première « réalité » (comme réalité de l'acte que rien n'engendre) est donc celle de la liberté : « la première chose qui soit vraiment *realiter*, c'est la liberté »[2].

1. *Ibid.*, p. 111.
2. *Nova Methodo*, p. 116.

Cette élucidation nous permet, tout d'abord, de définir rigoureusement la signification précise du terme « pratique » chez Fichte. Fichte déclare qu'à la différence de la *Grundlage*, il commence ici par la partie pratique. Or, la problématique qui se donne d'emblée, dans cette partie pratique, c'est celle de l'élucidation de la sujet-objectivité : le Moi=Moi est position de soi et savoir de cette position. La partie pratique est donc élucidation du premier principe. Elle remonte non pas à la condition de ce principe (car sinon le Moi=Moi ne serait plus le premier principe inconditionné) mais tente de penser plus profondément cette identité : cette identité, comme pur passage, commencement absolu, est liberté.

Ensuite, par cette élucidation, nous pouvons penser la relation entre la partie théorique de la *Grundlage* et ce début pratique. Dans la partie théorique, il s'agissait de déterminer comment le Moi pouvait se poser comme déterminé par le Non-Moi. Pour pouvoir penser de manière sensée cette proposition, il nous fallait montrer comment une activité indépendante (la réflexion) était impliquée dans la relation acte-passivité (fait de la représentation). La notion centrale de la partie théorique, son concept novateur, était donc bien l'activité indépendante, mais sa finalité était de penser la représentation (comment le Moi peut-il être déterminé par le Non-Moi ?). La mise en valeur de la réflexion restait donc assujettie à la nécessité d'expliquer la représentation[1]. Dans la fondation du savoir pratique, nous partons de ce que Fichte dans un paragraphe de la partie théorique – que nous avons analysé – appelait l'activité indépendante « en soi ». En d'autres termes, nous commençons directement par la réflexion. C'est ce que confirme le fait que la première notion que nous rencontrons soit le terme de passage (*Übergehen*). On se souvient que, dans la partie théorique, nous n'étions parvenus à cette notion qu'au moment où nous avions dégagé la nécessité de penser la forme de l'acte du philosophe, soit assez avant dans le texte. Dès lors, dire que le pratique fonde le théorique, c'est tout simplement dire que la réflexion fonde la représentation.

Tous ces éléments convergent vers un même constat : la partie pratique est une élucidation de la réflexion. C'est ce que souligne Fichte lui-même dans un passage capital de la première introduction de la *Nova Methodo*. Constatant que la *Grundlage* a engendré des confusions, il en donne deux raisons ; la première, nous l'avons vu, c'est que « les conditions de possibilités des propositions ne sont pas traitées selon un ordre naturel, mais dans une partie théorique et pratique »[2] ; la seconde, qu'il n'a pu traiter avec

1. Voir *Nova Methodo*, p. 141 : « Dans la version actuelle, on part de l'objet immédiat de la conscience, de la liberté, et on en établit les conditions. L'action libre est l'essentiel de notre étude. Dans la version ancienne, l'action libre, l'effort ne servaient qu'à expliquer la représentation et l'intelligence, ce qui constituait alors le principal but de la recherche ».

2. P. 70.

toute l'ampleur requise des lois de la réflexion : « Il faudra traiter explicitement et de façon approfondie des lois de la réflexion avec ce qui en résulte (cette promesse n'a pas été remplie faute de temps) »[1]. Traiter des lois de la réflexion et comprendre ce qui en résulte, tel est donc l'enjeu de la *Nova Methodo* et la signification du terme « pratique ».

Enfin, nous voyons comment ces trois premiers paragraphes font strictement écho à l'affirmation qui achevait la partie théorique de la *Grundlage* : le Moi se pose comme infini. En effet, dans le paragraphe 1, le Moi se pose comme identité du posant et du posé. Cette identité, si nous cherchons à l'élucider (paragraphes 2 et 3), ne peut se définir que comme liberté illimitée. Le Moi se pose donc comme liberté infinie. L'identité sujet-objet est liberté infinie, et la liberté infinie, l'identité réflexive.

L'échec de l'attribution immédiate

Cette élucidation de la structure sujet-objet effectuée, l'analyse suivante mettra en place le processus de l'échec de l'attribution immédiate. Le Moi se pose comme liberté illimitée mais comment peut-il être, en même temps, savoir de cette liberté illimitée ? Telle est la question. L'activité du Moi comme Moi posé (le Moi comme position se définissant comme liberté) doit correspondre à l'activité du Moi posant (le Moi « revenant en soi » qui doit également se définir comme liberté). Dans le cas contraire, l'activité ne se saisirait pas comme activité mais comme passivité d'un objet déjà là. Nous retomberions donc dans le schéma du savoir qu'il s'agit précisément de dépasser : le sujet qui voit un objet qui est vu (le Moi posant prendrait conscience d'un Moi posé). Pour le dire autrement : si le Moi n'est que l'acte par lequel il se pose, le savoir de cet agir est lui-même un agir. S'il n'y a pas de subsistance du Moi, s'il n'est rien que le poser qui est en même temps « retour en » ou « savoir de » ce poser, alors il ne peut être saisi que sous la condition de sa propre activité.

C'est pourquoi Fichte distinguera deux types d'activité : l'activité réelle et l'activité idéale. Le Moi est indissolublement position de soi et savoir de soi. L'activité réelle, qui se spécifie en activité pratique, est le passage comme pur surgissement, comme liberté ou acte absolu. C'est là tout ce que signifie pour l'instant pratique : ce qui n'a d'autre raison que son absence de raison, soit la liberté. Cette activité est dite réelle parce que « la première chose qui soit *realiter*, c'est la liberté ». L'activité idéale correspond dans le « je suis » au retour en soi, au savoir de la position comme position. Ce que montre donc le début de cette *WL*, c'est que nous nous orientons vers un approfondissement du processus de réflexion, une élucidation du « je suis parce que je suis ». Penser un modèle de la réflexion

1. *Ibid.*

qui ne soit pas aporétique, tel est bien le but de Fichte dans la *WL de 98*, comme c'était le sien dans la *Grundlage* et les *Méditations*, mais ici la réflexion est abordée d'emblée et non thématisée à partir de la question théorique de la représentation. L'activité réelle ou pratique est le nom que prend le pur passage ou surgissement, l'activité idéale, le nom de l'activité comme activité revenant en soi, activité qui est savoir de liberté.

Ces deux activités, l'activité réelle et l'activité idéale, doivent évidemment être liées l'une à l'autre : « les deux activités doivent être une et même ». Le Moi est indissolublement position de soi et savoir de cette position, sujet et objet. L'activité idéale doit déterminer l'activité réelle et l'activité réelle doit déterminer l'activité idéale. Nous retrouvons ici la combinatoire de la *WL de 94*, mais elle ne s'effectue plus entre représentation, comme constitution d'un objet extérieur, et réflexion, comme compréhension de cette constitution. Elle est interne au premier principe qui est à la fois position et savoir de cette position. Les deux termes que nous devons lier sont l'acte pur et le savoir de cet acte pur, tous deux compris dans le principe : Moi=Moi. Or, le problème est le suivant : ces deux activités ne se présentent pas d'emblée comme une et même, leur identité est à construire, elle n'est pas donnée. En effet, Fichte élucidant, dans ce paragraphe, les deux types d'activité montre que l'activité réelle, en tant qu'elle est pure liberté, est activité illimitée alors que l'activité idéale, en tant qu'elle est savoir, doit être savoir déterminé et donc limité. Par suite, l'identité requise entre le réfléchi (l'infinité de la liberté) et le réfléchissant (le savoir de cette infinité) est rompue. En un mot, le Moi comme infini (l'illimité de la liberté) ne peut se penser sans se finitiser et donc sans se nier. La question est donc bien celle de la possibilité de la prédication de l'infinité de la liberté au Moi. Le savoir (comme savoir de soi), s'il doit être conforme à ce qui est su (identité du savoir et du su), doit être lui-même infini. Or, tout savoir suppose une détermination et donc une finitisation. La contradiction à laquelle nous parvenons est la contradiction entre la position et le savoir de position ; la question à laquelle il nous faut désormais répondre est la suivante : comment la spontanéité pure, la liberté absolue peut-elle être conscience d'elle-même ? Commencer par la partie pratique signifie bien « approfondir les lois de la réflexion et ce qui en résulte » ; or, « ce qui en résulte », en un premier temps, c'est l'épreuve même de l'échec : la liberté infinie ne peut se saisir elle-même. Par suite, le Moi ne peut s'attribuer cette liberté infinie. Et pourtant, les trois premiers paragraphes ont montré qu'on ne pouvait élucider l'identité sujet-objet que comme pure liberté. Cette contradiction dessine donc la tâche que nous devrons réaliser : comment l'activité idéale peut-elle être savoir de l'activité réelle, c'est-à-dire comment la liberté pure peut-elle être savoir d'elle-même, ou encore, comment penser l'identité du réfléchi et du réfléchissant ?

L'exclusion

Tous les paragraphes suivants auront pour but de tenter de mettre en accord l'activité réelle et idéale. Or, cette tentative de mise en accord produira une exclusion. Penser l'infinité, c'est exclure cette infinité pour, ensuite, se la réapproprier comme sienne. Nous rentrons donc, dès le paragraphe 5, dans le processus de finitisation de l'infini. Déclinons brièvement[1] les étapes de ce processus :

Répondre à la question de savoir comment la spontanéité pure peut être conscience d'elle-même, c'est tout d'abord rechercher un X tel qu'il soit à la fois appréhendable par l'activité idéale et procède de l'activité réelle. Pour qu'il soit appréhendable par l'activité idéale, X doit être déterminé et donc limité. Nous retrouvons ici le problème que nous avons étudié dans l'ultime passage de la *Grundlage* qui s'attachait à cerner le processus de réflexion : pour pouvoir s'attribuer un prédicat, le Moi doit le déterminer. Or, toute prédication est limitation. X, comme liberté, doit donc être limité pour pouvoir être réfléchi. Or, X ne peut être limité par l'activité idéale (ou savoir de la liberté) puisque l'activité idéale n'a lieu qu'à la condition d'une limitation antérieure. En conséquence, la limitation procédera de l'activité réelle. En clair, pour se saisir comme liberté, la liberté doit s'autolimiter. Mais cette activité ne peut se limiter sans s'anéantir. L'exigence initiale se transforme donc en contradiction : trouver un X tel qu'il exprime l'activité réelle, comme liberté infinie, en même temps qu'il la limite. Penser l'activité infinie revient à la nier. Et pourtant, nous devons chercher un X tel qu'il permette de penser cette activité infinie.

La résolution de cette contradiction n'est possible que si l'on admet que X conserve l'activité réelle sans la refléter. Refléter serait représenter, avoir une image de la liberté, la figurer. Ce faisant, ce ne serait plus la liberté que nous penserions mais un objet. Nous retrouvons ici le risque de l'objectivation que Fichte évoquait dans le paragraphe de la *Grundlage*. Se représenter l'activité infinie, c'est l'objectiver. Par suite, le concept X que nous cherchons ne devra pas être une imitation, une image, une représentation. Un concept qui est un concept sans être imitation est un modèle (*Vorbild*), autrement dit « un concept de fin »[2]. « Le pratique en tant qu'il commence librement n'est pas un acte de reproduction (*Nachbilden*); par conséquent l'image du pratique n'est pas une reproduction, mais un modèle (*Vorbild*) »[3]. C'est pourquoi l'activité réelle ne se laisse penser par l'activité idéale que sous la forme du concept de fin.

1. Nous avons analysé plus en détail la succession des paragraphes de la *Nova methodo* dans la préface à sa traduction. Nous nous permettons d'y renvoyer pour une étude plus approfondie.

2. P. 118.

3. P. 119.

Nous comprenons donc ici combien il s'agit toujours pour Fichte de dépasser la représentation en tentant de saisir une pensée qui ne soit pas reproduction. Si la partie théorique de la *WL de 94* avait pour but de faire saillir la réflexion (par la mise en place de l'activité indépendante) à partir de la représentation (la relation acte-passivité), la *WL de 98*, parce qu'elle commence par la pratique, affronte d'emblée la réflexion : comment le Moi peut-il être position de soi et savoir de soi ? Penser le savoir de soi, n'est-ce pas retomber dans les pièges de l'objectivation ? Ne sommes-nous pas obligés, à l'instar des philosophes de la représentation qui tentaient de penser le Moi, de poser un « réel » (qui serait ici la liberté) dont nous aurions, ensuite, une représentation ou connaissance, ce que ferait ici l'activité idéale ? L'activité idéale serait-elle comparable à l'observateur que dénonçait la *Grundlage* qui regarde se mouvoir le fer sans penser sa propre position d'observateur ni ce qui en résulte pour « l'observé » ? Evidemment non, et c'est pourquoi il nous faut penser un concept qui ne soit pas reflet, une connaissance qui ne soit pas image, en un mot une observation qui ne corresponde à aucune des acceptions objectivantes que l'on donne à ce terme. La *WL nova methodo* prouve, elle aussi, que la ligne conductrice de la philosophie de Fichte est bien le dépassement de la représentation et la tentative de penser la réflexion; tentative qui requiert inévitablement une nouvelle définition de la rationalité, en laquelle il ne s'agira plus de réduire le connaître à sa guise objectivante. La fondation du savoir pratique se définit comme approfondissement de la réflexion, essai pour élucider le Moi=Moi sans pour autant le réifier, puisqu'il est pur « passage », commencement absolu et liberté infinie. On le voit, la cohérence est parfaite. La *WL de 98* répond point par point à la *WL de 94*. Elle cherche simplement à approfondir plus encore « les lois de la réflexion ». Le concept de fin est l'emblème de cette tentative de Fichte. En effet, qu'exprime cette recherche du concept de fin si ce n'est l'exigence de penser un concept qui ne soit plus image ni reflet et par là répondre à cette question qui structure et explique l'ensemble des doctrines de la science : qu'en est-il d'un savoir délivré de son pouvoir mimétique ou représentatif, qu'en est-il d'un savoir qui pour n'être pas connaissance d'objet peut néanmoins se revendiquer comme savoir ?

De surcroît, par rapport au paragraphe de la *WL de 94* que nous avons étudié, il est clair qu'est pensé ici le processus qui nous conduira de l'échec à l'exclusion. En effet, l'activité idéale (comme savoir de la liberté) n'est pas possible si cette liberté (activité réelle) n'est pas déterminée. Mais si nous pensons l'activité idéale comme image de l'activité réelle, nous nierons cette activité (échec de l'attribution immédiate). Il nous faut donc chercher un X (le concept de fin) tel qu'il procède de l'activité réelle sans la nier. La détermination de cet X aboutira ultimement à une exclusion.

Tous les paragraphes suivants cherchent à déterminer de plus en plus précisément le concept de fin. En ce sens, s'il est un problème qui structure cette *WL*, s'il est un but qu'elle s'assigne et qui en sous-tend toute la dynamique, c'est la recherche de ce concept de fin. Fichte ne cesse de le souligner tout au long de son enquête[1]. C'est pourquoi nous ne saurions accepter la thèse selon laquelle cette *WL* est tendue vers un unique but : la déduction d'autrui. Réduire cette *WL* à cette seule finalité c'est, nous semble-t-il, confondre un des concepts déduits pour « sensibiliser » ou concrétiser le concept de fin avec la problématique motrice. Autrui est une des multiples manières de sensibiliser le concept de fin mais n'est pas la condition de possibilité du concept de fin. La problématique motrice est bien ici l'élucidation du processus de réflexion, qui se spécifie clairement en construction du concept de fin.

Comme dans la *Grundlage*, la mise en œuvre de cette tentative conduit à la déduction de concepts ou *Handlungsart* mais ces concepts nous enferment progressivement en un cercle. Ce cercle est le suivant : la connaissance précède l'action, la représentation est antérieure au vouloir pur, la connaissance est condition de la liberté. Alors que le paragraphe 3 a démontré que la liberté était « le fondement ultime de toute conscience et de toute chose », la réflexion sur cette liberté nous conduit à la négation de cette proposition. Le concept de fin est donc incompréhensible. L'ensemble du projet fichtéen : fonder le théorique sur le pratique, pour éviter les apories d'une réflexion pensée sur le modèle de la représentation, s'effondre. Et pourtant, nous ne saurions renoncer, car c'est avec la même rigueur que nous avons montré, dans nos analyses précédentes, que la liberté était première. Il nous faut donc dépasser cette contradiction.

Après des développements que nous éludons, le paragraphe 13 montrera comment ce processus de dépassement de la contradiction aboutit à une exclusion. Mais cette exclusion, à la différence de ce que nous avons vu pour le processus de représentation, n'est pas position d'un monde sensible. Le concept de fin doit être extrait d'un ensemble (le déterminable) mais cet ensemble ne peut être sensible. Ainsi l'élucidation des lois de la réflexion : comment la position de soi peut-elle être en même temps savoir de soi ? nous conduit à l'affirmation d'une sphère intelligible. Nous sommes parvenus à conférer un sens précis au processus d'exclusion. Nous ne pouvions nous attribuer directement l'infinité car sinon nous la limitions. Par suite, nous disait Fichte, en 1794, le Moi exclut cette infinité hors de soi. C'est là la sphère du déterminable ; cette sphère est le monde intelligible. De cette sphère nous n'avons aucune représentation au sens où nous

1. « Nous en sommes encore à répondre à la question : comment un concept de fin est-il possible », s'exclame-t-il au terme du paragraphe 8 ; « Ce devoir-agir est clairement une sensibilisation composée du concept de fin », rappelle-t-il à la fin de son enquête.

prendrions conscience d'un objet déjà là. C'est parce que Fichte a conquis, par son élucidation de la structure du savoir, un point de vue autre que celui de la représentation, qu'il peut, sans dogmatisme (au sens kantien), montrer comment la position d'un monde intelligible est aussi nécessaire que la position d'un monde sensible. C'est ce point de vue qui lui permet de déployer un savoir en lequel l'affirmation de l'intelligible est tout aussi nécessaire que l'affirmation du sensible. Cette sphère intelligible n'a évidemment pas le statut d'une chose en soi, subsistant en dehors de notre pensée. Le monde intelligible est le produit de l'exclusion du Moi, plus précisément encore le résultat des lois de la réflexion. Appliquer le principe d'autoréférentialité et éviter les écueils de l'objectivation du Moi (par l'attribution directe d'un prédicat), écueils dont nous avons retracé l'histoire, c'est parvenir à l'affirmation d'un monde nécessairement non sensible. Nous vérifions donc notre thèse selon laquelle la partie pratique, et partant une grande partie de la *WL nova methodo*, a pour but d'approfondir la processus de réflexion, esquissé dès la *WL* de 1794 dans le passage que nous avons longuement commenté. La cohérence entre les deux *WL* est donc totale. Il s'agit bien dans la partie pratique, par laquelle commence la *WL nova methodo* : d'« approfondir les lois de la réflexion » qui n'avaient pu l'être en 1794, faute de temps.

Ce monde intelligible se définit comme la position de l'infinité même. Loin d'être un « cosmos » au sens d'un espace circonscrit par des limites qui le définissent et en permettent l'appréhension, il se donne comme *l'apeiron* qui me constitue. Cet infini, dans la mesure même où il est posé, doit être pensé. La question n'est plus celle de l'attribution immédiate (qui est condamnée à l'échec) mais de l'attribution médiate (ou réappropriation par la pensée de ce qu'elle a exclu). En effet, si l'on ne veut pas sombrer dans le dogmatisme et poser un infini comme extérieur à soi, il faut penser ce processus de finitisation de l'infini, processus qui est le processus même du savoir réflexif. Qu'est-ce que réfléchir, en dernière instance ? C'est finitiser l'infini. C'est de ce processus de finitisation de l'infini que résultera le concept de fin, qu'exprimera l'impératif catégorique.

L'impératif catégorique

En effet, dans les développements suivants, Fichte montrera comment la liberté infinie, comme vouloir pur, et la limitation, comme savoir de cette liberté, peuvent être liées l'une à l'autre. Comment liberté et limitation peuvent elles être liées sans faire référence à un Non-Moi ou à une résistance ? Pour pouvoir résoudre ce problème, il nous faut trouver un vouloir pur qui ne soit pur que s'il est limité. Trouver une limite qui ne soit limite que par le vouloir pur. Nous devons supposer que le vouloir a une direction déterminée et donc penser un pouvoir de commencer absolument qui ne soit que si un Y est posé comme premier membre. Par là, seraient réunies la liberté (comme commencement absolu) et la limite (le premier membre de la série ne peut être que Y, sinon il n'y a pas de liberté).

Fichte montrera que seule la notion d'impératif catégorique est susceptible de remplir cette structure abstraite. « La difficulté était essentiellement d'expliquer un vouloir sans connaissance de l'objet. Le fondement de cette difficulté résidait dans le fait que le vouloir n'a été considéré que comme quelque chose d'empirique. On a postulé un vouloir qui ne présuppose pas la connaissance de l'objet mais qui y mène, qui ne se fonde pas sur une délibération, et ainsi la difficulté est totalement supprimée. Le vouloir pur est l'impératif catégorique » [1]. Que conclure de cette ultime étape ?

Tout d'abord que l'élucidation des lois de la réflexion nous conduit à l'impératif catégorique de la même manière que l'explication de la représentation nous conduisait à l'affirmation de la croyance nécessaire en un monde sensible. Par cet impératif, nous opérons une finitisation de l'infini. Notre problème initial est donc résolu : nous devions penser le processus de réflexion : ce processus conduisait à une impossibilité : s'attribuer directement l'infinité. Et pourtant, l'intuition intellectuelle atteste que le Moi est position de soi comme liberté et savoir de cette liberté. L'élucidation de la structure sujet-objet nous conduit à l'impératif comme ce par quoi je puis comprendre cette liberté. L'impératif est donc la finitisation de l'infini, le mode sur lequel se donne l'infinité. L'impératif est la formation (*Bildung*) de l'infini ; terme qu'il faut comprendre en son sens allemand de processus, et en lequel il faut concentrer l'ensemble du parcours de Fichte : définir un mode de savoir délivré de sa référence à l'image, au reflet, à la représentation.

Ensuite, que le terme de pratique transcende le clivage entre sphère théorique et sphère morale, clivage auquel on a voulu réduire la philosophie de Fichte. En effet, qu'est ce que l'impératif catégorique dans la *Nova methodo ?* L'expression de l'articulation entre fini et infini. Nous sommes partis de l'identité (sujet-objet); la compréhension de cette identité se donne, ultimemement, comme exigence d'articulation entre le fini et l'infini. Le concept de fin, qui s'exprime par l'impératif catégorique, permet de réunir infini et fini, position de liberté et savoir de cette position, activité réelle et activité idéale. L'impératif catégorique peut donc s'exprimer par ce mot d'ordre : « penser l'infini ». Cette exigence de penser l'infini est un devoir ou une obligation et prend donc l'aspect de l'impératif. Elle n'est évidemment pas un fait mais un processus : le processus même du savoir. Cette exigence de penser l'infini, que dit l'impératif catégorique,

1. P. 188.

s'oppose évidemment à la pensée naturelle qui ontologise spontanément ce qu'elle pense et entrave ainsi l'agir de la conscience réflexive. La conscience naturelle se tourne spontanément vers l'ontologie et manque l'actologie. « Dépasser le fini », telle est bien la signification même du terme « pratique » chez Fichte, signification qui ne saurait être confondue avec le terme de « morale » en son sens ordinaire ni encore moins avec la répétition du clivage kantien entre théorique (la science) et pratique (la morale). Ni science ni morale (au sens habituel de ces termes), la doctrine de la science conduit à un commandement : « penser l'infini », qui, au-delà de toute structure immédiatement ontologique, est la source même de tout savoir. L'impératif catégorique est l'impératif même du savoir qui doit se savoir lui-même. La doctrine de la science tente donc de mettre en place une définition du pratique qui n'est ni la morale au sens strict ni la science mais fonde l'exercice de l'une et l'autre. Le clivage est dépassé et l'on peut étendre la très belle formule de Schlegel : « l'intuition intellectuelle est l'impératif catégorique de la raison théorique » [1], en disant que l'intuition intellectuelle est le fondement qui lie savoir pratique et savoir théorique : « L'intuition intellectuelle est le déterminable en tout acte de penser et doit être pensée comme fondement de tout acte de penser » [2].

RÉSULTATS : LIBERTÉ ET SAVOIR DE LIBERTÉ

Nous pouvons donc, au terme de ces analyses, considérer comme acquises les propositions suivantes :

La partie pratique est l'approfondissement de la réflexion comme position et savoir de position (sujet-objectivité). Elle répond à la question : comment la liberté (position comme commencement absolu) peut-elle être savoir de liberté ?

La fondation du savoir théorique avait pour but de faire saillir l'activité indépendante (la réflexion) à partir de la relation acte-passivité (la représentation). Il s'agissait à partir du contenu d'une proposition de remonter au statut de cette proposition. Dans la fondation du savoir pratique, nous partons directement de l'activité indépendante « en soi », de l'élucidation du processus de position de soi comme savoir de soi. L'articulation entre les deux parties est donc simple : dans les deux cas, il s'agit de penser la réflexion. La partie théorique montre comment la réflexion est impliquée dans la représentation, la partie pratique l'étudie pour elle-même. Que signifie, dès lors, que la pratique fonde la théorie ? Tout simplement ceci : la représentation comme relation du sujet et de l'objet, comme objectivation,

1. *Kritische und theoretische Schriften*, Reclam, Stuttgart, 1978, p. 85.
2. P. 215.

suppose un savoir qui n'est pas savoir d'objet; savoir qui néanmoins est savoir, parce que engendré à partir d'un principe que nul ne saurait contester sans sombrer dans de graves contradictions performatives.

La fondation du savoir pratique comme la fondation du savoir théorique s'opère à partir des deux principaux concepts de la réflexion (forme, matière, déterminé, déterminable). Ces concepts, nous l'avons montré, sont directement déduits du premier principe. Par eux, la pensée peut réfléchir son propre exercice. Tant dans la partie théorique que pratique, la fondation s'opère donc à partir de l'*Urteilskraft*, qui se définie rigoureusement comme processus de comparaison et d'abstraction. Mais, nous l'avons vu aussi, l'*Urteilskraft* n'est plus livrée à la contingence du « tout se passe comme si ». A la différence de Maïmon qui, par la reconstruction de la raison à partir de la *Critique de la faculté de juger*, faisait basculer le discours philosophique du côté du scepticisme radical, Fichte, grâce à son premier principe comme jugement autoréférentiel, prétend assurer à l'ensemble des propositions déduites une vérité; vérité au sens où ces propositions sont sans alternative possible puisque l'identité que Fichte attribue toujours au Moi=Moi n'est ni l'identité logique (A=A), ni l'identité réelle d'une chose, mais l'identité entre le contenu d'une proposition et son statut. Cette identité est la matrice de toutes les propositions découvertes, tant théoriques que pratiques. Dépassant le clivage kantien et maïmonien des jugements déterminants et réfléchissants, Fichte, par sa découverte des jugements autoréférentiels, prétend conférer aux propositions philosophiques le statut d'un savoir.

Nous sommes également à même de comprendre ce qui résulte de la mise en œuvre des lois de la réflexion. Nous partons de la position de l'identité du posant et du posé (ou identité du pensant et du pensé, de la forme et de la matière, etc.). C'est là le principe de l'identité réflexive (Moi=Moi). Cette identité réflexive, qui est réalisée par l'acte même à partir duquel elle est produite, nous devons la déployer sans contradiction tout au long de notre parcours, c'est-à-dire penser « ce qui en résulte ». Or, ce qui en résulte, c'est le mouvement même de la réflexion qui se donnera comme le processus de finitisation de l'infini. Cette élucidation du processus de réflexion (dont les moments sont la limitation, l'attribution immédiate comme échec, l'exclusion puis l'attribution médiate sous le forme de l'impératif qui est la manière dont l'infini se finitise) nous a conduits à un savoir qui n'est pas savoir d'objet, à un monde qui n'est pas objectivé, à un commandement qui n'est pas représenté.

Enfin, nous avons montré comment les treize premiers paragraphes de la *WL nova methodo* sont une longue explicitation d'un des derniers paragraphes de la partie théorique de la *WL* de 1794. Dès lors, prétendre, comme le font de nombreux interprètes, que Fichte, dans cette *WL*, évoluerait et retomberait dans un dogmatisme précritique est, de fait, impossible puisque la *WL nova methodo* est un commentaire détaillé des lois de la réflexion conçues comme processus de finitisation de l'infini. Nous passons d'une *WL* à l'autre sans problème. Dès lors, face à la philosophie de Fichte, il ne reste qu'une alternative : ou bien l'on continue à la lire à partir de la seule question kantienne de la relation du sujet et de l'objet et c'est l'ensemble des *WL*, y compris celle de 1794, qu'il faut rejeter (la cohérence des *WL* étant totale, il n'y a pas à accepter l'une comme philosophiquement correcte et à rejeter l'autre dans le concept nébuleux de « dogmatisme »); ou bien l'on accepte de considérer la philosophie de Fichte comme autre chose qu'une suite d'amendements à la philosophie kantienne, et alors tant le principe de cette philosophie que sa cohérence apparaissent.

Cette cohérence, il est loisible de la démontrer plus concrètement en élucidant, à partir du modèle de la réflexion mis en place dans les doctrines de la science, le sens de ce que Fichte appelle « les sciences particulières ».

CHAPITRE II

L'INFINI COMME « πολλαχῶς λεγόμενον »

LE SUBLIME COMME SAVOIR

La doctrine de la science en son ensemble peut se résumer d'une phrase : le mouvement du savoir est le processus du sublime. Loin d'être relégué dans le seul champ esthétique, le sublime est la dynamique de l'esprit par laquelle il tente d'honorer l'exigence d'identité. La promotion de ce concept au rang de processus gnoséologique résume le parcours effectué par la doctrine de la science, parcours qui nous a conduits de la critique de la connaissance objectivante à la caractérisation d'un savoir au-delà de la représentation. Si l'on reprend les analyses kantiennes de la *Critique de la faculté de juger*, le sublime est défini comme tentative de « présenter l'infini ». Dans ce contexte, le sublime est le contre-concept du beau qui, toujours, procède de la forme de l'objet, de sa figure, laquelle consiste en une délimitation. Le beau renvoie à l'idée de contours, de délinéation, de limites. C'est le contour modelé qui donne naissance aux figures ; il y a nécessairement une ligne de circonscription qui cerne la figure et en indique les frontières. La figure renvoie à la notion de fini puisque la signale le fait de savoir où elle commence et se termine. Or, le sublime opère à l'inverse et tente de présenter l'infini. Le sublime se donne comme une contre-figure. Mais si le processus du sublime est tentative de présentation de l'infini, il ne s'agit évidemment pas d'une présentation positive ; il est à ce titre révélateur que l'énoncé donné, par Kant, comme sublime soit le deuxième commandement : « Tu ne feras pas d'image taillée de ton dieu ni de représentations quelconques de choses qui sont en haut dans les cieux, en bas sur la terre et qui sont plus bas que terre, dans les eaux ». Parce que l'infini ne peut être contenu dans aucune figure, le sublime signe la faillite de la figuration, la faillite de la représentation, la faillite de la circonscription en des limites définies. Le sublime est mise en cause de la représentation, il est, sinon présentation de l'imprésentable, à tout le moins, selon la juste expression de J.F. Lyotard : « présentation qu'il y a de l'imprésentable »[1]. Le sublime est donc le moment où la représentation est récusée. Parce que la tâche, dans le sublime, consiste à nouer fini et infini en un même acte, il ne s'agit plus d'avoir recours à la représentation mais de procéder à sa mise en question. En un mot, chez Kant, le sublime est la mise en question du représentable. Or, Fichte fait du sublime la marque même de la mise en œuvre du savoir. De fait, si nous reprenons la structure de la *Nova Methodo*, la dynamique est celle du sublime : le Moi ne peut s'attribuer immédiatement l'infinité comme prédicat, ou pour le dire autrement, l'infini de la liberté ne peut se représenter sans se déterminer, se limiter. Mais cette limitation semble requérir la constitution d'un objet ou d'une figure qui, parce que insérée en des limites précises, pourrait devenir appréhendable. De là naît la contradiction entre liberté et représentation. Ce moment correspond au moment de l'échec dans l'analyse kantienne du sublime. Mais il s'agit ici d'un échec fécond puisqu'il donne naissance à de nouveaux concepts (le concept de fin, l'impératif catégorique). Cette relation du fini et de l'infini, comme dynamique de la liberté et du savoir de liberté, loin d'être un idéal inaccessible, est le processus même d'engendrement de la vérité. Les concepts intermédiaires sont les vérités que nous délivre ce mouvement de la rationalité.

Si ce processus du sublime peut être extrait de la sphère esthétique, à laquelle Kant le cantonnait, c'est parce qu'il n'est plus soumis à l'arbitraire des jugements réfléchissants. C'est la raison qui, dans son exercice même, est sublime. L'identité du posant et du posé est un acte que nous effectuons ; acte premier, originaire, sans cause ni nécessité, mais qui est du fait même qu'il est effectué, performé, accompli. Ce point de départ doit être aussi un point d'arrivée ; nous devons, dans nos moindres concepts ou productions, réaliser cette identité, c'est-à-dire penser, en un même acte, des déterminations contradictoires (tels la position de la liberté et le savoir de cette liberté). Cette réalisation est la mise en œuvre du processus sublime. Elle ne conduit pas à un échec mais à la production de nouveaux concepts intermédiaires, qui tous expriment l'identité réflexive. Par exemple, l'impératif catégorique est la seule façon non contradictoire de lier ensemble liberté et savoir, et, par là, il est la jointure entre fini et infini. Cette jointure, pour n'être ni représentation d'objet ni figuration dans l'espace ni image d'un donné antécédent, n'en est pas moins savoir et vérité. C'est la réalisation même de l'identité réflexive qui conduit au sublime. En ce sens, le sublime n'est pas sortie hors de la raison mais son expression même.

1. Cité par J.L. Nancy, « l'offrande sublime » *Du sublime*, Belin, 1988, p. 38.

L'EXIGENCE D'INFINITISATION COMME « RACINE OÙ S'UNISSENT LE MONDE SENSIBLE ET INTELLIGIBLE »[1]

Nous l'avons vu, c'est par l'identité réflexive que Fichte répond à la déréalisation de la référence opérée par Maïmon (on peut tout aussi bien partir du sujet que de l'objet; en un mot, en matière de référence « n'importe quoi vaut »). La référence ultime est la sujet-objectivité. Parce qu'elle n'est pas un fait (*Tatsache*) mais un acte (*Tathandlung*), cette identité réflexive est à déployer à chaque moment de notre enquête. Or, réaliser en chacun des concepts que nous utilisons, en philosophie, cette congruence entre le réfléchi et le réfléchissant conduit toujours à une exigence d'infinitisation. L'infini se définit comme acte d'infinitisation et non comme fait, objet ou étant. Mais cette exigence d'infinitisation ne se dit pas d'une seule manière puisqu'elle doit travailler nos concepts les plus particuliers. Ainsi, comme nous l'avons vu, la représentation du monde sensible est infinitisation du fini, la réflexion finitisation de l'infini. Les deux processus ne peuvent être évidemment identifiés, sans quoi le processus par lequel le Moi se pense et se pose serait le même que le processus par lequel il pose et pense l'objet comme monde sensible; si tel était le cas le Moi=Moi serait objet du monde sensible et non sujet-objet. Néanmoins, ces processus différents expriment tous deux la relation du fini et de l'infini comme mouvement de la rationalité. La représentation du monde sensible répond à l'exigence d'infinitisation mais procède du fini à l'infini. La réflexion répond également à l'exigence d'infinitisation mais procède de l'infini (la liberté illimitée) au fini (le concept de fin comme savoir de liberté). L'exigence d'infinitisation est donc la racine de toutes les directions que peut prendre la rationalité. Elle est ce dont parle Fichte en 1804 lorsqu'il écrit: « Pour caractériser maintenant la *WL* en la rattachant au point historique qui a été autrefois l'origine de ma spéculation, il faut dire que son essence consiste précisément dans l'exploration de cette racine que Kant juge inconnaissable où s'unissent le monde sensible et intelligible puis dans la dérivation réelle et compréhensible des deux mondes à partir d'un principe unique ». Qu'appelle-t-on-penser? C'est infinitiser. Cette infinitisation s'exprime de différentes manières. Les multiples concepts auxquels nous aboutissons sont comme les différentes facettes de cette exigence d'infinitisation. C'est cette considération qui permet de penser la relation entre la doctrine de la science et les sciences particulières.

1. Selon l'expression, déjà citée, de la *WL* de 1804, p. 36.

LES SCIENCES PARTICULIÈRES COMME MANIÈRES DE DIRE L'INFINI

Les subdivisions de la doctrine de la science

Dans sa déduction des subdivisions de la *WL*, Fichte entend montrer le lien entre la doctrine de la science (comme assise fondamentale de tout savoir) et les disciplines particulières que sont la physique, la biologie, l'éthique, le droit, la religion ou encore l'esthétique. Il s'agit donc de penser la liaison entre le fondement (la doctrine du savoir) et ce qu'il fonde (les champs particuliers du savoir). Ces disciplines se présentent donc comme des déclinaisons particulières de la structure du savoir que la doctrine de la science avait pour but d'élucider. Cette structure du savoir se donne comme exigence d'infinitisation induite par la mise en œuvre de l'identité réflexive. Cette exigence d'infinitisation prend deux directions : la finitisation de l'infini et l'infinitisation du fini (réflexion et représentation).

C'est pourquoi la première subdivision correspond aux deux manières les plus générales dont peut s'exprimer l'exigence d'infinitisation. La science théorique, tout d'abord, qui s'attache au monde des faits sensibles, au réel comme objet de la nature et dont les deux branches plus particulières sont la physique et la biologie. Le processus que mettent en œuvre ces sciences est le processus de représentation comme infinitisation du fini. A côté de cette science théorique particulière, se trouve la science éthique qui sera une exemplification du processus de finitisation de l'infini. Ces deux sciences ne se confondent évidemment pas avec la doctrine de la science mais sont des déclinaisons possibles de la racine commune à tout acte de la raison, à savoir l'exigence d'infinitisation. Cette première subdivision opérée, Fichte thématisera une « troisième partie de la philosophie » qu'il définira « comme philosophie des postulats » (p. 243). Cette philosophie des postulats se définit comme demande faite par l'éthique à la théorie (religion) et demande faite par la théorie à l'éthique (droit). La philosophie du droit, nous dit Fichte, part du donné, du « monde tel qu'il doit être trouvé » ; les individus y sont considérés comme forces (intérêts) opposées. A l'inverse, la religion part de la liberté comme infinie. Le contenu de ces deux disciplines consistera, pour le droit, à rejoindre l'infini à partir du donné (les forces contradictoires de la nature), pour la religion à rejoindre le donné à partir de la liberté infinie. Dans le cas de la philosophie juridique, nous retrouvons le processus d'infinitisation du fini ; processus de connaissance à l'œuvre dans toutes les sciences théoriques, telle la physique par exemple. Ce processus d'infinitisation du fini, comme mouvement inhérent à toute pensée, produira des concepts médiats (par exemple, le concept de limitation des forces individuelles). Ces concepts intermédiaires sont des cristallisations du processus d'infinitisation du fini ; ce ne sont pas des créations arbitraires mais ils obéissent au principe suprême de l'identité réflexive. Dans le cas de la philosophie de la religion, nous aurons le processus inverse, à savoir la finitisation de l'infini. Les concepts intermédiaires (par exemple l'amour) seront des cristallisations de ce mouvement de l'esprit par lequel il tente de finitiser l'infini. Ces concepts constituent le contenu de chacune de ces parties de la philosophie particulière. Il n'y a donc nulle contradiction entre la philosophie de la religion et la philosophie du droit; chacune incarne ce double mouvement du savoir que nous avons rencontré dans la doctrine de la science.

Ainsi, chacune de ces disciplines est une des manières de particulariser l'exigence d'infinitisation. Cette exigence est leur racine commune, racine qui se déclinera en des actes différents selon les champs particuliers envisagés. Les disciplines particulières sont des facettes de cette exigence et chaque concept particulier, au sein de chaque discipline particulière, devra se donner comme une des manières de lier le fini et l'infini en un même acte. C'est cette liaison même qui sera garante de leur vérité. Quels que soient les concepts particuliers envisagés (l'amour, la communauté des savants qui relèvent de la sphère religieuse) ou l'effort (qui relève de la sphère éthique) ou encore le corps (qui intervient dans le droit mais aussi dans l'éthique), etc., ils seront toujours conçus comme expressions particulières de la dynamique entre fini et infini. C'est là leur racine commune que la doctrine de la science a mise en lumière dans sa généralité. Tout concept est concrétion de l'exigence d'infinitisation. Pour n'en prendre que deux exemples[1], empruntés au seul domaine du droit, envisageons la manière dont Fichte pense des concepts éminemment particuliers comme ceux de corps et de contrat de protection des personnes et des biens.

Le corps et le contrat de protection des personnes et des biens

Rappelons que le droit doit répondre à la question de l'exercice effectif de la liberté dans le monde sensible. La liberté, comme capacité de produire des objets d'après un *Vorbild*, doit avoir une sphère d'action dans le monde sensible. Le droit s'exerce donc dans le monde sensible (théorique, sphère de la représentation comme la physique) mais doit tendre à la réalisation de la liberté (pratique, sphère de la réflexion, comme l'éthique). La tentative

1. Nous ne pouvons, dans le cadre de cette étude, prendre, par ordre d'apparition dans les textes, tous les concepts particuliers abordés par Fichte et montrer comment ils se donnent comme concrétions de la dynamique fini et infini. Nous choisissons donc ces deux concepts, parmi tant d'autres, simplement parce que leur relation à cette dynamique peut sembler moins immédiatement évidente que d'autres; dans notre présentation à la traduction de la *Nova Methodo*, nous avons pris deux autres exemples, à savoir le Christ et Autrui, dont on peut comprendre aisément pourquoi ils sont jointures entre fini et infini. C'est incontestablement moins perceptible pour le corps, traditionnellement donné comme le stigmate même de la finitude. Il va de soi que tous ces concepts ne disent pas de la même manière la relation entre fini et infini, mais leur racine commune est cette relation.

de surmonter cette contradiction ou tension donnera lieu à la déduction de concepts qui permettent de penser ensemble les deux dimensions. Parmi ces concepts, déduits dans le droit naturel, se trouve le corps propre. Le corps se définit comme l'ensemble des possibilités d'actions; il rassemble les actions libres de la personne, soit la totalité d'éléments distincts en relation réciproque infiniment déterminable. Plus précisément encore, c'est la structure vécue du corps, comme corps articulé, qui permet la synthèse entre une série infinie de possibilités différentes et une unité d'ensemble. La pensée du corps propre articule donc fini et infini. Le corps propre, qui se présente dans l'empirie comme un fait physique ou organique et semble donc pouvoir être pensé sous une figure qui le définit et le délimite, doit être pensé comme renvoyant à l'infinité des actions possibles. Penser avec vérité le corps propre, le Moi matériel incarné, c'est le penser comme la jointure entre fini et infini. Le corps est une réalité axiologique et non pas seulement physique en ceci que sa déterminabilité est une des manières de penser l'infini dans le sensible; et c'est d'ailleurs pourquoi il ne peut être considéré comme un simple objet manipulable. Le corps, loin d'être obstacle à la liberté, est l'une des manières dont elle se dit. La finitude, habituellement imputée au corps (comme corps physique, corps organique, corps mortel) est ici transfigurée par l'infinité. Il n'y a donc pas d'opposition entre le corps de chair et l'esprit. Cette conception du corps se distingue radicalement de l'opposition théologique (inaugurée, sans doute, par les propos pauliniens contre le corps) entre la vie selon la chair et la vie selon l'esprit; elle se distingue également du dualisme cartésien et plus encore du dualisme kantien. Ce dualisme kantien, comme dualisme entre phénomènes et noumènes, monde sensible et caractère intelligible du Moi pur, est lui-même la conséquence de la définition de la connaissance ou de la représentation valide. Fichte, parce qu'il a défini autrement le savoir, aboutit donc logiquement à modifier les concepts les plus particuliers. Comme l'a montré admirablement J.C. Goddard[1], avec Fichte l'homme peut mourir au « corps de misère » et prendre le visage sacré de la liberté. Mais ce bouleversement d'une tradition largement séculaire est l'une des conséquences de la révolution opérée dans le champ même du savoir. Savoir ce qu'est le corps, c'est, en ce cas précis, infinitiser ce qui apparaît comme objet physique dans le monde sensible. Seule cette infinitisation peut délivrer la vérité du concept de corps propre. L'infinitisation est un processus gnoséologique qui nous permet d'assurer leur validité aux concepts les plus particuliers et les plus divers.

De la même manière, l'une des dernières notions envisagées dans le droit naturel, la notion de protection des personnes et des biens (p. 211,

1. Voir *La philosophie de la vie*, Paris, Vrin 1999.

212) peut être pensée comme déclinaison de cette dynamique du fini et de l'infini. Comment penser ce contrat de protection sachant que, comme pour toute formule du contrat, la confiance immédiate entre les individus est impossible puisqu'on a supposé méthodiquement que les contractants n'agissaient que par intérêt égoïste? Comment, à partir du point de départ sensible (l'individu égoïste), parvenir à l'idée d'une totalité non sensible (la communauté des contractants) ? Là encore, le procédé consistera à infinitiser le fini. Si nous nous contentons de penser que la protection des biens et des personnes vaut pour un tel (moi comme individu empirique, par exemple) puis un tel (mon voisin immédiat), alors nous ne parviendrons jamais à autre chose qu'à une accumulation ou à une sommation. En revanche si, au lieu de penser par agrégation des individus, nous posons qu'il est impossible de déterminer si c'est tel ou tel (toi ou moi) qui doit être protégé dans l'avenir, alors nous pourrons parvenir à l'idée de totalité. Ainsi, si nous analysons le processus cognitif mis en œuvre pour penser ce type particulier de contrat, il est clair qu'il s'agit d'un passage du fini à l'infini. Le contrat est l'effectuation de la synthèse entre le fini (ici l'individu) et l'infini (la totalité). Alors que la sommation n'est rien d'autre que l'agrégation de parties finies, l'intégration – au sens mathématique – suppose l'introduction de l'infini. Par suite, quel que soit le thème particulier envisagé par Fichte, on retrouvera cette synthèse du fini et de l'infini, ce mouvement de passage de l'un à l'autre qui incarne le mouvement même de la raison en exercice. Chaque concept est une des manières de cristalliser cette exigence.

RÉSULTATS : LES CONCEPTS COMME DÉCLINAISONS D'INFINI

La pensée se révèle donc ultimement comme expression de l'infini; chacune de ses productions sera une des différentes manières de dire l'infini. Ainsi, la pensée du temps comme celle de l'impératif catégorique sont des idéations de l'infini, même si, évidemment, ces concepts ne disent pas l'infini de la même manière. De même, les concepts particuliers que sont l'effort et l'amour (concepts que la tradition interprétative oppose en les donnant souvent comme l'expression de l'évolution de la philosophie de Fichte) ne sont rien d'autres que des manières différentes, mais non contradictoires, de décliner l'infini. De même encore, autrui, le corps propre, le contrat (sphère du droit) mais aussi le Christ, la communauté des savants (sphère de la religion) s'analysent à partir de la dynamique du fini et de l'infini. En un mot, toute notion particulière est cristallisation d'infini. Chaque concept, chaque moment de la réflexion philosophique est idéation de l'infini, déclinaison ou concrétion de la raison en son mouvement.

Ce lien entre la doctrine de la science proprement dite et les « sciences particulières », nous voudrions, ultimement, le montrer à partir d'une science particulière qui, au sein des études fichtéennes, possède un statut éminemment paradoxal : l'éthique. En effet, sans arrêt mobilisée (la philosophie de Fichte serait en dernière instance une pure éthique et rien d'autre), elle est en même temps fort peu analysée à la fois en son contenu et en son lien avec la doctrine de la science proprement dite. La partie pratique de la doctrine de la science et l'éthique sont fréquemment, au sein des études fichtéennes, considérées comme une seule et même chose, ce qui a pour effet à la fois de nier la place de « science particulière » attribuée à l'éthique dans l'architectonique et de vider de son sens fichtéen le terme de « pratique ». C'est donc ce dernier problème qu'il nous faut envisager.

CHAPITRE III

SAVOIR ÉTHIQUE ET INFINI

Avant que de mesurer comment le *Système de l'éthique*, parce qu'il déploie une pensée du savoir hors représentation, reconduit la rupture paradigmatique sur laquelle nous avons insisté et de montrer, par là, comment l'éthique, en tant que science particulière, est une des manières de décliner l'exigence d'infinitisation sur laquelle repose tout savoir, il convient de répondre à une objection que l'ensemble de cette étude n'aura pas manqué de susciter : l'insistance sur la thématique du savoir et de la « doctrine de la science » ne masque-t-elle pas, en dernière instance, le souci initialement éthique qui décida, dit-on, de l'engagement de Fichte en philosophie ? C'est, en effet, devenu un véritable lieu commun que d'affirmer que les recherches de Fichte en philosophie première furent initialement impulsées puis, par la suite, orientées, voire entièrement finalisées, par « les exigences du cœur », c'est-à-dire par des préoccupations éthiques. Ainsi, nous explique-t-on, Fichte se serait « converti » au criticisme parce que celui-ci ménageait une place pour la foi et la liberté dans un siècle de part en part dogmatique et nécessitariste. Pour étayer cette thèse, pour une fois largement partagée[1], la fameuse lettre d'août-septembre 1790 est toujours convoquée : « je vis dans un monde nouveau depuis que j'ai lu la *Critique de la raison pratique :* elle ruine des propositions que je croyais irréfutables, prouve des choses que je croyais indémontrables comme le concept de liberté, de devoir, etc. »[2].

Que convient-il d'accentuer dans cette lettre ? Le terme « devoir » ou le terme « prouver », la mention de la liberté ou le fait qu'elle soit dite « démontrée » ? Au regard de certaines propositions (certes, plus tardives) telles que : « ce qui est dérivé par une exacte déduction d'une proposition

1. Ainsi, à titre d'exemple, en France, elle est soutenue tant par la critique dite traditionnelle que par les détracteurs de cette critique. Pour une fois en accord avec X. Léon, A. Renaut reprend la thèse selon laquelle, Fichte, torturé par « le dogmatisme leibnizianowolffien » largement « répandu » avant que ne paraisse la *Critique de la raison pratique*, aurait grâce à celle-ci pu satisfaire les exigences de son « cœur » (A. Renaut, *Système du droit* p. 61, et X. Léon, *op. cit.*, I. p. 86 *sq.*).

2. *G.A.*, III, I, 167.

démontrée est vrai et vous n'effrayerez pas le penseur résolu en lui montrant le côté dangereux; le contraire est faux et doit être abandonné quand bien même l'axe du globe paraîtrait tourner sur ce point »[1], nous serions tentés de dire que ce qui compte en éthique, comme partout ailleurs, c'est la question de la scientificité. Pour démontrer cette thèse, immédiatement invraisemblable au sein du commentarisme fichtéen, nous évoquerons brièvement le contexte historique en lequel s'est développée la pensée du jeune Fichte avant sa très fameuse « conversion » kantienne, puis recenserons les arguments que Fichte, une fois sa pensée constituée, formule contre la morale de Kant.

A PROPOS DU LIEU COMMUN SELON LEQUEL LES EXIGENCES DU CŒUR DEVRAIENT VALOIR EN PHILOSOPHIE

Le commentarisme pose immédiatement le problème en termes de contradiction entre la raison et l'engagement religieux et moral : le jeune Fichte, nécessitariste de raison, aurait eu le cœur au désespoir par ce que cette raison induisait, à savoir la négation de la foi et de la liberté. C'est à partir de cette opposition que sont interprétées, rétrospectivement, les oppositions de *La destination de l'homme*. En cette image, devenue d'Epinal, d'un jeune homme torturé par la contradiction entre les impératifs de la raison et les exigences de la foi, trois thèses sont subrepticement présupposées et posent problème. La première postule qu'il existe un lien causal entre la proposition « ne pas être libre » et « ne plus croire en Dieu ni en une conduite morale ». Or, cette relation n'a l'évidence d'un fait que dans un pays de tradition catholique et l'est beaucoup moins dans un contexte protestant où croire en Dieu et en une conduite morale tout en dénonçant la liberté humaine comme une illusion ne se présente pas immédiatement comme une contradiction spectaculaire et dramatique de nature à traumatiser les très jeunes gens[2].

La deuxième thèse, supposée par cette reconstruction des états d'âme du jeune Fichte, est celle d'une opposition absolue entre la raison et la foi. Or, « une caractéristique fondamentale, reconnue par tous les spécialistes, de l'*Aufklärung* allemande par rapport aux *Lumières* françaises est qu'elle n'a pas de vocation antireligieuse et qu'elle ignore l'antagonisme entre philosophie et religion. [...]. L'*Aufklärung*, loin de lutter contre la religion, tente au contraire de dégager en elle les éléments qui sont conformes à la

1. *Contributions*, trad. J. Barni, Payot, 1974, p. 128.

2. On notera au passage que, fait significatif, la dramatisation de cette opposition est surtout le fait des commentateurs français et parfois italiens. Ni les Allemands ni les Anglais n'y semblent très sensibles.

raison et de montrer qu'il n'y a pas de contradiction »[1]. Dès lors, la reconstitution des sentiments de Fichte avant sa lecture de Kant pose un problème qu'il conviendrait d'élucider : comment se fait-il, si cette reconstitution est exacte, que Fichte, lorsqu'il était encore en son adolescence, ait été à ce point éloigné de l'air de son temps ? Si, par la réflexion, le philosophe ou l'homme adulte peut remettre en cause un certain nombre d'évidences liées à son époque, le très jeune homme en est plus tributaire. Or, l'évidence de l'époque, en Allemagne, n'allait nullement dans le sens d'un antagonisme spectaculaire entre foi et raison, comme en France. Par suite, à supposer (ce qui resterait encore à établir) qu'il y ait, dans les textes tardifs de Fichte, tel *La destination de l'homme*, une opposition aussi marquée et dramatisée entre foi et raison, il a fallu que Fichte l'élabore et non qu'il en parte.

La troisième thèse impliquée dans ce récit de la conversion kantienne du jeune Fichte est la suivante : avant de lire Kant, Fichte était, comme tous les penseurs de cette époque, dogmatique. Le dogmatisme supposé du dix-huitième allemand est implicitement défini à partir de ce qu'en dit Kant et se particularise donc par ces thèses que nul, avant lui, n'aurait songé à contester : le savoir se fonde en Dieu, du concept nous pouvons déduire une existence et il existe une adéquation *a priori* de nos représentations aux choses. Or, nonobstant le fait que lorsqu'il définit le dogmatisme dans la *Critique de la raison pure*, Kant n'en fait pas un mouvement contemporain mais une figure de la raison et que ce dont témoigne la préface de la première édition n'est pas d'une omniprésence historique et réelle du dogmatisme mais de la vigueur effective du scepticisme[2], nonobstant le fait que ni Wolff, ni Knutzen ni encore moins Crusius ne professèrent jamais pareil dogmatisme[3], il se trouve que le mouvement philosophique le plus

1. J. Quillien, *L'anthropologie philosophique de G. de Humboldt*, PUL, 1991, p. 47-48.

2. La préface ne laisse aucun doute sur ce point. Kant ne situe pas le dogmatisme, tel qu'il le définit, comme un mouvement actuel mais se contente de lui donner une antériorité logique : « au début sa domination <celle de la métaphysique> était sous l'administration des dogmatiques, despotique ». En revanche il caractérise son propre siècle par le scepticisme : « Maintenant, on ne lui montre que mépris », ou encore « Maintenant [...] règne dégoût et complet indifférentisme », *K.R.V*, p. 726 (A X). Le traducteur de cette édition rappelle, à juste titre, que le dogmatisme est l'enfance de la philosophie (« au début »), le scepticisme son adolescence (« maintenant »), le criticisme sa maturité. Ce constat sur la puissance du scepticisme avant Kant est un constat que font tous ses contemporains. Ainsi W.G. Tennemann écrit, à propos de la philosophie avant la critique : « La métaphysique avait cessé d'intéresser les esprits. En revanche, la philosophie empirique, et spécialement la psychologie firent en Allemagne de notables progrès ». *Geschichte der Philosophie*, 1798, Leipzig, trad. franç. sous le titre *Manuel de l'histoire de la philosophie* par V. Cousin, 1829, t. II, p. 223 ; dans le même sens p. 189.

3. Nous ne pouvons malheureusement pas, dans les limites de ce chapitre, développer les multiples arguments historiques qui corroborent cette thèse. Nous nous contenterons donc de renvoyer à quelques études : celle de M. Puech qui, dans *Kant et la causalité*, Paris, Vrin, 1990, montre que la philosophie de Wolff se caractérise précisément par son novateur

puissant en Allemagne, du temps de la jeunesse de Fichte, était l'éclectisme. Si, certes, de la mouvance éclectique il n'est guère aisé de produire une définition conceptuelle puisque les théories les plus hétéroclites s'y côtoient, il n'en demeure pas moins que ces doctrines, qui prévalurent à l'époque de la formation de Fichte, ont toutes pour point commun d'opérer une double juxtaposition : celle du rationalisme de Wolff, déjà non dogmatique au sens kantien du terme, et d'un scepticisme non conséquent. En effet, ces philosophes, soucieux de réfuter le scepticisme de Hume, dont la philosophie était largement diffusée en Allemagne [1], ne firent, par leurs arguments, que contribuer à le propager. Cette association d'un rationalisme et d'un scepticisme non conséquent peut se résumer en cette thèse de l'éclectisme : la connaissance des premiers principes est possible ; elle réside en une faculté commune à tout homme le « sens commun » ; ce sens commun est défini comme « instinct irrépressible », pouvoir inné, véritable (et pour ainsi parler) art caché dans les profondeurs de l'âme humaine. La raison s'est donc ici affaiblie en une faculté mystérieuse qu'on n'hésite pas à qualifier d'« instinct ». C'est la référence à cette faculté qui leur permet de rétorquer à Hume que la causalité est un fait immédiatement attesté dans l'empirie et qui n'a nul besoin de fondement. En bref, comme l'écrit J.C. Daries, représentant de ce courant, il est inutile de « s'inquiéter de savoir si tout a une raison suffisante » puisque les principes comme ceux de causalité sont des principes « sur lesquels tout le monde s'entend et ceux ci sont suffisants sur la voie de la vérité » [2]. La vacuité de cette philosophie qui

abandon de la fondation en Dieu et opère une épistémologisation de la philosophie, mais aussi celle plus ancienne de J. de Vleeschauwer, qui note que : « Rudiger, Béguelin, Lambert, mais avant tout Crusius » avaient abandonné tout dogmatisme, « il va de soi », ajoute-t-il, « qu'ils devanceront Kant dans la démarcation entre mathématiques et philosophie et les limites qu'ils leur assignent ne sont pas différentes de celles que Kant établira. Leur thèse commune en effet revient à dire que l'analyse conceptuelle ne peut jamais prétendre capter l'existence ». *L'évolution de la pensée kantienne*, p. 17. Sur cette période des Lumières allemandes, voir W. Schneiders, *Die wahre Aufklärung. Zum Selbstverständnis der deutschen Aufklärung*. K. Alber. Fribourg-Munich, 1974. Rappelons, enfin, que Knutzen, qui était le professeur de Kant, a consacré toute une thèse en 1735 à réfuter l'harmonie préétablie.

1. Sur la fulgurante diffusion du scepticisme en Allemagne voir, entres autres, L. Levy Bruhl, *La philosophie de Jacobi*, Paris, 1894. Plus récemment, J.P. Larthomas : *De Shaftesbury à Kant* (atelier national de reproduction des thèses, Diffusion Didier érudition, Paris 1985). Les œuvres de Hume sont traduites très rapidement (dès 1754) par J.C. Schulzer.

2. *Weg zur Wahreit*, Iéna, 1755, § 36. Cette doctrine du sens commun se retrouvera encore plus affaiblie, car définitivement vidée de toute assise épistémologique, quelques décennies plus tard dans la fameuse *Popular Philosophie*, objet de tous les sarcasmes de Fichte, Schelling, puis Hegel. Hegel, en une très belle phrase résume ce qu'il faut penser du recours intempestif au « bon sens » en philosophie : « Les Allemands protègent toujours le bon sens contre les prétendues arrogances de la philosophie. Efforts vains, car si la philosophie leur concédait tout, cela ne leur serait en rien utile car de bon sens ils n'en ont aucun. Le bon sens ne réside pas dans la rudesse paysanne mais traite avec violence et liberté

résout les problèmes en arguant qu'ils n'ont pas à être posés s'explique par « le manque d'assise ontologique qui mine le système wolffien de l'intérieur »[1]; elle conduit à un affaiblissement de la raison en un sentiment irrépressible : le sens commun. En résumé, la particularité de l'éclectisme allemand sera de réfuter Hume pour mieux en reconduire les options fondamentales. Si le rationalisme allemand de *l'Aufklärung* n'a pu faire face à l'empirisme sceptique, c'est qu'il l'engendrait lui-même[2]. Or, Fichte avant sa lecture de Kant s'est d'abord situé par rapport à ce courant dominant. Ceci permet sans doute de relativiser ce qu'on nous dit du jeune Fichte et de dégager la spécificité du questionnement de l'époque, qui, contrairement à une idée trop reçue, ne doit rien au dogmatisme mais doit beaucoup à ce qu'était le précriticisme en Allemagne, à savoir un scepticisme non assumé.

Mais, dira-t-on, pourquoi, en ce cas, est-ce la *Critique de la raison pratique* et non celle de la raison pure qui mit le jeune Fichte en transe ? Car, enfin, si sa préoccupation, avant même la lecture de Kant, était déjà celle de l'insuffisance de la fondation du savoir, que pouvait bien lui faire la raison pratique qui précisément le limitait ? Pour répondre à cette objection, il convient de remarquer que la fameuse lettre de Fichte ne parle nullement d'un savoir qui serait limité pour faire place à l'idée de liberté mais d'une « démonstration » de la liberté. Le vocabulaire de la preuve y est particulièrement accentué : Fichte pensait, avant Kant, que la liberté et le devoir être étaient « indémontrables » ; or, la *Critique de la raison pratique* les « prouve ». Ce qui, eu égard au contexte en lequel se trouvait la philosophie allemande de l'époque, a effectivement de quoi bouleverser la génération de Fichte dont la *Stimmung* était celle d'un doute induit non par l'impérialisme de la raison mais par son exténuation, impliquée par les thèses éclectiques[3]. Ce que Fichte estima central dans la *Critique de la raison pratique* ne saurait donc être cette thèse, au demeurant jamais vraiment soutenue comme telle par Kant, selon laquelle il nous faudrait abandonner le savoir au profit de la foi. Et de fait, quelle est philosophi-

des déterminations de la culture et cela selon la vérité » (cité par Rozenkranz, in *Hegels Leben*, p. 540, traduction française, *Philosophie* n° 13, p. 6).

1. M. Puech, *op. cit.*, p. 117.

2. C'est ce que souligne, entre autres, Tennemann qui écrit : « Plusieurs écrivains entrèrent en lice pour le combattre <*Hume*>, mais sans pouvoir attaquer la base de ses raisonnements sceptiques, ni en affaiblir les conséquences, ils en appelèrent au sens commun (*common sense*) de l'humanité, en d'autres termes à un instinct naturel, ce qui était précisément ce que voulait Hume » (*op. cit.*, t. II, p. 200).

3. On a pas assez remarqué qu'une des raisons qui explique la faveur de Spinoza (impulsée par Lessing, bien avant que la polémique ne rebondisse, plus tard et en d'autres termes, avec Jacobi) vient de ce que le spinozisme développait un rationalisme conséquent et rigoureux face au scepticisme profond induit par l'éclectisme. C'est pour faire face à ce doute induit par les thèses éclectiques que Spinoza a pu ainsi « sortir de sa tombe » et devenir un auteur de référence pour cette jeune génération à laquelle Fichte appartenait avant de lire Kant.

quement, historiquement et sémantiquement la grande innovation de Kant dans la *Critique de la raison pratique* ? Le *Factum* de la raison. Or, à qui et à quoi répond Kant par cette instauration d'un « fait de la raison » ? A Hume et à la propagation de la théorie des *Tatsache* par les éclectiques, théorie immédiatement issue de celle des *Facts* anglais.

LE DIVORCE ENTRE FAITS ET NORMES LA QUESTION DU TYPE DE VALIDITÉ DES VALEURS ÉTHIQUES

On se souvient que, dans le *Traité de la nature humaine*, Hume entreprend de démontrer qu'il est impossible de dériver le devoir être de l'être, c'est-à-dire de déduire, à partir d'une quelconque nature antérieure (fût-elle comprise comme nature de l'homme), la manière dont les hommes doivent agir. En effet, nous explique Hume, la science physique a affaire à des faits[1]. Or, l'éthique a affaire à des normes, à des valeurs. Dériver les normes des faits constitue donc une faute de raisonnement et l'idée d'une éthique scientifique est une absurdité. Ce divorce entre faits et valeurs, continue, comme l'a montré K. O. Apel, dans *L'éthique à l'âge de la science*, à hanter notre propre modernité et, relayé par G. Moore, dans les *Principia ethica*, a trouvé sa traduction contemporaine en termes linguistiques : le discours sur les faits est constitué de phrases déclaratives qui disent que quelque chose est le cas. En revanche, le discours sur les normes ou le devoir être se caractérise à partir de phrases prescriptives qui prennent soit la forme d'une injonction (« tu ne tueras pas »), soit celle d'une évaluation (« voler, ce n'est pas bien ») et qui disent simplement que quelque chose devrait être le cas. Confondre ces deux usages du langage est ce que Moore appelle un « sophisme naturaliste ». Le divorce, ainsi exprimé, date de Hume et c'est à lui que Kant est confronté. Le *Factum* de la raison est donc là pour répondre à la doctrine des faits (*facts* des empiristes anglais, devenu *Tatsache* chez les éclectiques allemands). Or, de quoi est-il question dans cet argument de Hume qui consomme la rupture entre la science et la morale ? De la validité des normes éthiques, soit de la possibilité de la vérité de nos jugements moraux. Peut-on juger une action humaine en termes moraux si nous n'avons aucune assurance ni de la validité ni de l'universalité des concepts que nous utilisons pour le faire ? Pourquoi continuer à évaluer une action si la connaissance du bien et du mal n'est pas supposée chez son auteur ? En bref, l'enjeu d'une déduction de la loi morale est la question de la vérité et de l'universalité de nos jugements moraux. Si, certes, Kant ne fonde plus les valeurs sur un ordre ontique (Aristote, les

1. *Traité de la nature humaine*, livre III, première partie, section I, trad. Leroy, Paris, Aubier, 1983, p. 585-586.

stoïciens), si certes, il ne les fait pas reposer sur des sentiments de plaisir et de déplaisir (Epicure) ni ne les explique à partir d'une théologie (Saint Thomas), doit-on pour autant affirmer que c'est là l'unique originalité de sa *Critique?* Si l'on ne veut pas minimiser la grandeur de Kant à force de vouloir réécrire l'histoire de la philosophie à partir de sa définition du dogmatisme[1], si l'on ne veut pas mésinterpréter le bouleversement que représentèrent ses thèses dans une époque entièrement dominée par « l'indifférentisme », il convient de penser l'apport de la *Critique de la raison pratique* à partir du diagnostic humien d'une éthique qui ne pourrait jamais prétendre à la vérité de ce qu'elle dit. C'est là, à notre sens, ce que fit le jeune Fichte : le *Factum* de la raison répond à la question de la vérité de la liberté et de la validité de certains de nos jugements : les jugements moraux. Parce que la question en jeu est celle de la vérité et de la fausseté, le problème posé est encore et toujours celui du savoir et, par suite, de la nature de la « preuve » et de la « démonstration » des propositions.

Cette hypothèse sur la naissance de Fichte à la philosophie kantienne rend plus cohérents les textes ultérieurs, tous animés de ce souci de démonstration de la loi morale. En effet, une fois passé l'enthousiasme de la première heure, une fois accompli l'éloignement par rapport à Kant (que nous avons retracé dans notre première partie) que reproche Fichte, à longueur de pages, à la morale kantienne? De n'être pas démontrée, de ne

1. L'adjectif « leibniziano-wollfien » suffit généralement à désigner les auteurs avant Kant ou ses contemporains. Sous cet adjectif, on entend le dogmatisme tel que le définit Kant. Ce qui est stupéfiant, car toutes les philosophies du XVIIIe siècle signent, chacune à leur manière, la mort du dogmatisme, dans sa version ainsi définie; l'empirisme sceptique en contestant que l'on puisse avoir des connaissances fondées; le matérialisme français en récusant rien de moins que Dieu et l'âme; l'*Aufklärung* allemande, enfin, en renonçant à fonder le savoir sur Dieu et en abandonnant la thèse de l'harmonie préétablie à la simple croyance utile. Cette indexation de l'histoire de la philosophie sur celle d'un dogmatisme ainsi défini conduit à commettre deux autres erreurs : d'une part, on minimise la portée du geste de Kant. En effet, à ne la considérer qu'à l'aune de sa réfutation du dogmatisme, la révolution copernicienne est une révolution de palais. Si les mises en garde de Thomasius, dénonçant, dans les années 1690, l'usage intempestif de l'argument ontologique pouvaient paraître novatrices, les mêmes admonestations, un siècle plus tard, semblent déjà moins bouleversantes. En revanche, lu à partir de sa réfutation du scepticisme l'apport de la révolution kantienne est autrement plus considérable. D'autre part, et corrélativement, on mésinterprète les exigences qui furent à l'origine de l'idéalisme allemand. A force de supposer le dogmatisme omniprésent, on interprète les doctrines post-kantiennes comme une « rechute » ou « retombée », d'autant plus aisée qu'on a postulé la vivacité du dogmatisme. En bref, deux siècles de philosophie sont ainsi raturés par cette définition qui, fondamentalement, ne renvoie à rien ni à personne. Rappelons que, chez Fichte, le terme « dogmatique » n'a pas la signification que lui donne Kant (puisque Kant entre lui-même dans la catégorie des dogmatiques ainsi que Hume et l'empirisme anglais) mais signifie l'oubli de la production.

pas satisfaire au « besoin de science » ou de « connaissance fondée »[1]. Kant, a, certes, voulu fonder en raison les jugements éthiques mais n'y est pas parvenu.

LES INSUFFISANCES DE LA MORALE KANTIENNE

Deux présuppositions, nous dit Fichte, grèvent la morale kantienne. D'une part, elle repose sur une induction ; procédure démonstrative, qui, en philosophie ne saurait être acceptée. D'autre part, elle est irrationnelle en ce qu'« elle suppose une région obscure propice aux rêveries de toutes sortes », où l'impératif catégorique se révèle être une véritable « qualité occulte ». Envisageons ces deux arguments contre le texte kantien pour comprendre la tâche que s'assignera Fichte dans son éthique.

Kant n'a pas démontré l'universalité de la loi car il se contente de prétendre que tout homme, fût-il le plus grand des criminels, a conscience de la loi morale. Il suppose que l'humanité distingue *a priori* le bien du mal. La morale kantienne repose sur une simple induction établie à partir de « l'observation de soi-même »[2]. Et de fait, Kant, dans les *Fondements de la métaphysique des mœurs*, prend pour point de départ les jugements de la conscience commune et en dégage la condition de possibilité. C'est donc bien par l'analyse du devoir supposé en tout homme qu'il parvient à l'énoncé de l'impératif catégorique. Néanmoins, le jugement de Fichte n'est-il pas quelque peu injuste par rapport à la *Critique de la raison pratique* ? Examinons, pour le déterminer, la structure de l'argumentation qui conduit à l'affirmation du Fait de la raison. Kant, dans le paragraphe 1, définit ce qu'il convient d'entendre par l'expression de « principes pratiques ». Ces principes, s'ils sont subjectifs, sont des maximes, s'ils sont objectifs, « c'est-à-dire valables pour tout être raisonnable », sont des lois pratiques. Les théorèmes 1 et 2 ainsi que les scolies qui les accompagnent seront consacrés à montrer que les principes subjectifs, parce qu'ils supposent un objet déterminant, ne sauraient être considérés comme des lois. Par négation des prédicats de ces principes, le passage suivant permettra de dire ce que devra être la loi pratique « si on enlève par abstraction toute matière [...], il ne restera plus que la forme ». La première supposition qui apparaît ici est qu'il y a des lois pratiques ; l'existence de ces lois est postulée et non démontrée. En outre, et telle est la seconde supposition de la *Critique*, quand bien même on admettrait la légitimité de la démarche de Kant qui consiste à partir d'une pure définition, établie sur la base de la

1. Sur la nature des insuffisances de la morale kantienne, voir *Ethique*, notamment p. 20, 52,124, *Nova methodo* p. 201 et 225, ou encore *Initiation à la vie bienheureuse*, où la morale kantienne incarne seulement le deuxième point de vue.

2. *Ethique*, p. 19.

négation des prédicats d'une autre définition, à chercher la formule qui lui correspond (le fait de la raison), cela ne prouve en rien son universalité. Or, que dit Kant sur ce point ? A la suite de l'énoncé de l'impératif catégorique (paragraphe 7) il écrit : « le fait précédemment énoncé est indéniable. Il suffit d'analyser le jugement que les hommes portent sur la conformité de leurs actions à la loi ; [...] on trouvera toujours que leur raison [...] confronte la maxime [...] avec la volonté pure ». Ce raisonnement est bien une induction qui, sur la base d'une observation, conclut à l'universalité d'un *Fait*. La *Critique de la raison pratique*, comme les *Fondements*, suppose donc bien d'une part qu'il y a des lois pratiques, d'autre part qu'elles sont universelles. « Pour Kant, la question n'est pas si une morale ou une obligation existe mais ce qu'elles signifient pour celui qui rencontre en lui-même ce fait »[1]. Certes, il serait loisible d'objecter, contre ce jugement sur Kant, que toute élucidation part d'un fait. Ce que conteste Fichte n'est donc pas ce point mais le caractère indéniable d'un tel fait. Il n'est pas indéniable pour la simple raison qu'il peut être nié de manière sensée. Par exemple, l'entreprise de Hobbes se donne comme une tentative pour ôter toute légitimité à l'existence d'une conscience morale. L'homme n'a conscience que de son intérêt propre ; en termes kantiens, il n'obéit qu'à des principes matériels. Une telle affirmation est tout aussi vraisemblable au regard de l'empirie ou de la simple observation que la supposition kantienne d'un devoir universellement reconnu. Cette première faiblesse dessine en creux ce qu'il faut entreprendre pour fonder la validité de la morale. La loi morale « devra être déduite comme nécessaire, à partir du système de la raison en général » (*Ethique*, p. 20). On devra donc démontrer et non plus seulement postuler qu'elle constitue l'expression de la raison.

La seconde objection de Fichte contre Kant concerne la « donnéité » de la loi morale. Kant ne dévoile pas suffisamment l'acte par lequel cette loi est produite ; c'est pourquoi elle peut donner lieu à des « rêveries de toutes sortes ». Le passage de la *Critique*, susceptible de conférer une assise à cette analyse de Fichte, immédiatement surprenante tant, à première lecture, le fait de la raison ne semble nullement relever d'une quelconque *Schwarmerei*, est sans doute celui sur « la voix de la raison ». En effet, Kant, après avoir affirmé l'autofondation de la loi, après avoir dit qu'elle ne pouvait être démontrée par les procédures de la raison spéculative, entreprend de montrer qu'elle s'impose à nous quasiment à la manière d'un *datum*. Si notre conscience morale est « apodictiquement certaine, en supposant même qu'on ne puisse alléguer dans l'expérience aucun exemple où elle ait été exactement suivie », c'est parce qu'elle nous est donnée sous la forme

1. V. Delbos, *La philosophie pratique de Kant*, PUF, 1969, p. 344.

de la « voix de la raison » (« *die Stimme der Vernunft* »)[1], « voix de la raison si claire relativement à la volonté, si pénétrante, si perceptible, même pour les hommes les plus vulgaires ». Kant précise dans *Du ton grand seigneur adopté aujourd'hui en philosophie* que « chaque homme trouve en sa raison l'idée du devoir et tremble lorsqu'il entend sa voix d'airain pour peu que s'éveillent en lui des penchants qui lui donnent la tentation de l'enfreindre »[2]. Ce recours à la voix correspond, indéniablement, à la tentative pour penser le mode de présence en nous de ce qui n'est pas présent au sens ordinaire, c'est-à-dire au sens de l'objet, du *Gegenstand*. En ce sens, cette invocation d'une voix peut être lue comme une percée hors de la pensée représentative, comme une tentative pour comprendre ce qui, ne se donnant pas comme objet, met en échec l'intuition et toute velléité de figuration.

Ce n'est donc pas ce point que Fichte conteste puisque tous ses efforts, nous l'avons montré, consistent à penser une expérimentation (*Experiment*) de la raison par elle-même qui, bien qu'échappant à la structure représentative comme mise en présence de l'objet, soit susceptible d'être pensée en termes de vérité et de fausseté; ce qui fait problème est évidemment le statut, au sein d'une argumentation philosophique, de cette « voix », car si l'on comprend littéralement la métaphore de Kant, force est de reconnaître qu'il s'agit purement et simplement de ce qu'on appelle une hallucination. Dès lors, comment distinguer la voix de la raison de celle du délire ? Ainsi thématisée, la voix relève non de la raison mais bien de la *Schwarmerei*, elle est bien une « qualité occulte » qui mène aux « rêveries de toute sorte ». Certes, on rétorquera que nul lecteur de Kant n'est censé prendre cette expérience en son sens littéral puisqu'il s'agit évidemment d'une métaphore. Mais quel est le statut de la métaphore en philosophie ? La « voix » n'est pas là pour illustrer ou « remplir » une argumentation autonome mais bien pour en tenir lieu.

Cette faiblesse de l'argumentation de Kant en matière de morale est, en fait, le symptôme de sa distinction tranchée entre théorie et pratique et, corrélativement, l'indice de sa limitation de la définition de la validité. Elle illustre, encore une fois, l'impossibilité à penser une validité autre que la validité de la pure connaissance d'objet. Paradoxalement, la morale kantienne avalise le divorce humien entre les faits et les valeurs.

Cette analyse rend donc encore plus suspecte l'idée d'un Fichte qui aurait embrassé la doctrine kantienne parce qu'elle limitait les prétentions du savoir en ménageant la possibilité d'une éthique et d'une évaluation des

1. Trad. Picavet, PUF, 1971, p. 35. Il faut évidemment pour comprendre le texte de Kant ici faire la distinction entre « ne pas être suivie » (il se peut que dans l'empirie, nul n'ait jamais réalisé le fait de la raison) et « être connue ». La loi morale est connue de tous et elle l'est sous la forme de la « voix ».

2. Trad. L. Guillermit, Paris, Vrin, 1987, p. 104.

actions morales. Le but de Fichte n'est pas d'asséner, à tout prix et dans n'importe quelles conditions, les « exigences du cœur », mais de déterminer si, oui ou non, une discipline qui prétend à la vérité (la philosophie) peut assumer cette prétention et la légitimer. Lorsque nous disons, en tant que philosophe, que telle action est inacceptable, nous prétendons à la validité de ce jugement. *Quid juris ?* Il est possible qu'à cette question, il nous faille répondre, avec Hume et tant d'autres, que c'est là le fruit de l'habitude ou de coutumes propres à une société donnée.

Il convenait d'insister sur ce point car s'y joue la spécificité même de l'interrogation philosophique. A trop vouloir insister sur le souci initialement éthique, à trop interpréter la fondation du théorique sur le pratique comme la seule expression d'une préoccupation morale, une certaine interprétation de Fichte a conduit à une véritable moralisation de ses énoncés philosophiques. Or, Fichte n'a jamais récusé un énoncé philosophique sous prétexte que ce dernier était moralement douteux, politiquement incorrect ou juridiquement suspect, il récuse un énoncé philosophique lorsqu'il estime pouvoir démontrer qu'il est intrinsèquement faux. Fonder le théorique sur le pratique a pour préalable nécessaire la détermination précise de l'essence du savoir. Quelle est cette nouvelle essence du savoir qui prétend fonder en raison les jugements tant éthiques que théoriques? Telle est la question. Il ne s'agit donc pas, pour lui, d'opposer aux autres philosophes sa vision morale du monde ni de les condamner au nom de la morale. Il s'agit plus radicalement de discuter « avec liberté et cela selon la vérité » des énoncés qu'ils soient moraux, politiques ou religieux. En ce sens, il nous semble que Fichte aurait pu faire sienne cette remarque de P. Lacoue-Labarthe, qui, à propos de la polémique déclenchée autour de l'engagement individuel de Heidegger, rappelle la spécificité du questionnement philosophique. Le philosophe demande « d'où juger » ? et n'a pas « en tant que philosophe à considérer comme admis et sans interrogation qu'être nazi est un crime même si ce langage on peut le tenir politiquement et c'est celui que je tiens »[1]. En revanche, Fichte n'aurait vraisemblablement pas adhéré à cette autre proposition, pourtant émise au nom d'une vision morale du monde qui se réclame de la philosophie de Kant : « L'on commence à apercevoir que les dites errances <*i.e. l'engagement de Heidegger aux côtés du nazisme*> n'ont pour le moins été possibles que dans la mesure où, face au nazisme, Heidegger ne disposait d'aucun point de vue éthique consistant pour lui en dicter l'immédiate condamnation »[2]. Fichte aurait récusé cette proposition pour au moins deux raisons; d'une part, il n'est, dans ses textes, nul indice de ce causalisme direct entre argumentation philosophique et action concrète individuelle. Ne pas

1. *La fiction du politique*, C. Bourgois, 1987, p. 53.
2. *L'ère de l'individu*, Gallimard, 1989, p. 289.

posséder d'éthique consistante philosophiquement ne signifie pas *ipso facto* ne pas agir moralement; en un mot, pour agir de manière morale ou immorale, un individu n'a nul besoin d'étudier la *Doctrine de la science*. De même, d'un philosophe qui n'aurait jamais développé « d'éthique consistante », nous ne pouvons prétendre déduire *a priori* son action individuelle et concrète. Pour le dire d'un exemple, Cavaillès ne s'est intéressé qu'à ce que les tenants de la « vision morale du monde » nommeraient l'aspect scolastique de la philosophie, soit l'épistémologie des mathématiques et la question de la vérité logique. D'éthique consistante, nulle trace dans sa philosophie. Est-il besoin néanmoins de rappeler que si, à l'action concrète, il n'a pas consacré sa pensée, il a néanmoins sacrifié sa vie ? La seconde raison pour laquelle Fichte aurait vraisemblablement récusé cet énoncé, c'est qu'il ne répond pas au « besoin de science ». « Si l'homme croit naïvement à sa conscience, c'est fort bien, mais telle n'est pas la destination de l'humanité; celle-ci est en quête de connaissances fondées ». Or, nonobstant le fait que l'absence d'éthique dans une philosophie (comme par exemple celle de Descartes ou de Heidegger) ne préjuge en rien de sa vérité, il est, de surcroît, philosophiquement possible que nos jugements de valeur ne soient que le fruit de l'habitude, l'expression d'un sentiment, de la raison du plus fort ou d'un contexte donné. Hume ou d'autres, pour l'avoir affirmé, ne doivent pas être condamnés au nom des exigences de la morale (supposée admise et parfaitement établie) mais interrogés à partir de la notion de vrai et de faux. Si l'on ne veut pas émousser la radicalité du questionnement philosophique et le détourner de sa destination, il faut envisager, « avec liberté et cela selon la vérité », la possibilité que nos jugements de valeur n'aient aucune sorte de validité. Parce que, en philosophie, il est avant tout question du vrai et du faux, nos propositions morales, comme les autres, doivent pouvoir assumer leur prétention à la vérité et non devenir l'aune ininterrogée à partir de laquelle on évaluerait toute proposition ou toute position philosophique. C'est cette fondation en raison que tentera *Le système de l'éthique*.

LA DÉDUCTION DE LA LOI MORALE

Au terme de notre analyse des doctrines de la science, nous avions examiné le processus de représentation du monde sensible comme infinitisation du fini et le processus de réflexion comme finitisation de l'infini. Ce dernier aboutissait, en raison de l'échec de l'attribution immédiate de l'activité infinie, à l'exclusion. Cette exclusion produisait la nécessité de poser un monde autre que sensible, monde du vouloir pur. Ce vouloir pur, expression de l'infini, devait être finitisé. Cette finitisation de l'infini obéissait, comme tous les énoncés de la doctrine de la science, à la loi de l'identité réflexive. Le système éthique, s'appuyant sur ces analyses de la doctrine de la science, tente donc de penser les concepts plus particuliers qui incarnent ce processus de l'esprit humain de finitisation de l'infini. Il s'agit d'approfondir les lois de la réflexion (la pensée de la structure sujet-objet) en montrant comment cette pensée dévoile des modèles de plus en plus « particuliers » et concrets, résultats de la pluralisation de l'infini.

Ce qui est en jeu dans le système de l'éthique, c'est donc la question de la réflexion, qui donne naissance à des concepts qui ne reproduisent pas le réel mais proposent une fin à réaliser. C'est pourquoi la déduction fichtéenne de la loi morale consiste à déduire une pensée de la structure de l'égoïté (sujet-objet). Fichte part donc de l'intuition intellectuelle, obtenue au terme d'un processus d'abstraction et aboutit à une première proposition : « je me trouve moi-même comme voulant ». Ce point de départ pourrait paraître arbitraire, mais en fait, précise Fichte, il « se rattache au moyen de cette déduction à la *Grundlage* de la doctrine de la science dans son ensemble » (p. 21). Le point de départ est nécessaire, il ne s'agit nullement d'un acte de foi. Nous retrouvons le problème de l'égoïté qui doit se penser sans contradiction. Dans ce premier temps du système de l'éthique, le Moi est déterminé comme volonté, comme tendance à la spontanéité pour la spontanéité (§ 1, p. 24-34). Mais le Moi n'est pas seulement objet, il est sujet-objet. L'égoïté, en tant qu'acte, ne peut être saisie que dans l'intuition en acte. L'activité du Moi observé (que Fichte ici appelle le Moi-objet, que l'on « trouve » au terme d'une abstraction) doit correspondre à l'activité du Moi observant (nous retrouvons ici, la dynamique de « l'effectué » et de « l'effectuant »). Si tel n'était pas le cas, l'activité ne se saisirait plus comme activité mais comme passivité d'un objet (c'est là le risque induit par l'expression « je me trouve »). Ainsi, si l'agir réflexif n'apparaît que dans l'action, le mode de connaissance de cet agir est lui-même action. C'est là ce qui explique la nécessité, dans un deuxième temps (§ 2, p. 34-42), de poser le savoir de ce « trouvé comme voulant », donc de poser « le Moi sujet ». Nous retrouvons donc la manière d'argumenter de toutes les doctrines de la science, que Fichte ici condense à l'extrême, en déduisant ce qui découle de la position même de la *Tathandlung* (Moi-objet du premier paragraphe et Moi-sujet du second).

Une fois ces deux aspects posés, Fichte montre, par un raisonnement que nous éludons, que de ce savoir (Moi-sujet du § 2) découle la conscience d'agir librement selon des concepts et non la conscience de la spontanéité pour la spontanéité (Moi-objet du § 1). Par suite, il y a contradiction. L'identité du réfléchi et du réfléchissant est rompue. Comment le Moi peut-il devenir conscience de lui-même non comme d'un simple pouvoir d'agir selon des concepts mais comme spontanéité absolue ? Telle est la question.

Pour y répondre, il faut donc dépasser la contradiction et approfondir la réflexion, c'est-à-dire réfléchir sur cette nouvelle réflexion jusqu'à ce que la contradiction soit dénouée. C'est donc encore et toujours le principe de l'identité réflexive qui constitue le moteur même de la démonstration. Pour parvenir à cette identité réflexive, Fichte pensera la détermination réciproque de l'objectif et du subjectif jusqu'au moment où les deux dimensions pourront être rassemblées, sans contradiction, en un même acte. Il faut donc tenter de penser de manière non contradictoire la thèse selon laquelle la tendance à la spontanéité doit concerner le Moi tout entier et non pas seulement « le Moi objectif ». De ce processus de détermination réciproque du subjectif par le subjectif (« spontanéité » et « pouvoir d'agir selon des concepts ») résultera une pensée, laquelle sera la seule à ne pas être contradictoire. Cette pensée se donne comme l'exigence du maintien de l'identité réflexive. C'est cette identité réflexive qui empêche Fichte de poser une détermination objective de cette pensée à partir de l'être ou à partir d'une autre pensée. « Ainsi cette pensée n'est conditionnée et déterminée par rien en dehors de soi ni par un être ni par une pensée mais absolument par elle-même » (p. 49). Cette pensée, Fichte l'examinera tout d'abord du point de vue de sa forme (p. 49 et 50) puis de son contenu (p. 51 et 52). Immédiate et absolue dans sa forme, cette pensée possède un contenu qui ne doit évidemment pas être contradictoire avec son absoluité. Il examine donc, à nouveau, les deux possibilités de détermination réciproque du subjectif et de l'objectif : l'objectif détermine le subjectif et le subjectif, l'objectif.

Quand l'objectif détermine le subjectif, il en résulte une loi : « comme contenu de la pensée que nous avons déduite, il en résulte donc que l'intelligence doit se donner à elle-même la loi inviolable de la spontanéité absolue » (p. 51). La loi est l'expression de la nécessité dans l'ordre du subjectif. Néanmoins, comme cette nécessité est celle du Moi et non d'un être qui serait extérieur, il s'ensuit que la loi est une loi que le Moi se donne à lui-même. Si maintenant nous pensons l'objectif déterminé par le subjectif, nous obtenons le résultat suivant : « le subjectif est la position d'une faculté absolue mais tout à fait indéterminée à la liberté. C'est par elle que l'objectif que nous avons décrit est déterminé, produit, conditionné » (p. 51). Ce qui signifie que la pensée n'est elle-même possible (en son contenu comme loi) que si le Moi se pense comme libre. Ainsi par ce contenu, conquis à partir des exigences de la réflexion et non par un quelconque acte de foi arbitraire, nous obtenons une synthèse des idées de loi et de liberté. Liberté et loi se déterminent réciproquement tout comme l'identité du Moi impliquait la détermination réciproque du subjectif et de l'objectif. La détermination réciproque entre loi et liberté apparaît ici comme une exemplification possible de la détermination réciproque entre sujet et objet, développée dans les doctrines de la science. Cette détermination réciproque s'exprime par la notion de loi morale. C'est pourquoi Fichte conclut: « On ne doit pas penser ni que mon objectif dépend du subjectif, comme dans le premier cas, ni que mon subjectif dépend de l'objectif, comme dans le second, mais que tout deux ne font absolument qu'un. Je les pense comme un en les déterminant réciproquement l'un par l'autre, dans la détermination que nous avons introduite en pensant la liberté comme déterminant la loi, la loi comme déterminant la liberté. L'une n'est pas pensée sans l'autre. Si tu te penses libre, tu es obligé de penser ta liberté sous une loi et si tu penses cette loi tu te penses libre car en elle est supposée ta liberté et elle s'annonce comme une loi pour la liberté » (p. 55).

La liberté est une loi pour la liberté. La loi morale est la détermination qui implique la liberté sans la nier, qui la limite sans l'objectiver, qui la cristallise sans la détruire. Cette pensée de la loi morale est la seule possible parce que la seule non contradictoire, au sens de la non-contradiction induite par le principe de l'identité réflexive. Par elle, l'illimité de la liberté est appréhendé. La loi morale est donc l'une des manières de cristalliser l'infini.

Le *Système de l'éthique*, par cette déduction de la loi morale à partir du principe intangible de l'identité réflexive, montre donc comment la loi morale est inscrite au cœur même du processus de réflexion puisqu'elle en est un des résultats. Déduire la loi morale, c'est suivre les lois de la réflexion et approfondir ces lois, c'est déduire le seul mode de pensée qui ne fasse pas voler en éclats l'identité réflexive. De ce fait, la loi morale n'est plus, selon Fichte, une « chimère », une « qualité occulte », mais le produit de la raison qui s'expérimente à travers elle; la loi morale devient l'une des manières dont la raison peut se dire. En ce sens, elle n'est pas dissociée du processus du savoir mais en est l'une des manifestations.

En quoi cette exigence de « démonstration » bouleverse-t-elle les contenus plus concrets de l'éthique? En quoi, le passage de la simple connaissance objective au savoir non représentationnel de l'identité réflexive modifie-t-il radicalement la manière même de poser les questions en matière d'éthique? C'est ce qu'il nous faut à présent mesurer.

L'INVERSION DE LA RELATION ENTRE NORMES ET FAITS

L'une des conséquences de l'analyse fichtéenne du savoir est la modification radicale de la relation entre être et devoir être : le devoir être précède l'être; il en est la source. Cette inversion permet de surmonter le paralogisme naturaliste dénoncé par Hume. L'être de l'homme sera déduit de l'agir et non l'agir de son être. L'homme n'existe que sur ce mode du devoir être ; ce qu'il est (à savoir pur devoir être), il doit le devenir par un concept de fin, un concept pratique. Cette transformation de l'être en devoir être nous permet de comprendre le terme « essence », constamment employé par Fichte dans ce texte. Il ne s'agit évidemment pas d'un retour à une réification substantielle de l'humanité ; l'humanité est conçue comme se faisant elle-même d'après le concept de devoir être, qui est le seul qui puisse la définir sans contradiction. Par suite, c'est le devoir être qui est le principe de l'être et non l'être de l'homme qui permettrait de déduire le « devoir être ». L'essence de l'homme réside dans ce « devoir être ».

Le passage de la représentation à la réflexion bouleverse donc la manière même de penser le problème de la morale et de la validité des normes. C'est parce que ce problème était posé au sein du paradigme de la représentation que le divorce entre faits et valeurs était inéluctable. Or, si l'on sort de la structure représentative, il n'est plus question d'un passage de l'être au devoir être ou des faits aux normes mais à l'inverse du passage du devoir être à l'être. C'est pourquoi Fichte écrit : « L'agir ne doit pas être déduit de l'être parce qu'il serait ainsi transformé en apparence (en phénomènes). Or, je n'ai pas le droit de le tenir pour une apparence ; c'est plutôt l'être qu'il faut déduire de l'agir » (p. 56).

L'innovation en matière de réflexion éthique est, indéniablement, considérable puisqu'elle permet de dépasser l'opposition entre les faits (qui seuls seraient susceptibles de science) et les valeurs (qui relèveraient de la foi ou de la croyance individuelle). Mais cette innovation n'est rendue possible que par un travail sur la notion même de vérité. En effet, l'abîme constaté par Hume et, en dernière instance, avalisé par Kant, résulte logiquement du partage entre ce qui est valide (les faits, la science) et donc susceptible d'un accord rationnellement motivé et ce qui n'est pas justiciable d'une interrogation en termes de vrai et de faux (les valeurs, les actions). Le propre de Fichte est non pas d'avoir décidé arbitrairement qu'il fallait un point de vue éthique en philosophie mais bien d'avoir affronté la question de la vérité et de la fausseté des normes. Les normes éthiques sont susceptibles d'être pensées en termes de vrai et de faux tout simplement parce qu'elles obéissent au principe du savoir : l'identité réflexive, et non à la loi de la représentation qui est le principe des sciences objectives. La pensée d'un savoir non exclusivement représentatif et mimétique conduit donc à fonder en raison les normes éthiques. Telle est, en matière éthique, la première conséquence du bouleversement effectué au sein du savoir.

La réponse à la question « qu'est ce que l'homme ? »

La seconde conséquence de cette définition du savoir est la réponse relativement inédite donnée à la question : « Qu'est ce que l'homme ? ». En effet, dire qu'il y a une « essence du Moi », c'est refuser le nominalisme, pour lequel il n'est que des individus, sans pour autant renouer avec un réalisme de l'essence, puisque ce qu'il s'agit de penser, c'est l'une des modalités de la liberté infinie. Cette liberté infinie est le principe absolu de notre être, c'est par elle que nous constituons notre essence. Notre essence n'est pas une subsistance en soi comme celle de la chose sans vie : « L'être raisonnable doit produire lui-même tout ce qu'il sera en réalité. Par suite, avant tout être réel (objectif) et toute subsistance, tu dois lui accorder une manière d'existence comme nous l'avons vu plus haut. Cette manière d'existence ne peut être autre que l'existence comme intelligence dans et avec des concepts » (p. 53).

L'homme doit donc devenir ce qu'il sera grâce à son intelligence (définie ici comme capacité à produire des modèles et non des copies). Le propre de l'homme est donc de se faire librement d'après sa propre loi. Cette loi morale n'est pas inscrite en lui à la manière des hiéroglyphes sur une tablette mais est créée par lui. De cette libre création résultera sa « manière d'être ». La manière d'être n'est pas ce dont il nous faudrait partir pour déduire comment nous devons agir (c'est là le sophisme naturaliste que dénonçait Hume), mais elle est le résultat d'une création. La loi morale est en quelque sorte la loi d'essence de l'homme qui lui permet de réaliser ce qu'il doit être dans le monde sensible, en lequel originairement il n'est rien de déterminé. Parce que l'essence se définit comme l'infinie possibilité à se déterminer soi-même, l'homme n'a pas de nature originaire mais doit devenir ce qu'il doit être, à savoir infinie possibilité de produire des fins.

La modification du rapport entre l'être et le devoir être implique la renonciation à tout ce qui pourrait ressembler à un fait anthropologique à une nature, fût-ce celle de la raison. La raison n'est pas une donnée toute faite que nous dévoilerions, elle est l'acte par lequel nous la faisons. L'homme est ce qui doit devenir. Ce devenir n'est possible que par la position d'un commencement absolu et indéductible. Nous retrouvons, au cœur même de la réflexion spécifiquement éthique (c'est-à-dire au sein même de ce que Fichte considère comme une discipline particulière), la contingence radicale qui marquait le premier principe, et qui a pour nom liberté. Il serait loisible ici d'employer le terme inusité d'« actuation » de la loi ou de la raison pour mieux marquer la différence d'avec les pensées de l'actualisation de la loi ou de la raison qui toujours présupposent un donné antérieur qu'il nous faudrait dévoiler.

Cette éthique de Fichte, comprise en son rapport intrinsèque à la définition du savoir, peut nous permettre de nous aventurer dans l'examen d'un cas particulier qui nous rendra à même de concrétiser la position fichtéenne et d'en montrer l'originalité par rapport à l'éthique kantienne.

KANT ET FICHTE FACE À LA QUESTION DE H. ARENDT

Au regard de l'éthique philosophique à prétention universaliste, quel est le cas susceptible de faire problème ? Est-ce la transgression de la loi par un homme qui succomberait, momentanément, à ses penchants sensibles ou à ses intérêts immédiats ? D'un point de vue kantien comme fichtéen, pareille transgression est, *philosophiquement*, sans enjeu en ce que le « hors la loi » ne remet en cause ni l'universalité ni la connaissance par l'individu de la nature de l'impératif catégorique. Comme le dit Kant, quand bien même l'impératif catégorique « n'aurait jamais été suivi, il n'en reste pas moins apodictiquement certain ». Qu'un individu transgresse, de-ci, de-là, une loi dont il est par ailleurs conscient, que cette transgression de surcroît soit vraisemblablement inéluctable et corresponde à ce que Kant nomme le mal « radical » n'est pas un constat de nature à faire voler en éclats la fondation de l'éthique universaliste. Le problème naîtrait-il alors de ce que Kant nomme la « méchanceté formelle » [1] ? Tout dépend de l'interprétation que l'on donne à cette expression de « méchanceté formelle ». Si on l'interprète de manière minimale, alors il s'agit d'une simple inversion de la loi ; sachant qu'il ne faut pas tuer, la volonté empirique prend pour maxime de son action l'exact contrepoint ; l'individu s'emploie donc à commettre un crime gratuit ou, dit Kant, : « un crime inutile ». Là encore, du point de vue de la réflexion philosophique, pareille inversion des valeurs n'est pas susceptible de mettre en péril l'éthique universaliste puisque cette inversion suppose la connaissance de la loi. Inverser, c'est reconnaître. « L'apologie du diable » suppose la connaissance de son contraire. Par suite, la transgression, fût-elle systématiquement désirée, ne remet pas en cause la

1. Rappelons les termes kantiens : le mal radical, élaboré dans *La religion dans les limites de la simple raison*, est la simple inversion de la hiérarchie des mobiles (on préfère l'intérêt ou la jouissance immédiate à la loi). Dans un tel cadre, la connaissance de la loi n'est pas en cause. Pour le dire d'une analogie, ce n'est pas parce que quelqu'un transgresse les lois de la logique que les lois de la logique sont fausses. De même, la transgression ponctuelle de la loi morale n'est pas l'indice de sa fausseté ou de son absence d'universalité. C'est pourquoi, en dépit de l'adjectif, un peu grandiloquent en français, de « radical », un tel mal ne pose aucun problème de fond à la morale à prétention universaliste. Certes, nous dit Kant, un tel mal ne peut être éradiqué. Il semble vraisemblable, en effet, que, tant que l'homme sera mortel, il aura plutôt tendance à préférer son intérêt immédiat à un avenir incertain; mais il n'y a pas là, à notre sens, de quoi mettre en péril la validité des normes éthiques. La méchanceté formelle, explicitée comme telle plus tardivement par Kant, dans *La doctrine du droit*, se caractérise, en revanche, par un formalisme immoral. Il ne s'agit plus, dans ce cas, d'une exception à la loi mais d'une relation d'hostilité systématique à cette loi : « autant que nous puissions en juger, il est impossible à l'homme de commettre un tel crime d'une méchanceté toute formelle (un crime inutile) et cependant, bien qu'il s'agisse de la simple Idée du mal le plus extrême, on ne peut l'omettre dans un système de morale » (trad. A. Philonenko, Paris, Vrin, 1979, p. 204). Deux interprétations de cette « méchanceté formelle » sont possibles, voilà pourquoi nous les envisageons successivement.

validité et l'universalité de la loi. En revanche, si on interprète la « méchanceté formelle » comme une erreur sur la nature de la loi, comme une confusion avec un autre type de loi, alors l'éthique philosophique qui entreprend de se fonder sur la raison universelle, peut être atteinte. Face à un tel cas, qui s'est historiquement présenté, nous pouvons, par une expérience de pensée, tenter de déduire à partir des contenus de leur éthique ce que Kant et Fichte auraient pu en dire[1].

Description de la « conscience commune nazie »

Dans son livre, *Eichmann à Jérusalem, essai sur la banalité du mal*, H. Arendt a montré que la question philosophique impliquée dans les procès d'après-guerre était la question du « fait de la raison » comme conscience de la loi. La question, induite par les propos d'Eichmann et des dignitaires nazis en général, est : « comment peut-on ne pas savoir qu'on transgresse la loi ? » et non « pourquoi et comment peut-on transgresser la loi ? ». La première question relève de la philosophie puisque c'est la capacité à porter un jugement moral, supposée présente en tout homme, qui est posée ; la seconde question, en revanche, relève de l'étude psychologique, sociologique ou historique. Comme l'explique H. Arendt, Eichmann n'était pas pervers au sens où il aurait pris un plaisir individuel à la souffrance ou à la destruction d'autrui. Pareille supposition, d'une part, ne correspond pas au dégoût, exprimé par Eichmann, face à la violence et à la destruction effective et, d'autre part, ne peut rendre compte du fait que la grande majorité de la société de langue allemande se soit alignée sur des « pervers ». Par suite, explique H. Arendt, le recours à des adjectifs aussi indéterminés fonctionne le plus souvent comme un interdit à penser ce qui est susceptible de remettre en cause nos certitudes. Plus encore, non seulement Eichmann ne réalisait ni ses désirs ni ne succombait à de quelconques penchants en envoyant à la mort des millions de personnes[2],

1. On contestera peut-être cette manière de mettre en lumière les différences des deux éthiques à partir d'un cas qu'elles ne pouvaient connaître. Nous aurions pu certes déployer les différences à partir de thèmes plus classiques, tel celui du mal radical, que Fichte, à la différence de Kant, interprète comme *Trägheit*, c'est-à-dire comme tendance à l'inertie et désir d'absence de mouvement (ce que nous appellerions aujourd'hui un instinct de mort). Mais nous avons dit pourquoi nous estimions que cette question du « mal radical », sur laquelle on a tant insisté, est, du strict point de vue du problème de la validité de la loi morale, une question philosophiquement futile. C'est pourquoi il nous a semblé qu'il valait mieux aller directement à ce qui fait problème plutôt que de rappeler les réponses faites à ce qui n'en pose aucun.

2. Eichmann explique qu'il a agi, en la matière, contre ses penchants immédiats ; plus encore, lorsqu'il fit exception à la loi qui lui commandait de n'y pas succomber (il sauva de la mort un cousin « demi-juif » et un couple d'amis de son oncle), il fut en proie à une sincère culpabilité. C'est sans doute là ce qui est le plus stupéfiant et atteste que nous avons bien à faire à une méconnaissance profonde de ce qu'est la loi. Eichmann aurait pu se louer, au moins intérieurement, d'avoir épargné ne serait-ce qu'une vie. Au lieu de cela, il se sentit coupable

mais de surcroît, parce qu'il n'était en proie à aucune haine pathologique, due à une peur fantasmée d'un groupe d'individus, ses actes ne sont même pas explicables par l'idéologie toujours soutenue par des pulsions irrationnelles (l'autre comme menace et donc « objet » qu'il faut éliminer).

Plus grave encore pour l'éthique universaliste, Eichmann a réalisé l'expérience de chimie préconisée par Kant dans la *Critique de la raison pratique*. Or, cette expérience, loin de produire l'effet escompté, à savoir l'apparition du bon principe se séparant du mauvais, telle la chaux de l'esprit de sel, servit aux yeux d'Eichmann à expliquer ses actions.

> Eichmann déclara soudain, en appuyant sur les mots, qu'il avait vécu toute sa vie durant selon les préceptes moraux de Kant, et particulièrement selon la définition que Kant donne du devoir. A première vue, c'était là faire outrage à Kant. C'était aussi incompréhensible : la faculté morale est, en effet, étroitement liée à la faculté de jugement que possède l'homme et qui exclut l'obéissance aveugle. Le policier n'insista pas mais le juge Raveh, intrigué ou indigné de ce que Eichmann osât invoquer le nom de Kant dans le contexte de ses crimes, décida d'interroger l'accusé. C'est alors qu'à la stupéfaction générale Eichmann produisit une définition approximative mais correcte de l'impératif catégorique : « je voulais dire à propos de Kant que le principe de ma volonté doit être tel qu'il puisse devenir le principe des lois générales [1].

Il nous faut donc ici tenter de décomposer les problèmes que pose à l'éthique qui prétend à l'universalité ce que nous pourrions appeler, en un sens non technique, « la conscience commune ou habituelle des nazis ».

La question du bien et du mal

Le premier problème que pose ce type de conscience est celui de l'absence de connaissance de ce que l'on peut considérer comme étant le bien et le mal. Par rapport à la lettre du texte kantien, il faut reconnaître que pareille méconnaissance met en péril le raisonnement mené dans la *Critique de la raison pratique*. En effet, Kant estime qu'« en tout temps et pour tout homme » la conscience de la loi peut être isolée, et cela quelle que soit la force des principes matériels (bonheur, plaisir, intérêt). La conscience d'Eichmann met en lumière la fragilité de l'induction kantienne puisqu'un simple contre-exemple suffit à l'invalider. Corrélativement, le caractère de quasi *datum* de la loi est également infirmé. C'est donc, comme l'a montré H. Arendt, tout l'édifice kantien qui semble atteint par cette « banalité du mal ». Il n'en est pas tout à fait de même pour la morale de Fichte. En effet, comme nous l'avons vu, la loi morale n'est nullement

parce que l'obéissance à la loi, expliqua-t-il, n'admet aucun compromis et qu'en l'occurrence il avait simplement agi par « penchant » et non par devoir.

1. Trad. Anne Guérin, Paris, Gallimard, 1966, p. 153.

inscrite en l'homme, telles des hiéroglyphes sur une tablette. Le processus réflexif qui y mène n'est pas décrit comme un processus de retour sur une entité donnée (qui serait la loi) et dont on prendrait conscience comme étant de tout temps déjà là. La loi est produite à partir de la mise en œuvre de « l'agilité réflexive », c'est-à-dire de la mise en acte de la raison. Or, cette agilité n'est pas considérée comme un fait donné mais est, à l'instar de la *Tathandlung* dont elle dépend, totalement indéductible. C'est un acte et non un fait. C'est donc le modèle de la réflexion que Fichte met en place dans la philosophie spéculative qui permet d'aborder autrement le problème posé à l'éthique universaliste par l'existence « de la conscience commune nazie ». Pour la philosophie de Fichte, Eichmann était possible; pour la philosophie kantienne, il était, littéralement, impossible[1]; sa réalité effective suffit donc à mettre en péril la morale de Kant, non celle de Fichte. Le modèle de la réflexion, tel qu'il est proposé par Fichte, évite la « naturalisation » de la loi morale, encore perceptible à certains endroits du texte kantien. Il convient donc, dans le cas d'espèce, d'appliquer, en toute sa littéralité, la formule fichtéenne selon laquelle l'homme originairement n'est rien. Ni Rousseau, ni Kant, qui ont pourtant insisté sur le caractère perfectible de l'humanité, n'ont pu penser cet énoncé en toutes ses conséquences puisque l'un comme l'autre (par leur commune métaphore de la voix) renouent avec l'idée que la loi morale est un *fait*, une donnée inscrite en tout homme. En revanche, pour Fichte, si l'homme au départ n'est rien, il n'est donc ni moral ni immoral. Par suite, que l'homme doive être conscient de la loi morale (c'est là sa destination) n'implique ni qu'il l'est ni qu'il le sera. Pour le dire plus concrètement, Eichmann au départ n'était rien et n'est pas devenu. Si la position inverse (ne pas rester « rien » mais, par l'acte, devenir) n'est pas déductible, la position d'Eichmann ne l'est pas non plus. Elle est néanmoins possible. C'est pourquoi, chez Fichte, mais non chez Kant, une absence de connaissance de la loi est envisageable sans que, pour autant, la fondation « en raison » n'en soit durablement ébranlée.

1. Il va de soi, pour reprendre les mises au point de P. Lacoue-Labarthe, que nous admettons, « d'un point de vue politique et en tant que citoyen », qu'il aurait mieux valu pour tout le monde qu'Eichmann ne fût jamais possible nulle part et de tout temps. Nous ne sous-entendons donc pas que la valeur d'une éthique se juge à sa possibilité de déduire les conditions de possibilité de la conscience nazie. Simplement, dans la mesure où Eichmann est réel, il faut bien en tenir compte lorsque l'on prétend à l'universalité des jugements moraux. Ou cette universalité est mise en danger par la réflexion (ou l'absence de réflexion) des nazis sur la nature de leurs actes ou bien elle peut être maintenue malgré tout. A notre sens, c'est là une des différences entre l'éthique de Kant et celle de Fichte.

Le mésusage du principe d'universalisation

Le deuxième problème posé à une éthique à prétention universaliste par Eichmann est sa formulation relativement « correcte » de l'impératif kantien. En effet, si Eichmann n'avait jamais été mis en présence de la loi morale (et, par exemple, élevé par des loups), son absence de conscience de ce qui est considéré comme fondamentalement bien et mal serait évidemment moins immédiatement tragique pour la réflexion philosophique. Là encore, la démonstration kantienne semble atteinte par ce constat, car Kant dit bien que l'expérience de chimie qu'il propose permet de « tout temps » et pour « tout homme » de pallier l'absence d'intuition du noumène. Or, cette expérience de chimie, Eichmann l'a effectuée; ce qui signifie que l'on peut écarter des mobiles de son action tout penchant, tout intérêt personnel et programmer le crime. Sur quoi repose une telle mécompréhension du principe d'universalisation ?

L'énoncé d'Eichmann selon lequel il a toujours agi selon le devoir a pour point de départ le raisonnement suivant : si quelque chose va contre les penchants, c'est le signe qu'il s'agit du devoir et non de la jouissance, par suite, c'est bien. Le principe d'universalisation est ici totalement désincarné et vaut comme une pure structure neutre qui prend la forme d'un « si...alors », s'appliquant mécaniquement à tous les cas. La « rationalité » mise en œuvre est celle de l'application automatique d'une loi générale à des cas particuliers.

Qu'il s'agisse d'un contresens total sur l'œuvre de Kant est avéré[1]. Néanmoins, ce contresens peut permettre de mettre en lumière la différence entre les éthiques de Kant et Fichte, en montrant ce que chacun pourrait opposer face à un tel dévoiement de la faculté de juger, dévoiement qui s'exprime par une sorte de répétition mécanique de la loi. Certes, dans les deux systèmes, la loi doit être produite par des sujets réfléchissants et incarnés et non devenir une pure forme qui s'applique mécaniquement en toutes circonstances. Mais force est de reconnaître (et cela lui a été maintes fois reproché) que l'aspect de pure « forme » de la loi kantienne peut prêter à équivoque. C'est bien à partir d'une abstraction des penchants, à ses yeux méprisables par nature, qu'est définie la loi morale. De même, le registre utilisé par Kant pour donner un substitut de présentation de cette loi (les lois universelles de la nature, l'expérience de chimie) n'invite pas à se défaire

1. Nous n'entendons évidemment pas montrer que l'erreur d'Eichmann vient de Kant ni que s'il avait lu Fichte, il ne l'aurait pas commise. Il est évident que les nazis auraient pu lire et se référer à n'importe quoi; c'est d'ailleurs ce qu'ils ont fait. Notre problème est très précisément de savoir en quoi leur type de conscience est susceptible de mettre en péril une éthique qui se veut universaliste, c'est-à-dire qui prétend que le « fait de la raison » est « un fait indéniable », présent en tout homme. Encore une fois, d'un strict point de vue philosophique, commettre un acte criminel est une chose, être incapable d'évaluer la nature de l'acte commis en est une autre.

d'une rationalité purement calculante et peut même induire l'idée d'une neutralité axiologique du principe d'universalisation. Or, ce sont ces points que ne reprend pas l'éthique fichtéenne. Tout d'abord, au niveau le plus général, la loi morale n'y est pas « une pure forme » mais, comme toujours dans son système, l'accord entre une forme et un contenu. La forme ne peut pas avoir n'importe quel contenu et réciproquement. En outre, le registre utilisé pour exprimer la loi morale n'est pas celui de la nécessité naturelle mais celui du temps. Il ne s'agit pas d'agir comme si la maxime de mon action pouvait devenir comparable à la loi de l'attraction universelle, mais de faire comme si elle pouvait avoir été valable de tout temps et être maintenue de toute éternité. Ce glissement, apparemment anodin, de la nécessité extérieure à une temporalité purement intérieure commande une autre attitude face aux cas empiriques. Ainsi Fichte, reprenant à Kant l'exemple de l'inquisiteur, montre que celui qui déclare : « qui ne croit pas à ce que je dis est damné pour l'éternité », « celui là devrait pouvoir ajouter, mais si ce n'est pas vrai je veux être moi-même damné pour l'éternité ». Or « il est à espérer que la plupart d'entre eux hésiteraient à courir ce danger et pourraient ainsi se rendre compte qu'ils ne sont pas eux-mêmes si fermement convaincus d'une croyance qu'ils veulent pourtant imposer aux autres ». L'attitude requise ici n'est pas celle de l'application à des cas, mais la suspension du jugement, l'hésitation face aux croyances les plus ancrées. Comme l'a remarquablement suggéré P. Naulin, il s'agit d'une transposition du doute cartésien dans le domaine éthique[1]. C'est là une dimension de l'éthique de Fichte sur laquelle on n'a guère insisté tant sa réputation d'auteur péremptoire est tenace. Face aux croyances de type éthique, le doute n'est pas simplement permis, il est requis. Ainsi, si l'on décompose le processus cognitif suggéré par les deux éthiques, la différence est la suivante; dans le premier cas, l'application est possible puisque le registre utilisé est celui de la nécessité naturelle. Dans le second, le processus induit est celui d'un effort pour prendre sa croyance comme objet du jugement. Effort qui suppose un arrachement à cette croyance. Or, c'est précisément ce qu'était incapable de faire Eichmann. De fait, il est frappant de constater que sa ligne de défense consiste purement et simplement à revendiquer sa minutieuse inintelligence : il n'était, nous explique-t-il, rien d'autre qu'« un petit homme » qui devait appliquer la loi et non l'évaluer. Ce qui manque à Eichmann, c'est donc bien une certaine forme de faculté de juger qui ne doit pas être application à des cas mais arrachement à des contenus.

1. Postface au *Système de l'éthique*, p. 272, note 1.

Loi morale et loi juridique

Le troisième problème qu'il nous faut analyser, afin de mieux mettre en lumière la différence des deux éthiques, est celui de la confusion (si caractéristique de la «conscience commune nazie») entre la loi morale universelle et la norme effective du législateur. Comme l'écrit H. Arendt, la loi disait : « agissez comme si le principe de vos actes était le même que celui des législateurs et de lois de votre pays. Cette déformation correspondait d'ailleurs à celle de Hans Frank, auteur d'une reformulation de l'impératif catégorique dans le IIIe Reich »[1].

Pour comprendre ce point, il faut noter préalablement que l'attitude d'Eichmann n'est pas la simple obéissance passive à des ordres. La loi était devenue un impératif, une obligation *intériorisée* et non un ordre extérieur que l'on exécute contraint et forcé. Il y a donc là une certaine forme de jugement. Eichmann compare activement ses actions à une norme (la volonté du législateur) et à partir de cette comparaison produit un jugement. Son attitude ne relève donc pas de l'obéissance passive mais de la soumission active. Il s'agit bien d'un «je dois» et non d'un : «en raison des circonstances extérieures (la terreur que fait peser le régime sur mes proches et moi-même), je ne puis faire autrement». C'est pourquoi ce qui est en jeu est moins l'absence totale de jugement que l'erreur de jugement. Il y a une perception inadéquate de la loi. La conscience commune nazie a réduit l'universel (l'humanité) à un particulier (la « race »). L'erreur porte ici sur l'identification de la référence ultime. Mais il convient de noter qu'il ne s'agit pas, d'un strict point de vue kantien, d'une confusion totale entre l'ordre moral et juridique. Si Eichmann avait eu un comportement purement juridique, il n'y aurait pas eu d'intériorisation de la norme et la conscience morale n'aurait pas été mise en cause. Eichmann aurait agi au mieux de ses intérêts en prenant acte de ce qui était permis (exécuter les ordres) et de ce qui ne l'était (les discuter). Il y a donc bien un embryon de jugement moral et non une pure identification au juridique. L'obéissance est voulue et non subie de manière mécanique. Mais, corrélativement, s'il ne s'agit pas d'obéissance passive, il s'agit néanmoins d'une soumission volontaire et active à une obligation ressentie comme extérieure. La relation à la loi est donc une relation à la fois intérieure (je dois vouloir ce que veut le législateur) et extérieure (le législateur n'est pas moi). La loi est donnée et non produite. Face à ce problème, il est, là encore, loisible de montrer la différence significative entre le dispositif kantien et fichtéen. Nous avons eu l'occasion d'insister sur le caractère de *quasi* donnée de la loi kantienne. Or, sur ce point encore, Fichte modifie profondément l'éthique kantienne. Il écrit : « celui qui agit suivant une autorité agit donc

1. *Ibid.*, p. 153.

nécessairement sans conscience [...], car il n'a aucune certitude [...]. Aucun commandement, aucune sentence, même s'ils sont présentés comme divins, ne sont inconditionnellement obligatoires [...]. Ils ne sont qu'à condition d'être confirmés par notre conscience et pour la seule raison qu'ils sont confirmés par elle »[1]. Celui qui doit agir dans l'empirie est renvoyé à sa propre conscience. L'extériorité du commandement est signe de sa fausseté. C'est pourquoi le sentiment qui résulte de la conscience de la loi est un sentiment de certitude et non, comme chez Kant, de respect. Ce sentiment de certitude n'est pas donné et immédiat, mais est le produit de la réflexion, le résultat de l'accord ressenti entre la forme et le contenu d'une maxime. Parce que ce sentiment n'est pas une donnée inscrite en l'humanité mais la conséquence de son activité, Fichte peut, immédiatement après l'avoir élucidé, penser les étapes qui conduisent à sa claire réalisation. Ces étapes ne sont en rien le résultat d'un processus inéluctable et nécessaire mais la conséquence d'un acte de chacun et de tous.

Là encore, par rapport au cas empirique analysé, l'éthique de Fichte semble moins susceptible d'induire, même au prix d'un contresens, un mimétisme absurde de la loi morale. De surcroît, elle permet de mieux comprendre la « conscience » d'Eichmann. Ce dernier insiste sur son côté « petit homme » qui doit appliquer et non évaluer. Il explique comment il se serait jugé « arrogant » s'il avait érigé son propre jugement au-dessus des autres dignitaires nazis[2]. Eichmann ne veut pas, par humilité, ériger sa conscience au-dessus de toute autre. Or, c'est là ce que préconise Fichte, car seule cette instance permet de ne pas confondre la voix d'Hitler avec la voix céleste, la voix du délire avec celle de la morale. Parce que la loi n'est pas donnée, parce qu'elle n'est pas une « qualité occulte », elle n'a pas à être respectée pour elle-même. L'homme n'a pas à « trembler » devant un commandement, de quelque nature qu'il soit, mais à l'évaluer. Comme face à la mort, l'homme, face à la détermination de ce qui est bien et de ce qui ne l'est pas, est seul et doit le rester. C'est aussi ce que remarquait H. Arendt, au terme de son analyse :

> Tous les procès d'après-4guerre ont soulevé par implication, un problème fondamental [...]. Il touche à une question morale cruciale et de tous les temps : la nature et le mécanisme de la faculté de jugement de l'homme. Les procès dont nous avons parlé avaient pour but de châtier des hommes qui avaient commis des crimes « légaux ». Nous exigions nous qu'un être humain soit capable de distinguer le bien du mal même

1. *Système de l'éthique*, p. 169.

2. Eichmann explique que le seul projet qui l'ait intéressé était celui de « Madagascar » (déporter loin, des « Allemands », les « juifs »). Cette idée d'un déplacement des « minorités » n'est évidemment pas louable en soi, mais est quand même d'une autre nature que l'extermination pure et simple.

lorsqu'il n'a pour le guider que son propre jugement et que ce jugement se trouve en contradiction avec l'opinion de son entourage. Cette question est cruciale car nous savons que les rares hommes qui ont été assez arrogants pour ne se fier qu'à leurs jugements personnels n'étaient pas nécessairement ceux qui ont continué à vivre selon l'ancien système des valeurs ni ceux qui étaient guidés par des principes religieux. Puisque la bonne société avait dans son ensemble d'une manière ou d'une autre succombé à Hitler, les maximes qui déterminent le comportement social et les commandements de la religion, tels que « tu ne tueras point », qui guident la conscience avaient virtuellement disparu. Les rares hommes qui étaient encore capables de distinguer le bien du mal ne le faisaient que sur leur propre initiative et librement [1].

La morale et la question d'autrui

Cette analyse permet de mettre en lumière une dimension que le commentarisme français a eu tendance à occulter : l'éthique fichtéenne peut être qualifiée sinon de solipsiste, à tout le moins d'éthique de « solitaire ». Ni dans la déduction de la loi comme telle ni dans la possibilité de reconnaître ce qui est moral de ce qui ne l'est pas dans une maxime quelconque (sentiment de certitude ou de conviction), il n'est question d'autrui. Comme l'écrit là encore admirablement P. Naulin : « dans le système de l'éthique le concept d'intersubjectivité ne joue aucun rôle dans la déduction de la loi morale. En effet, l'autonomie, à l'inverse de la loi juridique, ne suppose pas l'existence des autres et même, en un certain sens, elle l'exclut en exigeant de chacun qu'il agisse selon sa conviction propre, en dehors de toute influence extérieure. C'est pourquoi la morale de Fichte demeure profondément individualiste en son principe » (p. 374). Le dispositif interprétatif mis en place par A. Philonenko (selon lequel Fichte, essentiellement soucieux de préoccupations éthiques, aurait, pour résoudre le problème de la morale, cherché à penser un critère pour reconnaître autrui et ainsi achever ou perfectionner la morale kantienne) ne peut absolument pas rendre compte de l'absence d'autrui dans la double question de la fondation de la loi et de la reconnaissance d'une maxime morale ou non. La fondation de la loi s'effectue à partir du seul principe de l'identité réflexive et la reconnaissance de ce qui est bien ou pas se signale par un « sentiment de certitude », par la conviction. Cette conviction est par nature solitaire et doit le rester [2]. C'est pourquoi, tant du point de vue des textes de Fichte que

1. *Post scriptum*, p. 321, 322.

2. C'est également ce que soutient Fichte d'un point de vue « théorique ». Il explique, dans l'*Essai*, qu'un philosophe aurait raison contre tous, quand bien même il serait le seul à soutenir ce qu'il soutient (voir notamment p. 164 : « quand bien même il n'y aurait qu'un seul homme, s'il est à chaque instant, d'égale manière, parfaitement convaincu de la vérité de sa philosophie et parfaitement en accord avec lui-même… ». Il est à noter que le sentiment, qu'il s'agisse de juger des valeurs ou des faits, est celui de la conviction, de la certitude. Il n'y a pas

de l'architectonique de son système, il serait faux de penser l'erreur de jugement moral d'Eichmann en termes immédiats d'absence de reconnaissance d'autrui. Certes, les nazis n'ont pas reconnu l'humanité en tout homme, certes, ils ont réduit l'homme à la race; certes, enfin, il est loisible aujourd'hui de penser que le principal ressort de leur action est la réduction d'un universel (l'humanité) à un particulier (la « race »). Néanmoins, Fichte, si l'on analyse ses textes, n'aurait pas immédiatement interprété en termes strictement et immédiatement éthiques cette absence de reconnaissance de tout autre comme mon semblable[1]. Dès lors, quel serait, du point de vue de l'éthique fichtéenne, le diagnostic posé sur Eichmann? Le processus ici perturbé serait celui du mouvement même du savoir, mouvement par lequel l'homme devient ce qu'il doit être. Eichmann a « fixé », « figé », « arrêté » dans quelque chose d'extérieur (les lois de son pays) un mouvement de l'esprit qui doit se dépasser à l'infini. L'erreur provient de cette fixation qui a coagulé en une idole ce qui devait être une création de la raison. La fixation qu'opère Eichmann est susceptible d'induire chez l'individu des sentiments qui ne sont pas immédiatement ressentis comme négatifs ou immoraux; par exemple, le sentiment de s'obliger à obéir à une loi qui ne correspond pas à nos désirs immédiats ou le sentiment de se sentir « petit » face à une obligation qui nous dépasse, ou encore celui de ne pas s'arroger le droit de juger parfaitement insensé ce qu'une majorité de notre entourage considère comme tout à fait acceptable, ou enfin le sentiment de renoncer à « l'arrogance », qui consiste à maintenir envers et contre tout son jugement. Si nous revenons à la description purement phénoménologique de la conscience commune nazie, force est de reconnaître que tel était l'*habitus* d'Eichmann. Il explique, en effet, que, par humilité, le « petit homme » qu'il était se défendait d'évaluer par lui-même. Pour la conscience commune nazie, pareille évaluation solipsiste signifiait succomber à « l'arrogance » de celui qui estime avoir raison contre tous et prend sa subjectivité, sa liberté pour seuls critères. Face à cette psychologie de celui qui se voulait « petit » devant une loi qu'il respectait sans vouloir la juger, face à cette « conscience commune nazie », la proposition, déjà citée, de Hegel prend une certaine résonance: « Les Allemands protègent toujours le bon sens contre les prétendues arrogances de la philosophie.

comme chez Kant de sentiment particulier (le respect) propre à la sphère éthique. Là encore, nous avons une trace concrète du bouleversement opéré par Fichte. Le partage entre théorie et pratique tel que le pense Kant est récusé, quel que soit le niveau (général ou particulier) que l'on analyse.

1. Le problème de la reconnaissance d'autrui relève, chez Fichte, du droit et également de la religion. On peut le déplorer mais, quoi qu'il en soit, on ne peut, du point de vue du système fichtéen, faire de la question de la reconnaissance d'autrui un problème éthique et l'on ne peut non plus dire, à partir de Fichte, qu'une philosophie qui ne se préoccuperait pas de la question d'autrui serait une philosophie sans éthique.

Efforts vains, car si la philosophie leur concédait tout, cela ne leur serait en rien utile, car de bon sens ils n'en ont aucun. Le bon sens véritable ne réside pas dans la rudesse paysanne mais traite avec violence et liberté des déterminations de la culture et cela d'après la vérité. ».

C'est d'après la vérité que se jugent les normes comme les faits. Le « sentiment » qui doit résulter de cet examen est, dans un cas comme dans l'autre, celui de « certitude », de « conviction », « d'accord avec soi-même », conçu par Fichte comme résultat de la réalisation de l'identité réflexive. Nous sommes à même ici de mesurer les effets concrets du refus fichtéen de la distinction tranchée entre la sphère théorique, qui pourrait produire des jugements pensables en termes de validité, et la sphère pratique, qui relèverait, en dernière instance, de la « foi », de la « croyance ». C'est l'absence de faculté de juger, comme mouvement par lequel on s'élève (on « s'arrache », dit Fichte joliment dans la *Nova Methodo*) au-dessus d'une proposition pour la prendre comme matière de la réflexion et non comme loi, qui est, comme l'a montré H. Arendt, la condition la plus probable du fonctionnement mental d'Eichmann. Or, si l'on estime qu'il y a une séparation totale entre le domaine théorique et pratique, si l'on estime que la spéculation théorique n'a rien à faire dans le domaine pratique, comment expliquer concrètement ce que révèle Eichmann, à savoir l'étroite imbrication de l'intelligence et de la morale, imbrication qui a pour nom, « en théorie » comme « en pratique », « faculté de juger » ? Ce que met en lumière la philosophie de Fichte, c'est le lien entre l'exercice du savoir et de la liberté. Cette renonciation au clivage semble mieux expliquer l'inexplicable, malheureusement effectif, à savoir la conscience nazie, la conscience du « petit homme ».

De surcroît, s'il y avait un abîme entre la pratique et la théorie, si corrélativement, les jugements éthiques n'étaient pas susceptibles de vérité et de fausseté, d'où pourrions-nous-prétendre juger Eichmann ? En revanche, si l'on affirme ceci, qui résume la position fichtéenne : les jugements pratiques comme théoriques sont susceptibles de vérité et de fausseté ; déterminer cette vérité et cette fausseté suppose de se mettre dans une certaine posture ; cette posture consiste à s'arracher à ce qui est dit, à suspendre son jugement et à viser la cohérence qui n'est ni la simple non-contradiction logique ni moins encore l'accord avec une chose extérieure mais l'accord avec soi-même. Cette posture, qui dépend d'un pur acte à effectuer, est à la fois condition de la pensée et de la moralité. Si en un mot, il n'y a pas de distinction entre vérité et foi, théorique et pratique, alors Eichmann relève d'un jugement qui, ni moral (au sens immédiat ou kantien du terme) ni théorique (au sens des sciences exactes), transcende ce clivage et rassemble les deux dimensions qui, indistinctement, se disent comme savoir et liberté. Le jugement humain est en même temps et sous le même rapport savoir et liberté, parce que la liberté est savoir et le savoir, liberté.

Ces analyses effectuées, deux problèmes demeurent néanmoins en suspens face à la « conscience commune nazie ». Le premier est de savoir comment éviter qu'une *doxa* de ce genre ne s'installe au sein d'une société. Car, enfin, si en dernière instance, le jugement vrai, qu'il soit pratique ou théorique (au sens étroit des termes), dépend d'un acte indéductible, l'éthique fichtéenne ne se rend-elle pas impuissante à expliquer et donc à prévenir? Le second problème est de répondre à la question : comment juger en pareils cas ?

Expliquer et prévenir

Si penser, c'est mettre en œuvre sa liberté et si mettre en œuvre sa liberté, c'est penser, alors pourquoi Eichmann n'a-t-il pas été capable de le faire ? Comment, par la suite, tenter[1] d'éviter cette incapacité ? Par l'éducation, aurait répondu Fichte. La question ici posée n'est plus celle de la fondation de la loi ni de la détermination de ce qui est bien et de ce qui ne l'est pas, mais la question de la réalisation de l'éthique dans le monde effectif. C'est à cet endroit de l'architectonique fichtéenne qu'intervient autrui. L'éducation doit inviter à l'exercice de la liberté et donc à l'exercice du savoir ; savoir qui n'est pas ici à prendre au sens de la somme de contenus intellectuels (érudition ou compétence quantitative) mais à comprendre comme l'invitation à une *praxis*, celle du jugement libre. Il ne s'agit donc pas de faire de tout homme un savant (au sens étroit d'un esprit performant dans tel domaine particulier des sciences) mais de donner à tous la possibilité d'exercer leur jugement, c'est-à-dire leur liberté. En un mot, si Fichte avait eu à s'interroger sur les raisons historiques de possibilité (et non plus philosophiques) de la conscience d'Eichmann, il aurait, sans doute, interrogé le système éducatif en vigueur avant l'avènement du nazisme dans les pays de langue allemande. Quelle relation à la loi et à l'autorité induisait ce système ? Si l'on admet que les habitants d'une zone géographique quelconque ne se transforment pas soudainement en brutes succombant à des instincts mauvais, supposés inscrits de toute éternité en l'homme, si l'on admet, avec H. Arendt, que ce dont il est question, c'est de la faculté de juger, alors déterminer comment la conscience nazie a été possible, c'est penser la notion de rapport à la loi induite, à un certain moment, par un système éducatif et une culture. Plus précisément encore, c'est penser la manière dont, à une certaine époque, on a répondu à la question « qu'appelle t-on penser ? ». Penser, est-ce se référer à une

1. Il ne s'agit pas de prétendre la résorber définitivement puisque l'acte sur lequel tout repose n'est pas déductible des conditions empiriques. Je ne puis forcer quelqu'un à être libre mais l'inciter à le devenir.

instance extérieure, s'y soumettre? Le jugement doit-il s'accorder à quelque chose qui n'est pas lui ou à lui-même? C'est, encore et toujours, la question de l'essence du savoir qui est en jeu, mais ici non au niveau de la fondation mais de la réalisation effective. L'éducation est, indissolublement, appel à l'exercice de la liberté et incitation au savoir. Comme l'écrit Fichte, dans les *Discours à la nation allemande* : « cette éducation qui vise à rendre capable d'une activité spirituelle indépendante est en même temps source de savoir » [1].

Comment juger ?

Sans doute convient-il de relever l'embarras de H. Arendt, confrontée à la question précise de la peine à appliquer face à de tels crimes. Elle est contre la peine de mort; néanmoins l'ampleur du crime la conduit à imaginer un discours par laquelle les juges auraient pu expliquer la peine qu'ils prononcèrent. Discours que l'on peut, sans le trahir, résumer ainsi : « vous n'avez pas voulu partager cette terre avec tous les hommes, les hommes ne peuvent aujourd'hui souhaiter la partager avec vous ». Et, de fait, que dire? Autant il est malaisé de répondre clairement à partir des textes kantiens, difficiles sur ce point à interpréter [2], autant la position de Fichte est transparente. Pourquoi Fichte est-il contre la peine de mort? Est-ce parce qu'en tant qu'individu, il était plus sujet que Kant à la compassion? On peut, assurément, le soutenir, mais il ne s'agit là que d'une option individuelle, d'une simple question de goût qui ne peut pas plus prétendre à la vérité que l'avis inverse de Kant. Il nous faut donc expliquer cette position concrète par rapport à sa philosophie tout entière. Si Fichte est contre la peine de mort, c'est parce que l'appliquer consisterait à figer l'individu dans une seule série de ses actes et donc à le chosifier. Or, l'essence de l'homme est d'être déterminable à l'infini, « devoir être » et non être, devenir et non chose. C'est donc la dynamique du fini et de l'infini, déployée dans la doctrine de la science, qui justifie, en raison, cette prise de position concrète face à un problème particulier. Il n'est, certes, nul besoin de lire les *doctrines de la science* pour être pour ou contre la peine de mort, mais écrire ces *doctrines de la science*, c'est se mettre en mesure de montrer pourquoi la condamnation de la peine de mort est une proposition valide et justifiable par voie d'argumentation et non un simple jugement individuel ou l'expression d'un contexte contingent.

1. Trad. S. Jankélévitch, Aubier, 1981, p. 84.

2. Kant justifie le recours à la peine de mort, mais d'un autre côté, se dit « saisi d'horreur » face à l'exécution « dans les formes » de Louis XVI ou de Charles V. C'est d'ailleurs à ce propos qu'il évoque la possibilité de « méchanceté formelle ».

Mais, dès lors, comment juger[1] ? Les textes ne permettent pas de l'établir avec précision. Il est néanmoins loisible d'imaginer, sans pour autant vouloir faire la prosopopée de la doctrine de la science, l'attitude que la conception fichtéenne du savoir induit. Ainsi, il est certain que la doctrine de la science comprend tous les éléments pour ne pas succomber au jugement selon lequel les nazis n'auraient pas été des hommes. Tout d'abord, un tel jugement rentrerait dans le cadre de la contradiction performative. Nous ne pouvons pas juger quelqu'un qui a dénié l'humanité de l'homme en lui disant qu'il n'est pas humain (donc en la déniant à notre tour et en effectuant cela même qui a motivé la condamnation). Ensuite, il faut rappeler que la loi morale n'est pas inscrite en l'homme comme une empreinte sur un morceau de cire. Elle ne fait pas l'homme, c'est lui qui la fait. Enfin, la proposition selon laquelle l'homme n'est rien au départ, dit, littéralement, qu'il n'y a pas de nature humaine[2].

Pour déterminer comment juger, d'un point de vue philosophique, il faut revenir à la signification précise du terme « juger » dans le cadre du système fichtéen. Juger signifie viser l'identité réflexive. Cette visée nous entraîne en un mouvement ou processus de l'esprit qui consiste à pluraliser l'infinité. L'infini, comme unité recherchée de la forme et de la matière du Moi absolu, ou acte pur, doit se dire de multiples manières. Dépassant tous les jugements, l'infini se réfracte néanmoins en chacun d'entre eux. Quel est, dès lors, le jugement moral qui résulterait de ce travail du sublime, compris comme exigence d'infinitisation ? Sans doute, la magnanimité qui, sur le versant éthique, correspondrait au processus d'idéation de l'infiniment grand esthétique. La magnanimité, en matière de jugement éthique, excédant toute fixation, réaliserait l'exigence d'infinité. « Soyez magnanimes » serait donc l'une des stratifications possibles du travail d'infinitisation. La magnanimité aurait quelque analogie avec ce que Descartes nommait la générosité qui suppose également la prise en compte d'un point

1. Rappelons qu'il s'agit ici de déterminer le « jugement » possible pour un philosophe à partir de l'ensemble de son système et non de prétendre édicter ce que devrait être le jugement des juges effectifs (par exemple, des représentants des Nations à Nuremberg). Pour le dire d'un exemple, en tant que philosophe, R. Rorty estime que les valeurs éthiques sont parfaitement relatives et contingentes et donc renonce à juger Eichmann du point de vue de la validité de sa propre position philosophique ; ce qui ne l'empêche pas, en tant que citoyen, de dénoncer le crime. Il n'y a pas là contradiction mais conscience de la différence entre point de vue du philosophe et du « citoyen ».

2. Le problème posé ici est celui de la qualification de « crimes contre l'humanité ». Du point de vue fichtéen, la qualification est, sans doute, concevable mais à partir de la notion de destination et non de nature. C'est un crime contre la destination de l'homme, qui seule définit l'homme. En ce sens, le crime n'est pas seulement contre tel groupe humain qui représenterait l'humanité (sens habituel de la qualification du terme de crime contre l'humanité), mais bien contre tout homme, les nazis compris puisque c'est aussi eux-mêmes, en tant qu'hommes, qu'ils détruisaient symboliquement en renonçant à ce qui doit être la destination de l'humanité.

de vue vers l'infini. La magnanimité, comme ouverture à l'infini dans le fini du jugement moral, serait peut-être la seule attitude à opposer à celle du « petit homme ». La magnanimité ne signifie évidemment pas laisser le crime moral impuni, elle signifie simplement qu'à l'arrêt de mort que les nazis se sont crus habilités à prononcer contre l'humanité, il ne faut pas répondre par la mort mais par la vie, la vie même de l'esprit qui est capable de dire d'où il juge et pourquoi il juge.

RÉSULTATS : VALEURS ET VÉRITÉ

Au terme de ces analyses, nous sommes à même de mesurer les différences concrètes de l'éthique kantienne et fichtéenne. Ces différences, relatives à des points particuliers, sont immédiatement fonction de la différence entre « connaissance » et « savoir », entre validité objective et vérité réflexive. C'est donc là, en première et dernière instances, ce qui distingue et oppose les deux systèmes. Penser les fins essentielles de l'humanité, c'est au préalable déterminer l'essence du savoir [1]. Cette détermination du savoir permet de dépasser le clivage entre faits et valeurs, théorie et pratique, connaissance et foi. Les normes éthiques sont susceptibles d'être pensées en termes de vérité et de fausseté en ce que, comme tout jugement, elles doivent obéir à l'identité du réfléchi et du réfléchissant, être soumises à la grammaire de l'effectuation et articuler le fini et l'infini. Les notions les plus particulières et les plus concrètes – comme le sentiment de conviction que Fichte substitue significativement au sentiment kantien de respect – traduisent la profonde mutation qui s'est opérée au sein de la notion de savoir. C'est donc cette définition du savoir qui explique la philosophie de Fichte et en assure la cohérence, y compris en ses concepts les plus particuliers. L'innovation de Fichte réside bien en ce terme unique qui incarne et rassemble tout son parcours : « doctrine de la science ».

1. La distinction entre une philosophie scolastique (*Schulbegriff*) qui ne se préoccuperait que de la science comme « science » (*K.R.V.*, p. 1389; A 838, B 866) et une philosophie cosmique (*Weltbegriff*) qui s'attacherait « aux fins essentielles de l'humanité » est l'une des multiples oppositions qui, prononcée au nom de la « lettre » kantienne, contribue, aujourd'hui encore, à masquer ce dont il est véritablement question : peut-on prétendre penser les fins de l'humanité, abstraction faite de toute référence à la notion de vérité ? Si oui, quel est le statut de ces propositions sur ces fins dernières ? De simples jugements de goûts ? Des articles de foi ? Des décisions individuelles ? Si non, qu'est-ce que la vérité ?

CONCLUSION

Passer de la « connaissance » au savoir, de la validité objective à la vérité réflexive, de l'objectivation qui limite à la pensée qui infinitise, tel est donc le parcours de Fichte. L'effondrement de la détermination kantienne de la connaissance et l'autocontradiction de la définition du concept de validité objective conduit à la première thèse nodale de sa philosophie : penser, ce n'est pas représenter. La pensée n'est ni *mimésis* ni reproduction d'un état de fait indépendant ni visibilité qui circonscrit, découpe, délimite une figure ou appréhende une notion, ni figuration d'un objet dans le temps et dans l'espace. C'est pourquoi la pensée de Fichte incarne bien une critique de la représentation ; critique en son triple sens de dénonciation, de limitation et de sortie hors des cadres de la représentation. Pour autant, cette sortie n'entraîne pas dans son sillage la récusation des notions de savoir et de vérité. Telle est la deuxième thèse caractéristique de cette philosophie : la renonciation à la dimension spéculaire du savoir ne conduit pas à l'abandon de la notion de vérité mais à sa définition comme identité réflexive. En effet, la spécificité de la philosophie de Fichte est de récuser à la fois le recours jacobien à la « révélation » et le scepticisme maïmonien, conséquence directe, logique et nécessaire de la reconstruction du kantisme à partir de la *Critique de la faculté de juger*. Confronté au problème maïmonien de l'arbitraire de la référence, Fichte pose une référence première : l'identité réflexive ou autoréférence, entendue comme identité du réfléchi et du réfléchissant, congruence entre l'effectué et l'effectuation, l'énoncé et l'énonciation. Cette identité du réfléchi et du réfléchissant est la vérité même; sa transgression ne peut conduire qu'à l'autodissolution de la pensée en général. L'accord entre le pensant et le pensé doit gouverner nos moindres productions philosophiques, quelle que soit la particularité de leur contenu. Or, la mise en œuvre effective de cet accord aboutit à l'exigence d'infinitisation. Telle est la troisième thèse caractéristique de la philosophie de Fichte : penser, c'est infinitiser. Cette promotion du sublime au rang de processus cognitif résume en fait le geste accompli : le sublime est critique du figurable, du représentable en même temps que mise en œuvre du savoir. Loin d'être une simple catégorie esthétique, le sublime devient le mouvement de la science ou du savoir. L'infini n'est donc plus un étant en dehors de la pensée, que celle-ci devrait tenter d'objectiver, de déterminer, de délimiter et donc de limiter, mais l'exercice même de la pensée. L'infini n'est pas non plus un perpétuel mouvement vers un idéal inaccessible. Cette conception de l'infinité (cible privilégiée des sarcasmes de Hegel, pour lequel cet incessant cheminement d'une humanité, qui toujours vise une destination à laquelle elle a la certitude de ne jamais parvenir, relève moins de la quête tragique que de l'errance débonnaire) ne s'oppose, en fait, à la première que pour autant qu'elle en reconduit le postulat fondamental : connaître, c'est représenter ou objectiver. Si l'infini, n'a pu être pensé qu'à partir de ces figures aporétiques, c'est parce que l'infini se donnait comme objet extérieur à appréhender alors qu'il est le mouvement du savoir et de la raison en acte. En un mot, l'infini loin d'être, selon la plaisanterie de Borgès, ce « mot puis concept que nous avons engendré témérairement et qui une fois admis dans une pensée éclate et la tue » [1], est ce que la raison engendre nécessairement dans sa *praxis* même et qui une fois admis dans une pensée la permet. C'est la position du savoir comme identité réflexive et l'exigence de pluraliser cette identité en chacun de nos concepts, en chacune de nos analyses, qui nous entraîne dans ce processus sublime, mouvement même du savoir et de la liberté. Ce lien entre critique de la connaissance objectivante, maintien d'une notion forte de la vérité et pensée de l'infini résume la philosophie de Fichte et en assure la cohérence. C'est la spécificité de cette critique de la représentation fichtéenne qu'il nous faut maintenant comparer aux critiques plus contemporaines.

Comme nous l'avons dit dans l'introduction, la critique de la représentation contemporaine a pris deux directions : la première met en valeur l'excès de la chose par rapport à la représentation, la seconde l'excès du signe par rapport à sa simple fonction de renvoi ou de référence à un état de fait. L'identité de la première direction avec la philosophie de Fichte ne peut être affirmée que sur une seule thèse : la pensée ne se réduit pas à la représentation objectivante, au face-à-face d'un sujet qui voit un objet qui est vu. En revanche, deux différences significatives peuvent être relevées [2]. Tout d'abord, la direction prise par la critique de la représentation est inverse. Il ne s'agit pas pour Fichte de magnifier l'irreprésentable que serait la chose même (Dieu, l'être, l'infini, etc.), mais bien de montrer que la pensée ne se réduit pas à sa seule dimension spéculaire. Ensuite, sa critique de la représentation n'entraîne nullement la renonciation aux notions de

1. Cité par R. Lellouche, *Borgès ou l'hypothèse de l'auteur*, Paris, Balland, 1990, p. 239.

2. Il va de soi que bien d'autres différences pourraient l'être. Comparer ne signifie ni réduire la diversité des philosophies ni nier les ruptures historiques; néanmoins, si l'on postule que la philosophie ne se résume pas à la succession contingente « d'éclats » isolés et qu'un dialogue est possible, alors on peut tenter de penser l'identité et la différence des réponses sur le problème induit, en philosophie, par une critique de la représentation.

raison, de savoir philosophique ni aux procédures comme celles d'argumentation (conçue chez Fichte comme la mise en acte de l'infinitisation) ou de système (pensée comme *praxis* et déploiement de la liberté). Dès lors, si l'on accepte le constat de D. Janicaud, selon lequel une certaine philosophie contemporaine, soucieuse de sortir de « la philosophie classique de la représentation », s'oriente vers des notions telles que la révélation voire « l'archi-révélation » et nous font entrer parfois dans « le non-savoir de la nuit mystique »[1], on ne peut que constater l'abîme qui sépare cette entreprise de celle de Fichte qui, précisément, par son terme de « doctrine de la science », entend faire de la philosophie une science. Cette science n'a évidemment pas à calquer ses procédures sur les mathématiques ou la physique, mais elle n'a pas non plus à se penser comme pure méditation poétique. Parce que la prétention à la vérité est intrinsèquement liée à l'exercice de la philosophie, elle ne peut être déniée sans que la philosophie ne s'autoréfute. Voilà pourquoi, dans ce contexte précis de l'idéalisme allemand, critiquer la représentation invite à penser une nouvelle essence du savoir, savoir qui, ni exclusivement représentationnel ni uniquement logique (au sens du calcul formel de Leibniz), n'en est pas moins susceptible de fonder en raison ses propres propositions comme les propositions plus particulières, théoriques ou éthiques. Cette différence entre ces deux formes de critique de la représentation peut se dire à partir de l'exemple de l'idole, tant privilégié par la philosophie contemporaine. Nous l'avons vu en étudiant le *Système de l'éthique*, l'idolâtrie se définit, dans le contexte fichtéen, comme le moment où la pensée renonce à son exercice, c'est-à-dire renonce à s'infinitiser et fige ou fixe en une image ou une figure, ce qui, pour être pensé en sa vérité, requiert d'être infinitisé. C'est pourquoi magnifier l'irreprésentable, l'inexprimable, l'ineffable pour mieux dévoiler l'impuissance de l'humaine raison n'est nullement le propos de Fichte. Dans ce contexte, la critique de la représentation ne s'accompagne donc pas d'une dénonciation des procédures rationnelles mais est plutôt la conséquence de leur mise en œuvre effective.

En ce qui concerne la seconde direction, prise aujourd'hui par « la critique de la représentation », trois analogies peuvent être suggérées. Tout d'abord, il existe une certaine similitude des directions puisque, dans les deux cas, la réduction de la pensée à sa seule fonction de renvoi à un état de fait indépendant est récusée. La seconde analogie possible se trouve évidemment dans la commune accentuation de l'agir. Fichte a lié la vérité à l'effectuation, à l'acte : « c'est ainsi parce que je le fais ainsi », écrit-il dans l'*Essai* pour souligner sa différence d'avec les philosophies passées. La troisième, enfin, réside dans l'attention portée aux conditions d'énon-

1. *Le tournant théologique de la phénoménologie française*, Combas, Ed. de l'Éclat, 1991, p. 21.

ciation d'une proposition. Quant aux différences les plus marquantes, induites par ces deux critiques de la représentation, elles peuvent être de deux ordres selon la manière dont on interprète la pensée d'Austin et le mouvement auquel elle a donné naissance. L'entreprise d'Austin peut tout d'abord être définie comme la simple contestation de la manière dont, en étendant indûment la catégorie des non-sens, le cercle de Vienne aurait cédé à l'illusion descriptive puisqu'un énoncé n'est pas seulement constatif (vrai ou faux) mais aussi performatif (réussi ou raté). Dans le cadre de cette présentation de la pensée d'Austin, on peut dire qu'à la notion d'accomplissement de l'acte n'est pas liée la notion de vérité. Dès lors, si l'on insiste sur la dimension d'échec ou de réussite liée à des circonstances ponctuelles (je ne peux prétendre baptiser dans n'importe quelles circonstances ni n'importe quel contexte), il est loisible de thématiser la différence de la manière suivante : alors que Fichte lie indissolublement la vérité et l'acte, la philosophie, issue des recherches d'Austin, renoncerait à la thématique de la vérité. L'instauration, que Fichte oppose à la simple représentation, est vraie ou fausse; le « c'est ainsi parce que je le fais ainsi » n'est ni une décision arbitraire individuelle ni un acte qui réussit ou échoue au gré des circonstances extérieures en lesquelles l'individu contingent se trouve plongé plus ou moins par hasard; les conditions d'énonciation ne sont donc pas à entendre comme la prise en compte d'un contexte contingent, extérieur et ponctuel, mais bien comme les règles intrinsèques qui président à l'élaboration de propositions universelles. C'est pourquoi la grammaire de l'effectuation (comme mise en lumière de ces règles) est en même temps doctrine de la vérité. Par suite, dans un cas, la critique de la représentation induirait une renonciation à la notion de vérité alors que dans l'autre la vérité serait retravaillée, redéfinie mais maintenue. Cependant, une seconde interprétation de la pensée d'Austin est possible, en laquelle ce dernier, bien qu'ayant défini un énoncé à partir de son échec ou de sa réussite, n'aurait pour autant ni renoncer à toute définition de la vérité ni épouser l'utilitarisme. En effet, Austin peut aussi vouloir dire (et la onzième conférence de *Quand dire c'est faire*, inclinerait à le penser), que le vrai se définit comme ce qui est approprié[1]. Ainsi compris, Austin proposerait donc une théorie de la vérité autre que le représentationalisme propre au cercle de Vienne. Si l'on admet cette seconde interprétation, la différence semblerait alors devoir être pensée à partir de la place que chacune des deux traditions accorderait à la notion de philosophie. En effet, le seul « contexte d'énonciation » qu'envisage Fichte est celui de la philosophie elle-même, en tant que discipline spécifique. Il s'interroge toujours, comme nous l'avons montré, sur les propositions philosophiques

1. Voir sur ce point, G. Duportail, *Phénoménologie de la communication*, Ellipses, 1999 et la réinterprétation de la vérité austinienne comme « pertinence ».

et le statut de leur énonciation à chacune des étapes envisagées (fondation, déduction, application). Or, Austin récuse cette notion de discours philosophique; à ses yeux, la vérité est de l'ordre du langage ordinaire. La critique du représentationalisme conduit, dans ce cadre, à la mise en question du discours philosophique. C'est la nécessité de ce lien entre une contestation de la représentation et la fin de la philosophie que Fichte n'aurait pas admis. En effet, de son point de vue, demeurerait problématique le statut de la philosophie du langage ordinaire. Comment comprendre la possibilité de la réflexivité d'Austin sur ses propres écrits, qui ne relèvent pas du langage ordinaire mais de son analyse? Quelle est la vérité de la philosophie du langage ordinaire? La question serait donc de savoir si l'on peut définir la vérité (comme étant immanente au langage ordinaire) sans se poser, en retour, la question de la vérité de ce que l'on dit sur le langage ordinaire. Dès lors, là encore, nous revenons à la question de la vérité, qui, serait bien, quelle que soit l'interprétation retenue d'Austin, ce qui sépare les deux critiques de la représentation. En effet, si l'on ne veut pas imputer à la seconde vague de l'analyse du langage l'autocontradiction grave qui consisterait à prétendre à la vérité de son analyse du langage ordinaire tout en récusant tout concept de vérité, si l'on ne veut pas non plus poser la question de la consistance pragmatique d'une récusation systématique de la philosophie par un autre discours qui, lui aussi, ne peut que prétendre à la vérité de ce qu'il dit [1], alors la seule solution possible serait de dire que la position présentée par cette critique contemporaine du représentationalisme est celle d'un scepticisme analogue à celui de Maïmon qui, s'inscrivant dans le dispositif de la *Critique de la faculté de juger*, ne donne d'autre statut à ses propres énoncés que celui de la vraisemblance [2]. C'est

1. En dépit de certains écrits de certains philosophes analytiques (qui n'ont voulu retenir de Wittgenstein que l'idée selon laquelle la philosophie serait une maladie), force est de constater qu'on ne peut, sans caricaturer les philosophes de ce mouvement, leur imputer cette posture peu cohérente qui serait de passer leur vie à pratiquer une discipline à seule fin de démontrer qu'elle est totalement dénuée de sens et terriblement dangereuse.

2. Il nous semble que c'est cette solution que retient S. Laugier dans les derniers moments de son livre *Du réel à l'ordinaire, quelle philosophie du langage aujourd'hui?*, Paris, Vrin, 1998. La référence cavellienne à l'*Allgemeine Stimme* serait à entendre comme réponse à la question de la prétention du langage à dire le vrai et de la prétention qu'un individu peut avoir, lorsque il énonce un jugement, par exemple éthique, à parler au nom de tous les autres et non pas seulement à exprimer une préférence individuelle et contingente. Comme il n'est pas possible de dire que cette prétention est parfaitement vaine et illusoire sans que ne se pose la question du statut de cette proposition, comme il n'est pas question pour autant de reconduire l'exigence fondationnelle qu'exprime la philosophie dite classique, le dispositif choisi serait celui, en fait, de la *Critique de la faculté de juger*. Le rapprochement avec la forme de scepticisme qu'incarne Maïmon nous semble d'autant plus crédible que l'argument de Cavell contre la «métaphysique» serait celui de «la finitude radicale». La métaphysique classique n'aurait pu accepter l'absence de «garantie» (de fondation) parce qu'elle refuserait la «finitude» et le «malheur» entendu comme «échec» de l'acte de parole, inhérent à la

pourquoi la différence la plus saillante semble donc bien être dans le maintien ou non d'une définition forte de la notion de vérité.

La critique de la représentation telle qu'elle est menée par Fichte a donc ceci de spécifique qu'elle ne sacrifie pas les notions classiques de raison et de vérité et qu'elle maintient (et même revendique) l'idée de la philosophie comme science ou savoir.

De cette position historique déterminée, n'avons-nous plus rien à apprendre ? Ce moment de l'histoire de la philosophie est peut-être susceptible, par un effet en retour[1], de nous inviter à interroger nos actuelles certitudes. Tout d'abord, l'idéalisme allemand est aujourd'hui, toutes tendances confondues, considéré comme l'acmé de la métaphysique classique que l'on entend dénoncer. Qu'il s'agisse de la mouvance heidéggerienne qui considère Fichte et Hegel comme l'apogée de la métaphysique de la subjectivité, ou qu'il s'agisse de la philosophie anglo-saxonne qui les pense comme les purs représentants de l'exigence métaphysique dans ce qu'elle a de plus effroyablement déraisonnable, ce sont toujours ces deux auteurs (et non pas, par exemple, Aristote revendiqué par les deux mouvements pour des raisons différentes) qui incarnent la métaphysique avec laquelle on entend rompre. Or la lecture des *doctrines de la science* nous a montré (comme aurait pu le faire, au demeurant, une lecture de Hegel) que nous sommes très loin de ce que l'on a coutume d'épingler sous le terme générique de « métaphysique classique », en extrayant de leur contexte des expressions telles que « savoir absolu », « fondation dernière » ou « principe inconditionné » et en leur opposant notre prétendu bon sens post-moderne qui aurait définitivement rompu avec ces extravagantes et coupables exigences fondationnelles. Dès lors, la première question qui nous est posée est la suivante : et si la « métaphysique classique », telle

« condition humaine ». La question qui se pose ici est la même que celle que Fichte pose à Maïmon : dire que la finitude est radicale, c'est prétendre à la vérité de ce que l'on dit. « L'humaine condition », son « malheur », ou sa « finitude radicale » ne sont pas des faits que l'on constate à la manière dont un locuteur ordinaire constate que le chat est sur le paillasson. Et donc, pour reprendre la formule de Fichte : qu'est-ce qui est « présupposé pour dire ce que l'on dit », à savoir que la vérité ne peut être atteinte parce que la finitude est vraiment trop radicale, si ce n'est la vérité indépassable de cette proposition? Pour le dire autrement, un philosophe veut bien « reconnaître » qu'il est très malheureux, comme tout humain ici-bas, mais, en tant que philosophe, il doit aussi s'interroger sur le statut et la validité de cette proposition et non l'admettre comme un fait que nul ne saurait contester. Rien n'est jamais acquis au philosophe, pas même le malheur.

1. Il ne s'agit pas de « faire retour à » une tradition qui, par définition, est historiquement située mais bien d'interroger, à partir d'une pensée qui n'est plus nôtre, « en retour » nos certitudes les plus ancrées. La réactivation des questions sous-jacentes aux réponses qui se sont sédimentées dans une tradition peut peut-être nous permettre non de reprendre des réponses mais de reconsidérer la nature de nos questions.

qu'on la dénonce trop souvent aujourd'hui, n'avait jamais existé[1] ? Qu'en découlerait-il non seulement pour les philosophies les plus contemporaines mais pour la conception de la philosophie et de son histoire ?

De surcroît, la notion forte de scientificité ou de savoir (*Wissenschaft*) telle que la déploie ce moment de l'idéalisme allemand ne nous permet-elle pas d'interroger, en retour, notre actuelle compréhension de ces concepts ? Comme nous l'avons montré, le refus d'élever la finitude à l'absolu (et la renonciation à une notion forte de vérité qui en découle) est, dans l'idéalisme allemand, fonction de la mise en question de la réduction de la pensée à la seule visée d'un objet ou d'un fait extérieur. Des propositions aussi simple que « je ne parle pas » ou encore « il n'y a pas de vérité » sont des propositions fausses sans qu'il soit besoin de se référer à une instance extérieure qui les validerait ou les falsifierait, puisque c'est le fait même de l'énonciation qui invalide le contenu de l'énoncé. Nous avons montré comment Fichte a systématisé ce constat pour en faire l'axe à partir duquel doit être pensée toute proposition scientifique, c'est-à-dire toute proposition qui, quels qu'en soient la teneur et le contenu, prétend à la vérité de ces qu'elle dit. Pour le dire en termes plus contemporains, une proposition peut être dénuée de sens, non pas seulement parce qu'elle ne référerait à rien (telle : « le roi de France est chauve »), non parce qu'elle serait le produit d'une confusion catégoriale (telle : « César est un nombre premier »), non pas non plus parce qu'elle opérerait une transgression syntaxique (comme par exemple dans la proposition inexpressive « César est et ») mais parce qu'elle transgresserait la nécessaire congruence entre « ce qui est dit » et « le fait de le dire ». Or, si des propositions telles que « je ne parle pas » sont peu courantes dans le langage ordinaire, tant il est difficile d'imaginer un contexte en lequel elles pourraient s'inscrire, il n'en est pas tout à fait de même des propositions qui prétendent à la science. Pour n'en donner que quelques exemples contemporains, lorsqu'un théoricien quelconque, par exemple un sociologue, prétend que tout individu est le reflet d'un milieu social contingent, n'est-on pas en droit de se demander comment ce sociologue peut, en dernière instance, penser le statut de cette proposition ? En effet, ou bien le sociologue admet que sa proposition est elle-même le reflet de *son* milieu, produit historique et contingent, et par là ne peut plus prétendre à la vérité de sa proposition qui s'autodétruit d'elle-

1. Il va de soi que nous entendons ici faire référence uniquement à ceux pour lesquels le terme « métaphysique » ne peut signifier que dogmatisme, et non à ceux qui (comme par exemple J. F. Courtine dans *Suarez, le système de la Métaphysique*) entendent restituer en même temps que la constitution et la structure du terme « métaphysique », les ruptures et les discontinuités que ce concept a subies au cours de son histoire. Comme le note G. Lebrun dans *La patience du concept*, Gallimard, 1972, la dénonciation constante de la « métaphysique », dans certaines œuvres contemporaines, fonctionnent le plus souvent comme un interdit de questionner (voir notamment, p. 17).

même ou bien il admet qu'il existe des exceptions à cette proposition et ce faisant renonce à son universalité. De même, lorsqu'un économiste comme M. Friedmann définit l'économie comme science et, à l'instar du positivisme logique[1], la science comme ce qui est logique formellement (tautologie des propositions logiques et mathématiques) et vérifiable expérimentalement, n'est-on pas en droit de remarquer que cette proposition qui définit la science n'est pas elle-même scientifique puisqu'elle n'est ni l'expression d'une tautologie ni vérifiable expérimentalement[2] ? De même encore, lorsque des philosophes comme Feyerabend ou Rorty prétendent que les constructions scientifiques et philosophiques sont l'équivalent des constructions romanesques, ne pouvons-nous pas les récuser, et cela sans chercher à exhiber un objet ou fait quelconque (expérience cruciale), mais bien en constatant que prétendre que science et fiction ont le même statut, c'est encore prétendre à la vérité de ce que l'on dit et donc mobiliser cela même que l'on prétend récuser? Enfin, quand bien même quelqu'un se refuserait à professer un scepticisme aussi radical que celui de Rorty, et définirait, par exemple avec K. Popper, la vérité comme seulement provisoire et révisable, ne serait-on pas encore en droit de demander quel est le statut de cette définition (est-elle elle aussi révisable et provisoire)[3] ? Existe-t-il des règles immanentes au discours qui prétend à la vérité? Les propositions de ce type de discours ne doivent-elles pas s'appliquer à elles-mêmes, c'est-à-dire s'englober dans la définition de la science ou de la vérité qu'elles prétendent donner? A un certain niveau épistémique, l'auto-application des propositions à elles-mêmes n'est-elle pas non seulement inévitable mais requise[4]? L'idéalisme allemand est né à partir de cette question sur le statut du discours qui prétend à la vérité et a crû sur la base du développement du concept de « réflexion » ou de réflexivité du savoir. Cette interrogation, en tant qu'interrogation, et par-delà les réponses

1. Voir *Essais d'économie positive* (1953), trad. par G. Millière, coll. Liberalia, Litec, 1995, notamment introduction, p. 6. « Seuls les critères de la logique formelle peuvent montrer si [...] les propositions formulées dans ce langage sont vraies ou fausses. Mais seules les données factuelles peuvent montrer si les catégories du système de classification analytique ont une contrepartie empirique significative... »

2. Par ces deux exemples (sociologique et économique) il ne s'agit évidemment pas de prétendre contester en leur *contenu* particulier les dites sciences (par exemple la capacité effective que peut avoir un sociologue sur la bases d'études empiriques montrer, de fait, l'incidence du milieu sur l'individu), mais d'interroger en leur statut (c'est-à-dire à un niveau purement épistémique) la définition de la science, de la rationalité ou de l'homme que ces sciences produisent.

3. Sur ce point, voir K.O. Apel, « Le problème de l'évidence phénoménologique à la lumière d'une sémiotique transcendantale », in *Critique de la raison phénoménologique*, Cerf, 1991.

4. Pour plus de précisions sur ce point, nous nous permettons de renvoyer à notre article : « Autoréférence et autoréflexion, le problème de la relation d'un X à lui-même chez Russell et chez Fichte », *Revue de métaphysique et de morale*, 2, avril-juin 2000.

ponctuelles qui ont pu y être apportées, ne peut-elle pas, aujourd'hui encore, être réactivée ?

Enfin, de manière plus générale, si la critique de la représentation menée par Fichte a pour particularité de ne pas sacrifier les concepts de raison et de vérité sans pour autant succomber aux prétentions extravagantes d'une prétendue « métaphysique traditionnelle », l'étude de sa philosophie ne permet-elle pas d'interroger en retour les formes contemporaines que prend la critique de la représentation ? Critiquer la représentation implique-t-il nécessairement de dénoncer les procédures de la raison ou de récuser toute référence à la vérité et tout statut au concept de philosophie ? De la crise de la représentation à la mort du savoir philosophique, la conséquences est-elle bonne ? Pour le dire d'une analogie, la critique de la représentation est impliquée dans d'autres disciplines que la philosophie, par exemple la peinture. Or, la remise en cause effective de la représentation et la dénonciation de la fonction référentielle de la peinture impliquent-elles l'annihilation de la production picturale elle-même ? Critiquer la représentation en peinture, est-ce brûler le tableau [1] ? Il est des dimensions propres à chaque discipline qui semblent ne pouvoir être niées sans que la discipline ne s'annihile elle-même. Et sans doute est-ce en cela que la tentative de Fichte peut permettre de questionner notre actuel rapport à la pratique philosophique et à la notion de vérité. L'abandon de toute référence aux notions de vrai et de faux est-il possible, si oui comment, si non pourquoi ? Telle est la question posée par Fichte, telle pourrait être encore la nôtre aujourd'hui, car quand bien même la philosophie ne pourrait prétendre délivrer des contenus *sub specie aeternitatis*, ne peut-elle pas continuer à en interroger le statut, *sub specie philosophiae* ?

1. Nous pensons ici à une lettre de A. Artaud, cité par A. Bonfand, *L'expérience esthétique à l'épreuve de la phénoménologie*, PUF, 1995, p. 65, en laquelle Artaud, soucieux de créer une « contre-figure » qui soit « une protestation » contre la représentation et ses dispositifs, estime qu'il l'a atteinte au moment où, par le feu, il détruit la page sur laquelle il avait peint. C'est une solution radicale mais la question est de savoir si elle est nécessairement impliquée par la critique de la représentation.

BIBLIOGRAPHIE

Les références aux textes de Fichte sont données soit dans l'édition de l'Académie, *Gesamtausgabe der Bayerischen Akademie der Wissenschaften, sous la direction de R. Lauth et H. Gliwitzky*, éd. F. Frommann, Stuttgart (cité *G.A*), soit dans l'édition de I.H. Fichte : *J.G. Fichtes sämmtliche Werke*, reimpr. *Fichtes Werke*, Berlin, Walter de Gruyter & Co, 1971.

Traductions françaises citées :

Œuvres choisies de philosophie première, trad. de A. Philonenko, 2ᵉ éd., Vrin, 1980.

Doctrine de la science 1801-1802, trad. de A. Philonenko, Vrin, 1987.

La théorie de la science, exposé de 1804, trad. de D. Julia, Aubier, 1967.

Doctrine de la science nova methodo, trad. de I. Thomas-Fogiel, Le Livre de poche, 2000.

Méditations personnelles sur la philosophie élémentaire, trad. de I. Thomas-Fogiel, Vrin 1999.

Rapport clair comme le jour adressé au grand public sur le caractère propre de la philosophie nouvelle (1801), et autres textes, trad. de A. Valensin et P.P. Druet, 2ᵉ éd. Vrin 1999.

Essais philosophiques choisis, trad. de L. Ferry et A. Renaut, Vrin, 1984.

Essai d'une nouvelle présentation de la doctrine de la science, trad. de I. Thomas-Fogiel, Vrin 1999.

Essai d'une critique de toute révélation, trad. de J.C. Goddard, Vrin, 1988.

La destination de l'homme, trad. de J.C. Goddard, GF-Flammarion, 1995.

Querelle de l'athéisme suivie de divers textes sur la religion, trad. de J. C. Goddard, Vrin, 1993.

Le caractère de l'époque actuelle, trad. I. Radrizzani, Vrin, 1990.

Conférences sur la destination du savant, trad. de J.L. Vieillard-Baron, Vrin, 1980.

Le système de l'éthique selon les principes de la doctrine de la science, trad. de P. Naulin, PUF, 1986.

Fondement du droit naturel selon les principes de la doctrine de la science, trad. de A. Renaut, PUF, 1985.

Discours à la nation allemande, trad. de S. Jankélévitch, Aubier-Montaigne, 1975.

Fichte/Schelling, Correspondance, traduction de M. Bienenstock, PUF, 1995.

Contributions destinées à rectifier le jugement du public sur la Révolution française, traduction de J. Barni, Paris, Payot, 1974.

Autres ouvrages cités :

ALQUIÉ F. : *La découverte métaphysique de l'homme chez Descartes*, Paris, PUF, 1950.

APEL K.O. : Le problème de l'évidence phénoménologique à la lumière d'une sémiotique transcendantale, in *Critique de la raison phénoménologique*, sous la direction de J. Poulain, Cerf, Paris, 1991.

– *L'éthique à l'âge de la Science*, trad. R. Lellouche, PUL, 1986.

ARENDT H. : *Eichmann à Jérusalem, rapport sur la banalité du mal*, trad. A. Guérin, Gallimard, 1966.

ARNAULD, NICOLE : *La logique de Port-Royal*, Flammarion, Champ, 1970.

AUSTIN J.L. : *How to do things with words*, Oxford, Oxford Clarendon Press, New York, 1962.

AUSTIN J. L. : *Philosophical Papers*, Oxford, Oxford Clarendon Press, New York, 1962.

BARNOW J. : « Psychologie empirique et épistémologie dans les *Philosophisches Versuche* de Tetens », *Archives de Philosophie* 1983, tome 46, cahier 2.

BENOIST J. : « Qu'est ce que l'ego transcendantal ? », *Philosophie*, n°27, 1990.

– *Présentation de la traduction de la réponse à Eberhard*, Vrin, 1998.

BENVENISTE E. : *Problèmes de linguistique générale*, Gallimard, 1964.

BERGSON H. : *Cours sur Fichte de 1898*, publiés par F. Turlot et P. Soulez, *Cahiers du séminaire de philosophie*, 7, 1988, Presses universitaires de Strasbourg.

BERNET R. : *La vie du sujet*, Paris, PUF, 1994.

BONFAND A. : *L'expérience esthétique à l'épreuve de la phénoménologie*, PUF, 1995.

BOULNOIS O. : *Etre et représentation*, PUF, 1999.

BOURGEOIS B. : *L'idéalisme de Fichte*, Paris, PUF, 1968, reprise, Vrin 1999.

BOUVERESSE J. : *Le mythe de l'intériorité*, ed. de Minuit, 2e éd., 1987.

CASSIRER E. : *Le débat sur le kantisme et la philosophie*, traduction française sous la direction de P. Aubenque, Paris, Beauchesne, 1972.

– *Les systèmes post-kantiens*, trad. à l'initiative du collège de philosophie, PUL, 1983, reprise Cerf, 1999.

CESA C. : « In tema di intersoggettività », dans *Diffetività e fondamento*, ed. A. Massullo, Naples, 1984, p. 39-60.

– « Zum Begriff des Praktischen bei Fichte », dans : *Zur Rekonstruction der praktischen Philosophie. Gedenksschrift für K.H. Ilting*, Stuttgart, Frommann, 1990, p. 461-480.

CHALIER. C : « L'idolâtrie de l'être à travers la pensée de E. Levinas », collectif, *Idoles, données et débats*, Denoël, 1985.

COHEN H. : *Kants Theorie der Erfahrung*, 3e éd., Berlin, B. Cassirer, 1918.

COURTINE J.F. : *Heidegger et la phénoménologie*, Vrin 1990.

– *Suarez, le système de la Métaphysique*, PUF, 1990.

DARIES J.G. : *Weg zur Wahrheit*, Francfort-sur-l'Oder, 1776, Iéna, 1755.

DAVAL R. : *La métaphysique de Kant*, PUF, 1951.

DELBOS V. : *De Kant aux postkantiens*, Aubier, 1992, 2e éd.

DESCARTES R. : *Principes*, Paris, Adam-Tannery, Vrin, 1982, tome VIII, 1.

– *Méditations*, Paris, Adam-Tannery, Vrin 1982, tome IX-1,

DE MURALT A. : *La conscience transcendantale dans le criticisme kantien*, Aubier, 1958.

DUPORTAIL F. : *Phénoménologie de la communication*, Ellipses, 1999.

FEDER J.G.H. : *Ueber Raum und Causalität zur Prüfung der kantischen Philosophie*, Göttingen, 1787, réédité par *Aetas Kantiana*, tome 70.

FERRY L. : *Philosophie politique*, Paris, PUF, 1984.

FLATT C.C. : *Fragmentarische Bermerkungen gegen den Kantischen und Kiesewetterischen Grundriss der reinen allgemeinen Logik*, Tübingen, 1802, réédité par *Aetas Kantiana*, Bruxelles, Culture et Civilisation, 1968, tome 73.

FRANK M. : *L'ultime raison du sujet*, traduction française de V. Zannetti, Actes Sud, 1988.

FRIEDMAN M. : *Essais d'économie positive* (1953), trad. par G. Millière, coll. Liberalia, Litec, 1995.

GODDARD J.C. : *La philosophie fichtéenne de la vie, le transcendantal et la pathologique*, Vrin 1999.

GOETHE et SCHILLER : *Correspondance 1794-1805*, trad. de L. Herr, 2e éd., Gallimard, 1994.

GRONDIN J. : *Kant et le problème de la philosophie : l'a priori*, Paris, Vrin, 1989.

GUEROULT M. : *La philosophie transcendantale de Salomon Maïmon*, Paris, F. Alcan, 1929.

– *L'évolution et la structure de la doctrine de la science*, Hindesheim-Zurich, G. Olms, 1982, 2e édition.

– *Métaphysique et dynamique chez Leibniz*, Paris, Aubier-Montaigne, 1967.

GUILLERMIT L. : *L'élucidation critique du jugement de goût selon Kant*, Paris, éd. du CNRS, 1986.

HARTMANN N. : *Die Philosophie des deutschen Idealismus*, 2e éd., De Gruyter, 1960.

HAYM : *Hegel und sein Zeit*, Berlin, Gaestner, 1857.

HEGEL : *L'essence de la Critique de la philosophie*, trad. de B. Fauquet, Vrin, 1972.

– *Phénoménologie de l'Esprit*, trad. J. Hyppolite, Aubier, Paris 1941.

HEIDEGGER M. : *Kant et le problème de la métaphysique*, traduction française par A. de Waelhens et W. Biemel, Paris, Gallimard, 1953.

– *Problèmes fondamentaux de la phénoménologie*, trad. J.F. Courtine, Gallimard, 1985.

– *Interprétation phénoménologique de la Critique de la raison pure*, trad de E. Martineau, Paris, Gallimard, 1982.

HENDEL J.C. : *Über das Fundament der Philosophie des Herrn. Kant*, Halle, 1792.

HENRICH D. : *Fichtes ursprüngliche Einsicht*, Francfort sur-le-Main, Klostermann, 1966.

– « La Découverte de Fichte », *Revue de métaphysique et de morale*, n° 72, 1967.

– « Selbstbewusstsein. kritische Einleitung in eine Theorie », in *Hermeneutik und Dialektik*, Tübingen, 1970.

– *Selbstverhältnisse. Gedanken und Auslegungen zu den Grundlagen der klassischen deutschen Philosophie*, Stuttgart, 1982.

HENRY M. : *Généalogie de la psychanalyse*, PUF, 1985.

HUME D. : *Traité de la nature humaine*, trad. de A. Leroy, Paris, Aubier, 1973.

– *Enquête sur l'entendement humain*, trad. A. Leroy, Paris, Aubier, 1966.

JACOBI : *Idéalisme et réalisme, D. Hume et la croyance*, trad. L. Guillermit, Vrin, 2000.

JANICAUD D : *Le tournant théologique de la phénoménologie française*, Combas, Éd. de l'Éclat, 1991.

JANKE W. : *Fichte, Sein und Reflexion, Grundlagen der kritischen Vernunft*, Berlin, De Gruyter, 1970.

KABITZ : *Studien zur Entwicklungsgeschichte der Fichteschen Wissenschaftslehre aus der kantischen Philosophie*, Berlin, 1902.

KANT E. *Critique de la raison pure*, trad. sous la direction de F. Alquié, « bibliothèque de la Pléiade », tome I, Gallimard, 1980 (les références aux éditions A et B sont données entre parenthèses.)

– *Critique de la raison pratique*, trad. Picavet, PUF, 1971.

– *Prolégomènes à toute métaphysique future*, traduction J. Gibelin, 9e éd., Vrin, 1974.

– *Critique de la faculté de Juger,* trad. de A. Philonenko, Paris, Vrin, 1974.

– *Doctrine du droit*, trad. A. Philonenko, Vrin, 1979.

– *Logique*, trad. de L. Guillermit, Paris, Vrin, 1982.

– *Gesammelte Schriften*, herausgegeben von der Königlich Preussischen Akademie der Wissenschaften, Berlin, 1902-1983, tome XIV (*Reflexionen*).

– *Opus Postumum*, trad. de F. Marty, PUF, 1986.

– *Correspondance*, trad. de M.C. Challiol, M. Halimi, V. Séroussi, N. Aumonier, M.B. de Launay, M. Marcuzzi, Gallimard, 1991.

KLEMMT A. : *K.L. Reinholds Elementar Philosophie, eine Studie über den Ursprung des spekulativen deutschen Idealismus*, Hambourg, Meiner, 1958.

KOCH R. : *Fichtes Theorie des Selbstbewusstseins*, Königshausen und Neumann, 1989.

KRONER R. : *Von Kant bis Hegel*, Tübingen, 1921.

KUNTZE F. : *Die Philosophie Salomon Maïmons*, Heidelberg, 1912.

LACHIÈZE-REY P. : *L'idéalisme de kantien*, Paris, Vrin, 1972, 3e éd.

LACOUE-LABARTHE P. : *La fiction du politique*, Paris, C. Bourgois, 1987.

LARTHOMAS J.P. : *De Shaftesbury à Kant,* Atelier national de reproduction des thèses, diffusion Didier érudition, Paris, 1985.

LAUGIER S. *Du réel à l'ordinaire, quelle philosophie du langage aujourd'hui ?*, Vrin, 1998.

LAUTH R. : *Hegel critique de la Doctrine de la Science de Fichte*, Paris, Vrin, 1987.

LEBRUN G. : *La patience du concept, Essai sur le discours hégélien*, Paris, Gallimard, 1972.

LÉON X. : *Fichte et son temps*, Paris, A. Colin, 1922.

LEVY-BRUHL L. : *La philosophie de Jacobi*, Paris, 1894.

LOCKE J. : *Essai concernant l'entendement humain*, trad. de M. Coste, Vrin, 1983.

LONGUENESSE B. : *Kant et le pouvoir de juger*, Paris, PUF, 1993.

MAÏMON S. : *Essai sur la philosophie transcendantale*, traduction française de J.B. Scherrer, Paris, Vrin.

– *Versuch einer neuen Logik, Gesammelte Werke*, G. Fleischer, Leipzig, tome V. *Briefe des Philalethes an Aesidemus. Gesammelte Werke*, G. Fleischer, Leipzig, t. V.

– *Die Kategorien des Aristoteles, Gesammelte Werke*, G. Fleischer, Leipzig, t. VI.

– *Briefe an Kant und an Fichte. Gesammelte Werke*, G. Fleischer, Leipzig, t. VI.

MALHERBE M. : *Kant ou Hume*, Paris, Vrin, 1980.

MARION J.L. : *L'idole et la distance*, Grasset, 1977.

– « L'interloqué », in *Confrontations*, Cahier 20.

MOORE G. *Principia ethica*, Cambridge university press, trad., PUF, 1999.

MEYER M. : *Science et métaphysique chez Kant*, Paris, PUF, 1988.

NANCY J.L. : « L'offrande sublime », *Du sublime*, Belin, 1988.

PHILONENKO A. : *Théorie et praxis dans la pensée morale et politique de Kant et Fichte*, Vrin, 1968.

– *L'œuvre de Kant*, Paris, Vrin, 1969.

– *La Liberté humaine dans la philosophie de Fichte*, 2e éd., Vrin, 1980.

– *Etudes kantiennes*, Vrin, 1982.

POTHAST U. : *Uber einige Fragen der Selbstbeziehung*, Francfort, 1971.

PUECH M. : *Kant et la causalité*, Paris, Vrin, 1990.

QUILLIEN J. : *La philosophie anthropologique de G. de Humboldt*. PUL, 1991.

RADRIZZANI I. : *Vers la fondation de l'intersubjectivité chez Fichte*, Vrin, 1993.

RÉCANATI F. : *La transparence et l'énonciation*, Seuil, 1979.

REINHOLD K.L. : *Philosophie élémentaire*, trad. de F. X. Chenet, Vrin, 1989.

– *Beiträge zur Berichtung bisheriger Missverstandnisse der Philosophen*, Iéna, 1794.

RENAUT A. : *Le système du droit, Philosophie et droit dans la pensée de Fichte*, Paris, PUF, 1986.

– *L'ère de l'individu*, Paris, Gallimard, 1989.

RICHIR M. : *Le rien et son apparence : fondements pour la phénoménologie*, Bruxelles, Éd. Ousia, 1979.

RIVELAYGUE J. : *Leçons de métaphysique allemande*, Paris, Grasset, 1990.

ROSENKRANZ : *Hegels Leben*, traduction française in *Philosophie*, n° 13, 1985.

SCHELLING F. W. J. : *Système de l'idéalisme transcendantal*, trad. C. Dubois, Louvain, Peteers, 1978.

SCHLEGEL F. : *Kritische und theoretische Schriften*, Reclam, Stuttgart, 1978.

SCHNEIDERS W. : *Die Wahre Aufklärung. Zum Selbstverständnis der deutschen Aufklärung*, Friburg-Munich, K. Alber, 1974.

SCHULZE G.E. : *Aenesidemus oder über die Fundamente der von dem Herrn Prof. Reinhold in Jena gelieferten Elementarphilosophie*, 1792, réédité par *Aetas Kantiana*, tome 240.

SCHULTZ J. : *Eclaircissements sur la Critique de Monsieur le professeur Kant*, Könisberg, 1791, traduction française par J. Tissot, Librairie philosophique de Ladgrange, 1865.

STOLZENBERG J. : *Fichtes Begriff der intellektuellen Anschauung, Die Entwicklung in den Wissenschaftslehren von 1793/94 bis 1801/02*, Stuttgart, 1986.

TENNEMANN W.G. : *Geschichte der Philosophie*, Leipzig, 1798-1819, réédité par *Aetas Kantiana*, tome 272, traduction française sous le titre *Manuel de l'histoire de la philosophie* par V. Cousin, Paris, 1829.

TILLIETTE X. : *L'intuition intellectuelle de Kant à Hegel*, Vrin 1995.

THOMAS-FOGIEL I. : « Autoréférence et autoréflexion, le problème de la relation d'un X à lui-même chez Russell et chez Fichte », *Revue de métaphysique et de morale*, avril-juin 2/2000.

VLEESCHAUWER H.J. de : *La déduction transcendantale dans l'œuvre de Kant*, 1934-37, reproduit par Garland Publishing, New York-Londres, 1976.

– *L'évolution de la pensée kantienne*, Paris, Alcan, 1939.

VUILLEMIN J. : *L'Héritage kantien et la révolution copernicienne*, Paris, PUF, 1954.

– *L'intuitionnisme de Kant*, Vrin 1988.

WEIL E. : *Problèmes kantiens*, Paris, Vrin, 2e éd., 1982.

WITTGENSTEIN : « Wittgenstein's notes for lectures on private experience and sense data », publiées par R. Rhees, in *The Philosophical Review*, 1968.

ZAC S. : *Salomon Maïmon, critique de Kant*, Paris, Cerf, 1988.

INDEX DES NOMS PROPRES

En raison du trops grand nombre d'occurrences, le nom de Kant ne figure pas dans l'index

TABLE DES MATIÈRES

Imprimerie de la Manutention à Mayenne – Octobre 2000 – N° 319-00
Dépôt légal : 4e trimestre 2000